U0865896

乡村振兴战略构想与实现路径：以四川省为例

主　编　郭晓鸣
副主编　虞　洪　高　杰　张克俊　廖祖君

科学出版社
北　京

内容简介

本书从理论和实践两个层面对乡村振兴战略做出了全面解构、探究和总结，为乡村振兴战略的全面推进提供了理论参考和鲜活样本。本书在理论层面，全景式总结了乡村振兴战略提出的客观规律、推进路径、内在矛盾及战略选择，并对乡村振兴所面临的要素条件、组织基础、生态约束等问题进行了开拓性的深度剖析；在实践层面，选择四川平原、丘区、山区等不同区域类型的乡村振兴实践作为典型案例，提炼了各地立足自身条件探索乡村振兴的有效举措和创新经验，对新时代我国深入实施乡村振兴战略、全面实现农业农村现代化具有较强的理论和实践指导价值。

本书注重经济理论在实践中的表达与反馈，分析深入浅出，文字朴实简洁，具有较强的理论参考性、现实指导性和可读性，既可作为机关工作人员、基层实操人员和科研工作者的参考书，也可作为农村发展、区域经济等相关专业本科生及研究生的教学案例用书。

图书在版编目(CIP)数据

乡村振兴战略构想与实现路径：以四川省为例 / 郭晓鸣主编.
—北京：科学出版社，2022.2
ISBN 978-7-03-063931-8

Ⅰ.①乡… Ⅱ.①郭… Ⅲ.①农村-社会主义建设-研究-四川
Ⅳ.①F327.71

中国版本图书馆 CIP 数据核字（2019）第 301538 号

责任编辑：孟　锐 / 责任校对：彭　映
责任印制：罗　科 / 封面设计：墨创文化

科学出版社 出版
北京东黄城根北街16号
邮政编码：100717
http://www.sciencep.com

成都锦瑞印刷有限责任公司印刷
科学出版社发行　各地新华书店经销
*
2022年2月第　一　版　开本：787×1092 1/16
2022年2月第一次印刷　印张：17 1/4
字数：403 000

定价：120.00 元

（如有印装质量问题，我社负责调换）

前　　言

在中国特色社会主义事业迈进新时代这一关键节点，以习近平同志为核心的党中央在深刻认识世界城乡关系变化规律和中国特色社会主义建设规律的基础上提出了实施乡村振兴战略。这一战略是着眼于党和国家事业全局，着眼于推进“四化同步”、决胜全面建成小康社会进而实现社会主义现代化强国伟大目标而做出的重大战略部署。

党的十八大以来，我国工农、城乡关系发展到了一个极其关键的时间窗口：一方面，我国工业化已经进入中后期，在经济发展新常态下增长速度放缓，部分传统行业生产能力过剩，创新驱动增强，发展动能发生转变；另一方面，随着城镇化率的持续提高，农村可转移的劳动力趋于减少，人口红利逐步消失，不仅工业和城市出现结构性的用工短缺问题，而且农村也出现了劳动力短缺现象，“大城市病”和乡村衰落并存并不断演绎和发展。面对我国已迈入工业化、城镇化的关键节点，必须遵循工业化、城镇化推进过程中工农城乡关系的演变规律，通过发展战略的重大转变对市场进行引导和调控，对城乡关系转变的内在要求做出积极回应。实施乡村振兴战略，正是对世界城乡关系变化规律的深刻把握和对我国工业化、城镇化与城乡关系变化的新特征而做出的重大战略选择。乡村振兴战略不仅是农业农村的发展战略，还包括城乡关系、产业结构、社会治理等领域的整体发展，对国民经济持续发展具有重要影响。

近年来，四川省立足地区实际，把握发展机遇，全面推进以农村产权制度改革为基础、以农业经营方式转变为核心的农业农村改革，现代农业建设取得了重大进展，农村产业呈现出融合发展的态势，农村基础设施和公共服务明显改善，农民收入持续增长，为实施乡村振兴战略奠定了良好的基础。实施乡村振兴战略以来，四川按照“产业兴旺、生态宜居、乡风文明、治理有效、生活富裕”的总要求，统筹推进“产业振兴、人才振兴、文化振兴、生态振兴、组织振兴”五个振兴，形成了丰富多样且富有成效的探索实践。

为了助力乡村振兴战略的有效推进，本书紧扣国家乡村振兴战略的时代背景，以四川省为研究对象，从理论和实践两个层面对乡村振兴战略做出全面解构、探究和总结：在理论层面，全景式总结乡村振兴战略提出的客观规律、推进路径、内在矛盾及战略选择，并对乡村振兴所面临的要素条件、组织基础、生态约束等问题进行开拓性的深度剖析；在实践层面，选择四川平原、丘区、山区等不同区域类型的乡村振兴实践作为典型案例，提炼各地立足自身条件探索乡村振兴的有效举措和创新经验，力图为乡村振兴战略的全面推进提供理论参考和鲜活样本。本书通过对乡村振兴的系统性研究，希望揭示乡村振兴的内在逻辑和运行规律，凝练探索实践的有益启示和有效经验，为推动乡村振兴的深度发展提供理论思考和实践借鉴，对新时代我国深入实施乡村振兴战略、全面实现农业农村现代化具有较强的理论和实践指导价值。

中国组织实施了脱贫攻坚战，现行标准下农村贫困人口全部脱贫。中共中央总书记、国家主席、中央军委主席习近平2021年2月25日在北京举行的全国脱贫攻坚总结表彰大会上宣布，中国脱贫攻坚战取得了全面胜利，完成了消除绝对贫困的艰巨任务。本书成书较早，书中反映的贫困问题是对过去扶贫、脱贫工作经验、教训的总结，具有一定的借鉴意义。2020年12月2日，国务院新闻办公室就防止返贫监测和帮扶工作情况举行新闻发布会。国家乡村振兴局（原国务院扶贫开发领导小组办公室）副主任欧青平在谈到相对贫困问题时表示："相对贫困还将伴随着我国社会主义初级阶段长期存在，需要我们继续努力做好有关工作。"

由于乡村振兴处于探索推进的初期，加上笔者团队能力所限，本书难免存在不足之处，敬请各位领导、专家学者和广大读者指正。

目　　录

战略篇：四川乡村振兴战略研究

第一章　实施乡村振兴战略的理论思考……3
一、实施乡村振兴战略的必要性……3
二、乡村振兴战略路径选择……6
三、需要防范推进乡村振兴的潜在风险……8
四、应当选择实施乡村振兴战略的突破重点……9
第二章　四川乡村振兴战略构想与政策思路……11
一、实施乡村振兴战略的历史逻辑与现实依据……11
二、新时代实施乡村振兴战略的重大意义与内涵特征……14
三、四川实施乡村振兴战略的重大现实需求……18
四、四川实施乡村振兴战略目标、战略重点及需要把握的重大关系……21
五、四川实施乡村振兴战略的“五化”推进路径……26
六、四川实施乡村振兴战略的“三要素”激活机制与政策设计……35
七、四川加快实施乡村振兴战略的四点建议……38
八、四川实施乡村振兴战略的保障措施……40
第三章　实施乡村振兴战略的短板制约与战略任务……45
一、四川实施乡村振兴战略的现实基础……45
二、四川推进乡村振兴面临的短板制约因素……47
三、四川实施乡村振兴战略的重点任务……49
第四章　农业大省向农业强省跨越的战略选择……53
一、四川向农业强省跨越背景的再认识……53
二、四川建设“农业强省”的内涵与特征……58
三、四川向农业强省跨越的短板制约……61
四、四川向农业强省跨越的总体思路……64
五、四川向农业强省跨越的战略路径……67
六、加快推进四川向农业强省跨越的政策建议……74

专题篇：四川乡村振兴的重点问题

第五章　乡村振兴与要素流动……79
一、我国城乡要素交换关系与乡村发展的历史演进……79

二、城乡要素流动在乡村振兴中的理论意义和现实作用 ……83
三、四川城乡要素流动与乡村发展的阶段性特征 ……85
四、四川促进城乡要素流动、培育乡村振兴新动能存在的主要矛盾与现实问题 ……89
五、四川促进城乡要素流动、培育乡村振兴新动能的战略构想 ……94
六、四川促进城乡要素流动、培育乡村振兴新动能的对策建议 ……98
第六章　乡村振兴与农业经营方式创新 ……104
一、农业共营制：破解农业发展多重约束 ……104
二、崇州农业共营制财政支出分析 ……109
三、崇州农业共营制绩效评估：方法与指标 ……113
四、崇州农业共营制绩效评估：数据分析 ……116
五、崇州农业共营制绩效的制度分析 ……123
六、崇州农业共营制演进面临的制度性约束与对策 ……126
第七章　乡村振兴与绿色兴农 ……130
一、绿色兴农的内涵要义与发展背景 ……130
二、四川绿色兴农的资源条件判识 ……133
三、四川绿色兴农的发展现状及存在问题 ……136
四、四川绿色兴农的战略框架与重点突破 ……140
五、四川绿色兴农的政策支撑体系 ……146
第八章　乡村振兴与粮食安全 ……149
一、现实挑战：粮食产业面临多重困境 ……149
二、新津实践：重构现代粮食产业发展模式 ……151
三、实践价值：创新现代粮食产业发展机制 ……155
四、重要启示：调整优化粮食产业发展思路 ……157
第九章　乡村振兴与农村集体经济再造 ……159
一、发展困境：贫困山区集体经济发展的共性难题 ……159
二、实践探索：珙县寻找集体经济发展新路 ……161
三、内涵特征：珙县样本的深度解析 ……164
四、理论贡献：珙县样本的价值意义 ……166
五、基本启示：珙县样本的创新经验 ……167
六、推广应用：珙县样本的政策借鉴 ……168

实践篇：四川乡村振兴的实现路径

第十章　成都实践：深化农村改革增强乡村振兴动能 ……173
一、以改革促进成都乡村振兴动能转换迫在眉睫 ……173
二、以五大重点改革破解乡村振兴的关键制约 ……174
三、以全面深化改革为突破充分释放乡村振兴新动能 ……176

第十一章　郫都区实践：高位求进的乡村振兴……179
一、现实挑战：乡村振兴面临多重困境……179
二、阶段特征：转型发展需求极为迫切……181
三、郫都区实践：扬优补短，探寻高位振兴……182
四、实践价值：创新乡村振兴发展机制……185
五、发展需求：深入优化顶层制度设计……187
第十二章　荣县实践：探索丘区乡村振兴创新路径……189
一、丘区乡村发展呈现的普遍性特征……189
二、丘区乡村振兴面临的共同性挑战……190
三、荣县破解丘区乡村振兴难题的主要进展和成效……191
四、荣县推进乡村振兴的创新性探索……192
五、深化荣县实践经验的推广性建议……195
第十三章　汉源实践：创新山区乡村振兴发展模式……198
一、山区乡村发展的总体特征与现实困境……198
二、山区乡村振兴的汉源实践……199
三、山区乡村振兴汉源实践的创新性解释……200
四、汉源实践的普适性价值……206
五、推广汉源乡村振兴经验的政策建议……207
第十四章　沐川实践：贫困地区乡村振兴路径选择……209
一、贫困地区实施乡村振兴面临五大特殊难题……209
二、贫困地区乡村振兴的沐川实践……209
三、贫困地区借鉴沐川经验的五点建议……212
第十五章　绵竹实践：创新资源开发转型区乡村振兴机制……214
一、资源开发转型区实施乡村振兴战略面临的共同性挑战……214
二、绵竹推进乡村振兴的创新性探索……216
三、绵竹推进乡村振兴的机制创新……220
四、绵竹乡村振兴实践的价值启示……222
五、绵竹乡村振兴实践的政策借鉴……223

对策篇：四川乡村振兴的政策设计

第十六章　乡村振兴应当防范的主要挑战……229
一、防止行政化推动……229
二、防止超高速推进……229
三、防止高标准攀比……230
四、防止同构化加剧……230
五、防止小农被挤出……231
六、防止二元化加重……232

七、防止静态性谋划······232
第十七章　四川省引导农民工返乡增强乡村振兴人才支撑的政策措施······234
一、四川省乡村振兴中人才问题的基本判断······234
二、四川省农民工返乡面临四大外部障碍······235
三、引导农民工返乡需要更精准有效的政策措施······237
第十八章　推动脱贫攻坚与乡村振兴有效衔接的政策选择······239
一、脱贫攻坚与乡村振兴有机衔接面临五大共同性挑战······239
二、贫困地区脱贫攻坚与乡村振兴的接续和衔接面临三大困难······240
三、推动脱贫攻坚与乡村振兴有机衔接的政策选择······241
四、推动脱贫攻坚与乡村振兴有机衔接亟待五大重点政策突破······243
第十九章　深度贫困地区完成稳定脱贫和全面小康双重任务的应对策略······246
一、深度贫困地区仍然面临四大挑战性矛盾······246
二、破解突出问题的四大应对策略······248
第二十章　成都市高位推进乡村振兴面临的主要挑战及政策建议······251
一、成都市推进乡村振兴的总体评价······251
二、成都市实施乡村振兴战略需要实现关键突破······253
三、成都市高位推进乡村振兴面临的主要挑战······255
四、成都市高位推进乡村振兴的对策建议······258

参考文献······262
后记······265

战略篇：四川乡村振兴战略研究

第一章　实施乡村振兴战略的理论思考

党的十九大报告提出的实施乡村振兴战略引起了广泛关注和高度重视，在当前这个时间节点提出这一全新的战略构想，无疑极具针对性，值得深入思考并从新的战略高度予以把握。

一、实施乡村振兴战略的必要性

显而易见，实施乡村振兴战略不应只是基于我国城乡差别仍然较大、农业和农村发展严重滞后于城市等问题，这些问题虽然存在并且不容忽视，但究其本质来看，上述矛盾是长期存在的老问题，并非现在才突显和更加尖锐的。相反，在整个宏观经济下行的压力仍在持续加大的严峻形势之下，我国农业和农村的发展在一定意义上堪称“一枝独秀”，不仅现代农业的整体水平在持续提升，农民人均收入增速持续快于城镇居民，而且新农村建设的强度和力度前所未有，减贫规模和成果不断创造奇迹。这些基本事实表明，中国的农业和农村总体上是持续发展的，在此背景下基于现实问题导向提出全面实施乡村振兴战略，说明农业和农村在持续发展的过程中患上了急需诊治的疾病，俗称“乡村病”，“乡村病”的日益加重不仅在一定程度上正在侵蚀改革开放以来在“三农”领域付出艰辛努力所取得的巨大成效，影响和削弱农业农村自身的发展能力，而且还将不可避免地产生不利的全局性影响，危及中国经济社会的整体性稳定。

就现实看，下述突出的“乡村病”虽然是发展中的问题，但的确值得高度重视。

（一）要素非农化

土地、劳动力、资金等基本生产要素持续大规模由乡村向城市单向流动，一方面，粗放的土地城市化虽有所遏制，但矛盾仍然突出，耕地大规模减少的矛盾不仅表现在数量上，同时还表现在质量上，高速工业化、城市化推进中所吞噬的主要是良田沃土，对农业现实生产能力的损害极为严重。另一方面，农业劳动力特别是素质相对较高的青壮年劳动力仍然主要是离乡进城的主力军，严重失衡的劳动力流动趋势依然未能逆转，这一发展态势事实上是在从根本上损伤现代农业的发展根基。此外，当前农村资金总体短缺，金融抑制矛盾依然尖锐，农民获得金融服务仍然十分困难。几乎所有农村金融机构都存在存贷差现象，农村稀缺资金仍然大规模向外部流失。

（二）劳动力老龄化

由于主要受人口外部非均衡流动的影响，我国农村人口老龄化问题比城市更为突出，未富先老的矛盾十分尖锐。大多数农村地区实际务农的劳动力平均年龄高达 60 岁，劳动力老龄化矛盾加剧不仅直接带来因供给不足而不断推高农业人工成本的问题，而且促使老龄化的农村家庭由多种经营方式向单一经营方式转变，为自食而种地引致商品经济向自给经济倒退，结果是农业的兼业化和粗放化不断发展，“谁来种地”成为普遍性的突出矛盾。还值得关注的是，农业劳动力老龄化进一步拉低了农业劳动力的教育水平，对农业技能培训产生不良影响。而自给性的农业生产取向使老龄劳动力缺乏有效技术需求，对采用新技术、新品种持保守态度，“如何种地”同样成为普遍面临的严峻挑战。

（三）农村空心化

农村空心化是一个由于农村人口过度向外部流失引起的农村整体经济社会功能综合退化的过程，其典型表现是农村人口急剧减少，农村住房大量空置，农村公共服务有效需求显著降低，乡村社会治理水平同步下降，部分自然村落出现总体性衰败甚至消亡的现象。如果从宏观的历史发展趋势审视，因农村人口减少造成部分村庄衰落是现代化进程中的一个共同趋势，是实现我国经济转型发展必然要经历的阵痛和付出的代价，但合理的制度安排和政策设计应当是力求使阵痛期更短和所付出代价更小，假如任由农村空心化无限制地恶性扩展，必然会产生不利于农业和农村稳定发展的负面影响。短期内农村人口特别是青壮年劳动力的过度流失，将直接导致土地经营粗放化，进而形成影响农业产业升级的障碍，甚至还会产生向自给性农业倒退的现象。此外，在人口非均衡流动的背景之下，农村空心化带来的并非单纯是农民数量减少的问题，而是同时伴随着严重的农村内部社会结构失衡矛盾的加剧。老龄化、妇孺化与农村空心化相互交织，造成农村社区邻里互助传统削弱、优秀乡村文明衰减及农村社会结构稳定性遭受破坏，社会治理面临巨大挑战。

（四）环境污损化

必须清醒地认识到，中国经济的快速增长付出了巨大的生态代价，而且对农业和农村的影响同样十分严重。我国农村不仅水土流失面积仍然在扩大，土地荒漠化的矛盾也十分尖锐，特别是环境污染已经成为最为严重的问题。其一是废弃物的污染，我国农膜的回收率和秸秆还田率都很低，农膜不能降解，直接危害土壤结构，大规模焚烧秸秆则会造成严重的大气污染，同时，目前规模化养殖业的快速扩张使农村面临的面源污染比过去任何时候都更为严重，而且治理难度不断加大。其二是生活污染，过去很多农村的生活用水排放后可以自然净化，但是现在大量使用的洗衣粉、消毒液等不加任何处理就进入沟渠、耕地，造成日趋严重的水体和耕地污染。生活方式的改变使农村生活垃圾数量激增，其中绝大部分垃圾未经过任何处理，成为导致农村环境恶化的又一重要根源。其三是投入品的污染，我国农业增长过度依赖化肥、农药投入的格局总体上仍未扭转，化肥和农药投入量大，利用率低，大量直接进入水体和土壤，致使农村环境污染问题日趋加重。农村生态环境红灯的全面拉亮，不仅在一定程度上危及农民自身的基本生存，而且使农产品质量安全的矛盾持续加剧，这一现实问题已十分严峻。

事实上，上述“乡村病”虽然表征突出并且在一些方面还表现为有所加重的趋势，但总体上是显性的，来自社会的基本认识是相对一致的。除此之外，还有三方面的现实性严峻挑战尤需高度关注。

第一，不均衡发展。就产业看，现代农业的总体水平虽有较大幅度提升，但极为显著地表现出较大的地域差异。在城市郊区、农业基础生产条件优越和交通相对便捷区域，各种现代农业模式正以相当快的速度呈扩张性规模增长，而在偏远的传统农区，农业结构的转型提升不仅没有实质性进展，而且许多区域还存在向自给性生产方式退化的逆向调整特征，由于缺乏劳动力和缺失产业支持政策，这些区域相当部分农户家庭又被动地回归到低投入、低产出的传统小农经济模式。正因如此，当前我国面临着一些地区现代农业加快发展与另一些区域传统的精耕细作农业趋于衰落两种趋势并存的严峻现实，农业产业发展的区域失衡矛盾十分突出。

就区域看，农村内部区域发展不平衡的矛盾同样十分严重。如上所述，在经济增长过程中，部分农村人口不断离开，部分自然村落逐步趋于消失，这是城镇化发展的不可逆的内在规律，是一个世界性的共同现象，中国不可能例外。但问题的关键是，即便部分人离开了，土地也不能荒芜、产业也不能萎缩、留守人口的经济收入和公共服务水平也不能降低。发达国家的历史经验证明，农村人口的减少并非注定逃不脱乡村衰退的厄运，在人口数量持续减少的同时同样可以保持乡村稳定并完成现代化过程。但我国现在面对的严峻现实是，在许多地区特别是区位条件差和交通不便的偏远农村，伴随人口外流的是乡村全面性的深度衰退，农村空心化与土地荒芜、粗放经营、产业萎缩在同一区域同时发生，在空间上完全重叠，与相对发达区域新农村建设所实现的深刻变化构成巨大反差。

毫无疑问，农村内部严重的产业和区域发展双重失衡的严峻现实尽管具有阶段性发展特征的内在必然性，但当这种失衡超过合理限度而对全局性稳定增长过程构成威胁时，就必然会成为需要及时解决的紧迫性重大问题。因此，乡村振兴战略的实施绝不能仍然单纯是选择性地锦上添花，进而继续加重农村内部业已严重发展的失衡现象。相反，乡村振兴战略的实施应更加关注产业发展滞后和乡村衰退严重的地区，突出重点，弥补短版，雪中送炭。

第二，短期化增长。虽然我国现代农业在原有基础上实现了长足发展，但由于相应的制度缺失，缺乏完备的约束机制，产业发展过程中的短期化仍是一个较为突出的问题。许多地方政府仍然习惯运用非市场手段直接干预农业产业发展过程，求大求快，偏好规模，不仅加剧供需脱节矛盾，而且成为为追求产业发展短期利益而不惜拼资源、拼环境行为广泛存在的重要诱因。对各类生产者而言，由于缺乏有效的约束和监管机制，在利益最大化的驱动之下，许多方面的短期化行为更是形成恶性发展，主要靠增加化肥、农药施用量，大量使用膨大素、瘦肉精等增加收入。正因如此，尽管近年来我国现代农业在产业结构优化、生产规模扩大和装备水平提升等重要方面成效显著，但的确不能过度满足于已有的进展，因为农业总体上还缺乏稳定的长效化产业发展机制，由此诱发的农产品质量问题和农村环境恶化问题，无疑是农业短期化行为蔓延酿成的两大恶果，也是当前推进农业供给侧结构性改革和实施乡村振兴战略必须要破解的关键性难题。

在推进新农村建设中，短期化的问题同样不容忽视，行政推动、大拆大建，为整齐划一的新村建设不惜毁损乡村自然风貌，牺牲独特的乡村价值，冲击乡村文化和传统治理体系。此外，当前精准扶贫战略实施的短期化取向也是需要高度重视的问题，重物质投入轻能力建设、重行政手段轻市场机制、重发展轻改革，都是当前脱贫攻坚中具有共性的突出问题。

第三，虚假性繁荣。在现代农业发展和新农村建设中，各地都付出了巨大努力，实现了多样化的突破性进展，发生了一系列极为深刻的重大变化，这些成就都是不容置疑的。但是不能不看到，因为制度性等原因的影响，有的地方现代农业和新农村的发展表现为华而不实的虚假性繁荣，有增长之形而无发展之实。一些连片集中的现代农业产业园和很多规模庞大的龙头企业，其现代化程度和农业装备水平与任何发达国家相比也毫不逊色，但是如果撇开华丽的现代高端表象，深寻其背后的生存发展机理，就会发现这些产业园区和龙头企业远超其实际能力的先进的现代化外壳实际上主要是由巨量财政补贴性投入“制造”出来的，虽然看起来很美，但有产出无盈利，赔钱赚吆喝，离开财政保姆式的支持就没有基本的市场生存能力。许多进入农业领域的龙头企业事实上是“项庄舞剑，意在补贴”。不合理的财政补贴方式扭曲了这些企业的行为方式，生产规模越大，补贴力度就越强，报的项目越高端，获得的支持资金就越多，导致相当一部分龙头企业可以不考虑投资的市场经济性，不重视基本的投入产出比，认为只要有现代化外部形象就能生存，能吸引眼球就可以获取财政性资源。据此可以判定，局部地区现代农业发展表现为虚假性繁荣的现象是客观存在的，其危害不仅对我国农业通过现代化改造提升市场竞争力构成了延缓性消极影响，而且使补贴政策不合理带来的财政支农资金低效使用的问题更为突出，加剧了财政支农资金严重不足的矛盾。

在考察新农村建设的具体实践中，虚假性繁荣的现象同样存在，在一些地区，为建新村而建新村，脱离现实需求，过度强调提高集中度，以较高的建房补贴把部分已外迁农民的有限积累导向于原居住地的农房建设，虽然满足了地方政府打造美丽乡村样板的需要，但其实际居住功能的发挥受到直接影响，有的甚至出现新村建成之日就是闲置之时的现象，同时，部分全新打造的农民新村也表现出一定的空心化态势，这显然是一个极其不合理的经济现象，因此在实施乡村振兴战略中需要深刻总结其中的经验教训。

“乡村病”和不均衡发展、短期化增长、虚假性繁荣等隐患的共同影响，使得我国农业在持续增长中越来越难以满足人民群众不断增长的优质安全农产品需求，乡村在不断改造中面临越来越大的保有良好生态环境的巨大压力，农民在收入日趋多样化的同时实现稳定增长的难度不断加大。乡村振兴战略正是基于这样的宏观背景提出来的，因此，乡村振兴战略在确切意义上应当是以优先发展和城乡融合为基本支撑，重点解决农业和农村发展中的突出问题，补齐现实短版，破解重大难题。

二、乡村振兴战略路径选择

综上，乡村振兴战略指向是十分清晰的，关键是如何选择战略路径，如果路径选择不当，就会走入歧途，以致后患无穷，这方面过去有非常多的历史教训值得汲取。

从宏观层面看，基于当前现实需求的乡村振兴应当选择四个方面的关键性战略路径。

(一)以深化改革为基本动力

乡村振兴必须在更深层次上从城乡两端全面激活资源，释放制度潜能。中国的改革是从农村起步的，农村改革不仅实现了农业和农村自身的历史性巨变，而且为中国经济整体的改革发展提供了极为重要的基础性支撑。就当前乡村振兴战略的实施而言，根本性的动力源仍然是改革，小改小调的改良式推进方式是不足以从根本上解决不均衡发展、短期化增长、农村空心化等深层矛盾的。因此，深化改革是乡村振兴的重中之重，只有加大深化土地制度改革、农业经营制度改革、集体经济产权制度改革等关键领域的改革力度，更具针对性地优化和创新农业支持政策及农村公共政策，才能有效释放改革红利，破解发展难题，通过双向激活城乡资源构建乡村振兴新的发展动能。

(二)以市场机制为基本支撑

尽管乡村振兴需要政府和市场两种力量共同发挥作用，但市场机制的力量应当是基础性和决定性的，政府在制定振兴规划和支持政策、建立监测评估机制等方面的重要作用当然是不可替代的，但政府的作用范围应当有所限制，不应无所不能，不可无所不为，特别是不能再度以超强的行政手段、高度集中和分配资源的方式来推进乡村振兴，绝不能以损害乡村发展中要素配置机制和产业发展中的市场运行制度为代价来实施乡村振兴。强化行政干预的非市场化推进方式虽然也能轰轰烈烈地在短期内见到成效，但由于没有长效性的市场制度支撑，其推进过程必然缺乏基本的稳定性和持续性，或者只能高成本打造无法复制推广的典型样板，或者短期取得的示范成效因支持政策不能持久延续而发生显著的效应衰减。乡村振兴战略本身具有的全面性和长期性特征内在地决定了必须主要依赖完备的市场机制加以持续推进，如果以改革倒退为代价逆向而行，则必然会产生长期性的制度危害。

(三)以城乡融合机制作为基本手段

乡村振兴不是封闭的，不能只是局限在乡村内部重建和提升。新的历史条件下的乡村振兴必然是开放性的，必须有城乡双重资源的集合和集成，既有农村内部资源的激活集聚，也有城市外部资源的整合进入。城乡融合并非仅是统筹城乡条件下的发展资源数量并进行分配的过程，不是一块蛋糕在城与乡之间如何分配的问题。进一步而言，乡村振兴不应该是城对乡的恩赐式的福利给予，也不应该是乡对城的被动式的资源接受，更不是强势的城市对弱势的乡村新一轮肆无忌惮的利益剥夺。城乡融合至少应包括城乡资源平等的自由交换、城乡产业一体化的共同发展、城乡形态差异化的互利性共存三方面的主要内涵。因此，通过城乡融合实现互利共赢是乡村振兴战略的基本要求，不管是要素融合、产业融合、还是空间融合，构建城乡一体融合发展的体制机制都是关键性的制度支撑。从另一角度看，以城乡融合实现乡村振兴具有多元政策目标，不仅要保障原有户籍乡村人口的基本权利和利益，而且也要保障新进入乡村发展群体的基本权利和利益。乡村振兴虽然要承担对传统乡村进行现代化改造的历史使命，但绝不是对立式地以城市元素代替乡村风貌，以城市文明取代农村文明。

（四）以发展提升为基本指向

乡村振兴是基于破解现实矛盾的新的战略构想，主要是通过深化改革和创新政策解决乡村发展中各种紧迫性的突出问题。因此，乡村振兴不是简单地、不加区分地全盘否定现实重回传统的乡村社会。现在存在一种对改革以前甚至更长历史时期以前的男耕女织、炊烟袅袅、鸡鸣狗吠的传统乡村生活近乎诗意般的怀旧幻想，有意或无意抹掉了当时条件下极度饥饿和穷困的严酷事实。虽然在生态矛盾加剧背景下传统乡村曾经无污染的生活环境的确很有回归吸引力，但在当今日益注重生活品质和生活便捷度的新的消费需求影响之下，无发展地、原汁原味地回归生产和生活方式都极为落后的传统乡村，既是十分困难的，也是不可取的。在新的历史阶段，乡村振兴必须是发展中的振兴，是现代条件下从传统乡村向现代乡村的根本性转型发展，是城乡深度融合下乡村功能的全面发展和提升。在推进乡村振兴过程中要有更好的产业发展基础，要有基于适度规模的新的产业构成和经营方式，要有效培育乡村旅游、康养农业、创意农业、农业电商等新的业态；要打造更优美的乡村空间形态和更高质量的社会公共服务，要创建更优质的生态环境和实现更好的文化传承。

三、需要防范推进乡村振兴的潜在风险

从根本上看，乡村振兴是全新战略理念下的创新型发展，必须选择新思路、启用新方法，乡村振兴不应是原有“三农”工作的简单加强版，不能“新瓶装旧酒”，以老手段对付新挑战。目前，乡村振兴热潮遍及所有农村区域，各地政府热情高涨，响应及时，动作快捷，表现出希望尽快改变乡村发展现状的很强的机遇意识和行动能力。但是，在普遍的发展热潮中尤其需要有冷静的理性思考，必须在深刻吸取已有教训的基础上进行防范潜在风险的预警性分析。

概括而论，下述四个方面的潜在风险需要重视和有效防范。

（一）防范过度行政化

要防止单纯利用行政手段来下指标、定任务，求多求快，求大求全，超越现实基础，不充分考虑区域差距和差异的现实约束，人为提档加速，追求短期速效；或者简单化地采用熟悉的老思路和旧方法，统一要求、一刀切推进，仍然热衷于不计成本地塑造典型，打造样板；或者不惜以与改革方向背道而驰的方式收回下放的权力，重新集中掌控资源，通过强化行政干预能力来快速实现政绩化的乡村振兴。

(二)防止过度形式化

要防止在推进乡村振兴过程中出现重物不重人的偏向，如不坚持以人为本，不能把维护农民和农村社区基本权益视为实施乡村振兴战略的核心要求，相反把建房修路放在突出位置，打造外部环境比促进人的全面发展更显重要，甚至只注重简单移植城市文化元素，把咖啡屋、小酒馆、外国农庄、异域城堡等盲目导入乡村，使乡村振兴蜕变为失去吸引城市居民所独有的异质性文化特征的异化过程。

(三)防范过度产业化

乡村振兴要防止在乡村所有领域进行产业覆盖，特别是在新村建设过程中，相当数量的新村聚居点最重要的功能应当是生态宜居，并非所有村落的改造提升都需要或者能够发展休闲、观光、度假等乡村旅游产业，任何产业发展都客观存在供求平衡的市场规律，虽然农业与乡村旅游的一、三产业融合具有较大的发展空间，但同样需要防止主要由行政力量推动的超越现实需求的过度扩张，造成因产业供过于求带来的严重的利益损失。

(四)防范过度外部化

在新的历史条件下，乡村振兴是一个开放性的发展过程，不能主要依靠乡村内部有限的自积累加以推进，当然也不可能完全依靠政府的财政投入予以支撑，吸引城市社会资本进入将是一个无法回避的重要选择，大量实践证明，合理引入城市资本进入乡村发展领域具有难以估量的巨大资源激活效应。但是城市资本的进入应当是有门槛和受管控的，如果无条件和无限制地引入城市资本，农民、农村集体经济组织在这个过程中被严重边缘化，甚至被无情挤出，农村稀缺的土地和生态资源再次被低价剥夺，这样的乡村振兴的持续性和稳定性必然会受到严峻挑战。

四、应当选择实施乡村振兴战略的突破重点

乡村振兴涉及产业发展、村庄建设、社会治理、生态保护和文化传承各个重要方面，既面临原有矛盾的累加，又存在新挑战的出现，任务十分繁重，必须瞄准重点，注重选择，在关键领域和重点方面率先突破，实现循序渐进地稳定推进。

基于对现实基础条件的分析和判断，本书认为当前推进乡村振兴应当以构建四大机制为突破重点。

(一)以乡村振兴规划体系为先导的约束机制

当前，一些地方的乡村发展之所以乱象丛生，是与乡村规划缺失或缺乏基本约束力直接相关的，推进乡村振兴如果依然有激励而无约束，那么已有的乱占滥用土地和加重环境压力等混乱现象就可能在外部资本大规模进入的背景下变本加厉地发展。因此，在城乡人

口双向流动已经成为常态，过去以户籍决定的乡村固化的居住形态逐步发生改变的新的背景下，必须坚持规划为先、规划导向、规划约束，应当依据一定区域产业发展和人口变动的未来趋势，从科学重塑乡村地域空间系统的战略高度，全面制定和优化乡村振兴规划体系。特别是要加快编制不同区域全覆盖的村庄空间布点详规，强化约束力和执行力，对乡村振兴中的农业产业布局、村庄空间优化以及资源和环境保护发挥关键性的引领及约束作用。

（二）以土地制度改革为重点的动力机制

农村土地资源是当今中国农村最具潜力的自然资源，通过深化承包地“三权分置”改革、承包地退出改革、宅基地退出改革和集体经营性建设用地入市改革等一连串重大的关联性改革，不仅可以为受现代农业发展和乡村重建吸引的城市资本打开新的投资空间和渠道，而且能够推动并激活农村要素与促进城市资本下乡高效对接，为严重缺乏投资的乡村带来动力强劲的社会资本。以土地制度改革为引爆点，城乡双向释放能量，牵一发而引动全身，催生并实现乡村产业重构、乡村集体经济组织重构、乡村聚落形态重构、乡村治理模式重构等一系列全方位的深度变化。

（三）以优化政策体系为关键的支撑机制

乡村振兴是以城乡融合为基本手段的重大战略选择，如果不能更进一步突破性地打破城乡二元体制，实现城乡之间发展要素的平等对流，基础设施、公共服务和社会治理的平等覆盖，那么乡村振兴的实质性推进将是十分困难的，或者也只能是徒有其表的“表面文章”。实施乡村振兴战略必须突破原有的城市与乡村相互分离脱节的两套政策框架，要以城乡一体的政策融合为基本指向，重点在构建与乡村振兴相适应的新的政策体系上实现突破，要在对现有相关政策进行有针对性的分析评估的基础上，主要从政策优化、政策整合、政策创新三个维度同时发力，提升政策效力、强化政策合力、消除政策空白，形成能够有效满足乡村振兴需求的体系化的政策方案。

（四）以绿色发展为核心的引领机制

当前农业和农村发展都面临极大的环境压力，要改变以牺牲生态环境为代价的短期化增长模式，实现发展方式的根本性转变，构建绿色生态的新的发展引擎，这也是实施乡村振兴战略的基本要义。当务之急是必须明确目标任务，强化制度约束，在保证农业农村优先发展的基础上重点推进生产、生活和生态“三生”融合发展，要强力实施绿色生产和生活方式，政府导向、自主参与和社会合作三位一体地强化乡村人居环境综合整治，通过构建有效补偿机制加大乡村生态环境的保护和修复。在推进乡村振兴的过程中，任何非生态的发展方式都必须以最严格的制度规范加以扼制，绿色发展应当贯穿现代农业和乡村建设的所有环节，成为推进乡村振兴最基本的发展引领。

第二章　四川乡村振兴战略构想与政策思路

在中国特色社会主义事业迈进新时代这一关键节点，以习近平同志为核心的党中央在深刻认识世界城乡关系变化规律和中国特色社会主义建设规律的基础上提出了实施乡村振兴战略，这一战略是着眼于党和国家事业全局，着眼于推进“四化同步”、决胜全面建成小康社会进而实现社会主义现代化强国伟大目标而做出的重大战略部署。本章重点阐述实施乡村振兴战略的宏观背景、重大意义和深刻内涵，对四川实施乡村振兴战略的重大现实需求进行深入分析，提出四川实施乡村振兴战略的总体思路、发展目标、战略重点和实施路径，以及若干针对性政策措施。

一、实施乡村振兴战略的历史逻辑与现实依据

（一）历史逻辑：工业化、城镇化与城乡关系演变规律

工业化、城镇化与城乡关系具有深刻的内在联系，在工业化、城镇化的不同阶段，城乡关系呈现出不同的特征。

在工业化初期阶段，城市工业优先发展。在各个国家推进工业化的初期，农业是当时的主要产业，农村劳动力是当时的主要劳动力，而推进工业化普遍面临的最大问题就是缺乏资本，在这种情况下，许多国家不得不依靠农业为初始工业化提供资本积累，乡村承担着以较低价格供给农产品和劳动力的职能。随着工业集聚作用的增强，农村人口大量流出，成为城市二、三产业劳动力，城镇迅速扩张，对农村要素的吸附作用更加明显。在这一过程中，虽然农业剩余的不断流出给农村造成了不利影响，但转移了大量的农村剩余劳动力，使农村人地关系发生了变化，农村劳动力“过密化”问题得到缓解，农业生产效率提高，传统农村社会逐渐瓦解。

在工业化中期阶段，城乡矛盾激化，城乡关系进入关键拐点。随着农村劳动力的持续流出，在即将达到“刘易斯拐点”但尚未真正到达时，农业农村发展由于优质劳动力的持续流出最容易受到冲击。在这一过程中，如果不能在城乡之间建立有效的要素双向流动通道，为农业农村发展提供必备的资本、技术和专业人才，那么乡村将进入整体衰退期。同时，这一阶段的国家发展道路开始出现分化：部分国家通过国家战略的调整推进制度变迁，构建起适应并促进乡村功能转变的城乡关系；部分国家进入工业化中期阶段后，仍仅靠市场机制实现工农城乡关系的转变，往往导致乡村持续凋敝的严重后果，农业竞争力弱、农村衰败、城市贫民增多，国家发展陷入“中等收入陷阱”。

在工业化后期阶段，城乡关系发生根本性变化，城乡进入融合发展阶段。随着农村要素禀赋的变化及工业剩余的不断投入，农业实现了产业升级、功能转变，农村与城市形成

了相互补充、相互促进的平等发展关系。三次产业融合、产品价值链拓展等生产力层面的进步持续改变着城市与农村的形态和职能，城乡分工和与此相适应的城乡关系均发生根本性变化，农村不仅仅是农产品生产基地、劳动力的“蓄水池”和城市发展的“保险箱”，更承载着生产、生活、生态多元功能，传统的城市发展非农产业、农村发展农业的简单分工以及在此基础上形成的城乡功能差异逐渐减少，城乡工农关系进入良性互动的新阶段。

世界经济发展史证明，一个国家在经历“工业优先发展—工业反哺农业—工农融合发展”实现现代化的历史过程中，并不是一帆风顺的，核心是是否抓住了进入工业化中期阶段后城乡关系发生相应转变的关键时间节点进行政策干预。如果这个时间节点掌握得好，主动调整城乡关系，就不会伴生乡村衰落过程从而影响现代化全局，而如果掌握得不好，任由市场自发调节，就会出现长时期的乡村衰落现象从而阻碍现代化进程。问题的关键在于，从工业、城市优先发展转变到工业反哺农业、城乡融合发展这一过程中，往往会受到制度路径依赖、发展惯性或国际环境的严重影响，从而面临突出的阶段转换界面障碍，难以顺利实现由工业和城市优先发展向农业农村优先发展转变。从当今许多发展中国家的实际情况来看，大多数国家由于转换不成功而长期陷入了乡村衰退和“中等收入陷阱”之中，而成功实现工业化、现代化的国家则无一不是在进入工业化中期后，主动调整国家发展战略，制定农业农村支持保护政策，通过政府宏观调控引导要素流向农业农村，及时阻断乡村衰落趋势，实现城市发展与乡村振兴的良性互动。

中华人民共和国成立到改革开放前后的很长一段时间里，工业化和城镇化也是靠农业为工业化提供积累、农村支援城市的方式推进的。在改革开放之前主要通过工农产品的“剪刀差”为工业化提供农业剩余，在改革开放之后主要通过城乡要素的单向流动和不平等交换为工业化提供积累和为城镇化提供要素支撑。21 世纪以来，我国基于已经进入工业化中期的重要判断，提出了城乡统筹和城乡一体化的发展思路，“中央一号”文件数次聚焦“三农”问题，这对推动农村发展、增加农民收入起到了重要作用。但是，由于体制机制的不完善，城乡统筹的实际推进仍然是工业化、城镇化在统筹农村，把农村的土地等要素过度统筹到城市建设中，形成了一些地方的土地财政和城市快速扩张的格局，而农村只是被动地接受工业化、城镇化的统筹和辐射，并没有很好发挥农村的能动性和主动性。

党的十八大以来，我国工农、城乡关系调整又到了一个极其关键的时间窗口：一方面，我国工业化已经进入中后期，在经济发展新常态下增长速度放缓，部分传统行业生产能力过剩，创新驱动增强，发展动能发生转变；另一方面，我国城镇化率已经达到 57.3%，农村可转移的劳动力趋于减少，人口红利逐步消失，不仅城市出现结构性的用工短缺问题，农村也出现了劳动力短缺现象，“大城市病”和乡村衰落并存，且不断演绎和发展。在我国已迈入工业化、城镇化的关键节点，必须遵循工业化、城镇化推进过程中工农城乡关系的演变规律，通过发展战略的重大转变对市场进行引导和调控，对城乡关系转变的内在要求做出积极回应。实施乡村振兴战略，正是根据对世界城乡关系变化规律的深刻把握和我国工业化、城镇化与城乡关系变化的新特征而做出的重大战略选择。

（二）现实依据：乡村衰退现象继续发展

为防止农村衰退现象持续发展，我国近十多年来持续增强支农惠农力度，有力支撑了农业农村的发展，现代农业整体水平持续提升、农民人均收入持续增加、新农村建设持续推进、扶贫攻坚工作持续取得成效。但是，仅仅依靠财政资金和国家政策性优惠很难实现农业农村的长期持续发展，要素非农化趋势仍未改变、农村劳动力老龄化日趋严峻、农村空心化问题仍在发展、乡村生态环境压力不断增加及农产品质量安全缺乏保障等问题依然突出，甚至存在愈发严峻的趋势，“大城市病”和农村衰落在全国不同区域已经同时显现，威胁着国民经济的持续健康发展。

1. 要素非农化趋势仍未改变

近年来，虽然城乡要素双向流动和互动的趋势有所显现，但没有从根本上改变土地、劳动力、资金等基本生产要素持续大规模由乡到城单向流动的格局，土地、劳动力和资本非农化问题仍继续存在。从土地要素来看，在严格的耕地保护制度下，城市化对耕地的侵占由显性的数量减少转变为隐性的质量下降。从劳动力要素来看，农村素质较高的青壮年劳动力仍大规模离土进城，而返乡就业创业的劳动力较少，导致农村流入与流出劳动力比例严重失衡，传统农业“谁来种地”与现代农业“谁来经营”的问题亟待破解。从资本要素来看，农村金融抑制问题依然存在，农业发展仍主要依靠财政资金投入，职业农民、家庭农场以及合作社等新型农业经营主体的融资能力有限，社会资本参与农业农村现代化进程的功能作用仍然不足。

2. 农村劳动力老龄化日趋严峻

受人口非均衡流动的影响，我国农村人口老龄化的问题比城市更为突出，未富先老的矛盾更加尖锐。劳动力老龄化矛盾加剧，不仅直接带来因劳动力供给不足而不断推高农业人工成本的问题，而且促使老龄化的农村家庭由多种经营方式向单一经营方式转变，为自食而种地导致商品经济向自给经济倒退，农业兼业化和粗放化不断发展，“谁来种地”成为普遍性的突出矛盾。尤其值得关注的是，劳动力老龄化一方面限制了农业技能培训的效果，进一步拉低了农业劳动力的教育水平，另一方面，老龄劳动力往往具有“生存小农”特征，对采用新技术、新品种持保守态度，严重限制了农业经营方式的转变。

3. 农村空心化问题仍在发展

农村空心化是由于农村人口过度外流引起的农村整体经济社会功能综合退化的过程，其典型表现为农村人口急剧减少、农村住房大量空置、农村公共服务有效需求显著降低、乡村社会治理水平同步下降、部分自然村落出现总体性衰败甚至消亡现象。从宏观的历史发展趋势审视，因农村人口减少造成部分村庄衰落是现代化进程中的共同趋势，但如果不通过合理的制度安排和政策设计加以引导而任由其无限制地恶性扩展，将对农村和城市产生不利影响。农村空心化往往与农村劳动力老龄化、妇孺化问题相互交织，造成农村社会结构失衡、社区邻里互助传统削弱、优秀乡村文明衰减，社会治理面临巨大挑战。

4. 乡村生态环境压力不断增加

快速的经济增长已经使我国付出了巨大的生态代价，这一问题在农业农村领域尤为严重。长期粗放式生产产生的农业废弃物和投入污染以及基础设施供给不足导致的生活垃圾污染给农村生态环境带来了极大压力：从农业废弃物的污染看，我国农膜回收率和秸秆还田率很低，农膜弃置田间直接危害土壤肥力，秸秆焚烧则造成空气污染，同时，规模化养殖业发展带来农村面源污染风险；从农业投入品的污染看，我国农业生产过程中的化肥、农药的使用量仍未得到有效控制，这些投入品大量直接进入水体和土壤，造成农村水源污染、土壤板结等突出问题；从农村生活垃圾的污染看，随着农村生活方式的变化，塑料袋、洗衣粉、消毒液等化工产品用量剧增，在处理能力不足甚至缺失的条件下，生活污水直接排入沟渠、河道，固态垃圾堆放于田间地头，造成严重的水体和耕地污染。

5. 农产品质量安全缺乏保障

在城市对农产品安全、品质、品牌等需求转型升级的同时，农业供给虽然也在变化，但由于小生产的经营方式转型滞后，并未出现与之相适应的整体调整态势。地方政府仍然以行政手段求大求快，不仅加剧了供需脱节矛盾，而且成为为追求产业发展短期利益而不惜拼资源、拼环境行为广泛存在的重要诱因，各类生产者依靠化肥、农药增加产量，超标使用激素等短期化逐利行为屡禁不绝。消费者对农产品消费需求升级的客观要求与农产品质量安全缺乏保障的矛盾，是当前推进农业供给侧结构性改革和实施乡村振兴战略必须要破解的关键性问题。

在上述现实背景下实施乡村振兴战略，无疑是对我国经济发展模式和发展道路的重大调整，其根本目的就是要解决我国城乡发展不平衡引发的乡村衰退问题，促进农业农村现代化。

二、新时代实施乡村振兴战略的重大意义与内涵特征

乡村振兴战略是中国特色社会主义进入新时代后的重大发展战略，是贯彻新发展理念、建设现代化经济体系的重要内容。乡村振兴战略不仅是农业农村的发展战略，还包括城乡关系、产业结构、社会治理等领域的整体发展，对国民经济持续发展具有重要影响，必须从新时代来理解实施乡村振兴战略的重大意义、基本内涵和主要特征，明确思想认识、战略指向、政策导向和重点内容，为持续有效地推进乡村振兴战略奠定基础。

（一）新时代实施乡村振兴战略的重大意义

1. 从新时代社会主要矛盾的转化理解实施乡村振兴战略的重大意义

新时代我国社会主要矛盾已经转化为人民日益增长的美好生活需要和不平衡不充分的发展之间的矛盾。发展不平衡不充分已经成为满足人民日益增长的美好生活需要的主要制约因素，而城乡发展这个最大的不平衡、“三农”发展这个最大的不充分，严重影响了

人民日益增长的美好生活需要：一方面，农业供给相对滞后，中高端农产品、特色农产品供给不足，人民群众对农产品质量安全的要求难以得到满足；另一方面，部分农村生态环境承载力接近极限，严重影响了人民对美好环境的需要。更重要的是，随着新时代人民对美好生活的需要日益广泛，要求乡村不再仅作为农产品生产基地，其独特的生态环境和生活方式、作为中华文化重要传承和城市精神归属的文化文明价值已成为人民越来越重要的需求，而对这方面的利用和开发不足的问题十分突出。解决人民群众对农产品质量和对乡村休闲、美好环境、历史文化等多方面的需求，需要农业农村的全面发展。实施乡村振兴战略，就是通过农业农村发展体制机制的创新，深度挖掘乡村资源价值、吸引优势要素流向农业农村领域，实现农村经济、政治、文化、社会、生态文明的整体发展。

2. 从新时代实现"两个一百年"奋斗目标理解实施乡村振兴战略的重大意义

没有农业农村的现代化，就没有国家的现代化。"两个一百年"奋斗目标能否实现的核心和关键在于能否实现农业农村现代化。在世界经济发展史上，已经实现现代化的发达国家均消除了城乡二元结构和城乡发展差距，实现了农业农村现代化。从我国发展实际来看，整个国家基本实现现代化进而建设现代化强国的最艰巨、最繁重的任务在农村，最大的困难和挑战在于农业农村现代化。我国是世界人口大国，即使在基本实现现代化、城镇人口超过 70%的条件下，仍有 4 亿多农村人口将生产生活在农村，如果不从现在就开始积极主动进行政策调整，未来留守农村的人口极有可能成为推进农业农村现代化的突出桎梏。因此，在全面实现现代化征程中必须未雨绸缪，从现在开始就要把农业农村发展放在优先地位，通过实施乡村振兴战略推进农业农村现代化，进而实现整个国家的现代化。

3. 从新时代构建新型城乡关系理解实施乡村振兴战略的重大意义

进入中国特色社会主义新时代，经济发展基础条件的变化和社会发展目标的转变客观上要求城乡关系发生新的转变，即由原来的"以工促农"转变为"工农互促"，由"以城带乡"转变为"城乡互补"，由"城乡一体"转变为"全面融合"，由"工农互惠"转变为"共同繁荣"，形成与新时代生产力发展要求相适应的"工农互促、城乡互补、全面融合、共同繁荣"的新型城乡关系。新时代实施乡村振兴战略，必须从根本上改变乡村从属于城市的现实，要求在城镇化进程中决不能忽视乡村的中心地位和城乡关系的平等地位，这是促进城乡共同繁荣、构建新型城乡关系的必然要求。

4. 从新时代推进农村"三生"有机融合理解实施乡村振兴战略的重大意义

乡村衰落的重要表征是农村生产、生活、生态功能的全面衰退和恶性循环。在生活与生产之间，农村人居环境恶化，基础设施和公共服务供给能力不足，宜居性不断下降，对乡村人才流入、产业发展造成不利影响；在生产、生活与生态之间，随着乡村产业发展和居民生活方式的变化，部分地区农村生态环境压力增大，特别是在部分产业和人口集聚区，生态环境已经遭到不同程度的破坏，乡村绿色可持续发展面临巨大考验，反过来进一步恶化了农村生活的宜居性和产业发展的持续性。实现乡村"三生"融合发展，践行"中国要强，农业必须强；中国要富，农民必须富；中国要美，农村必须美"的总体思路，迫切需要实施能够全方位涵盖农业生产、农民生活和农村生态治理的重大战略举措，从根本上改变农业农村发展方式，实现生产、生活、生态“三生”协同发展。通过实施乡村振兴战略，坚定打好“三生融合”发展系列组合拳，建设绿色低碳、高效集约、创业创新的生产空间，宜居舒适、平安健康、幸福和谐的生活空间，天蓝水清、山绿地净、城秀乡美的生态空间，将更加有利于加快形成幸福、美丽、和谐、富裕的新乡村。

（二）乡村振兴战略的内涵与特征

1. 乡村振兴战略的基本内涵

乡村振兴战略不仅是实现农业农村现代化的战略规划，而且是通过城乡、工农关系重构适应生产力发展的客观历史过程。实施乡村振兴战略的总体要求是“产业兴旺、生态宜居、乡风文明、治理有效、生活富裕”，重要路径是建立健全城乡融合发展体制机制和政策体系，内在动力是全面深化农业农村领域改革，战略目标是实现农业农村现代化，基本原则是坚持党管农村工作，坚持农业农村优先发展，坚持农民主体地位，坚持人与自然和谐共生，坚持因地制宜、循序渐进。具体而言，乡村振兴战略的基本内涵包括五个方面。

第一，乡村振兴不仅包括经济的振兴，还要同步实现政治、社会、文化、生态等各方面的全面振兴。“产业兴旺、生态宜居、乡风文明、治理有效、生活富裕”这“20 个字”系统概括了新时代乡村振兴的丰富内容，这是“五位一体”总体布局在农业农村领域的具体体现。与中共十六届五中全会提出的新农村建设的总要求——“生产发展、生活宽裕、村容整洁、管理民主、乡风文明”相比，从生产发展到产业兴旺、这“20 个字”从生活宽裕到生活富裕、从村容整洁到生态宜居、从管理民主到治理有效，都体现了时代的进步和对群众更高期待的回应。

第二，乡村振兴战略不仅是农业农村发展战略，而且是新时代我国经济发展总体战略的重要组成部分。实施乡村振兴战略，是党中央“三农”工作一系列方针政策的继承和发展，是中国特色社会主义进入新时代做好“三农”工作的总抓手。乡村振兴战略以乡村为载体，以农业农村发展为重点，以农业农村全面现代化为目标，但同时应该认识到，乡村振兴战略并不仅仅是立足于农业农村发展的局部战略，而是通过乡村发展激发最广阔地区、最大规模群体的发展潜力，通过乡村的自我发展构建城市经济生活生态圈与乡村经济社会生态圈共同演进，从而摆脱城乡二元经济结构束缚。因此，必须从国民经济发展战略的角度认识乡村振兴战略，把乡村振兴战略作为建设中国特色社会主义的重大战略任务。

第三，乡村振兴战略不是对城市化、工业化进程的阻碍，而是以农业农村优先发展补齐国民经济短板。农业农村优先发展、实现乡村振兴，并不是要以减缓城市化进程为代价，而是工业化、城市化与农业农村现代化互动融合的进一步深化，是以乡村振兴解决城市化过程中出现的各种问题和可能风险，从而实现工业化、城市化与农业农村现代化的良性互动。实施乡村振兴战略，就是要把乡村放在与城市的同等地位，更加注重发挥乡村自身的主动性和内在活力，从而更有效推进城乡均衡发展。

第四，乡村振兴并不是让乡村具备城市功能，而是用城乡融合发展的理念改变以工业和城市发展方式改造农业农村的认知偏差。实施乡村振兴战略，必须承认城乡在形态功能上的差异，尊重城乡分工规律和乡村自然历史文化演进规律，通过激发乡村内源发展动力、优化乡村发展环境以形成更加适应我国生产力发展新阶段的城乡关系。因此，在乡村振兴战略实施过程中特别要避免出现脱离工业化、城市化进程而大推土地整理、大搞集中居住、大兴工程项目等问题。

第五，乡村振兴战略不是以前“三农”工作的简单翻版，也不是彻底否定，而是创新性地继承和发展，是中国特色社会主义进入新时代后乡村发展思路和发展模式的整体转变，是新时代“三农”工作的总抓手。党中央提出乡村振兴战略不是解决当前“三农”问题的权宜之计，而是对城市单向带动农村、工业简单反哺农业发展模式的根本变革。因此，乡村振兴战略内容是多层次、多角度、多领域的，是涉及乡村政治、经济、文化、社会、生态等建设的全方位、全领域、全系统振兴。

2. 乡村振兴战略的主要特征

作为一项关乎中国农业农村发展前景和国民经济发展方向的重大战略，乡村振兴战略具有显著的系统性、长期性、融合性和差异性特征。

一是乡村振兴战略具有系统性。乡村振兴战略是针对乡村全面发展和城乡关系重构提出的总体规划，是农业农村发展全领域的总体部署和建设中国特色社会主义现代化经济体系的重要战略，具有显著的系统性特征。在战略目标上，乡村振兴战略不仅要实现乡村产业之间、经济与环境之间、生产与生活之间的融合，还要实现城镇化工业化发展目标与农业农村现代化发展目标的系统融合，是多元目标的系统集成；在战略内容上，乡村振兴战略要求注重对前期改革内容的应用，注重乡村振兴战略内容与产权制度改革、治理体制改革、规划制度改革等的有效衔接和体系融合。

二是乡村振兴战略具有长期性。乡村振兴战略包含农业农村各个领域的发展内容，对新时代我国城乡关系乃至社会整体经济关系的变化具有深远影响。乡村振兴战略的目标是实现农业农村全面可持续发展，实现城乡关系的优化，最终完成建设现代化经济体系的总体目标。因此，实施乡村振兴战略要秉持长期发展理念，避免急功近利、揠苗助长的短期化行为，从城乡关系新阶段客观需要、现代农业农村发展方向和特征等角度提出新的发展理念，创新发展模式。

三是乡村振兴战略具有融合性。乡村振兴战略不是就农村谈农村、就农业谈农业，而是城市与乡村、农业与非农业实现共同发展的战略，因此乡村振兴战略具有较强的融合性特征。一方面是战略主体的融合。实施乡村振兴战略，就是要在优化政府主体职能的同时积极发挥市场作用，让政府、农民、各类新型经营主体、社会组织等均成为乡村振兴的主体，让市场机制与政府行政职能有机结合起来，形成政府引导和推动下的多元主体共同参与实施乡村振兴的格局；另一方面是发展动力的融合。长期以来，许多地区乡村建设和城乡统筹发展的重要动力是获得农村要素红利，甚至就是获得农村土地指标和要素差价。从可持续发展角度看，依赖土地增值收益所推动的乡村发展是不可持续的，农村的持续发展迫切需要建设动能的转变，由获取土地收益向更加多元、更加可持续的动能转变。乡村振兴战略的提出，就是要从根本上将农业农村发展动力由外源性投入向多渠道共同投入转变，构建多元主体能够共同发力的新的动力机制。

四是乡村振兴战略具有差异性。我国沿海与内地、平原与山区、城市近郊与远郊之间均存在较大差异，地区发展不均衡、农业农村发展基础差异较大的客观事实决定了乡村振兴战略没有统一模式，需要根据不同区域现实条件和农业农村基础探索多样化和特色化的振兴之路。在乡村振兴战略实施过程中，需要充分考虑不同地区的发展阶段、区位条件、要素禀赋等，针对不同类型、不同区域、不同村庄的特点，科学编制和实施符合区域实际的乡村振兴战略规划，让各地探索形成各具特色的乡村振兴道路。

三、四川实施乡村振兴战略的重大现实需求

经过近年来的持续发展，四川工业化已进入中后期阶段，城镇化率接近50%，工业化的发展和城市的繁荣带动了乡村生产生活方式的巨大转变。但是，在推进工业化、城镇化的过程中，四川省与发达地区相比，乡村发展不平衡、不充分的问题仍然相对突出，实施乡村振兴战略的要求更加迫切、任务更加艰巨。

（一）破解短板制约的需求

虽然四川省农业农村领域发展取得了重大成就，但农村发展不平衡、不充分的问题严重制约了四川省经济的全面健康发展，总体上农业仍是“四化”同步的短腿，农村仍是全面建成小康社会的短板，主要表现在五个方面。

1. 人多地少矛盾尖锐，适度规模经营更为困难

四川是农业大省，农业人口众多，但人均耕地面积十分有限。2016年四川省农业户籍人口人均耕地面积仅为0.97亩(1亩≈666.67平方米)，较2010年减少0.23亩，且远低于全国1.45亩的平均标准，人多地少的矛盾十分尖锐。同时，四川省地形复杂多样，多为山地和丘陵，坡耕地面积占比高，土地细碎化严重，机械化和规模化生产难以实现，加之四川省目前仍以传统小规模家庭分散经营方式为主，更容易造成农产品成本过高，农业劳动投入回报率低，实现土地规模经济难度更大，提升农产品市场竞争力受到巨大挑战。

2. 农村空心化和劳动力老龄化问题突出，农村凋敝现象不容忽视

随着城市化的不断发展，四川省不少地区尤其是传统丘区、山区农村人口的外流(特别是青壮年劳动力外流)现象十分明显，农村空心化和劳动力老龄化问题日益严重。四川省每年有2400万农村劳动力外出务工，户籍人口与常住人口的差异近900万人，许多农村地区支撑农业生产活动的主体变成60岁左右的老年人和妇女，“谁来种地”的矛盾不断升级。同时，人口流出使农村房屋大量闲置，农村家庭空巢率持续上升，一些传统村落凋敝甚至走向消亡，乡村记忆消失，文化流失明显。

3. 农村社会发展滞后，社会治理面临新挑战

长期的城乡二元结构和“重城轻乡”的思想，使农村发展一直处于弱势地位。四川农村基础设施薄弱，许多地方农业靠天吃饭的局面仍然没有得到根本改变；与城市相比，农村教育、科技、文化、卫生等公共事业发展滞后，城乡公共服务均等化程度低；集体经济发展滞后，全省没有集体经济收入的“空壳村”“薄弱村”还较多，集体经济组织自身的经营水平、收入水平普遍较低，集体经济组织发育不足，严重阻碍乡村发展；基层组织建设发展滞后，村组干部整体素质不高，党支部和村委会的凝聚力仍待提升；农民的法治意识比较薄弱，现代文明程度低，德治约束力低，自治发展缓慢，村民权利保障落实还需提高。

4. 农民总体富裕程度不高，农村区域之间发展不均衡

从农村发展整体情况看，目前四川省农民总体富裕程度不高，2016 年农民人均可支配收入仍比全国平均水平低 10%。同时，四川省城乡之间、山区与平原之间、贫困区域与非贫困区域之间的差距较大：从城乡差距看，虽然城乡居民收入差距在逐渐缩小，但收入差距绝对值仍较大，2016 年全省城乡居民收入比为 2.53∶1；从不同区域间农村差距看，全省农村发展不均衡问题较为严重，成都平原农村地区与丘陵、山区农村地区发展差距日趋扩大，如成都市农民年人均可支配收入已达到巴中市的 1.87 倍。另外，全省贫困地区所占面积大，深度贫困问题突出，截至 2018 年，全省还有 45 个深度贫困县面临极为艰巨的脱贫任务。

5. 乡村环境退化严重，生态保护亟待加强

四川省农村环境脏乱差仍然是突出矛盾。部分地区资源环境约束偏紧，面源污染问题日益突出，大气、水、土壤污染问题较为严重，农膜、农药、化肥超量使用，全省 50%的畜禽养殖废弃物仍未得到资源化利用和无害化处理，局部地区耕地土壤污染点位超标率达 34.3%，是全国平均水平的 2 倍。乡村人居环境与人民群众对美好生态环境的期待差距较大，生态环境保护和绿色发展任重道远。

面对四川省乡村发展中存在的短板制约，只有通过实施乡村振兴战略，发挥乡村自身的主动性，激发乡村发展的内在活力，瞄准重点难点问题并加以突破，才能助力乡村发展，实现决胜全面建成小康社会、实现现代化的战略任务。

（二）实现发展提升的需求

四川“三农”的发展状况在很大程度上决定了四川省的整体发展水平，“三农”问题是四川省决胜全面建成小康社会的关键因素之一。实施乡村振兴战略，从根本上破解“三农”问题，促进农业发展、农村繁荣、农民增收，是推动城乡共同繁荣、共享发展成果的重大路径，也是实现四川省发展提升的必然需求。

1. 提升四川省贫困地区可持续发展能力

四川是全国 6 个脱贫任务最重的省份之一。在四川脱贫攻坚的关键阶段，农村仍有大

量贫困人口，大部分是老、弱、病、残，自我发展能力普遍较差，且多生活在自然条件恶劣、条件艰苦的彝区、藏族聚居区和边远山区，脱贫成本更高、脱贫难度更大，必须付出超常努力、采取超常举措。同时，虽然四川省脱贫攻坚取得阶段性胜利，贫困发生率从2012年底11.5%下降到2016年底的4.3%，但对四川而言，巩固脱贫成果、防止已经“摘帽”的贫困县、贫困村、贫困户重返贫困的任务依然十分艰巨，与继续脱贫攻坚同等重要，急需增强贫困地区的“造血”功能。实施乡村振兴战略，在继续精准到户的基础上加快深度贫困地区区域整体发展，加大政策、资金、项目等倾斜力度，引导资源要素大规模流向农村贫困地区，并通过市场机制和改革创新活化农村资源，激活农村要素，才能更大力度调动农民主体活力，激发贫困人口脱贫的内生动力，从根本上帮助农民摆脱贫困，形成可持续发展的农户生计。

2. 提升四川省绿色发展能力

绿色发展不仅体现了人民对美好生活的向往，更是建设美丽四川的重要选择。在快速工业化和城镇化的过程中，农村土地被城镇建设侵占，农村环境受到工业污染，农村生态环境受到破坏。同时，长期的城乡二元结构使农村地区生态环境问题得不到重视，农村地区不合理的开发利用导致许多地区土壤退化、水土流失现象明显，农村环境问题突出，阻碍了四川省新农村建设的提档升级和美丽四川建设的步伐。乡村振兴战略涵盖了农业生产、农民生活和农村生态治理的目标要求，突出特点就是坚持把生态和人居环境摆在重要位置，强调经济发展和环境友好协同推进，通过形成乡村绿色生产方式和生活方式，建设绿色低碳、高效集约、创业创新的生产空间，宜居舒适、平安健康、幸福和谐的生活空间，天蓝水清、山绿地净、城秀乡美的生态空间，因而是推进四川省“三生”融合的绿色发展之路。

3. 提升四川省城乡融合发展能力

虽然我国的城乡关系已经进入融合发展阶段，但实践中重城市、轻乡村的格局没有从根本上得到改变，依然存在城市统筹农村、城乡地位不平等的现象。四川省城乡差距较大，城乡融合度较低。实施乡村振兴战略，就是要真正把乡村放在与城市同等甚至优先地位，打破城乡明显的地域界线，使城乡双方学习彼此的优点，推进城乡等值化发展，实现城乡在发展上的互惠共享、空间上的共生共融、要素上的双向互动、关系上的平等互利，为城乡同发展共繁荣奠定坚实基础。

4. 提升四川省农业农村在全国的总体排名

四川省总体上仍是农业大省而非农业强省，特别是四川省农民收入水平总体偏低，仅占城市居民收入的39.5%，农民人均可支配收入在全国排名居第21位，第一产业对经济增长的贡献率仅为6.0%。相较全国而言，四川省农业和农村总体发展滞后的问题仍然十分突出，只有通过实施乡村振兴战略，优先发展农业农村，加快农业农村现代化，全方位增加农民收入，提高农业贡献率，才能快速、稳步提高四川省农业农村在全国的总体排名，实现从农业大省向农业强省的历史性跨越。

四、四川实施乡村振兴战略目标、战略重点及需要把握的重大关系

（一）战略目标

1. 四川省乡村振兴战略的近、中、远期目标

实施乡村振兴战略是一个贯穿于新时代中国特色社会主义建设整个过程的长远战略，在确定乡村振兴战略的目标上既要有长远目标，又要有阶段性目标。根据到2020年全面建成小康社会和分两个阶段实现社会主义现代化强国的战略部署，以及四川省的现实需求和前期基础，在实施乡村振兴战略的目标选择上，应该分为近期、中期和远期三个阶段。

在实施乡村振兴战略的近期目标上，就是2017～2020年，乡村振兴取得重要进展，城乡要素自由流动、平等交换和公共资源均衡配置的制度框架和政策体系基本形成，初步实现城乡融合发展目标，乡村经济建设和社会发展取得重大进步，全面实现脱贫攻坚目标任务，与全国同步全面建成小康社会。

在实施乡村振兴战略的中期目标上，就是2020～2035年，乡村振兴初步目标基本实现，农业强省全面建成，基本实现农业农村现代化。工农和城乡之间的发展差距已经不明显，城乡融合发展和一体化发展格局基本形成。

在实施乡村振兴战略的远期目标上，就是2035～2050年，在基本实现乡村振兴和农业农村现代化的基础上，乡村全面振兴，全面实现农业强、农村美、农民富，全面实现农业农村现代化。工农和城乡之间的发展差距已经不复存在，城乡融合发展和一体化发展格局完全形成。

2. 2020年四川省乡村振兴的具体目标

对于一个长期实施的乡村振兴战略，近期的发展目标应当更具体、更细化，更具有指导性、可实现性和可操作性，中长期的发展目标主要体现总体性、预期性和展望性。考虑到国家实施乡村振兴的战略任务和四川省农业农村发展的实际和特征，2017～2020年四川省乡村振兴的具体目标设定如下。

乡村空间格局基本优化。科学合理的乡村建设规划体系基本形成，乡村生产空间、生活空间、生态空间布局逐步实现合理有序，初步构建“城市+特色镇+农村新型社区+村庄院落”的城乡空间体系，传统村落得到有效整治，幸福美丽新村实现全覆盖。

乡村产业初步实现振兴。现代农业产业体系、生产体系、经营体系初步构建，农业生产效率显著提高、产业竞争力明显增强，产业融合发展格局取得重大突破，休闲农业和乡村旅游等新业态快速发展，农村创新创业日趋活跃。

乡村生态环境逐步优化。乡村绿色生产方式和生活方式基本形成，农业农村环境问题得到有效治理，乡村绿色发展质量进一步提高，村庄环境得到大力整治，基本建成生态宜居的美丽村落。

乡风文明程度明显提高。体现四川特色的乡村优秀文化遗产得到有效保护，农村公共文化服务体系进一步健全，乡村文化生活日趋丰富，农民文明素质明显提升，文明乡风、良好家风、淳朴民风得以彰显，精神文明建设取得显著成效。

现代乡村接近和谐有序。乡村基本构建起自治、德治、法治相结合的治理体系，基层党组织的组织力、带领力、战斗力明显增强，懂农业、爱农村、爱农民的“三农”工作队伍不断壮大，村民民主自治能力显著提高，乡村社会初步充满活力又和谐有序。

农民生活全面达到小康。农民就业创业更加充分，收入持续稳定增长，城乡居民生活水平差距显著缩小，基本公共服务均等化程度进一步提高，基本权益平等化基本得到保障，乡村民生发展的获得感明显增强，农民生活达到全面小康并向共同富裕迈出坚实步伐。

（二）战略重点

尽管四川实施乡村振兴战略的主要任务与全国是基本相同的，但立足四川省的现实基础和区域差异，其战略重点的选择至关重要，必须充分体现基于区域特征的发展需求，其中，具有关键性、突破性的战略重点主要体现在六个方面。

1. 在区域上，以重点衰退地区和深度贫困地区作为乡村振兴的重点区域

四川乡村振兴，重点在丘陵地区，难点在深度贫困地区。一方面，丘陵地区在四川省面积广，农村人口在全省农村总人口中占比大，超过 60%；耕地面积占比大，占全省耕地总面积超过 50%，这一基本省情决定了丘陵地区必然是四川省实施乡村振兴战略的重点区域，再加上丘陵地区自然资源匮乏，人地矛盾更为突出，农村人口向外部流出的数量多、规模大，致使丘陵地区耕地撂荒和农村空心化问题相对更加严重，总体上已经成为四川省乡村衰退矛盾最为突出的重点区域。丘陵地区的乡村衰落不单是地理空间形态的缩小，同时还有其承载的农业生产功能、居住功能和生活服务功能的退化或丧失，情况更加复杂，问题更加多元。毫无疑问，四川省实施乡村振兴战略的挑战性任务，必然首先是如何有效扼制丘陵地区这一重点区域的衰退态势，通过重点集聚政策、资金、项目，调整优化村庄布局、加大村庄环境整治、扶持产业发展、加强基础设施建设、推进乡村治理能力建设，进而逐步实现全面性的乡村复兴。另一方面，四川省贫困地区基础设施落后，产业发展缓慢，增收渠道狭窄，特别是凉山彝区和高原藏族聚居区等发展严重滞后，深度贫困县的脱贫攻坚任务十分艰巨。因此，乡村振兴难点在四大片区特别是在深度贫困地区，应聚力解决以深度贫困地区为重点的区域性整体贫困问题，整合各种资源，新增脱贫攻坚项目和资金并重点向深度贫困地区倾斜，形成支持深度贫困地区乡村振兴的强大投入合力。

2. 在领域上，以特色优势产业发展作为乡村振兴的核心领域

乡村振兴的关键支撑是产业发展和提升，现阶段四川省现代农业发展虽有重大进展，但在地域布局和专业化分工方面的特征仍不突出，各地农业产业结构的趋同性较为严重，未能完全形成具有鲜明地区特色的优势农产品区域布局结构，特色优势产业发展集聚效应较差，质量品牌效益仍需提升。因此，在实施乡村振兴战略的过程中，要针对四川省一方面农业资源和产出极其丰富，另一方面地形以丘陵、山区为主，耕地分散、细碎化程度高

等特点，注重扬长避短，寻优发展，充分发挥各地资源优势，推进产业由增产导向转向提质导向，重点做大做强具有优势和特色的水果、蔬菜、茶叶、木本油料、食用菌、中药材、烟叶、蚕桑、木竹等产业，以建基地、重科技、提质量、强加工、创品牌为重点，加快形成具有市场竞争力和创新力的优势特色产业体系。要进一步围绕优势特色产业强化科技支撑，坚持农业种质、种源优先发展，创制一批优良新品种、新技术，加强农业科技研发、转化和推广，完善农业科技创新激励机制，为特色优势产业注入科技力量，提升产业质量水平。要实施农产品品牌战略，围绕川粮、川猪、川茶、川药等优势特色产业，实施品牌建设工程，创新品牌宣传营销，加强品牌保护监管，巩固提升传统老品牌，培育打造优势特色新品牌，把“川字号”品牌铸造成享誉和畅销国内外市场的金字招牌，推进农业产业转型升级，提高现代农业产业竞争力。

基于四川省土地资源特征，要特别重视结合农村产权制度改革，加强土地整理尤其是高标准农田建设，为培育各类新型农业经营主体发展现代农业、促进小农转型升级并进入现代农业发展轨道创造基础条件。要立足于四川地形地貌复杂，多数区域不适合开展大规模机械化耕作的实际，更加注重发展特色农业等多种形式的适度规模经营，以服务性规模经营为重点，破解大规模土地集中的条件约束和风险防控难题。要根据四川普通农户仍然占主体、新型农业经营主体快速发展的态势，走出以大企业集中性政策扶持和小农户普惠性政策扶持的两个极端，更多地支持种养大户、家庭农场、合作社等更具本土化特征、稳定性发展潜力的适度规模经营主体做大做强。

3. 在任务上，以村庄整治和宜居建设作为乡村振兴的重要突破口

目前，乡村衰退最突出的表现是农村空心化。据调查，四川农村举家外迁率达 26.0%，超过三成的流动人口全年平均回老家不足 2 次。这一方面导致原有村落农房闲置情况严峻，加剧了原有自然村落空心化趋势；另一方面，新村聚居点和新村建设也同步出现空心化趋势，据相关部门抽样调查，新村聚居点平均入住率不到 80%，低的仅有 36%。农村住宅分散布局，住房普遍闲置，空心化严重，极不利于公共基础设施配套建设，村落整体规划难以开展。此外，农村空心化还导致村级选举参与率和村干部素质趋于降低，农村社会网络出现断裂，更容易诱发社会矛盾，对农民的社会资本积累造成负面影响。因此，四川省乡村振兴应以旧村改造和村庄整治为重要突破口。要根据人口变动规律加强对村庄空间布局进行合理优化，因地制宜、分类型推进村庄整治和宜居建设，按照“业兴、家富、人和、村美”的要求，稳步建设幸福美丽新村，结合农村生产生活实际情况，推广“小规模、组团式、微田园、生态化”的建设模式。

4. 在群体上，以贫困人口同步小康作为乡村振兴的关键群体

四川省决胜全面建成小康社会的重点在农村，关键在贫困群体，特别是“四大片区”深度贫困地区的贫困人口。因此，实施乡村振兴战略的关键一仗就是打好脱贫攻坚战，确保到 2020 年贫困地区和贫困群众与全国、全省同步建成小康社会。然而，2016 年，四川全省虽实现 5 个贫困县“摘帽”、2437 个贫困村退出、107.8 万贫困人口脱贫，贫困发生率从 2013 年底的 9.6%降至 4.3%，但历经三年扶贫攻坚之后，四川仍有 270 多万贫困人口，

脱贫攻坚主战场向深度贫困地区转移，难度更大，任务更艰巨。因此，四川省实施乡村振兴战略必须始终把脱贫攻坚作为首要任务，统筹推进精准扶贫、精准脱贫，要围绕“两不愁三保障”和“四个好”目标，聚焦贫困老年人、妇女、儿童、残疾人等重点群体，下足“绣花功夫”，以产业扶贫为重点，创新模式，强化参与，探索构建脱贫奔康长效机制。要围绕“搬得出、稳得住、逐步能致富”，对116万农村建档立卡贫困人口有序实施易地扶贫搬迁，同步推进配套基础设施建设和基本公共服务设施建设，促进贫困人口安全住房与就业致富问题同步有效解决，确保到2020年现行标准下，全省贫困人口全部脱贫“摘帽”，同步建成小康社会。

5. 在措施上，以激活土地要素作为乡村振兴的关键选择

乡村振兴发展的关键在于盘活农村要素，有序推进城乡土地、劳动力、资本等要素的市场化进程。其中，土地要素能否有效激活是最为关键的方面。从2003年启动改革至今，以成都市为代表的四川省城乡要素流动改革已进行了持续探索，部分改革成效已经显现，城乡要素市场体系初步建立，但仍面临着农村产权交易机制不畅、农村产权交易市场不活、农村产权交易服务机构定位不清晰、集体经济组织发育不足等问题。特别是随着乡村振兴的进一步推进，城乡开放背景下土地要素流动范围逐渐扩大，客观上存在农村土地经营权大规模流转与风险防范机制缺失的矛盾，同时，集体经营性建设用地入市机制仍不健全、农村宅基地退出改革还存在较多难题，这些都阻碍着土地要素的自由流动。因此，作为乡村振兴战略的基础和核心环节，继续深化城乡要素自由流动体制机制改革具有重大现实需求。要以进一步深化农村土地制度改革为切入点，通过不断推动制度创新、完善市场机制，实现城乡土地要素的自由流动和高效配置，以农村土地要素的全面激活带动整个乡村振兴。

6. 在手段上，以壮大农村集体经济作为乡村振兴的重要抓手

农民和集体经济组织是乡村振兴最重要的利益主体，振兴集体经济是实现乡村振兴的重要基础。四川农村集体经济薄弱的特点相对突出，对乡村振兴制约更强，是乡村振兴的重要制约因素。要针对全省多数村级集体经济属于“空壳”，缺乏发展壮大基础的实际，在全面完成确权颁证和股权量化的产权制度改革的基础上，通过财政投入向集体经济组织注入“启动”资本，实施集体经济“活化”工程。明确农村集体经济组织作为各级财政投入到村的发展类资金承接主体，鼓励集体经济组织采取独立经营或与龙头企业、专业合作社合作入股、合作经营等多种方式实行市场化运作，建立符合市场经济要求的集体经济运行机制。要规范发展新型集体经济组织，鼓励以集体资产股权入股等形式组建集体资产管理公司、股份经济合作社等经营实体，打造多样化的集体经济组织产业业态，不断发展壮大农村集体经济。要针对目前全省集体经济组织主要经济收入是以将资源低价格直接出租为主的格局，探索集体资产出租、集体入股分红、集体经营收入等多种经营方式，大力实施农地、农房、林木、人力、农村闲钱、集体资产“六个盘活”政策，让“死资源”变成“活资产”。充分用好“四荒”资源开发和利用的相关政策，探索“四荒”资源开发的新模式。

（三）需要把握的重大关系

乡村振兴是具有系统性、长期性和融合性的重大战略，必须立足四川省当前进入新时代的宏观形势变化，准确判识现阶段基本矛盾的新的特征，深入把握城乡关系演变发展的内在规律，有效处理好实施乡村振兴战略过程中影响全局的若干重要关系。

1. 城市与乡村的关系

在四川省城镇化率超过50%、城乡关系进入关键转型期的背景下，推进乡村振兴战略必须要尊重城乡人口流动规律，认识到城镇化仍在推进过程中，人口由村向城流动的客观趋势仍然存在。因此，推进乡村振兴战略不是放慢或者停止城镇化进程，也不是城市对乡村主体地位的剥夺，而是真正把乡村放在与城市同等地位，更加注重发挥乡村自身的主动性和内在活力。2019 年，四川省工业化、城镇化任务还远未完成，常住人口城镇化率为52.29%，低于全国平均水平，更远低于发达国家平均80%的水平。在此阶段，仍然要继续推进新型工业化、新型城镇化和农业转移人口市民化，才能为乡村振兴提供带动辐射能力、为农业劳动生产率的提高腾出更多的发展空间。在此过程中，又必须更加注重发挥工农互促、城乡互补的作用，吸引城市资本、技术和人才等要素流向农村。

2. 政府与市场的关系

实施乡村振兴战略要更加注重政府在制度供给和公共服务等方面的重要作用，但也要避免政府对市场功能的挤出，防止以阻碍市场发育为代价推进乡村振兴。如果把乡村振兴变成了政府不顾效率、强力推动的行政行为，那么一时轰轰烈烈的乡村振兴带来的只是长远的后遗症。在乡村振兴战略推进过程中，要充分发挥市场在资源配置中的决定性作用，引导农户、工商资本等多元主体积极参与乡村建设，形成市场机制作用下城乡资源的高效配置。要矫正长期以来政府对农业农村的过度干预倾向，减少对微观经营主体的决策干预，突破行政主导农村事务的惯性思维，给予市场主体自主决策的权利和理性选择的环境，让市场筛选真正具备自我发展能力的农村经济主体。

3. 发展与保护的关系

随着乡村振兴战略的全面实施，在政府的倡导和政策的支持下，必然会吸引和集聚多方力量、各种主体、多元化资本进入乡村进行开发建设，这将使乡村资源的开发强度不可避免地提高，从而构成对资源环境和历史文化保护的较大压力。如果引导不力、管理不善、监督不到位，在经济主体趋利因素的作用下，必然会给乡村的生态环境和历史文化保护构成巨大威胁。必须明确，实施乡村振兴战略不是不顾资源环境承载力的“掠夺式大开发”，不是不顾乡村历史文化保护、以城市文明代替乡村文明的“无根开发”，而是在以保护乡村资源环境和农耕文化为前提，实现资源的可持续利用，生态友好、农耕文化得到有效传承基础上的有序振兴。因此，在实施乡村振兴战略中，必须树立保护环境、保护生态、保护文化第一思想，防止各种利益主体对资源掠夺式开发导致的生态环境问题，防止简单化地以城市文明替代乡村文明。

4. 短期与长期的关系

随着社会生产力的发展，城乡分工以及乡村功能、形态、社会结构等都会发生变化。如果不能充分考虑和科学预测到这种变化，只顾当前和短期见效，那么所花费的大量投入若干年后就可能成为巨大的浪费。实施乡村振兴战略是一项长期的历史性任务，必须充分尊重经济社会发展规律，使战略目标与建设方向能够符合乡村人口和经济社会结构变化。由于乡村振兴涉及面广、投资量大、影响深远，在实践中不宜过于机械地设立推进速度指标，切忌超越发展阶段的乡村振兴“大跃进”，要尊重经济社会发展规律，在产业发展、村庄建设等方面循序渐进，从容推进，注重质量，对于尚未明确或条件不成熟的建设项目可以合理预留空间，待条件成熟后再继续建设。

5. 继承与深化的关系

实施乡村振兴战略是做好“三农”工作的总抓手，不是对以前“三农”工作的简单重复甚至否定，也不是对原来相关领域的政策和标准推倒重来，而是要在既有政策成果的基础上，根据新的发展要求总结原有规划、制度和政策措施的有效性和不足，按照乡村振兴的要求给予深化完善。在乡村振兴战略实施过程中，关键是要推进发展理念和发展范式的转变，主动改变以争取资金、打造样板，改变传统的项目规划方式、资金投入方式、工作推进方式和评价考核方式，着眼长远，系统思考、整体布局，分步骤、有计划地渐次推进。

6. 试点与推广的关系

毫无疑问，实施乡村振兴战略需要开展乡村振兴试点，但在试点选择时不能只选择容易振兴的乡村或者已经发展得很好再锦上添花的乡村，而是要注重选择衰退现象比较突出的乡村进行试验；试点不是选择同一区域、同一类型的乡村进行试验，而是需要根据四川省不同地区乡村的自然条件、资源禀赋和发展基础，针对不同区域、不同类型、不同村庄的特征开展试点试验。同时，一方面，乡村振兴试点不是动用所有的行政力量和资源要素在一个点上进行堆积而人为地造出一个没有复制性的盆景式样板，而是要注重通过鼓励改革创新激发内生活力的创新试验，使得试验成果能够在相似地区具有复制性和可推广性。另一方面，要注重试点成果的推广和应用，及时总结试点地区取得的经验，并将通过试点实践证明行之有效的经验做法推广到更大的范围，探索符合地区实际情况的乡村振兴之路。

五、四川实施乡村振兴战略的“五化”推进路径

乡村振兴战略是一项系统性工程，实施乡村振兴战略涉及内容广、范围宽、部门多。根据四川省实际和特点，实施乡村振兴战略应采取融合化、绿色化、善治化、人文化、差异化“五化”推进路径。

（一）实施乡村振兴战略的融合化推进路径

根据乡村振兴的总体要求，在推进四川乡村振兴的过程中要促进多维度的融合，通过融合化发展提高乡村振兴的实效，核心是进一步打破城乡二元体制，突破原有的城市与乡村相互分离脱节的发展体系，转变孤立的乡村发展模式，构建深度融合的发展机制，实现城乡之间发展要素的平等对流，基础设施、公共服务和社会治理的平等覆盖。

1. 推进城乡空间融合发展

由于四川地域广、地形地貌复杂，农村空间布局较为散乱，国土空间利用效率不高，因此，在推进乡村振兴的过程中必须着重推进空间融合。

要在遵循乡村人口、产业布局演变规律，审视未来发展趋势的基础上，加强中心村、特色村建设，合理布局村庄结构，建成规模适度化、布局组团化、功能融合化的新型村落体系。根据四川省乡村人口快速流动、交通便捷程度快速提高的趋势，走出过度重视城市孤立发展的弊端，构建“城市+特色镇+现代农业园区/幸福美丽新村”的新型城乡居住和产业体系，合理承接城市功能转移，既破解“大城市病”，又提高乡村承载能力。

要按照保持农业生产空间、保证生活空间、扩大绿色生态空间的要求，合理布局乡村“三生”空间，促进“三生”融合发展。要统筹乡村生产空间，综合考虑农业生产资源布局和条件，划定并切实保护永久基本农田；划定和建设粮食生产功能区和重要农产品生产保护区，确保粮食安全和重要农产品供给；加快特色农产品优势区建设，促进农业提质增效和农民增收；加强农村产业园区建设，支持农村新产业新业态发展。要管控乡村生活空间，强化规划管理，全面开展县（市）区域乡村建设规划和村庄规划制定工作，提高约束力，统筹安排乡村住房、重要基础设施和公共服务设施项目空间关系。要保护乡村生态空间，按照最大程度保护生态安全、构建长江上游生态屏障的要求，科学合理划定生态保护红线，保护乡村植被、水土和田园风光，减少乡村发展对环境的压力和破坏。

2. 推进三产融合发展

推进产业融合发展是提高农村三产综合效益的重要路径。四川省近年来推动产业融合发展取得显著成效，但从总体上来看，全省农产品加工率仍然偏低，以初加工为主，短板较为明显。虽然全省休闲农业与乡村旅游综合经营性收入居全国首位，但农旅融合发展的优势仍然具有很大的挖掘和释放空间。因此，要坚持依托农业、立足农村、惠及农民的方针，通过做强一产、做优二产、做活三产，促进农村产业融合发展，实现产业链有效延伸、价值链显著提升、供应链逐步健全。

要针对四川省农产品加工率较低、农产品附加价值不高的状况，把发展乡村第二产业作为四川省实现全面振兴乡村产业的重要支柱，强化农产品初加工，围绕特色优势农产品开展原产地初加工。加快初加工设施建设，让农业生产主体更多地分享产业增值效益。大力发展农产品精深加工，增加特色加工产业发展动力。创新主食工业产业化发展模式，推广中央厨房+配售网络集成化经营。根据区域性特色优势产业建设农产品加工集中区，加快特色食品加工产业示范基地建设，以农产品加工带动农业生产基地建设。

要充分利用四川乡村旅游资源丰富、发展基础较为扎实的优势，大力发展以休闲、观光为主的乡村旅游业。加快省级农业主题公园、休闲农业专业村和林业生态旅游发展重点村建设，着力打造一批集“吃、住、行、游、购、娱”为一体的特色产业。大力发展文化创意农业，培育一批创意农产品、创意农田景观、创意乡土文化、创意农产品节庆、创意饮食、创意农居，打造特色文化小镇、生态文化小镇，建设“农业+文化创意”综合产业体。加快发展生态康养，推动康养示范区和康养基地建设，建设全国森林康养目的地。推动第三产业服务体系建设，培育和完善农村市场体系，加快农村电子商务、物流、商贸等产业发展。

要开辟农村产业融合发展的新空间，充分利用乡村资源发展生产、生活、生态有机结合型农业，拓展农业功能、促进产业融合。建立紧密的利益联结机制，引导社会资本参与乡村产业发展，鼓励农产品加工企业通过直接投资、参股经营、签订长期合同等方式建设标准化、规模化的原料生产基地，带动农村新型经营主体发展适度规模经营，尤其是要针对网络技术快速发展、消费需求日益个性化多元化发展的趋势，依托农业的多功能性培育新产业、新业态。

3. 推进城乡基础设施和公共服务融合一体化发展

近年来，四川省农村基础设施和公共服务得到极大改善，但相对于实现乡村振兴还有较大差距，这种现状在深度贫困地区和长期处于支持政策夹心层的丘陵地区表现尤为突出。要进一步促进城市基础设施向农村延伸，强化乡村道路、农田水利、电力、通信等基础设施建设，做到与乡村布局、新村建设和产业的统筹协调，夯实乡村振兴发展基础；加快农村教育、文化、卫生事业发展，全面深化社会保障制度改革，建立城乡无差异、缴费和待遇标准多层次、保险关系无障碍转接的基本养老、医疗保险体系，推进城乡公共服务一体化。农村基础设施和公共服务作为重要的公共品，要统筹推进、融合发展，进而充分发挥其效能。

加快构建与乡村发展方式转变相适应的基础设施和公共服务供给机制。根据乡村人口结构、发展需求和城乡关系变化的总体趋势，改革农村公共品供给制度，建立与乡村空间分布、需求主体、需求内容相适应的现代公共品供给体系。合理区分生活性公共品供给与生产性公共品供给在需求主体、需求内容、投入方式等方面的差异，对于生活性公共品供给，建立“中心村(镇)—农村社区—农业居住点”配套的多层次供给结构；科学规划公共品供给内容，既要满足乡村发展实际需要，又要避免出现过度供给、无效供给问题。对于生产性公共品供给，建立以产业整体发展为目标和导向的供给体系，减少对单个主体经营行为的投入，增加对地区产业发展过程中具有公共需求性质产品的投入。

要充分应用现代信息技术提升乡村基础设施与公共服务管理效率。通过“大数据”把握城乡人口流动趋势和对公共服务需求总体特征，根据乡村人口变化和乡村发展实际需求，更加精准地供给公共品，为形成“财随人转”的公共品供给制度提供精准靶向。应用现代信息技术建立“互联网+乡村公共服务”模式，形成以互联网为载体的社区公共信息发布、数据采集、利益表达功能。

要建立机制灵活、运行高效的乡村基础设施和公共服务管理制度。探索乡村基础设施管护和公共服务管理制度改革路径，建立与现代乡村发展要求相适应的高效管理制度。根据全省各地农村发展实践，建立多种投入形式、多元管理主体、多样运行方式的管理制度。明确公共品产权归属、合理评估公共品价值，将财政补助、农民投工投劳所形成的公共品界定给集体经济组织，将财政全额投资但由农民管护的资产折股计入集体经济组织。

（二）实施乡村振兴战略的绿色化推进路径

在推进乡村振兴过程中，要特别注重转变发展方式，改变过去以牺牲生态环境为代价的短期化开发模式。四川作为长江上游生态屏障，全省共有56个县（市）被纳入国家重点生态功能区，数量居全国首位，生态地位十分重要，但大气、水、土壤等环境污染问题仍然较为突出，节能、减排、降碳任务依然十分艰巨。因此，在乡村振兴中必须坚持绿色化发展道路，进一步凸显四川省生态优势，构建以生态环境友好为指向的绿色化可持续发展模式，重点推进乡村生产、生活和生态“三生”融合发展，实现生态宜居目标。

1. 推进农业绿色生产

在工业化推进过程中，经济发展与资源环境之间的矛盾日益加剧，已经成为新时代我国经济社会发展必须要破解的重大问题。在乡村振兴战略实施过程中，要高度重视推进乡村绿色生产方式，形成人与自然和谐发展的新格局。对四川而言，要充分利用良好的生态资源优势，紧抓消费品市场转型升级的历史机遇，充分将生态优势转化为经济优势。

重塑种养循环新模式。四川具有悠久的家庭传统养殖历史，农户家庭也逐渐形成了小规模的种养循环模式。近年来，随着专业化、规模化养殖方式的发展，以家庭为单位的小规模养殖已经大量减少，而专业化养殖产生的一个重要问题就是畜禽粪污的处理困难，如何在规模化养殖下重塑新的种养循环模式成为一个突出问题。目前，四川采用了以高标准农田建设为载体，在适度发展养殖业的同时配套建设种植基地，同时大力推进农业废弃物专业化处理、利用企业发展，因地制宜推广就地种养循环的平衡发展模式，破解了粪污面源污染等难题，并为推进有机肥替代化肥提供了内在的发展支撑。在乡村振兴阶段，四川要充分利用地理条件多样、自然资源丰富的优势，瞄准城乡居民畜产品消费结构的变化，有序推进种草养畜，发展草食性畜牧业，形成粮草兼顾、农牧结合的格局。

开展农业投入品减量行动。四川广大农村地区虽然具有精耕细作的优良传统，但随着农村劳动力的持续流出，农业生产劳动投入不足，为保证农产品产量，许多农户采取过量施用化肥、农药的粗放式生产方式。乡村产业兴旺的基础是能够保证农产品质量安全，因此，要从农业生产源头提高农产品的质量保障能力和可持续发展能力。在乡村产业发展过程中，要继续推进农业生产投入品减量化行动，要以提高农产品质量安全水平和农业可持续发展为导向，加强病虫害绿色防控体系建设，推广高效、低毒、低残留农药和生物农药。

推进农业的标准化和品牌化。由农业大省向农业强省转变是四川农业发展的关键任务，但从全省农业发展现状来看，农业标准化和品牌化建设仍是农业发展的短板。在乡村振兴阶段，要借助乡村产业发展的基础，全面提高农业标准化水平，通过绿色、有机生产标准倒逼提高农业发展的生态标准。要充分利用四川的生态优势，高度重视产品品牌建设。

将生态优势转变为发展优势和竞争优势，尤其是要针对四川省“四大片区”生态好、污染少的特征，将生态扶贫与脱贫攻坚紧密结合，通过发展优质生态的特色农产品提高产品附加值。

构建农村绿色发展机制。在推进乡村绿色发展过程中，要形成农村一、二、三产业贯通的绿色发展模式，尤其是要处理好农产品加工、乡村旅游发展过程中的废水、废渣等对乡村环境造成污染的问题，构建起生态环境友好发展机制。此外，还要推行农村生活绿色化，推广应用绿色新型建筑材料，引导建设节能低碳农村住宅；推进农村沼气工程建设，推广太阳能热水器、省柴节煤灶具等，鼓励使用高效节能电器，逐步提高清洁能源在农村用能中的占比。

2. 加强农村环境治理与生态保护

作为全国重点生态功能区，四川的生态环境对于全国生态体系具有重要影响，而四川部分区域生态脆弱而且类型多样，土地沙化、岩溶地区石漠化、干旱河谷、灾损及工程创面等兼有，四川是全国唯一既有大面积沙化土地，又有岩溶地区石漠化的省份。在当前农村局部地区生态环境恶化、面源污染加剧等问题日趋严峻的情况下，必须在推进乡村振兴中更加注重和加强对生态环境的保护，建设宜居乡村。

大力加强农村环境综合整治。长期以来，环境治理保护的重点都放在了城市和工业污染上，忽略了农村环境，使农村成为环保盲区。随着城乡生产生活方式的快速转变，农村污染呈现出从分散向集中转变、环境污染的主体由单一向多元化发展的特点，全面开展农村人居环境综合整治迫在眉睫。开展农村人居环境综合整治要结合幸福美丽新村建设，突出农村“垃圾治理、污水处理和厕所改造”三大革命，因地制宜推行污染治理与资源利用相结合、工程措施与生态措施相结合、集中与分散相结合的建设模式，健全农村生活垃圾分类、处理机制。将发展庭院经济与优化庭院环境有机结合，消除乱搭乱建、乱堆乱放的现象，改善居住环境，突出乡土特色和地域产业特点。加强农业面源污染防治，尤其是要构建废旧地膜、秸秆、畜禽粪便综合利用机制，推进秸秆肥料化、饲料化、原料化、基料化、燃料化利用。

加大农村生态修复力度。按照最大程度保护生态安全、构建长江上游生态屏障的要求，科学合理划定生态保护红线，保护乡村植被、水土和田园风光，减少乡村发展对环境的压力和破坏。结合“绿化全川”行动，构建生态修复和功能提升机制。针对耕地板结、有机质含量下降等问题，健全耕地轮耕、休耕机制，分类有序退出超载边际产能，尤其是要针对四川省草场牲畜超载较为严重的情况，进一步加大草场禁牧、草畜平衡等政策的实施力度。针对川西草原湿地退化的问题，健全耕地、草原、森林、河流、湖泊休养生息制度，完善生态脆弱区生态修复机制，探索建立以购买服务为主的生态建设成果管护机制。

加快健全生态补偿机制。基于生态环境巨大的正外部性，应在建立岷江、沱江和嘉陵江流域水环境生态补偿机制的基础上，进一步探索拓展生态补偿的领域和范围，重点完善饮用水源保护区生态补偿机制、森林生态效益补偿机制、湿地生态效益补偿机制，形成生态损害者赔偿、受益者付费、保护者得到合理补偿的运行机制，强化内在的生态环境保护动力。完善天然林保护制度，对天然林实行总量管理，健全省级公益林补偿标准动态调整机制。加大对重点生态功能区（县）的转移支付力度，完善生态保护成效与资金分配挂钩的激励约束机制。健全农村生态文明建设参与机制，提升公众参与农村生态文明建设的主动性和积极性。

3. 强化绿色发展评价机制

在目前以 GDP 为核心的考核评价制度下，处于重点生态功能区的地区，其绿色发展的效益和成效难以得到充分体现，因此，要健全绿色发展评价机制，充分发挥考核评价的指挥棒作用，形成促进乡村绿色振兴、持续发展的内在压力和动力。

完善经济社会发展绿色评估制度。强化绿色发展评价的科技支撑，建立农业资源环境生态监测预警体系，探索构建充分体现资源稀缺和损耗程度的生产成本核算机制。完善新村环境保护和治理体系，改革生态环境监管体制，完善执法责任制，将农村面源污染监测、治理纳入年度考核工作。完善经济社会发展绿色评估制度。

健全农业绿色发展激励政策体系。以耕地保护补偿、生态补偿制度和绿色金融激励机制等为重点，加快建立分类科学、区域有别、标准合理、规范统一的农业绿色发展激励政策体系，引导和激励生产者加快转变发展方式。应把生态环境保护成效纳入年度考核、日常考核的重要内容，并将其作为综合评价地方政府领导班子和领导干部的重要参考，充分运用到班子配备、干部选任、换届考察、评先评优等工作之中。

实行差异化的考核和支持政策。根据四川省不同区域的主体功能实行差异化的扶持和发展政策，弱化对生态主体功能区的经济考核指标及权重，强化其生态环境考核指标及权重。同时，加大对重点生态功能区的支持力度，尤其是要大力推进秦巴山区、乌蒙山区、凉山彝区和高原藏族聚居区生态扶贫，加快其脱贫奔康进程，促进区域均衡发展。

（三）实施乡村振兴战略的善治化推进路径

治理有效是乡村振兴的重要内容，尤其是四川作为劳动力输出大省，面对人口的不断流动和乡村社会结构的巨大变化，乡村治理正面临日益突出的挑战，而且四川是多民族省份，作为全国唯一的羌族聚居区、最大的彝族聚居区和全国第二大藏族聚居区，少数民族大杂居、小聚居的特征较为明显，四川省面临着促进民族团结、和谐共处的重要任务。因此，必须加强农村基层基础工作，健全自治、法治、德治相结合的乡村治理体系，充分保障农民平等参与、平等发展的权利，推进乡村治理体系和治理能力的现代化，走乡村善治之路。

1. 加强基层党建

基层党组织是乡村治理的核心和关键。在推进乡村振兴的过程中，尤其要针对部分基层党组织较为薄弱的短板，健全以村党组织为核心，村民委员会、村务监督委员会、集体经济组织、社会组织广泛参与的“一核多元”村级治理架构，切实推进各治理主体职能归位。建立健全村务联席会议制度、村（居）民议事制度，完善和落实村党组织定期听取村民委员会工作报告制度，推进党建带动村级各类组织建设的协同治理机制，构建科学的村级组织领导体制。强化党组织作为核心领导群众议事协商、领导多元主体开展服务，协调各方共同参与治理，推行村党组织书记专职化，“第一书记”常态化、制度化，加快选派机关、事业单位和国有企业中的优秀人才担任村党组织书记。

2. 强化村民自治

村民自治是以人民为中心的发展思想的重要体现，要促进乡村善治、实现治理有效，必须充分发挥村民的主人翁地位和关键性作用。要深入实施“四议两公开一监督”等民主治村工作程序，全面推行自治组织与集体经济组织分离。加强村务监督委员会建设，健全务实管用的村务监督机制。要加快村民自治试点建设，在条件成熟的地区探索新型乡村治理模式，把城乡人口双向流动和混合居住的前瞻性因素纳入乡村治理结构中，协调平衡本地村民和外来村民的利益诉求，促进城乡社区和谐、共同发展。要加强社区治理体系建设，推进社区化服务管理，探索构建村党组织领导下的农村居民自治服务管理机制。要完善村级公开服务综合信息平台建设，加快实现网络互联、数据互通、信息共享，推动基层服务体系与满足群众多元需求精准对接。

3. 深化农村法治

法治是实现治理有效的有力保障，善治乡村要求必须培养起村民的法治意识、法治理念和法治精神，要重点针对农业农村领域有法不依、执法不严的现象深化农村法治建设。要依法厘清农村基层党组织、基层政府、自治组织、社会组织、集体经济组织等参与社区发展治理的职责边界和事权划分，构建权力分配合理、职责清晰明确、高效协调运行的工作机制。建立健全农村基层权力规范化运行机制，推行村级组织“小微权力清单”制度。要加快推进乡村法律服务体系建设，推进法律援助进村、法律顾问进村。建立健全农村基层司法服务设施，扩大司法服务在农村基层的覆盖面。要完善农村社会治安防控体系，建立完善村级人民调解委员会，成立农村各类专业性调解组织。制定农村法治绩效评估办法，保障农村各项事业顺利发展。

4. 创新农村德治

德治是实现乡村善治的情感支撑，长期以来，乡村的人情社会、熟人社会特征十分明显，因此，德治在乡村治理中具有不可替代的独特作用。以德治促进乡村善治是乡村发展的内在需求，也是乡村治理的有效升华。要推进诚信建设，强化农村社会诚信意识、责任意识、规则意识。正确引导和发挥“新乡贤”在乡村治理中的作用，为农村矛盾纠纷化解、公共服务开展和公益事业建设发挥协商协调等作用。要建立健全社区道德评议机制，开展立家训家规、传家风家教，倡文明树新风及革除陈规陋习等活动，引导农村居民崇德向善，实现居民自治良性互动，形成共建、共治、共享“三共”的社会治理格局和自治、法治、德治“三治结合”的乡村治理新模式。

（四）实施乡村振兴战略的人文化推进路径

物质条件的改善是乡村振兴的外在表现形式，而乡村文明的复兴是乡村振兴的精髓所在，乡村文化的繁荣是乡村振兴的灵魂。四川拥有悠久的古蜀农耕文明、丰富的乡村文化资源、鲜明的乡村地域特色，推进乡村振兴不能破坏乡村的特色文化，也不能以城市文明替代乡村文明，更不能以乡村文明消失为代价。因此，在实施乡村振兴战略的过程中，要坚持人文化的推进路径，在保护和传承乡村优秀文化传统的同时，实现传统文化与现代文明的融合，建设开放文明的乡村文化氛围。

1. 提高农民文明素质

针对四川省青壮年大量外出，留守人员老龄化现象突出、文化水平相对较低的特征，大力提高农村居民的文明素养。坚持以习近平新时代中国特色社会主义思想为指导，开展社会主义核心价值观的常态化教育宣传工作，以具体化、生活化的方式增强农村居民对社会主义核心价值观的理解。要把社会主义核心价值观深入到乡村建设的方方面面，推进社会主义核心价值观在乡村落地生根。要结合脱贫攻坚工作，以“四好村”创建为抓手，着力加强乡风文明建设，让广大农民养成好习惯、形成好风气，有效遏制农村滥办酒席、铺张浪费等陈规陋习，自觉抵制腐朽文化、落后文化的侵蚀。要通过农民夜校、流动讲习班等多种形式，宣传政策、普及致富技能、传播文明新风。加强农村群众思想教育和文明素质培训，开展农村社区绿化美化净化行动，增强农村居民主人翁意识。要建立健全农村道德评议机制，引导村民崇德向善，培养良好家风、社风、民风。深入开展法律宣传活动，提高农民群众学法用法、知法守法、诚信契约意识。

2. 传承优秀乡土文脉

针对四川民族民俗文化资源丰富、地域特色鲜明的优势，加强对乡村文脉的传承和保护，加大对乡村历史的挖掘和研究，特别要注重对村史的编撰和整理，深度挖掘整理乡村优秀文化遗产，尤其是要加大对四川的林盘文化、茶马古道文化、民族特色民居文化以及精耕细作的古蜀农耕文明等的深入挖掘，探索建立乡村优秀文化遗产目录，分类研究保护传承措施，激发传统文化力量。要加大对古镇，传统村落、民族特色村落和古民宅的保护力度，打造文化价值突出、民族特色和地域特色浓郁的传统村庄院落。在幸福美丽新农村建设中要体现各地文化特色，总结并推广彝家新寨、藏族聚居区新居、巴山新居、乌蒙新村等建设经验，充分展现四川省乡村文化的魅力和价值。

3. 丰富乡村文化生活

丰富的乡村文化生活能够以农村居民喜闻乐见的形式潜移默化地影响其行为方式和思想意识，对于乡风文明建设具有重要作用。要针对农村文化生活相对匮乏的实际，立足乡村人口实际需求和心理特征，以多种灵活形式开展乡村文化生活。组织开展农村歌舞表演、特色运动竞技会、民俗风情展、特色节庆活动等，深度挖掘乡村传统文化，并借助现代信息技术手段加以呈现，形成传统文化与现代文明有机结合的乡村文化活动体系。要深化群众精神文明创建，尤其是要以“村规民约”“家训家风”“文明创建”等为抓手，通过“五好家庭”“文明家庭”以及“好邻里”“好公婆”“好媳妇”“好儿女”“好少年”等评选活动，促进乡村精神文明与物质文明协同发展。

4. 完善文化基础设施

乡村文化基础设施是推进乡村文化兴盛的重要基础支撑。要针对部分地区文化设施较为薄弱的实际，大力健全农村公共文化服务体系，推进乡(镇)综合文化站和社区文化活动中心的优化升级。推进公共文化服务标准化、基层综合性文化服务中心建设，开展农村公共文化服务网格化中心化试点。落实社会力量参与农村公共文化服务的各项优惠政策，鼓励和引导社会资金参与基层综合性文化服务中心建设。加大对民族地区、贫困地区和革命老区的综合性文化服务中心设备购置和基本公共文化服务的支持和补助。

（五）实施乡村振兴战略的差异化推进路径

乡村发展不平衡、不充分是多重因素综合作用的结果，全省不同区域乡村衰退的程度差异、发展基础差异、区位条件差异、发展趋势差异较大，在这种情况下要防止“单一化”“一刀切”，建立分类型差异化的乡村振兴推进机制，提高乡村振兴的针对性和实效性。

1. 分区域推进

全省开展乡村振兴不仅要破解乡村发展不充分问题，也要破解不同区域之间乡村发展不平衡问题，更要促进城乡融合、构建新型城乡关系。鉴于四川省平原、丘陵、山区和民族地区之间差异较大，且区域之间乡村衰退的表现形式及程度存在较大差异的实际情况，不能在全省所有乡村都采取同一种模式，要根据乡村振兴突破的难点和短板等，在平原、丘陵、山区和民族地区分类开展乡村振兴。

在平原地区，要针对自然条件、区位条件、发展基础好等特征，在普遍开展幸福美丽新村建设的基础上进一步提升品质，实现高位求进的乡村振兴，尤其是要推进乡村与城镇的联动发展，进一步强化城乡融合、双向互动的发展格局。在丘陵地区，由于人口多、人均土地资源少、劳动力外流多，而且是全省粮油安全的重心区域，要把空心村整治作为重点，提高粮油、果蔬等生产标准化、集约化和适度规模化水平。在山区，要针对山多、耕地少、气候条件差异大等特征，重点发展区域性特色优势产业，加强生态产业发展与生态环境保护一体化推进。在民族地区，要针对生态环境重要、贫困人口较多、产业基础薄弱但民族风情浓郁、旅游资源丰富等特征，重点发展各具特色的生态产业和乡村旅游业，加强乡村文明建设和保护优秀民族文化，增进民族团结。

在城市近郊区和远郊区推进乡村振兴也应采取不同的模式。在近郊区，重点要促进城乡融合，围绕城乡功能的承接进行乡村发展定位，充分利用城镇在基础设施建设和公共服务等方面的辐射作用，避免乡村重复、低效的建设投入；根据近郊区城乡之间人口等流动更加频繁的特征，采取更加开放化、多元化的治理机制。在远郊区，要重点挖掘乡村内部的发展潜力，尤其是要加强对乡村闲置资源和优势资源的开发利用，引进外部资源激活乡村发展要素，在发展特色优势产业的基础上强化与二、三产业融合发展。

2. 分类型推进

推进乡村振兴虽然具有五大共同性的总体要求，但四川省不同地区的村庄衰退程度差异较大，在推进乡村振兴上，各地并不在同一“起跑线”上，也不能做到“齐步走”，应因地制宜，分类型推进。首先应探索构建乡村衰退测度指标，通过人口流失率、农民收入增长来源结构、常住人口老龄化率、土地抛荒率、农房闲置率、基础设施退化度等指标对不同区域乡村衰退程度进行科学测度，并根据衰退程度和特征分类探索推进乡村振兴的路径和模式。

根据四川省的实际，可将村庄分为四类进行发展。一是重点发展类村庄。对有一定产业发展基础，基础设施、公共服务设施较为完善，宜居宜业的村庄，积极引导农村人口适度集中居住和吸引农民工回乡及城市人下乡创业，集聚要素、激活产业、优化环境、提高活力，建设生态宜居美丽村庄。二是城市郊区类村庄。对有天然区位优势的城市郊区村庄，发挥城市的辐射带动作用，加快推进城乡规划布局、产业发展和基础设施、公共服务的深度融合，更大力度扩大城乡之间要素的双向开放，实现城乡联动和共同发展。三是特色保护类村庄。对自然遗产、文化资源丰富的村庄，把改善农民生产生活条件与保护自然生态、文化遗产统一起来，传承保护历史文化古镇、传统村落、民族村寨和古建筑，大力传承弘扬四川千年农耕文明。四是撤迁撤并类村庄。对地处偏远、环境恶劣、“一方水土养不起一方人”的村庄，实行移民搬迁；对人口规模很小、衰退严重、基本功能丧失的空心村庄，实行撤并。

应当强调的是，在当前处于试点示范的阶段，要防止简单的“锦上添花”式地推进乡村振兴示范，破解只能打造“盆景”但无法推广的弊端，同步选择乡村衰退严重和较为严重的区域进行乡村振兴试点，尽可能形成多样化的试点模式，为不同类型区域推广实施乡村振兴战略提供探索经验和创新模式借鉴。同样应当强调的是，在推进乡村振兴中，既要注重差异性，也要注重共同性，对于具有地理相近、衰退特征相似、主要振兴路径相同的区域，要适度打破行政区划的界限，以共同性的乡村振兴任务为核心形成乡村振兴功能区，通过区域联动的方式强化乡村振兴资源的共享性和整体发展提升的聚合性。

六、四川实施乡村振兴战略的“三要素”激活机制与政策设计

实施乡村振兴战略，必须大力推进体制机制创新，强化乡村振兴制度性供给。“人、地、财”三要素集聚培育是乡村振兴的基础和核心，是决定乡村振兴战略实施效率和效果的关键因素。因此，要全面深化农村产权制度改革和城乡要素市场领域改革，探索城乡人才双向流动制度改革、农村投融资制度改革等相关领域改革的有效路径，构建起城乡要素自由流动和平等交换的体制机制，促进人才、土地、资本等要素向农业农村集聚，激发农业农村发展内生活力，推动实现四川省乡村全面振兴。

（一）优化乡村人才培育与引进机制，全方位激活人才要素

实施乡村振兴战略，最关键的是振兴人才队伍。虽然农村人才存量现状不佳是全国性的普遍现象，但作为劳动力输出大省，四川农村劳动力大量向城市和非农产业转移，推进乡村振兴面临的人才匮乏、劳动力结构性短缺的问题更为严重。在市场经济条件下，遏制

人才外流的根本方法只能是通过改变生存和发展的环境，以吸引农民工返乡、城市人下乡。因此，必须深度探索乡村人才培育和引进机制创新，构建以本土人才培育和外部人才引入双轮驱动的乡村人力资本累积政策。

1. 培育新型职业农民

一是以农民职业化为核心探索建立农业社会保障制度、职业福利制度等政策。制定多层次、多形式的新型职业农民教育体系，建立初、中、高三级新型职业农民认证制度，改革农民培训制度，建立技术培训、学校教育等多种培训形式。二是依托农民专业合作社、产业化龙头企业、农业教育机构、农业科研机构等资源，建立以政府购买服务为主要形式的新型职业农民培训形式。三是采取绿色证书培训、产业培训、创业培训等多种方式，加快培育适应现代农业发展需求的职业经理人和新型职业农民。

2. 挖掘和培养乡村本土人才

一方面，充分发掘本地传统物质和非物质文化传承者、能工巧匠等，通过设立奖励基金、创业基金、传统文化技能工作室等方式，鼓励其做好传统文化的传承和发扬。另一方面，通过职业认证、特聘专家、购买服务等形式激励本土技术攻关能人、农技推广能人、经营管理能人等人才积极参与本地乡村发展。

3. 多元支持返乡下乡创业就业

一是建立农民工返乡创业的多元激励机制，改善乡村创业环境，建立农民工创业政策落实责任制，并通过财政奖补方式激励各地加大对农民工返乡创业的融资、技术、税收等支持。解决好返乡创业农民工社会保障和子女教育问题，以良好的人居环境和公共服务吸引农民工返乡创业。二是瞄准大学生下乡创业面临的资本、技术和市场等瓶颈，出台具有针对性的扶持政策，让乡村成为大学生进行农业创业的广阔空间和舞台。三是针对城市人下乡创业面临的居住、社会治理等问题，通过创新农村土地制度、房屋制度、社会治理机制等吸引高端人才到农村居住和创新创业。四是通过加强农村基础设施、公共服务配套建设等，改善农村的生活条件，让乡村成为理想的居住生活场所。

4. 以多种形式引才引智

一是引导企业、合作社、集体经济组织以多种形式与技术专家、管理人才等合作，通过股权激励等形式建立长期合作关系。二是在专家大院等基础上，找准人才需求和乡村资源的契合点，在做好前期准入考核的基础上探索给予外来人才荣誉村民、特殊集体成员等称号及相应权利，形成更稳定持久的非经济激励。三是以政府购买服务形式邀请专家团队参与各地乡村建设，有效提高专业服务的水平和质量。四是实施农业专业技术人才、乡村管理人才的福利提升工程，加大在工资、职称、福利、社会地位等方面的政策倾斜，进一步增加对乡村发展稀缺人才和高技能人才在子女教育、家庭成员养老就医等方面的关爱和保障。

（二）深化农村土地制度改革，全方位激活土地要素

随着农村人口的大量外移，农村资源的实际人均占有、利用情况均发生了很大变化，人地分离、人房分离等情况十分普遍。在此背景下实施乡村振兴战略，必须进一步明确农村资源产权，健全农村产权实现机制，通过市场机制将资源转换成资本，激活耕地、林地、建设用地等以土地资源为主的农村资源，为实现乡村振兴提供基础支撑和内生动力。

1. 推进更加灵活的农村承包地“三权分置”实现形式

一是探索巩固和完善农村基本经营制度的多种方式，有序开展农户土地承包权延长登记和颁（换）证工作，建立常态化的土地承包权矛盾纠纷解决机制，维护农民土地承包权益。二是以落实所有权和稳定承包权为前提，以放活经营权为重点，积极探索形式更加多样、利益联结模式更加多元的农村土地“三权分置”实现形式。三是建立市场化的土地流转价格评估机制、土地流转行为担保机制、金融风险分摊机制、土地收储机制和信用登记制度，提升土地流转价值。四是鼓励基层以增加农民利益为目标探索土地转出方与转入方的多种利益联结模式。五是继续探索土地承包经营权退出机制，支持有条件的地区设立农村耕地收储基金。

2. 探索农村集体建设用地价值实现的多元形式

一是做好利用集体建设用地建设租赁性房屋试点工作，帮助试点地区集体经济组织和农民做好前期规划，引导金融机构开发相关金融产品，探索农民与社会资本以合作联建、入股开发等多种形式建立利益联结模式。二是与乡村产业发展相结合，探索多元化的集体土地利用方式，鼓励集体预留建设用地指标并以土地指标入股等方式参与产业发展。三是试点大城市近郊农村与贫困乡村以“农对农”的方式实现集体建设用地指标漂移，共享土地增值收益。

3. 创新农村宅基地资产化利用方式

一方面，扩大农民宅基地及农房出租、转让的范围，为农村房屋交易搭建平台，在农村成立房屋租赁服务中心，在农民取得合法手续并在手续齐全的情况下，允许进入市场交易、租赁、抵押等。另一方面，结合村庄整体发展，探索宅基地有偿退出、入股、互换等方式，允许乡村振兴试点地区先期进行农村宅基地退出省级试点，鼓励符合条件的农民自愿有偿退出宅基地，继续完善宅基地退出风险防范机制。

（三）建立健全乡村投融资优先机制与政策，全方位激活资本要素

资金外流、资本不足是农业农村发展面临的重要制约，乡村振兴战略的实施必然需要大量资金支持，必须通过投融资制度改革，建立起财政资金、金融资本、产业资本与农民自有资金多渠道投入的乡村振兴投融资机制，提高财政资金使用效率，同时为金融资本和社会资本参与乡村建设提供有效路径及合理回报。

1. 探索灵活高效的财政资金投入机制

首先，试点建立自下而上的资金需求表达机制，允许基层提出项目总体规划，并规划若干子项目，由各主管部门自行申报子项目并组织实施，根据建设环节的不同需求向上争取政策和资金，真正实现以项目整合带动资金整合。其次，探索通过土地、存量资产、国有资产收益等注资的方式，灵活运用土地抵押贷款、信托投资计划融资等方式，多渠道筹措建设资金。最后，鼓励财政与社会资本共同设立产业发展基金、专项奖励基金、风险投资基金等，引入市场化运行机制，提高财政资金使用效率。

2. 破解金融资本参与乡村建设的关键难题

其一，拓展农村可抵押物范围，在总结试点地区经验和风险的基础上，完善并推广“两权”抵押贷款试点和土地流转收益保证贷款制度，探索以集体土地收益权、新居规划宅基地及房屋产权、预期土地结余指标收益权为抵押的融资方式。其二，组建四川省乡村振兴发展投资集团，设立专项发展基金，探索涉农企业债务融资和金融机构发行专项金融债券的可行路径。其三，拓展农业保险范围，创新保险产品，扩大农产品目标价格指数保险、制种保险、特色农业保险覆盖范围，同时，完善保险合同，做好合同条款的事前解释和确认工作。

3. 激励社会资本合理参与乡村建设

一是增强社会资本投入的持续性和长效性，在具备条件的地区，探索社会资本与农村集体合股进行建设，构建社会资本支持乡村建设的长效机制，对长期投入的企业和组织给予更精准的财政奖补、贷款贴息和配套项目的投入支持。二是推进市(州)、县(区)乡村产业发展引导基金建设工作，帮助具备条件的农业产业化龙头企业通过资本市场融资。帮助企业等做好项目的前期规划和评估，对社会资本做好风险提示，特别要控制无涉农经验的社会资本盲目进入农村。积极探索构建多元化的退出机制，为社会资本提供市场化的退出方式。三是完善农业项目 PPP(Public-Private Partnership，政府和社会资本合作)模式和政府购买服务项目制度建设，做好 PPP 项目库、指导手册的编制工作，建立政府采购负面清单工作制度。

七、四川加快实施乡村振兴战略的四点建议

四川省加快实施乡村振兴战略，对于四川省加快实现从农业大省向农业强省跨越、推进城乡融合、促进全面建成小康社会并向现代化迈进具有关键的决定性作用。本书特提出以下四点建议。

(一)加强实施四川乡村振兴战略智力支持

党的十九大报告首次提出实施乡村振兴战略是贯彻落实农业农村优先发展、破解乡村发展不平衡不充分、构建新型城乡关系的重大战略部署。在工业化、城镇化发展过程中，

乡村衰退是全国乃至全世界面对的共同挑战，四川部分乡村地区发展不平衡不充分乃至衰退现象，有自身的实际和特点。四川省要有效推进乡村振兴战略，首先必须准确把握四川省当前发展的阶段性新特征及未来发展的趋势，才能提出推进乡村振兴的针对性新举措。为此，建议尽快组织有关高校、科研单位及政府部门组成调研组，分地区、分专题、分重点对四川省乡村状况进行深度调研，尽快形成专题调研报告和政策建议。

一要加强基础调研。全面了解全省乡村衰退的现状和特征，深刻把握四川省乡村发展存在的主要问题和矛盾，准确分析乡村衰退的主要原因和障碍，仔细摸清乡村振兴的资源禀赋和现实基础，从而为实施乡村振兴战略提供坚实的基础支撑。

二要加强趋势研判。客观审视推进乡村振兴面临的历史机遇和重大挑战，尤其是要充分考虑城镇化发展对农村的带动作用，前瞻性预判城乡人口和产业变化等趋势，对乡村未来的空间布局、产业形态、治理格局等做出科学预判。

三要汇聚政策建议。通过举行“我为乡村振兴建言献策”活动、召开乡村振兴研讨会和专家咨询会等多种形式，广泛吸纳省内外专家学者和社会公众对推进四川乡村振兴的政策建议，形成多层多极的乡村振兴智力支持格局。

（二）出台四川乡村振兴战略实施指导意见

在组织相关部门和单位调查研究的基础上，加快制定四川省实施乡村振兴战略的指导意见，明确四川省乡村振兴战略的指导思想、振兴目标、战略部署等。

一是在指导思想上，要以习近平新时代中国特色社会主义思想为指导，以党的十九大精神为指引，按照“产业兴旺、生态宜居、乡风文明、治理有效、生活富裕”的总要求，针对四川发展新形势、新特征和新挑战，认真践行“创新、协调、绿色、开放、共享”发展理念，推动城乡规划布局、要素配置、产业发展、公共服务、生态保护“五个融合”，努力探索一条全面体现新发展理念、彰显四川特色的乡村振兴发展之路。

二是在振兴目标上，要重点以有效遏制乡村过快衰退为基本指向，通过5～10年的持续努力，建设“产业兴旺、生态宜居、乡风文明、治理有效、生活富裕”的新乡村，实现乡村空间格局优化、乡村产业全面振兴、乡村生态环境持续优化、农村居民生活更加富足和现代乡村治理格局的基本形成。

三是在战略部署上，要确定乡村振兴战略重大行动，重点应包括“五大行动”，即：以推进城乡空间融合、打造美丽幸福新村升级版和加快特色镇建设为重点的乡村空间优化行动；以推进优势特色产业做大做强、三产融合发展和经营模式创新等为重点的乡村产业振兴行动；以推进农村集体资产股份量化改革、深化财政投入资金股权量化、创新集体经济开发模式为重点的集体经济振兴行动；以开展农村绿色生产、参与式生态环境保护和生态文明制度体系建设为重点的乡村生态文明建设行动；以完善乡村治理体制、创新乡村治理模式、推动城乡公共服务均等化和发扬乡风文明等为重点的新型乡村治理行动。

（三）制定四川乡村振兴规划以及行动方案

为在全省有序、高效推进乡村振兴战略，建议在指导意见的导向下，配套制定四川乡村振兴总体规划和行动方案。

一是制定完善的乡村振兴规划体系。在制定全省乡村振兴总体规划的同时，各市县要因地制宜制定区域性乡村振兴规划，尤其是要以县为基本单元，进一步对村庄布点进行合理优化，并切实做好村庄的详细性规划，逐步实现村庄规划全覆盖，并提高村庄规划的约束力、执行力。

二是要细化行动方案。乡村振兴不是单一领域和维度的发展，而是涉及多领域、多维度的振兴，并且需要在未来较长一段时期内持续推进，因此要根据规划制定具体的行动方案，相关部门要根据职能职责形成推进乡村振兴的专项行动方案或者推进计划，从而确保乡村振兴相关措施落地生根，推动乡村振兴阶段性任务和目标的不断实现。

（四）健全乡村振兴体制机制和政策支持体系

乡村衰退不是一朝一夕形成的，也不是由单一因素造成的，推进乡村振兴是一项复杂的系统工程，不可能一蹴而就，体制机制创新和政策整合十分重要。

一是创新乡村振兴的体制机制。包括进一步破解城乡户籍限制，构建城乡要素双向自由流动机制；健全更具绿色发展导向、更具主体瞄准性的农业支持保护制度；在确权颁证的基础上完善农村产权流转、抵押融资和继承、退出、赠与等产权实现机制；创新集体经济发展机制和“空壳村”消除机制；建立健全市场化、多元化的生态建设投入机制和生态补偿机制；构建本地村民和外来村民和谐共处的乡村治理机制；引入 PPP 模式等撬动社会资本，健全城乡融合发展体制机制等，为乡村振兴提供良好的制度环境。

二是优化促进乡村振兴的政策支持体系。包括健全乡村产业发展政策、新型农业经营主体培育政策、幸福美丽新村建设政策、精准扶贫政策、财政支持政策、农村创新创业政策等政策支持体系。要进一步梳理整合已有政策，形成政策聚合效应，进一步优化乡村发展条件和环境，吸引城市要素下乡、打工青年返乡创业，尤其是要以政府购买服务的形式，组建助推乡村振兴的基层工作队伍，强化乡村振兴的外部智力支持。要通过政策梳理，整合形成乡村振兴“一揽子”解决方案，弱化“短板效应”，增强政策合力，提高政策实效，特别是在试点地区要构建起集成化、系统性的城乡融合发展政策支持体系，为乡村振兴提供坚实的政策支撑。

八、四川实施乡村振兴战略的保障措施

“农业强、农村美、农民富”是全省居民获得感的重要基础，是全面建成小康社会的成色和社会主义现代化的质量保证。有效实施乡村振兴战略，必须贯彻落实“三农”重中之重、农业农村优先发展的方针，进一步调整理顺工农关系，增强农业产业竞争力、农民职业吸引力和农村生活幸福感。为此，应重点采取如下保障措施。

（一）制定“农业农村优先发展”的具体政策

1. 优先配置领导力量和干部队伍

要针对乡村振兴的新形势、新要求，进一步健全党委统一领导、政府负责、党委农村工作部门统筹协调的农村工作领导体制。党政一把手要作为四川省实施乡村振兴战略的第一责任人，推进村党支部书记进入乡镇党委领导班子常态化。要加强“三农”工作干部队伍和后备队伍的培养，建立更加灵活的干部队伍管理和使用机制，构建乡村优秀本土人才进入干部队伍的绿色通道，创造导向人才向农村基层一线流动的用人氛围。

2. 优先保障公共财政投入和要素配置需求

各级公共财政要以更大力度向“三农”倾斜。要把公共基础设施建设的重点放在农村，推动农村基础设施建设提档升级。对于农田水利等农业生产条件，水、电、路、气、房、讯等农村基础设施，农村教育、医疗卫生、文化、养老等公共服务，政府要优先安排投入，加快补齐农业农村基础设施和公共服务等方面的短板，着力提高农村公共服务能力和水平。要持续加大强农惠农力度，健全更具绿色发展导向、更具主体瞄准性的农业支持保护制度；采取更为有力的措施优先满足乡村产业发展、公共服务、社会治理、文化建设、生态保护、新村建设等方面对要素配置的需求。

（二）发挥政府与市场的合力作用

在推进乡村振兴的过程中，要共同发挥政府和市场两种力量的作用，两者缺一不可、不可偏废。四川经济发展相对滞后、乡村衰退较为普遍且程度较深，既不能过度依赖行政手段命令式、运动式地推进乡村振兴，也不能过度依赖市场手段放任式、无序式地推进乡村振兴，要在更好地发挥政府作用的基础上，构建起推进乡村振兴长效性的市场化支撑，充分发挥市场在资源配置中的决定性作用，持续高效地推进乡村振兴。

1. 合理界定政府职能边界

认真总结四川省在幸福美丽新村建设、脱贫攻坚等工作中的经验和教训，不能以高强度的行政手段通过集中资源的方式推进乡村振兴。乡村振兴的实际推进，必须以市场机制的逐步完善作为基本取向。要在乡村振兴中切实加强市场制度的建设、管理和运行，形成以市场体系为基础的长效化乡村振兴推进机制。特别是在产业发展上，要防止政府对产业选择的过度干预，更加重视对产业发展条件的外部改善，力避非市场化推进导致产业扩张中同构化现象的过度发展。

2. 实现政府与市场的有效配合

一是在投资主体上，要转变以政府为主的单一化投入机制，充分利用财政奖补机制的撬动功能，调动群众和社会力量参与的主动性和投资的积极性。二是在投资领域上，要在强化政府在路、水、电等基础设施和公共服务方面投入的同时，减少政府对具体产业选择、建设规模等方面的干预，退出公共性弱、盈利性强的建设领域。三是在建设方式上，要扩大农村小型公共基础设施村民自建范围，探索提高限额标准，促进决策主体、建设主体和使用主体和管护主体合一，减少供需错位、建管脱节现象。

（三）推动乡村多领域的资源整合

涉农资金投入分散、支农惠农政策缺乏连续性和各类主体间缺乏协作平台是四川省农业农村发展面临的重要制约。乡村振兴是一项覆盖面广、影响长远的系统工程，更加需要通过资金、政策、主体间的有效整合发挥资源集聚效应。

1. 强化财政支农资金整合

针对四川省经济总体实力不够强而乡村振兴投入需求大的现实，要打破项目资金分散式的支农格局，把城乡作为对等的、互惠互利的关系进行资源的重新配置。要建立财政支农资金的统筹整合机制，总结推广贫困县“四到县”机制和财政资金“五补五改”模式，以财政预算整合为引领，以绩效管理为导向，根据资金整合方向、目标编制科学合理的预算，将不同层面、不同渠道的支农资金整合后统筹使用，瞄准乡村发展重点领域和关键环节整体投入。

2. 强化多方政策资源整合

由于推进乡村振兴涉及面广，任务复杂艰巨，尤其需要突出重点、理清优先顺序，必须通过系统谋划和整合资源集成推进。应当在省、市、县组建乡村振兴战略工作领导小组，实行部门联席会议制度，提高乡村振兴各领域政策的协同度和联动性，力避多头政策重复性或者冲突性投入造成资源浪费和效率损失。要整合产业发展、新村建设、生态保护、脱贫攻坚以及基层治理、农村精神文明建设等多方政策资源，尤其是要探索推进乡村振兴重大项目，通过项目整合人、地、钱等要素，强化乡村振兴的系统性政策支撑。

3. 强化多元主体力量整合

推进乡村振兴需要政府、村集体、农民、企业等多元主体的广泛参与。要构建多方主体力量的整合机制，对于农民、集体等乡村内部主体的资源要全面激活，对于企业、社会组织等主体的力量要有限制地开放性引进和培育。政府要引导搭建乡村振兴平台，以其为依托构建多元主体的对接和耦合机制，让外部要素进得来、稳得住、可发展，农村内部要素可参与、可分享、可稳定。

（四）构建强约束的规划引领机制

乡村振兴战略要立足四川省农业农村发展现实情况，根据全省乡村振兴的长、中、短期目标，各领域关系以及各地区乡村发展的基础、要素禀赋等科学编制乡村振兴战略规划，形成突出层次、相互衔接的规划体系，并在推进过程中强化规划的统筹引领和约束作用，防止出现随意调整和相互冲突等问题。

1. 完成全省乡村规划数据库建设

以乡村振兴的目标任务为基础导向开展深入的专项调查，准确把握全省乡村衰退的现状和特征、摸清乡村振兴的资源禀赋和现实基础，建设四川乡村规划基础数据库，及时输入全省各乡村资源、产业发展、项目需求与建设、资金投入等重要信息，为高效推进乡村振兴战略提供信息数据支撑。

2. 形成多层次的乡村振兴战略规划体系

以适应和满足乡村现阶段和长远发展需求作为价值取向，集聚多部门以及专业人才团队，充分融入现代规划、信息数据分析等技术，制定全省乡村振兴的总体战略规划，部署若干重大工程、重大行动。在强化对全省乡村振兴进行统筹规划的同时，要注重分区域、分类型，因地制宜地编制乡村振兴规划：在国土空间上，要推进土地综合整治和空间优化，重塑乡村经济地理，促进生产空间、生活空间和生态空间的有机契合；在村庄布局上，要打破长期以来无序、散乱建设的做法，充分利用在幸福美丽新村建设过程中形成的规划引领经验，推广乡村规划师制度，组织精干的规划队伍对每个村庄开展高水平的精细规划，对村庄的空间布局、产业形态、治理格局等做出科学预判，切实推进村庄详细性规划。

3. 全面增强乡村规划体系的衔接性

强化“多规合一”规划管理机制，推进城镇建设总体规划、乡村建设规划、土地利用规划、环境保护规划、经济社会发展规划等有机衔接，促进城乡功能和空间融合发展，避免城乡在空间上和功能上的冲突。制定具有前瞻性和可行性的乡村振兴建设立项标准，摒弃以节地率或规模经营率等单一指标为立项标准，避免出现重复建设、大规模搬迁、大范围调规等问题。

4. 提高乡村振兴规划的执行约束力

要强化乡村振兴规划和村庄规划的硬约束，各级制定的相关规划需经同级人大审定，一经发布必须严格执行，提高其法定约束力、执行力，彻底改变在建设过程中随意调整规划的状况。各级党委政府要根据规划研究制定工作推进机制，细化年度工作方案，明确具体措施和实施主体。同时，将规划中的重要约束性指标和发展性指标均纳入党委政府的目标管理范围，推动各项目标任务按照时间节点和计划要求规范有序落地落实。

（五）完善激励和约束政策

乡村振兴战略的持续实施需要考核评估机制的全面改革，构建起与乡村振兴战略内在特征和实施要求相适应的长效考核评估方式。要建立科学全面的乡村振兴动态监测指标体系和监测方法，以容错和“留白”机制激励基层创新并避免短期化行为，为实施乡村振兴战略提供有效激励和行为约束。

1. 构建推进乡村振兴的动态监测机制

建立规划实施检查和第三方评价机制，加强对乡村振兴规划实施情况的跟踪分析，加强乡村振兴战略实施绩效监测，强化乡村振兴规划中期和末期评估，客观反映乡村振兴战略推进进程。对四川省乡村振兴战略推进中出现的问题和矛盾及时加以解决，对涌现出的有效做法和成功经验进行系统总结，推广典型，少走弯路、有效降低政策创新和实施成本。

2. 建立探索乡村振兴创新路径的激励机制

建立推进乡村振兴中改革探索的容错纠错机制，保护基层政府和干部的创新动力。对经过相关部门认可的改革做法、既有结果给予政策和法规性保护，明确试错条件、免责措施，对那些在推进改革和体制机制创新中根据上级有关精神进行先行先试改革，因无先例遵循、政策界限不明、不可预知因素、缺乏经验等而出现探索性失误或未达到预期效果的地方政府和基层干部免除相关责任。

3. 强化实施乡村振兴战略中的资源约束机制

严格保护全省耕地，严格控制农村土地用途，严防以乡村振兴、产业融合为由随意改变土地用途、占用乡村资源，特别要加强对乡村旅游发展过程中各类变相圈占农村土地和资源行为的管理。增强自然资源管理基层部门的执法权力和执法能力，加强对乡村土地使用的管理和查处，严格惩处圈而不用、变相转变用途等行为。建立乡村振兴生态约束机制，科学测算各地乡村生态承载力，划定乡村生态红线，建立产业发展的生态指标评价体系。建立常态化的乡村环保督察制度，严防城市污染产业向农村地区转移。

第三章　实施乡村振兴战略的短板制约与战略任务

四川是农业大省和农村人口大省，改革开放以来，四川的农业农村发展取得了历史性进步。2017 年 10 月 18 日，习近平总书记在党的十九大报告中提出，要“实施乡村振兴战略”，并阐明了重点方向和措施。乡村振兴战略是决胜全面建成小康社会、全面建设社会主义现代化强国的一项重大战略任务，是对未来我国农村发展的重大战略部署，为中国农村擘画了宏伟而美好的蓝图。但是，由于自身的资源条件和经济发展基础，以及当前的发展形势和未来的发展趋势，四川实施乡村振兴战略还面临着一系列短板制约，破解这些短板制约因素正是四川实施乡村振兴战略的重点任务所在。

一、四川实施乡村振兴战略的现实基础

党的十八大以来，四川省立足地区实际，把握发展机遇，全面推进以农村产权制度改革为基础、以农业经营方式转变为核心的农业农村领域改革，现代农业建设取得了重大进展，农村产业呈现出融合发展的态势，农村基础设施和公共服务明显改善，农民收入持续增长，脱贫攻坚取得阶段性成效，农村改革深入推进，为四川省实施乡村振兴战略奠定了良好的基础。

（一）现代农业加快发展

近年来，四川现代农业取得了突破性进展。到 2017 年底，全省经工商登记注册的农民合作社、家庭农场分别发展到 8.8 万家、4.4 万家，联合社达到 294 个；培育农业经营性服务主体 4898 家，其中，农村集体经济组织 799 个、服务型农民合作社 2409 个和专业农业企业 1183 家。

（二）农村产业呈现融合发展态势

在农业供给侧结构性改革的推动下，四川省农村产业融合发展速度显著加快，新业态、新产品不断涌现，并形成了许多具有四川特色的产业融合创新模式。农产品加工业加快发展，农村电子商务日益兴起，休闲农业与乡村旅游发展势头强劲。其中，2017 年，四川实现休闲农业与乡村旅游综合经营性收入 1320 亿元，占全国该类总收入的 1/5，带动 1290 万农民就业增收。

（三）农村基础设施和公共服务不断完善

为缩小城乡基础设施和公共服务差距，四川省通过公共财政体制改革和农村公共品供给制度改革，有效增强了农村公共品供给能力，明显改善了农村基础设施和公共服务条件。到2017年底，全省已建成高标准农田近3000万亩，乡镇和建制村通畅率分别达到99%和97%、通客车率分别达到97%和83%，农村的教育、卫生、文化以及社会保障事业都有了长足进步。

（四）幸福美丽新村建设成效明显

四川是全国较早启动新农村建设的地区之一，在新村建设模式上取得了较大突破和成效。针对不同地区分类推动新农村建设，在“四大片区”推进藏区新居、彝家新寨、巴山新居、乌蒙新村建设。通过幸福美丽新村建设打造新农村建设升级版，形成了符合区域地理特征和历史文化条件的新农村形态。截至2017年底，全省累计建成幸福美丽新村21282个，占全省行政村总数的42%；建成省级“四好村”3481个。

（五）城乡收入差距不断缩小

促进农民持续稳定增收以缩小城乡收入差距，是四川省城乡融合发展的重要内容。四川省通过积极拓展农民工就业渠道、促进乡村就地就业、提升农民财产性收入等一系列举措，让农民获得了多元、稳定的收入来源。2017年，全省农村居民人均可支配收入达12227元，四川省农村居民人均可支配收入自2010年以来增幅持续高于全国平均增幅和全省城镇居民可支配收入增幅，城乡居民收入比从3.12∶1缩小到2.51∶1。

（六）脱贫攻坚取得阶段性成效

为打赢脱贫攻坚战、实现贫困地区同步全面小康目标，四川省举全省之力聚焦贫困群体、精准发力，打出了脱贫攻坚政策“组合拳”，脱贫攻坚取得了重大阶段性胜利。2018年，全省实现30个贫困县“摘帽”、3513个贫困村退出、104万贫困人口脱贫，贫困发生率下降到1.1%。

（七）农村产权制度改革扎实推进

四川是首批承担全国农村产权制度改革试点任务的省份，全面推进农村土地承包经营权确权、集体经营性建设用地入市等改革。截至2017年底，全省农村土地承包经营权确权率达到92.9%，共有67个县（市、区）启动省级农村集体资产股份合作制改革试点工作，覆盖全省所有市州，而且农村资源要素流动性增强，全省各级平台累计完成农村产权交易金额700多亿元，其中土地经营权抵押贷款38.76亿元，成都农村产权交易所交易总规模居全国同类交易所第一位。

二、四川推进乡村振兴面临的短板制约因素

四川是全国农业大省，四川农村区域范围广，脱贫攻坚任务重，而且近年来农村空心化和农民老龄化等问题日益凸显，可以说，四川最大的不平衡是城乡之间的不平衡，最大的不充分是农村发展的不充分，农村仍然是全面建成小康社会的短板，四川实施乡村振兴战略仍面临着以下八大突出的短板制约因素。

（一）土地零碎化条件下适度规模度低

四川土地细碎化严重，人均耕地面积有限，农业户籍人口人均耕地面积仅为 0.97 亩，低于全国平均水平；坡耕地面积占比高，平原仅占 7.7%，山地丘陵地难以实施机械化耕种，而且土地资源等分散化、细碎化的特征明显，虽然农村外出务工劳动力多，但取消农业税后小农土地持有成本几乎为零，而且还有普惠性的粮食直补等补贴，加上一些基础条件较差的区域流转费用低，造成一些农户宁愿将土地抛荒也不愿流转，导致小农固化而集中连片经营困难。全省家庭承包耕地流转面积占比为 36.7%，但农村许多耕地为邻里代耕、代种，适度规模经营的水平低，单个经营主体 30 亩及以上的面积仅为 1365.9 万亩，只占承包耕地总面积的 23.5%。

（二）投资能力不足条件下生产设施改造难

四川山区、丘陵面积占比高，平原面积占比小，而且交通、水利等基础设施对农业农村发展的制约明显。但是，由于四川省整体上发展水平与东部地区相差巨大，财政实力不强，政府投入农村的财力仍有限并且整合机制不畅，激发社会资本投入的体制机制障碍还没有清除，而且农民和经营主体对农田水利等基础设施的自主投资意愿低，尤其是在贫困地区对财政投入的依赖性呈增强态势，加上基础设施招拍挂等建设模式要求弱化了农民的参与度，因此农村发展面临着投资能力不足的障碍。尤其是在山区和民族地区，基础设施需求大与建设成本高、投资能力不足的矛盾十分突出。

（三）乡村分化条件下乡村文化传承难

随着农村空心化现象的不断加剧，农村内在的文化“基因”已经发生了严重的变异，以教育为例，大量的乡村学校撤并后，乡村失去了文化中心，加上许多乡村教师并不在教学地居住生活，而是往返于城乡之间，对乡村的生活与情感疏离，割断了与乡村文化的联系。在经济发展过程中，城市所代表的工业文明处于强势地位，而乡村所代表的农耕文化则面临着被淘汰、替代的风险，加上农民对不良文化的冲击缺乏辨别能力，许多地区的乡村传统优秀文化缺少传承和发展，许多具有珍贵价值的民间技艺甚至是非物质文化遗产濒临失传。

（四）熟人社会弱化条件下社会治理成本高

农村具有很强的熟人社会特征，而且在相对封闭的运行环境下，通过村规民约进行自我管理、自我服务的成本低、效率高。随着农村人口外流不断增加，以及外来人口的增加，农村人口结构发生了深刻的变化。工商资本、城市青年下乡和长期外出农民工返乡等形成农村多元主体并存，农村产权制度改革促进传统意义上的村民与集体经济组织成员、股民等分离，农村利益主体呈现出多元化特征，农村熟人社会的特征趋于弱化，传统的乡村治理模式难以适应发展形势的需要且治理成本也在不断增加。

（五）多区重叠条件下区域失衡校正难

从面积来看，四川是全国第五大省，从人口来看是全国第四大省，不仅人口多、地域广，而且不发达地区占比高，许多地区是集贫困地区、革命老区、边远地区、少数民族地区等多重身份于一体，主要依靠财政转移支付运转，自身的造血功能和发展能力弱。虽然通过“脱贫攻坚”“一干多支”等战略促进了区域均衡发展，但对口帮扶由于帮扶单位自身能力的不同加剧了贫困地区之间的不平衡，整体贫困地区精准到户到人的帮扶加剧了农村内部的不平衡，在安排脱贫“摘帽”的压力和目前的机制下，区域失衡不仅难以校正，甚至在一些区域呈现出加剧的态势，这对于实现高质量的乡村振兴提出很大的挑战。

（六）发展压力加大条件下生态保护难

四川是全国重要的生态功能区，共有 56 个国家重点生态功能区县（市），而且多数山区、少数民族地区和贫困地区位于生态关键区或者生态脆弱区，虽然生态环境的优势较为明显，但同时社会发展事业滞后、生态环境承载力较弱，虽然自然资源较为丰富，但在主体功能定位上主要是限制开发区甚至禁止开发区，推进乡村振兴的发展压力与生态环境的保护压力并存，如果无法实现资源换资金、资源换市场、资源换增长，那将很难实现追赶，更难以实现跨越式发展；如果进行过度经济开发尤其是资源开发，不仅会造成区域内的生态环境恶化，而且更重要的是会对更大范围内的生态环境造成不利影响，因此，在推进乡村振兴的过程中必须有效破解加快经济发展与强化生态保护这一矛盾性的内在冲突。

（七）空壳化条件下集体经济发展难

农民和集体经济组织是乡村振兴的实施主体和受益主体，而目前四川省少数村是没有集体经济收入的“空壳村”。集体经济收入来源较为单一，大多数村集体的主要收入来源以集体资产资源出租为主，对集体资产的管理能力较弱。虽然通过农村产权制度改革尤其是集体资产股权权能改革为发展集体经济奠定了产权基础，但如果无法破解集体经济组织“空壳”，尤其是缺乏经营性资产的瓶颈制约，那将难以盘活集体资源，难以让集体经济获得实质性的发展。

（八）人口外流条件下人力资本开发难

四川是劳动力输出大省，除了成都平原外，多数农村地区的青壮年劳动力大量外出务工，到 2017 年底，全省转移输出农村劳动力 2504.9 万人，占乡村人口总数的比例达到 58.4%。相对而言，流失的都是乡村"优质"甚至是"精英"资源，农村"386199 部队"（即妇女、儿童和老年人）中随着妇女一同外出务工人数和子女随迁就学人数不断增多，农村劳动力老龄化趋势不断加剧，农村剩余人力资源开发难度大，而且在农村优质人才流失严重的同时，城市人才、技术要素流入农村还面临一些障碍，乡村振兴普遍面临技术、人才和新型经营主体严重不足的问题。

三、四川实施乡村振兴战略的重点任务

四川实施乡村振兴战略的主要任务与全国是基本相同的，但立足四川省的现实基础和区域差异，尤其是针对四川省推进乡村振兴面临的短板制约因素，重点任务的选择至关重要，其中具有关键性、突破性的重点任务主要表现在八个方面。

（一）以本土化为重点发展多种适度规模经营

四川从农业大省走向农业强省，不能简单走大规模集中土地的产业发展道路，应该更加重视和更加关注适度规模经营的发展，为此至少需要完成以下任务。一是挖掘提升本土化的特色优势产业。围绕全省丰富的农业资源，以地理标志保护产品等为重点，走"一县一业"和"一村一品"的特色产业发展道路，摆脱"有产品无品牌、有品牌无产品"的双重困境。二是培育壮大本土化的新型农业经营主体，加强对"土专家""田秀才"的培育和引导，更加关注支持专业大户、家庭农场和农民合作社等本土性新型农业经营主体加快发展，形成更加稳定、更加理性的适度规模经营主体，摆脱盲目的规模偏好。三是探索创新区域性的规模经营模式。针对分散、细碎的耕地分布格局和以山地、丘陵为主的地形地貌特征，加强高标准农田建设，因地制宜推行入股、托管、联耕联营等多种方式，着力推广中小型农机具，着力发展生产性服务业、健全社会化服务体系，通过"公司/合作社+基地/家庭农场/大户+小农"的模式将小农纳入现代农业发展轨道，引导小农走上单一主体小规模、区域性适度规模的发展道路。

（二）以多元化为导向优化基础设施投建模式

改善农村基础设施是推进乡村振兴的基础支撑，在单一主体投资能力有限的情况下，要有效增强基础设施对乡村振兴的支撑能力，重点需要做好以下三项工作。一是整合政府投资项目资源。在加大农业基础设施建设投入力度的基础上，重点整合相关资源，改变涉农项目投入小而散的格局，破解短板效应，尤其是要以机构改革为契机强化农业基础设施的聚合效应。二是拓展基础设施投资渠道，充分利用国家开发银行、中国农业发展银行等

在农业基础设施建设领域的政策性贷款，并采用PPP、先建后补等模式引导社会资本和新型农业经营投资兴建、改造提升农业基础设施。三是创新基础设施建管模式，转变以招拍挂为主的基础设施建设模式，对于技术含量不高、资金额度不大的适合自主建设的项目赋予新型农业经营主体建设申报资格。采取村民自建等方式提高建设效率、降低建设成本、增强建设内容的实用性。

（三）以内驱力为核心创新乡村文明传承机制

乡村文化的繁荣是乡村振兴的灵魂，而且四川拥有悠久的古蜀农耕文明、丰富的乡村文化资源、鲜明的乡村地域特色，因此四川在实施乡村振兴战略的过程中，要坚持人文化的推进路径，尤其是要增强乡村文明传承的内在动力，要求在以下几个方面取得明显的进展。一是在传播手段上，要充分利用现代信息技术和传播手段，借助农村智能手机不断普及的趋势，加强对大数据的分析挖掘，为实现文化的点对点、多对点精准传播提供有力的支撑，弱化乡村文化的地域障碍和时间限制，不仅为推广、传播乡村文化提供了便捷的路径，也为丰富农村居民的文化生活、满足居民的多样化文化需求提供了更加有效的渠道和方式。二是在价值挖掘上，要针对许多乡村文化并未得到应有的利用、价值并未得到充分的体现的状况，加强对乡村文化的挖掘和利用，凸显文化的黏合性，促进产业融合发展，尤其是借助乡村特色文化将对游客的吸引力转化为经济价值，并增强其传播力度和影响力。三是在乡风培育上，更多地采用群众喜闻乐见的形式，通过漫画、视频、小品、院坝故事会等形式传递身边人、身边事的正能量，通过“文明家庭户”“好邻里”“好公婆”“好媳妇”等评选形成潜移默化的影响和正确鲜明的导向，促进文明乡村培育从说教式、灌输式走向感悟式、参与式。

（四）以开放性为支撑构建新型乡村治理体系

乡村自有发展要素和发展能力不足的实际情况决定了在推进乡村振兴过程中必须构建外部资本合理进入的路径，吸引城市居民进入农村发展创业，也为部分农民工返乡提供更多就业创业选择。因此，在乡村振兴的过程中，原来较为封闭的乡村社会结构必然会进一步改变，因此必须建立开放型的乡村治理机制，以下四个方面的重点任务需要进一步加强。一是加强基层党建，尤其要针对部分基层党组织较为薄弱的短板，健全以村党组织为核心，村民委员会、村务监督委员会、集体经济组织、社会组织广泛参与的“一核多元”治理架构，构建党建带动村级各类组织建设的协同治理机制。二是强化村民自治。大力推进政经分离、社员股民分离，尤其是要把城乡人口双向流动和混合居住的前瞻性因素纳入乡村治理结构中，协调平衡本地村民和外来村民的利益诉求，促进城乡社区和谐、共同发展。三是深化农村法治。建立健全农村基层权力规范化运行机制，推出村级组织“小微权力清单”制度，推进法律援助进村、法律顾问进村，大力培育培养村民的法治意识、法治理念和法治精神，破解农业农村领域有法不依、执法不严的现象。四是创新农村德治，不仅要发挥村内原有老党员、老干部、老前辈等在德治中的作用，更要引导和发挥“新乡贤”在乡村治理中的作用，为农村矛盾纠纷化解、公共服务开展和公益事业建设发挥协商协调等作用。大力开展立家训家规、传家风家教，倡文明树新风、革除陈规陋习等活动，引导农村居民崇德向善。

（五）以协同性为关键促进脱贫奔康有机衔接

以“四大片区”为重点，把打好脱贫攻坚战作为乡村振兴战略的首场硬仗，协同推进脱贫攻坚和实现全面小康，重点是破解以下三大矛盾。一是破解精准扶贫中的资源配置不均衡矛盾，针对深度贫困地区多区叠加而区域整体性贫困的特征，在精准到村到户解决基础生计问题的基础上，注重实施贫困村内贫困户与非贫困户尤其是临界贫困户均衡受益的项目，防止形成农村内部新的二元结构分化。二是破解脱贫攻坚中的财政依赖性困境，在大力推进脱贫攻坚和乡村振兴的过程中，逐步淡化一味给予性质的财政扶持，强化发展能力的培养和造血功能的培育，尤其是要在产业发展等领域强化市场机制的构建，弱化“等靠要”“养懒人”式的政策支持。三是破解脱贫奔康中的短期化选择困境。在贫困人口、贫困村、贫困县逐步脱贫“摘帽”和大力推进乡村振兴的情况下，积极构建脱贫奔康长效机制，纠正为脱贫而脱贫在产业选择、制度设计等方面的短期化行为，推动精准扶贫和防止返贫有机结合，促进脱贫攻坚与同步小康的有机衔接。

（六）以发展性为基础破解生态环境治理困境

在推进乡村振兴过程中，要特别注重转变发展方式，改变过去以牺牲生态环境为代价的短期化开发模式，必须坚持绿色化发展道路，进一步凸显四川省生态优势，构建以生态环境友好为指向的绿色可持续发展模式，重点要做好以下几项工作。一是完善生态补偿机制。进一步探索拓展生态补偿的领域和范围，重点完善饮用水源保护区生态补偿机制、森林生态效益补偿机制、湿地生态效益补偿机制，形成生态损害者赔偿、受益者付费、保护者得到合理补偿的运行机制，强化内在的生态环境保护动力和重点生态功能区的均衡发展能力。二是健全参与共享机制。加强农村生态文明建设宣传教育力度，拓宽宣传渠道，健全农村生态文明建设参与决策机制，提升公众参与农村生态文明建设意识，引导公众积极参与，形成公众参与式的生态保护。三是构建发展型保护机制。在积极推进产业生态绿色发展的基础上，重点探索创新生态产业化机制，尤其是要通过发展生态康养业态、打造生态优质农产品品牌等，利用优质优价的市场机制促进“绿水青山”转化为“金山银山”，倒逼地方政府和农民群众形成内生性的保护动力。

（七）以股权化为关键重塑集体经济发展基础

针对“空壳村”占比高、发展基础薄弱的实际，着力从以下三个方面重塑农村集体经济。一是实施集体经济“启动”工程，推广建立集体经济发展资金、财政投入涉农资金分类股份量化、集中使用的机制，破解集体经济无发展之源的困境。将农村集体经济组织作为财政投入建设项目承接主体，对具有建设能力的集体经济组织优先予以支持，通过财政投入让集体经济组织获得发展的启动资本。二是实施集体经济“活化”工程，鼓励集体经济组织以集体资产股权入股等形式组建集体资产管理公司、股份经济合作社等经营实体。鼓励集体经济组织采取独立或与龙头企业、专业合作社合作入股、合作经营等多种方式实行市场化运作，探索集体资产出租、集体入股分红、集体经营收入等多种经营方式，让集体“死资源”变成“活资产”。三是实施集体经济“分化”工程，对于具备一定发展基础和发展能力的集体经济组织，要通过打破村“两委”干部兼任集体经济组织董事长、社长的弊端，通过配置专职人员甚至引进职业经理人的方式推进政经分离、所有权与经营权分离、经济业务和公益事业分离，构建集体经济发展壮大的组织架构和制度保障。

（八）以双向性为特征加强人力资本开发利用

实施乡村振兴战略，最关键的是振兴人才队伍。在市场经济条件下，遏制人才外流的根本方法不是“防守”，而是“进攻”，构建以本土人才培育和外部人才引入双轮驱动的乡村人力资本累积政策，通过改变生存和发展的环境吸引农民工返乡、城市人下乡。一是培育乡村本土人才，制定多层次、多形式的新型职业农民教育和培训体系，完善初、中、高三级新型职业农民认证管理制度，并通过职业认证、特聘专家、购买服务等形式激励本土技术攻关能人、农技推广能人、经营管理能人等人才积极参与本地乡村发展。二是吸引返乡下乡创新创业人才。建立农民工返乡创业的多元激励机制，改善乡村创业环境，并通过财政奖补方式激励各地加大对农民工返乡创业的融资、技术、税收等支持。同时瞄准大学生下乡创业面临的资本、技术和市场等瓶颈，出台具有针对性的扶持政策，为大学生到农村创新创业提供广阔的空间和舞台。三是大力开展“柔性引才”。考虑借鉴大学生“村官”模式，吸引更多的大学生进入乡村进行短期服务，完善志愿者制度、社工、义工制度，形成多元化、轮换式的短期人才服务格局。同时引导更多企业、科研机构、大专院校通过产学研结合，为更多专业人才提供柔性平台。

第四章　农业大省向农业强省跨越的战略选择

产业振兴是乡村振兴最重要的基础支撑。四川作为中西部地区最具代表性的农业大省，农业生产条件优越，是我国粮油、生猪、茶叶等农产品生产大省，名优特产众多，川菜、川酒闻名天下。习近平总书记指出，四川农业大省这块金字招牌不能丢，要带头做好农业供给侧结构性改革这篇大文章，推进由农业大省向农业强省跨越。近年来，四川农业发展取得了历史性成就，农业大省的地位不断巩固，但大而不强的问题仍较突出。推动四川由农业大省向农业强省跨越，一方面，寄托着习近平总书记对四川的殷切期望，凝聚着全川人民的共同愿景，是擦亮农业大省金字招牌的必由之路；另一方面，也是四川站在新的历史起点，努力追赶跨越，深入实施乡村振兴战略，推进决胜全面小康、建设经济强省的重大举措。

一、四川向农业强省跨越背景的再认识

当前，我国经济正处于转变发展方式、优化产业结构、转换增长动力的攻坚期，农业农村发展同样面临着一系列新情况和新问题。四川由农业大省向农业强省跨越，必须立足宏观发展形势，大胆实践、补齐短板、深挖潜力，在全国乡村振兴中积极展现四川作为，打造农业大省向农业强省跨越的国家样板。

（一）对中国农业宏观发展形势的基本判识

对复杂多变的农业宏观发展形势进行有效识别和准确把握，是建设农业强国和农业强省的重要起点。

1. 国际市场冲击加剧与中国农业安全保障的矛盾不断凸显

在国际农产品市场不确定性加剧和新贸易保护主义抬头的形势下，我国农业发展面临农产品生产成本上升、国际竞争力下降等诸多挑战，农产品安全保障和农业“走出去”存在诸多问题与障碍。一是生产成本居高不下削弱了农产品市场竞争力。以水稻、小麦、玉米三种粮食为例，2017 年亩均生产成本达到 1081.6 元，相比 2005 年增长了 154.5%，其中，人工成本年均增速 9.1%，土地成本年均增速 10%，基本逼近同期农林牧渔业增加值年均 9.8%的增长率，严重推高了以粮食为代表的农产品价格，促成了国内外农产品价格全面倒挂格局。生产成本走高导致我国大宗农产品全面净进口，国内自产农产品“存不下、销不动”的问题十分突出（表 4-1）。二是农产品供给结构性失衡加剧了农业贸易逆差。2017 年，中国农产品贸易逆差达 503.3 亿美元，美国是中国最大的农产品进口来源国。2017

年，我国大豆产量约为1500万吨，进口9553万吨，占世界大豆产量的2/3。我国粮食贸易已基本形成全面净进口格局，粮食自给率自2005年以来不断走低，一路跌至2017年的87.5%，远低于95%[①]的要求。而随着国内农产品消费需求的提档升级，市场对品质型农产品需求的不断提升，乳品、水果及坚果等优质高端农产品进口量同样持续大规模攀升，国内农产品市场竞争力愈加趋弱。三是多重风险叠加导致农业“走出去”步履艰难。国际农业竞争态势倒逼我国农业“走出去”，特别是“一带一路”倡议的不断推进，促使我国掀起了海外农业的投资热潮，但同时也引发了国际舆论的广泛关注，呈现出多维舆论态势。不同国别之间因政治、经济、社会、文化等因素催生的政策风险、法律风险、政治风险、价格风险等多重风险障碍致使我国农业“走出去”面临着非常大的不确定性。

表4-1 中国主要农产品进口量及自给率变化（2002～2017年）

产品	项目	2002	2004	2006	2008	2010	2012	2014	2016	2017
谷物	进口/万吨	285	975	360	154	571	1398	1952	2200	2560
	出口/万吨	1484	479	610	186	124	81	77	64	160
	净进口/万吨	−1199	496	−250	−32	447	1317	1875	2136	2400
	自给率/%	103.1	98.8	100.6	100.1	99.1	97.6	96.7	96.4	96.3
棉花	进口/万吨	25	211	398	226	313	541	267	124	116
	出口/万吨	16	1	2	2	1	2	1	1	1.7
	净进口/万吨	9	210	396	224	312	539	266	123	114.3
	自给率/%	98.2	75.1	65.5	77.0	65.6	55.9	69.9	81.2	83.2
食用油籽	进口/万吨	1196	2078	2933	3903	5706	6230	7755	8956	10000
	出口/万吨	127	122	127	124	93	107	94	94	110
	净进口/万吨	1069	1956	2806	3779	5613	6123	7661	8862	9890
	自给率/%	49.7	40.2	28.1	24.3	18.9	18.6	16.2	14.1	13.7
食糖	进口/万吨	118	121	137	78	177	375	349	306	229
	出口/万吨	33	9	15	6	9	5	5	15	15.8
	净进口/万吨	85	112	122	72	168	370	344	291	213.2
	自给率/%	91.5	90.1	88.7	95.2	87.0	79.2	82.7	83.1	82.9

注：自给率=产量/(产量+进口量−出口量)×100%。

数据来源：根据历年《中国农村统计年鉴》《中国粮食年鉴》《中国农产品贸易发展报告》数据整理计算。

2. 环境承载力下降与农产品质量要求提高的矛盾不断凸显

相对农业发达国家，我国农业发展的环境承载力不高且呈不断下降趋势。一是农业资源相对稀缺。我国人均耕地占有量仅0.09公顷，远低于世界人均耕地面积0.21公顷的水平；水资源总量不足、水资源时空分布与耕地面积分布不匹配、农业用水比例下降、水资源利用效率低下等问题十分突出。二是农业投入品施用强度大。我国化肥总体利用率仅为35%，其中，水稻、玉米、小麦三大粮食作物氮肥当季平均利用率为37.8%；农药利用率

① 《国家粮食安全中长期规划纲要(2008—2020年)》提出的发展目标。

仅为38.8%，农膜残留率高达40%，农业生产对化肥、农药、除草剂、杀虫剂、农膜等化学投入品的依赖性高的矛盾难以缓解，造成地力下降、土壤酸化、有机质含量降低等多重负面影响(表4-2)。三是循环农业发展不足。由于种植业与养殖业之间物质循环链条的断裂以及畜禽粪污无害化处理程度偏低，畜禽养殖业带来的严重的农业面源污染引发农产品质量安全问题。随着农产品消费需求日趋朝着绿色安全、有机高端方向转型，资源环境承载力下降与农产品高质量要求之间的矛盾也将日益突出。

表4-2 不同时期化肥、农药及农膜使用量及区域分布

	时期	东部地区	中部地区	西部地区	全国
化肥	“十一五”/万吨	1804.73	2042.86	1500.53	5248.12
	“十二五”/万吨	1834.51	2347.13	1713.06	5894.7
	增长率/%	1.65	14.89	14.16	12.32
农药	“十一五”/万吨	67.48	70.15	28.36	165.99
	“十二五”/万吨	66.98	76.23	36.48	179.7
	增长率/%	−0.74	8.67	28.63	8.26
农膜	“十一五”/万吨	85.53	53.16	62.16	200.85
	“十二五”/万吨	94.04	63.89	89.16	247.09
	增长率/%	9.95	20.18	43.44	23.02

数据来源：根据《中国统计年鉴》相关数据整理计算。

3. 家庭经营分散化与农业产出效率提升的矛盾不断凸显

农业细碎化经营无法获取专业化分工与合作带来的规模经济效益，排斥了现代要素对传统要素的有效替代，导致农业产出效率长期在低水平徘徊。一是耕地地块细碎化严重。尽管小农户耕地细碎化程度不断改善，由改革开放初期的户均8.08块降至3.27块，但现阶段仍有8成以上的农地地块小于3亩，耕地零散细碎化形势依然严峻。二是耕地经营规模化程度低。据国家统计局数据，2017年，我国农民户均耕地面积仅为7.47亩(约0.5公顷)，远低于世界银行定义的“小土地经营者”2公顷的标准。尽管国内经营规模在50亩以上的专业大户已发展到350万多户，但与农村耕地经营总户数相比仍然较低。三是农业劳动生产率低下。据世界粮农组织公布的数据测算，中国农业劳动生产率基础十分薄弱，仅为日本、美国、德国等发达国家水平的2%。同时，与俄罗斯、巴西、南非等发展中国家相比，中国农业劳动生产率也明显偏低，仅达到这些国家的8%～10%左右。

4. 农村产业发展同构化与区域协同发展的矛盾不断凸显

现阶段各地农村普遍存在产业同构化现象，不少地区在打造主导性种养殖业时，较少考虑农业资源禀赋和种养历史，缺乏对国际国内市场的科学分析，往往盲目追求当前市场热点，喜好“跟风式”发展，从而造成区域间产业结构雷同，争市场、抢资源现象频发，导致产业缺乏特色优势甚至缺乏地域适应性。除了柑橘、猕猴桃、核桃等产业之外，在乡村产业融合发展上的同构化现象也十分明显，绝大多数地区对农业多功能属性挖掘不够，休闲农业和乡村旅游业多以发展乡村观光、休闲娱乐和打造民宿、农家乐等项目为主，对农耕文明、人文历史、风土乡俗等的触及不多或不深，高品位、多样性、特色化不足。在我国农村产业区域协调机制中，结构趋同力量过强，而专业化力量不足，区域间农村产业同构化很可能激发新一轮的产业同构化矛盾。

5. 农村要素向城市流失与乡村产业振兴的矛盾不断凸显

我国城乡在科技、人才、资金、土地等要素配置方面严重不均衡，农村发展缺乏生产要素的强有力支撑，部分地区农村不断衰落成为我国现代化进程中面临的重大危机。一是农村人力资本严重匮乏。我国农村地区总体呈现“年轻子女进城务工，年老父母留守农村”的代际分工模式，人口呈现出加速老龄化态势。2005～2016 年，全国农村地区 60 岁及以上的人口占比从 13.7%快速上升至 19.1%，远高出城镇和全国平均水平（图 4-1）。2016 年，全国 55 岁以上的农业从业人员占比超过了 30%，91.8%以上的农业从业人员受教育程度仅为初中及以下文化程度，而西部和东北地区这一占比更是高达 93%以上。二是土地要素支撑保障作用发挥不足。一方面，土地市场一体化进程仍然滞后，土地城镇化快于人口城镇化，城镇用地增长弹性系数长期超出国际标准制定的 1～1.12 的合理区间；另一方面，农业转移人口市民化难度较大，“土地养老”的功能虽然减弱但仍然存在，多数农民宁可抛荒土地也不愿意流转，导致我国每年耕地抛荒面积近 200 万公顷，形成“有地没人种”和“想种没有地”的双重窘境。三是资金从农村单向流入城镇。我国城乡金融市场之间存在严重的藩篱，资本在市场逐利性驱使下，基本上是从农村向城市单向转移。加之现存农村金融机构有效供给不足且效率低下，农村资金外流严重，对城乡融合发展造成了显著的负面影响。

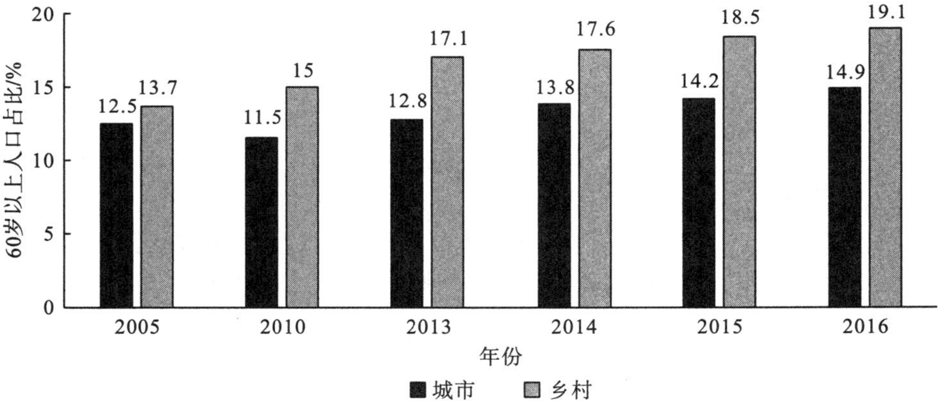

图 4-1　2005～2016 年我国城市和农村 60 岁以上人口占比比较

数据来源：根据《2017 中国人口就业统计年鉴》公开数据计算绘制。

稳定农业和农村发展是保持我国未来较长时期经济中高速增长的“压舱石”。随着国内市场不断开放、国外农产品大量进入，我国农业发展持续增长动力不足的问题愈加凸显。与此同时，我国农业供给侧结构性改革已经打开新局面，新型农业经营主体、新产业、新业态、新动能等快速发展，特别是乡村振兴战略的加快实施，为推动我国农业从传统增长模式向现代发展模式转型，以及在国际市场上争取更大竞争优势，提供了历史性的良好契机。

（二）对四川在全国农业发展格局中的地位认识

自古有“川粮安天下”的说法，加快由农业大省向农业强省的跨越不仅仅是四川的自身需要和地方战略，更是事关全国农业农村宏观布局的国家需求和重要行动。四川有责任和义务，也有能力和条件担负起由农业大省向农业强省跨越的历史性重任。

1. 四川是全国重要农产品供给基地，事关国家粮食安全大局

四川是西部地区唯一粮食主产区，对于保障国家粮食安全意义重大。2017 年，全省第一产业增加值达 4262.4 亿元，在全国第一产业增加值中的占比达 6%；粮食产量为 3488.9 万吨，居全国第 8 位；油料产量为 357.9 万吨，居全国第 2 位；蔬菜产量为 4252.3 万吨，占全国蔬菜总产量的 5.24%，其中冬春时令蔬菜出川外销量近 800 万吨，促使四川“南菜北运”的基地地位进一步巩固提升。2017 年，全省肉类产量为 653.8 万吨，居全国第 3 位，其中生猪出栏量和猪肉产量均稳居全国第 1 位(表 4-3)。四川茶叶、水果、中药材、竹子等产业资源丰富、品质优良，种植规模与产量均位居全国前列。此外，川酒占据全国白酒市场 1/3 的份额。截至 2017 年末，全省认定“三品一标”农产品累计 5142 个，数量位居全国第 2 位。

表 4-3　2017 年四川主要农产品产量及占全国总产量比例

品类	全国总产/万吨	四川产量/万吨	产量占比/%	全国排名
粮食	66160.7	3488.9	5.27	8
油料	3475.2	357.9	10.30	2
茶叶	246.0	27.8	11.30	4
水果	25241.9	1007.9	3.99	8
蔬菜	81202.9	4252.3	5.24	5
肉类	8654.4	653.8	7.55	3
其中：猪肉	5451.8	472.2	8.66	1
禽蛋	3096.3	144.5	4.67	8

数据来源：根据《2018 中国统计年鉴》公开数据计算整理。

2. 四川是长江上游重要生态屏障，肩负维护国家生态安全重任

四川是长江上游重要省区之一，作为生态屏障和水源涵养地其地位十分重要，维护国家生态安全的职责十分重大，为全国贡献了非常重要的生态产品。四川林地面积为 2328.26 万公顷，居全国第 3 位；森林面积为 1703.74 万公顷，森林覆盖率达 35.2%，高出全国平均水平 13.6 个百分点；各类草地面积为 3.06 亿亩，居全国第 5 位。截至 2017 年末，全省境内有自然保护区 169 个，面积为 8.35 万平方公里，占全省总面积的 17.2%；有国家级生态县(区)15 个，省级生态县(市、区)48 个。绿色是四川农业发展的鲜明底色，绿色农业发展的生态承载力强。

3. 四川是农文旅融合发展排头兵，引领示范全国农业新业态

四川地跨青藏高原、横断山脉等几大地貌单元，地形复杂多样、旅游资源丰富，具有源远流长的巴蜀文化，汇集了藏、羌、彝等多民族文化，农文旅融合发展具备有利条件和独特优势。2017 年，全省休闲农业与乡村旅游接待游客 3.52 亿人次，综合经营性收入达 1320 亿元，规模效益排名全国第一，并带动 1290 万农民就业。全省累计创建全国休闲农业和乡村旅游示范市县 19 个，入选“中国美丽休闲乡村”19 个，拥有中国重要农业文化遗产 5 个，建成农业主题公园 440 个、美丽休闲乡村 1400 个，认定省级示范休闲农庄 300 个、省级示范农业主题公园 80 个。四川农文旅融合的快速发展，农业新产业、新业态成绩斐然，为全国农村产业融合做出了示范引领。

4. 四川是农业农村改革领跑者，不断丰富全国农村改革内涵

四川作为改革开放发源地之一，素有“敢为天下先”的改革精神，在农业农村改革中始终走在全国前列。四川在全国率先以放活土地经营权为重点推进“三权分置”，聚焦激活农村内生动力和发展效力。截至 2017 年末，四川基本完成了集体土地所有权、集体建设用地使用权、宅基地使用权的确权任务。全省农村土地承包经营权确权率达到 92.9%，共有 67 个县(市、区)启动省级农村集体资产股份合作制改革试点工作，创造了崇州市“农(林)业共营制”、邛崃市“合作联社+农业大户”、巴中市“土地信托”模式、眉山市“委托流转”等一批可复制、可推广的经验模式。

二、四川建设“农业强省”的内涵与特征

四川是我国战略地位极为重要并且极具典型代表性的农业大省，加快农业由“大”向“强”的转变具有现实的紧迫性和必要性。而只有厘清“农业大省”与“农业强省”的内涵，准确把握其内在关系，才能瞄准跨越目标，明确跨越思路，突出跨越重点。

（一）“农业大省”与“农业强省”的内涵与特征

1. 农业大省的内涵与特征

农业大省的核心在“大”，偏重规模和数量。所谓农业大省，主要是根据一个省(区、市)的农业资源拥有量和农业生产在全国农业生产中的地位来确定的，一般是指农业资源拥有量大、农业生产在全国的地位重要的省(区、市)。目前，在农业大省评价指标体系中，大多用农村人口及农业从业人员所占比例、农业所占份额和主要农产品生产和输出数量等来确定及评价农业大省。

一般而言，农业大省主要具备三大特征。一是乡村人口与农业从业人员占比大。如表 4-4 所示，2017 年 8 个典型农业大省的平均乡村人口占总人口比例、第一产业从业人员占本省总人口的比例分别为 45.3%和 34.8%，分别高出全国平均水平 3.8 和 7.8 个百分点。二是农业占国民经济份额大。8 省农业占国民经济三次产业的平均份额为 10.8%，高于全

国平均水平 2.9 个百分点；8 省农林牧渔业增加值占本省 GDP 的平均比例为 11.2%，高出全国平均水平 3 个百分点。三是农业生产规模大。8 省在全国主要农产品供给方面占据着不可替代的地位，黑龙江与河南的粮食产量分别位居全国第 1、2 位；河南、四川与湖北的油料产量分别位居全国第 1、2 和 4 位；河北、河南与四川的蔬菜产量分别位居全国第 2、3、5 位；河南、四川的肉类产量位居全国第 2、3 位，且两省猪肉产量位居全国前 2 位。

表 4-4 我国典型农业大省的基础指标数据(2017 年)

基础指标		四川	河北	湖北	湖南	黑龙江	河南	安徽	江西	全国平均
乡村人口	人数/万人	4085	3383	2402	3113	1538	4764	2909	2098	57661
	占总人口的比例/%	49.2	45.0	40.7	45.4	40.6	49.8	46.5	45.4	41.5
第一产业从业人员	人数/万人	1792.9	1366.9	1278.0	1515.2	747.9	2494	1363.3	753.1	20944
	占本省总人口的比例/%	36.8	32.5	35.4	39.7	37.2	36.9	31.1	28.5	27.0
耕地面积	规模/万亩	10087.8	9778.4	7853.9	6226.5	23768.6	12168.5	8800.2	4629.0	202294.5
	全国排位	6	7	12	17	1	3	9	20	—
第一产业增加值	产值/亿元	4262.4	3130.0	3529.0	2998.4	2965.3	4139.3	2582.3	1835.3	65467.6
	占 GDP 的比例/%	11.5	9.2	10.0	8.8	18.7	9.3	9.6	9.2	7.9
农林牧渔业增加值	产值/亿元	4365.1	3297.8	3690.3	3165.3	3036.9	4310.6	2706.7	1898.5	68009.0
	占本省 GDP 的比例/%	11.8	9.7	10.4	9.3	19.1	9.7	10.0	9.5	8.2

资料来源：《2018 中国统计年鉴》；四川、河北、湖北、湖南、黑龙江、河南、安徽、江西等 8 省 2018 年统计年鉴。

2. 农业强省的内涵与特征

农业强省是相对于农业大省而言的概念，是对农业大省的全方位跨越，其核心内涵是对农业生产在一定数量要求的基础上，通过农业产业提档升级，实现农业的高质量和高效益，是建设经济强省的必要条件和重要支撑。总体而言，就是相对于同一时期其他的农业大省而言，农业强省的农业发展更加具备现代农业的特征，包括农业产业整体发展速度较快、产业链条较为完善、各类农产品品牌化程度较高、市场竞争力强；农业强省的农产品供给能力较为稳定，能够为国民经济提供基础性保障，为三次产业间的融合互动以及城乡间的融合发展提供条件。

农业强省主要具备“一高一优三强”五大特征。

(1) 质量效益高，表现为农业生产效率高、产出质量优、占据价值链高端环节、农民等农业经营主体收入高等。效率效益体现了农业发展质量，是农业强省的核心表现和根本体现。

(2) 产业结构优，表现为农业产业结构优化，粮经饲统筹，种养加结合，三产融合互动；农业生产经营管理现代化，具有较高的经营水平，组织化程度和社会化服务水平高。合理的产业结构主要反映了农业生产的合理性，是农业强省的重要基石。

(3) 行业引领强，表现为具有成熟健全的现代农业产业体系，主导产业形成完整、一体化的产业链条，在全国农业生产中占有相当大的比例，在行业标准制定、价格决定等方面具有较强的话语权和影响力，在国际国内市场上具有较强竞争力。具有较强的行业引领性，是农业强省的先决条件。

(4)创新能力强，表现为农业农村改革活跃，在新产业、新业态、新模式上引领全国发展，创造全国先进经验；农业科技支撑扎实有力，具有辐射带动周边地区农业科技发展的强劲实力。强大的创新能力是农业强省发展基础实力的重要体现。

(5)可持续发展能力强，表现为农业的全面绿色化发展，具有较强的实现可持续发展的能力。可持续发展能力体现农业生态文明发展水平和长期发展潜力，是农业强省的持续性保障。

农业强省在一定经济发展时期是一个相对的、发展的概念，随着国家工业化、信息化、城镇化和农业现代化进程的不断推进，农业强省内涵也将随之发生新的变化。建设农业强省，必须和经济发展阶段对农业发展的要求相适应，必须和农业发展整体环境的变化相适应。

3. 农业大省与农业强省的内在关系

农业大省与农业强省既相互区别，又相互联系。“大”着重强调了规模和数量，经济总量、资源总量和开发潜力自然成为农业大省的主要衡量标志。“强”则把质量效益放在首位，更加关注产业体系、增长效率、绿色发展水平、优质农产品市场占有率等关键指标。“大省”和“强省”的概念及侧重虽不尽相同，但本质上是一脉相承的，发展农业强省不是对农业大省的否定，因为“大”不仅包含了许多向“强”迈进的优势因素，这些因素使农业大省的农业具有极大发展潜力，而且在许多方面“大”本身就是“强”的体现。

具体而言，两者具有辩证转化关系。

一方面，农业大省蕴含着成为农业强省的优势条件。从“大”到“强”是一种质变，是在规模提升的基础上，靠创新、靠质量、靠品牌塑造、靠农业整体素质提升来实现的。在农业发展的不同阶段，农业大省从规模和数量上完成了量变的过程，而随着农业产出、质量和效益的不断提高，农业大省具备了向农业强省转变的基础，当农业综合效益达到一定程度后，农业大省实现了向农业强省的跨越，即完成了从质变到量变的过程。

另一方面，农业大省向农业强省跨越应有多种途径。农业强省建设不一定必须以实现规模超越为基础。在我国现实条件下，农业强省建设事实上存在“大而强”和“精而强”两种路径，其中“大而强”强调的是先变大，再变强，先扩大规模再提升效率。“精而强”强调的是在规模并不大的条件下，先做精做特，形成自身特色，成为某个特定领域的“强者”，再以此为突破口，不断发展壮大。建设农业强省并不意味着一定要先从规模上实现超越，也可以在某些产业领域做精做特、做优做强，开发特色农产品，建设特色农业产业带，打造区域特色知名品牌，把特色资源优势转化为产业发展优势。

(二)四川建设农业强省的特殊内涵

作为全国农业大省和西南地区唯一的粮食主产省份，四川在全国农业版图中具有重要地位，但四川总体上还是典型的农业大省而非农业强省。在建设农业强省时，除了满足一般要求之外，四川还应基于自身的现实基础和条件具有一些重要的特殊性含义，重点体现在以下五个方面。

(1) 应具备可靠的主要农产品保供给能力。四川省是全国优质粮、油、畜、禽、菜、果、茶等农产品重要基地，是全国重要粮食主产区和重要农产品供给区，特别是在保障我国粮食安全方面必须有所作为，因此四川建设农业强省必然被赋予了加强主要农产品供给保障的特殊要求。

(2) 应建立“精而强”的优势特色农业体系。四川省具有资源富集、地形多样、物产丰富、土地细碎化等特点，发展优势特色产业带，走优势特色农产品精细化和精品化发展道路，是立足实际省情的必然选择。四川建设农业强省不宜选择“大而全”的农业发展模式，而是通过建成相对集中连片的特色农产品基地，更好地促进特色农业适度规模经营。

(3) 应在绿色兴农上取得突破性进展。四川省是我国长江上游重要的生态屏障，生态环境条件良好，绿色是四川农业发展的鲜明底色，绿色农业发展的生态承载力强。四川应通过建设农业强省，立足本省资源环境本底以及水土资源匹配性，真正走出一条可持续的绿色兴农之路，为有效缓解我国农业发展中环境承载力下降问题做出贡献。

(4) 应在农文旅融合上领先发展。四川旅游资源丰富，巴蜀文化、民族文化、红色文化等色彩斑斓，农文旅融合发展不仅具备有利条件和独特优势，而且已有率先发展的前期基础，应当在融合水平提升和融合模式创新上率先突破，引领全国发展。

(5) 应在农业农村改革上创造全国性经验。四川是国家全面创新改革试验区，应继续发挥首创精神，不断破除体制机制弊端，充分激发农业农村发展新活力，为全国农业农村改革持续创造成功经验。

三、四川向农业强省跨越的短板制约

四川拥有丰富的自然资源、良好的生态本底以及厚重的历史文化底蕴，构成了建设农业强省的重要支撑，但一些较为突出的短板制约也不容忽视，农业大省的金字招牌尚未真正擦亮。

（一）土地经营高度细碎

四川土地细碎化问题相比全国总体情况更为严峻（表 4-5），小农生产占比高，农村土地生产率、农业劳动产出率、农产品商品率长期在低水平徘徊。一方面，农村青壮年劳动力持续大量外流。四川作为农村劳动力转移输出大省，其农村空心化、农民老龄化问题十分突出，农村留守劳动力有效供给严重不足抑制了土地合理利用，山丘区耕地撂荒弃耕现象尤为普遍，“谁来种地”问题突出。另一方面，土地经营权流转不畅。土地细碎化经营与农村产业结构调整要求的农地规模化、连片经营相矛盾，新型农业经营主体流转土地实现适度规模经营的难度较大、成本较高。2017 年，四川土地规模经营率仅为 23.5%，明显低于全国平均水平。此外，农户兼业化程度加剧。多数农民转向以代际分工为基础的“半工半农”的家庭生计模式，农民对土地依赖性不再强烈但又不愿意放弃土地，在很大程度上固化了土地经营细碎化格局。2017 年，四川省兼业农户占比高达 28.7%，高于全国 26.7% 的水平。

表 4-5 2017 年四川与部分省（市）农户经营耕地规模情况比较

	未经营耕地	10 亩以下	10～30 亩	30～50 亩	50～100 亩	100～200 亩	200 亩以上
全国/万户	2011.20	23098.00	2864.00	722.80	267.50	93.30	41.30
占比/%	6.91	79.38	9.84	2.48	0.92	0.32	0.14
江苏/万户	194.10	1413.30	87.70	18.70	7.70	4.20	1.60
占比/%	11.24	81.82	5.08	1.08	0.45	0.24	0.09
山东/万户	193.10	2050.60	173.10	22.40	8.10	2.50	1.40
占比/%	7.88	83.66	7.06	0.91	0.33	0.10	0.06
河南/万户	54.60	1837.90	226.20	43.70	11.80	3.60	1.70
占比/%	2.51	84.33	10.38	2.01	0.54	0.17	0.08
重庆/万户	63.20	675.40	33.50	5.60	1.70	0.80	0.50
占比/%	8.10	86.51	4.29	0.72	0.22	0.10	0.06
四川/万户	95.00	1939.40	88.00	27.20	8.00	1.90	1.50
占比/%	4.40	89.75	4.07	1.26	0.37	0.09	0.07

数据来源：《2017 中国农村经营管理统计年报》。

（二）农业产业链条过短

四川地处内陆欠发达地区，交通等基础设施滞后和产业配套能力较弱，特别是山区和丘陵地区农户居住分散、信息不畅、农民合作成本高，难以形成农业规模化效应，产业市场化程度低，依靠自身力量进行产业自我积累与提升的能力十分有限，同时农产品生产还是以初级和原料产品为主，加工转化能力和产业附加值较低。2017 年，全省农产品加工率仅 40%左右，低于全国平均水平 7 个百分点；农产品加工业产值与农业产值比为 1.9∶1，低于全国 2.2∶1 的平均水平。全省粮油、生猪、茶、水果等加工企业在同一区域空间上简单扎堆，标准化生产和专业化分工程度低。辐射面大、带动力强的产业化龙头企业少，在《2018 年农业产业化龙头企业 500 强排行榜》中，四川仅有 19 家企业入围，远远低于山东（59 家）、河南（29 家）。在 2017 年中国百强农产品区域公用品牌中，只有四川泡菜、攀枝花芒果、新津黄辣丁 3 个品牌入围。

（三）乡村要素全面流失

四川要素市场建设相对滞后，要素跨城乡流动面临较多障碍，城市要素“下乡”还面临着诸多障碍。从乡村人才角度看，除成都平原外，农村大量精英劳动力流失。2017 年末，全省转移输出农村劳动力达 2505 万人，占乡村人口总数的比例高达 61.3%，而全年农民工返乡创业人数仅 5.2 万人。流失的都是有知识有能力的青壮年人才，务农劳动力老龄化甚至高龄化倾向不断加剧，“谁来种地”成为棘手的现实问题。特别是农技推广人才数量严重匮乏，全省每万亩耕地的农技人员仅 11 人，2016 年底 45 个深度贫困县农技推广编制岗位的空置率高达 35.6%。从土地要素供给角度看，耕地大规模减少的矛盾不仅表现在数量上，还反映在质量上。快速城镇化进程中吞噬的多是良田沃土，对全省农业现实生产能力损害十分严重。随着土地规模经营的推进，农民面临土地被强行流转和低价流转的风险依然存在，危及农业正常生产经营，在一定程度上导致“非粮化”甚至“非农化”加剧。从金融支农角度看，农村金融市场发育滞后，农业农村投资需求增加与资本要素流入受阻矛盾凸显。2017 年，四川金融机构涉农存贷款余额为 1.6 万亿元，仅为山东涉农存贷款余额的 61.5%。四川农业直接融资严重不足，资本市场农业上市企业数量偏少，2017 年四川农业 A 股上市企业数量仅 3 家，与山东 11 家、湖南 9 家、广东 7 家等相比，存在明显差距，农业保险及其他金融支农的新兴金融业态发展也相对滞后。

（四）财政支持保障弱化

随着经济下行压力加大，从中央到地方财政收入大幅度下降，四川财政支农力度也随之趋弱。一方面，财政支农力度明显偏低。从财政支农支出的绝对额来看，2017 年四川劳均农林水务财政支出额不足 5 万元，远低于浙江 15 万元、江苏 11.52 万元，甚至远低于全国 9.11 万元的平均水平；从四川财政支农力度相对比较来看，2017 年四川财政支农相对程度为 1.02，远低于浙江 2.50、江苏 1.84 和山东 1.54 的财政支农力度（表 4-6、图 4-2），反映出四川财政对农业的反哺力度薄弱。另一方面，财政支农结构存在偏差。有限的财政支农资金主要用于农林水利气象等单位的日常运转，在农业科研支持、农业技术推广、农村教育、农产品质量安全等方面的投入严重不足。此外，四川财政支农资金分散、碎片化问题尤为凸显，资金投入重点不明确、精准度不高，过于分散的资金难以发挥集中优势，支农资金使用的绩效差及其对社会资本的撬动能力明显偏弱。

表 4-6　2007～2017 年四川与部分省份财政支农相对程度比较

地区	2007 年	2010 年	2011 年	2012 年	2013 年	2014 年	2015 年	2016 年	2017 年
黑龙江	1.46	1.19	0.94	0.88	0.77	0.54	0.97	1.09	0.94
江苏	0.94	1.63	1.59	1.70	1.80	2.58	1.83	1.86	1.84
浙江	0.67	1.85	1.98	2.03	2.26	1.71	2.59	2.47	2.50
山东	1.35	1.22	1.29	1.33	1.29	1.34	1.48	1.50	1.54
河南	1.82	0.83	0.87	0.87	0.90	0.92	1.02	1.02	1.20
四川	0.52	0.65	0.82	0.87	0.93	0.98	1.03	1.03	1.02
全国	0.67	0.95	0.96	1.01	1.02	1.03	1.12	1.15	1.34

注：财政支农相对程度=财政支农资金占财政支出比例/第一产业增加值占 GDP 比例。

（五）绿色资源开发困难

近年来，尽管四川通过脱贫攻坚和“多点多极”支撑发展等战略的实施在促进区域协同发展方面取得了一定进展，但全省区域发展不平衡问题依然突出，地区间经济差距拉大趋势未能逆转。四川境内部分地区，尤其是盆周山地区和民族地区拥有着丰富的生态与绿

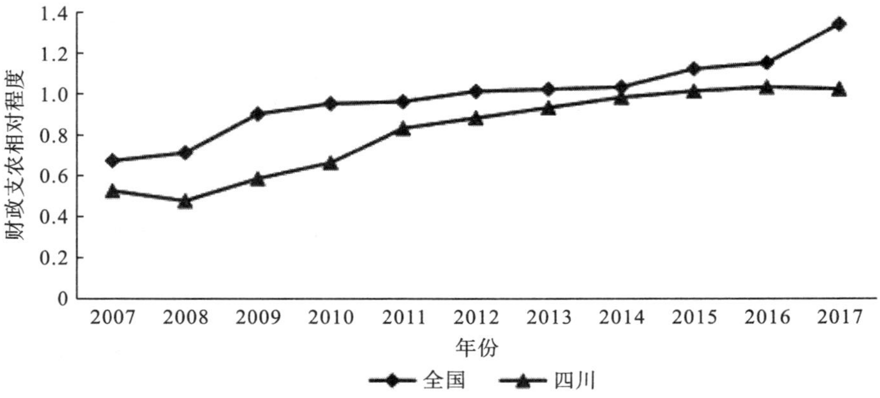

图 4-2　2007～2017 年四川与全国财政支农相对程度年度比较

色资源，但鉴于其区位条件差、部分县域又地处生态脆弱区，若不采用可持续开发模式，又极易造成资源枯竭、环境恶化、利用粗放、不可持续等生态负外部性问题，导致绿色资源开发极具难度。与此同时，全省生态产品和绿色资源生产供给分布和消费需求不相匹配，落后地区的绿色生产力和竞争力很难激活，生态资源经济价值释放被严重束缚，使得阿坝、甘孜、凉山三州“美而不富”问题尤为凸显。总体上，四川经济发达地区与资源富集地区间还未能建立起优势互补、资源共享的区域协同发展机制，落后地区“绿水青山就是金山银山”的生态红利难以有效释放。

（六）农业科技支撑乏力

四川农业科技创新能力和技术支撑不足，农业新技术的研发和应用速度滞后，缺少符合四川多样地理条件特征、与现代农业发展相适应的科技支撑体系。一是农业科技创新能力不强。农业科研多数属于“跟踪式”“模仿式”或“转化式”研究，拥有自主知识产权的原创性成果不足。在技术研发过程中，缺乏与农业实际生产经营环节的有效对接，审定品种多，实际推广的种植品种少；理论成果多，能够在农业生产中解决实际问题的成果严重不足。二是农业科技成果转化绩效相对偏低。尽管四川农业科技成果转化率近年来稳步提升，但与国内具有代表性的农业强省相比，仍然差距较大。2017 年，四川农业科技进步贡献率为 58%，明显低于江苏(67%)、山东(63.3%)、浙江(63%)等农业强省。三是农技推广供需结构存在错位现象。一方面，农业科研机构提供的传统农业技术的市场需求相对缩小，而新型农业经营主体对关键性技术、瓶颈性技术和农业高新技术的需求得不到满足；另一方面，农产品产后技术如农产品精深加工和物流运输等领域的科技支撑较弱，乡村旅游、休闲农业等新产业新业态急需的科技研发速度较为滞后。

四、四川向农业强省跨越的总体思路

加快推动四川向农业强省跨越，事关四川农业金字招牌的亮度问题，事关国家粮食安全和食品安全问题，事关全国农业农村现代化发展全局。站在全国农业“一盘棋”的角度，以习近平新时代中国特色社会主义思想为统揽，深入贯彻落实习近平总书记对四川“三农”工作的系列重要指示，以实施乡村振兴战略为总抓手，结合四川经济强省建设目标，立足四川农业农村发展的基础和潜力，针对制约四川农业农村发展的短板，本书提出了四川由农业大省向农业强省跨越的发展目标、战略定位和战略思路。

（一）发展目标

到2025年左右，四川作为全国重要农产品供给基地的地位得到持续巩固，农业质量、效益和竞争力实现实质性飞跃，“川字号”农产品品牌知名度、美誉度显著提升，在全国市场的话语权明显增强。农业整体发展水平在稳定保持中西部“排头兵”位置的基础上进入全国第一梯队，四川农业金字招牌全面擦亮，高水平建成全国农业强省。

(1)基本农产品供给稳。农林牧渔增加值稳定在全国前三位，粮食综合生产能力稳定在800亿斤以上，油料、肉类、蔬菜产量继续保持全国前列。年出栏生猪量稳定在7000万头以上，坐稳全国生猪第一大省位置。巩固西部渔业第一省地位。

(2)特色农产品竞争力强。新创建认定35个特色农产品优势区，累计建成20个辐射带动力强的国家级农业产业化示范基地。形成一批竞争力强、带动面广的国家级农业产业化龙头企业、行业领军型龙头企业。川粮、川果、川菜、川猪、川茶等十三大特色产业市场竞争力和市场占有率居于全国领先地位。新创建一批中国驰名商标，推出一批进入中国百强农产品区域公用品牌和在国际市场具有竞争力的出口品牌。

(3)农业质量效益高。优质农产品供给数量大幅增加，产品品质更优、特色更亮、营养更好，农产品质量安全例行监测总体合格率在98%以上。农业生产效率有效提高，农业劳动生产率达5万元/人以上。农村三次产业融合加深，农产品加工业产值与农业产值之比达到2.5∶1，农产品加工业产值进入全国前五名。休闲农业经营综合收入继续保持在全国前列，服务品质质量显著提升。

(4)农业科技支撑强。农业科技进步贡献率达到65%，进入全国前五名水平。围绕特色产业形成一批可复制可推广的绿色发展技术集成模式。科技成果转化率大幅提高，新型农业经营主体和小农户吸纳新技术的能力显著增强。加快发展“互联网+农业”，农业信息化率达70%。

(5)小农户参与现代农业发展水平高。引导小农户紧密有序融入现代农业发展轨道，采用合作、入股等紧密型利益联结机制参与农业产业化的小农户占全省农户比例达到50%以上。建设一批“大园区+小农场”式的现代农业产业基地，打造以合作社为主体、农民为对象、服务为根本的综合服务平台，提升对新型农业经营主体和小农户的服务水平。

(6)绿色发展水平高。基本实现“一控两减三基本”，农业废弃物利用率在85%以上，万元农业GDP耗能控制在0.1吨标准煤之内，绿色本地理念得到有效筑牢。绿色、有机、地理标志、良好农业规范认证农产品数量年增长6%以上，农产品“三品一标”认证数量力争居全国第一。生态康养产业产值保持较快增长，绿色资源实现充分开发和价值转化。

（二）战略定位

结合国家对四川农业发展的战略要求和功能定位，以农业供给侧结构性改革为主线，坚持数量优先向质量第一转变，坚持增产导向向提质导向转变，坚持注重行政推动向政府市场两手发力转变，坚持数量考核向质量考核导向转变，优化产业体系、突出创新引领、强化产业集群，打造“四区一基地”，把四川建成全国农业高质量融合发展先行省。

⑴全国优质农产品供应基地。在持续保障粮食、油料、肉类、蔬菜等农产品供给能力，夯实全国重要农产品供给基地地位的基础上，强化“名、特、优”农产品开发，突出以质取胜和绿色发展。加强农产品标准化生产、品质把控以及品牌创建，有效满足个性化、多样化、高品质需求，着力打造中高端特色农产品，不断提升特色农产品的优质率、高端率和市场占有率，增强四川农业在全国市场上的综合竞争力。

⑵全国绿色兴农引领区。将绿色作为“川字号”农产品的底色，将品质作为“川字号”农产品的基石，培育一批环境良好、生产规范、质量受控、品质优异的全国重量级农产品品牌，将四川打造成为重要的全国生态型农产品供给基地。探索生态资源价值转化机制和绿色农业开发机制，率先在绿色农业发展的主体参与、标准建设、激励约束等一系列重大体制机制方面先走一步、先行先试、率先突破。

⑶全国农文旅融合发展典范区。进一步推动农业与旅游、教育、文化、康养等多元产业的深度融合，创新产品种类、产业模式、业态类型，提升发展质量，实现由休闲农业大省向休闲农业强省跨越。增强农村产业之间的互联互通性，打造全产业链、全价值链，以制度、技术和商业模式创新为动力，积极培育产业融合新业态、新模式，打造全国农村产业融合发展模式和业态创新的典范。

⑷全国小农户振兴试验示范区。在坚持和完善农村基本经营制度的基础上，探索兼容现代农业生产力水平和小农户保护发展的农业经营模式，创新新型农业经营主体联农带农机制，形成一批具有全国示范效应和四川地域特色的农业经营模式。构建小农户振兴试点示范机制，立足山区、丘陵、平原及民族地区的差异，推动小农户发展的整县试点，并及时将试点成果上升为地方性法规和政策，率先形成一批具有全国推广价值的小农户保护与发展经验。

⑸全国农业农村改革创新标杆区。继续保持在全国农村改革上的领先地位，强化多项改革的集成性推进，力争在重难点改革领域取得率先突破，构建改革成果与实际应用的快速转化机制，将四川建设成为农村综合改革先行省。增强农业科技要素供给能力，构建高层次的农业科技转化推广载体，健全农技推广服务体系，完善农业科技创新体制机制，形成与四川农业强省地位相匹配的科技支撑实力，建成农业科技强省。

（三）战略思路

坚持农业农村优先发展总方针，着眼适度超前于经济强省建设目标，瞄准农业强省跨越关键“痛点”，聚焦产业体系、经营体系、科技支撑、区域结构和要素投入五大环节和领域，加快迈进跨越步伐。

(1)产品特色化。根据四川农业立地条件、资源禀赋，坚持走特色化和精品化的发展之路，重点发展具有四川地域特色、比较优势突出、蕴藏市场潜力的果蔬、蚕桑、“两薯”、中药材、竹产业、烟草、白酒等特色农产品。突出精品化、高端化、绿色化的发展导向，以实现高水平、高层次农业产业化为抓手，推动聚规模、促加工、提品质、塑品牌，满足居民日益增长的优质食品需求，将优势特色农产品作为四川农业金字招牌的“名片”。

(2)经营一体化。坚持农业产业链横向整合与纵向延伸并进，延伸加工链、完善利益链、提升价值链。基于四川人多地少和大省小农的基本省情，在持续深化对小农户改造提升的同时，发展多种多样的适度规模经营形式，有效降低农业纵向一体化经营的难度。促进农业产业链条向前向和后向延伸，提高农业全产业链对小农户的吸纳带动能力，培育农业全产业链群，加快构建产加销、农工贸、种养加一体化运行的现代农业全产业链体系，实现农业全链条整合、全环节升级。

(3)源力科技化。推动农业发展源动力由物质要素投入向创新驱动转变，不断提高劳动生产率、土地产出率及全要素生产率。加大公共财政对农业科技创新投入力度，围绕“川字号”优势特色产业，推动重大前沿性原创性成果创新，构建“育、繁、推”一体化现代种业体系。构建科研机构、高等院校、龙头企业等各类创新主体协调互动和创新要素高效配置的国家农业科技创新体系，建设科技园区、创新联盟、创新中心、科技资源共享服务平台等平台载体，建立农业科技研发与市场需求的紧密衔接机制，强化农业技术集成研究与推广应用。

(4)产业集群化。按照“一干多支、五区协同”的发展战略，结合区域自然条件、资源禀赋、生态空间容量等因素，推动优势特色产业因地制宜布局、集中集聚发展，重塑农业产业经济地理。按照“产业链条完整、上下游环节衔接配套、同类型产业集中”的原则，以农业产业化联动体为引领，以产业园区、现代农业强县为载体，以突出区域横向协作为重点，以现代农业科技为支撑，打造一批主导产业鲜明、竞争优势突出、辐射带动面广的百亿级、千亿级农业产业集群。

(5)要素双向化。抓住乡村发展处于大变革、大转型的关键时期和四川发展处于转型发展、创新发展、跨域发展关键时期的历史契机，顺应城乡融合发展的大趋势，促进城市资金、技术、人才、管理等现代要素流入乡村。以提高农业投资回报激励为关键，强化财政资金导引撬动功能。完善农村交通与信息基础设施建设，突破城市现代要素流入农业农村的体制机制障碍、区位交通障碍、信息隔离障碍等，形成新型工业化、信息化、新型城镇化带动农业现代化的互动耦合机制，不断提高农业生产集约化水平和要素投入产出水平。

五、四川向农业强省跨越的战略路径

四川是典型的西部内陆省份，拥有丰富多样的农业特色资源，农业发展潜在空间巨大。擦亮四川农业金字招牌，必须立足农业基础条件和农业发展阶段性特征，通过构建五大体系提升“五度”的具体路径，全面实现四川省向农业强省跨越的战略目标。

（一）构建特色农业产业体系，提升“川字号”品牌知名度

四川农业生产的自然条件决定了其在粮油等大宗农产品生产规模上很难与黑龙江、河南等省份一较高下，应坚持藏粮于地、藏粮于技战略，将更具市场竞争力和比较优势的特色农业作为农业发展的主导方向，重点在品类、品质、品牌等三个方面寻求突破，打响“川字号”农产品品牌。

1. 突出“名特优”农产品供给

精准选择一批有市场前景和发展潜力的农产品种类，将其作为未来四川农业产业发展的主攻方向。一是建立四川优势特色农业产业发展目录。结合全球、全国消费市场需求态势，通过与其他省份进行比较，明确将具有四川特色和竞争优势的川酒、川茶、川菜、川果、川药等产业列为发展重点，进一步筛选具有行业引领潜力的细分农产品种类，将其列入发展目录，作为产业发展和政策支持的重点。二是打造优势特色产业集中发展区。根据农业资源禀赋分布状况，集中规划和创建一批国家级特色农产品优势区，开展“一市（县）一特产”“一村一品”创建活动，推动农业产业园、加工园、科技园以及现代农业产业融合示范园等建设，打造一批标准化、上规模、成体量的优势特色农业产业基地，着力破解“有特色无规模”困境，将“小、特、优”产品培育成大产业。

2. 强化农产品绿色优质导向

着力解决农产品质量参差不齐的问题，推动四川优势特色农产品绿色化、品质化、标准化供给。一是促进农业绿色化发展。继续实施“一控两减三基本”计划，加强土壤污染治理与修复，创建一批国家有机产品认证示范区、国家级地理标志产品保护示范区、森林食品基地等，确保产地环境清洁，从源头上保证优质绿色农产品供给。集成推广“猪-沼-果”、稻鱼共生、林果间作等适用技术模式，发展农牧配套、种养结合的生态循环型农业。二是推进农业全程标准化。要构建一整套品牌农产品“从田间到餐桌”的全程质量控制标准体系，率先在现代农业产业基地和产业园区等产业集中发展区实行产地环境、生产过程、产品质量、包装标识等全流程标准化，引导适度规模经营主体按标生产，并发挥其对小农户的带动服务作用，从而有序地将农业生产纳入标准化生产轨道。三是提高农产品质量安全水平。加强农产品质检体系与运行管理，健全省、市、县、乡四级农产品监管体系。推动农产品质量全程追溯体系建设，支持县、乡农产品安全监管机构装备条件和追溯点建设，引导规模经营主体实施农产品质量安全追溯管理，建立追溯管理与风险预警、应急召回机制。建立农产品质量安全信用体系和经营主体信用档案，开展信用评价，将信用评价结果与政策支持相挂钩。

3. 加强“川字号”品牌塑造力度

着力解决“有口碑无名牌、大产业小合力”等问题，构建“区域公用品牌+企业品牌+产品品牌”的农产品品牌体系，培育享誉全国乃至全球、占据市场顶端的“川字号”品牌。一是注重大品牌创建。针对小品牌多但知名品牌不足的问题，要实施大企业支撑大品牌策

略，鼓励龙头企业争创中国驰名商标、中国质量奖等高含金量的知名品牌。支持中小品牌抱团发展，通过融资、兼并、重组等方式，组建大品牌、大企业、大集团，重点打造一批旗舰品牌。探索培育茶叶、蔬菜、中药材、水果、桑蚕等一批特色优势产业省级区域品牌。二是强化品牌宣传。植入文化内涵，讲好农业品牌的四川故事。利用农业展会、产销对接会、电商等平台，借助互联网、大数据、云计算等现代信息技术，线上线下融合推进品牌市场营销，打造一批茶、竹、果蔬、中药材和饮用水全国知名品牌。探索建立农产品品牌营销公共服务平台，发展一批农产品品牌建设中介服务组织和服务平台，提供农业品牌设计、营销及咨询等服务。组织开展农产品“三品一标”的申报，创建一批国家地理标志保护示范区、知名品牌保护区。三是完善品牌管理。加强品牌保护监管，建立农产品品牌评价体系、省级品牌目录和失信联合惩戒机制、跨区域联合执法机制，完善品牌认证、证后监管和商标管理等，倒逼品牌使用主体自觉维护品牌形象和声誉。

（二）构建农业全产业链体系，提升产业各环节融合度

现代农业的竞争某种程度上也是产业链的竞争，因此要加快构建产前、产中、产后紧密衔接、融为一体的农业全产业链和以农业为基础的多元复合业态体系，以高水平农业产业化和高层次农业产业融合为抓手，推动四川农业在较短时间内实现高质量“换道超车”和跨越式发展。

1. 打造农业全产业链条

四川农业产业短链化现象十分突出，是其向农业强省跨越所必须突破的一大障碍，因此，需要从“生产—加工—销售”的全产业链角度出发，系统布局农业产业链条，促进产业延伸、产业整合、产业升级整体性推进，全面提升农业发展水平。一是要促进农业产业链条延伸。发展现代种业、智能农机装备制造、烘干冷链物流等先导性支撑产业，争取建设国家级核心育种基地。实施农产品加工业提升行动，支持农产品产地初加工，重点填补部分“名、特、优”农产品加工空白，打造食品、饮料等万亿级产业和名优白酒、肉食品、粮油、纺织服装、烟草、茶叶、中药材等千亿级产业。二是要促进农业产业链条整合。推动产业链横向整合，重点解决农产品加工企业“小、散、弱”问题，引导中小加工企业兼并重组或组成战略联盟，规划建设加工业企业集聚的现代农业加工园区和示范基地。推进农业产业链纵向整合，推广“龙头企业+合作社+农户”“龙头企业+农户”等模式，引导农业产业链有效整合，着重以紧密的利益联结机制和多元化的联结方式将小农户纳入农业产业链条。三是要促进农业产业链条升级。结合实施数字乡村战略，强化大数据、物联网、云计算等现代信息技术在种植、养殖、农产品加工、销售、物流配送等各个环节的应用，进而打通农业产业链，优化农业产业体系。

2. 推动农业产业横向拓展

突破农业单一功能，促进农业与二、三产业跨界融合发展已经成为农业现代化的一大重要趋势。一是推动休闲农业和乡村旅游升级发展。四川作为全国“农家乐”乡村旅游的发源地和全国休闲农业大省，具有农旅融合的良好基础，但也面临着产业同构、业态低端

等问题，下一步应围绕产业升级和模式创新两大方向寻求突破。实施全省休闲农业和乡村旅游质量提升工程，完善服务标准，提高服务质量。创新休闲农业和乡村旅游发展模式，发展休闲体验、康体养生、科普教育、文化创意等新业态，探索共享农庄等新模式，促进休闲农业和乡村旅游走向多元化、小众化、品质化。二是发展生态康养产业。利用森林、草地、湿地、湖泊等自然资源和中医药、农业等产业资源，促进农业、医疗、康养有机融合，研发森林康养、田园养生、阳光康养、运动康养、文化康养、膳食疗养等健康旅游产品，发展自然体验、自然教育等新型业态，打造大峨眉国际森林康养示范区、秦巴山森林康养示范区、乌蒙山区森林康养示范区、攀西阳光康养示范区，建设全国森林康养目的地，促进生态资源开发的价值转化。三是发展农产品电商。坚持外引和内培并重，引进国内知名电商平台，培育扶持一批专业化、本土化的省级农业电子商务平台，支持壮大一批有潜力的省、市、县三级农业电商企业。要重点在乡村服务点建设、基层电子商务运营服务网络、降低物流损耗和物流成本等方面予以政策扶持，开辟特色农产品网上销售平台。

（三）构建农业科技创新与转化体系，提升农业发展支撑度

着力弥补农业科技短板，培育符合现代农业发展要求的创新主体，建立健全各类创新主体协调互动和创新要素高效配置的四川农业科技创新转化体系，提高农业科技进步贡献率、科技创新要素配置效率、科技成果转化率，构建与四川农业大省相匹配、农业产业需求相适应的高效农业科技创新与成果转化体系。

1. 打造新型农业科技创新平台

一是加快推动农业科技创新服务平台建设。加强与国内外科研机构合作，建立农业科技共享体系。建设现代农业科技集成示范区，建立 30 个左右农业科技服务示范区，辐射带动全川现代农业科技创新和成果转化应用。在国家农业科技创新联盟框架内，与中国农业科学院等合作共建西南地区农业科技创新联盟，聚集国内外高端科技力量，建立共建共享机制和实施实体化运作项目，开展技术集成、落地示范、推广应用、技术服务咨询等协同创新任务。二是进一步完善农业科技园区体系。突出“农、高、科”定位，新建一批国家级农业科技园。引导农业科技型企业和高新技术企业向农业科技园区聚集，支持涉农科研院所和高校与企业联合建立农业科技研究中心，重点培育对产业发展引领作用显著的国家级或省级示范工程技术研究中心，全面提升四川农业科技的创新能力和核心竞争力。

2. 提高农业科技创新水平

一是强化关键技术共性研发。围绕“川字号”特色产业，突出“特色生物育种、精深加工智造、生态休闲农业”三大领域，攻克绿色、安全、高效种植养殖及深加工关键共性技术，形成一批具有自主知识产权的农业科技成果。二是加大科技投入力度。各级财政应提高农业科研投入力度，适度提高农业科研经费在总科研经费中的比例。通过构建利益联结机制，引导企业、金融机构向农业科研领域投资，多渠道拓展农业科研经费来源。三是健全科技创新管理体制。完善利益激励机制，使科技推广成效与科技人员利益挂钩，切实打通围绕市场需求进行农业科研选题立项的“最初一公里”和科技成果上山下乡的“最后

一公里”，切实促进农业科技创新和推广应用更有效率地向市场化方向发展。

3. 促进农业科技成果转化应用

一是构建农业科技成果交易转化机制。构建具有“川字号”特色的农业科技成果转移转化平台，建设全国农业科技成果转移服务中心四川分中心、国家种业科技成果产权交易中心四川分中心，并实现与以上两个国家中心的资讯共享、信息互通。通过引入社会工商资本组建产业基金的方式，建设科技人员创业孵化与科技产业加速中心，推动科研成果快速转化推广。二是实施提质增效绿色发展技术集成模式研究与示范推广行动。面对绿色兴农和构建四川“精而强”优势特色农业产业体系的需求，与中国农业科学院合作开展绿色集成模式研究与示范推广，在现有水稻、油菜、茶叶 3 个产业的基础上，进一步增加产业类型，新建一批试验示范区、试验示范基地，研发出一批适合四川自然条件的综合技术模式，并通过与新型农业经营主体的合作，强化技术模式的集成应用和示范推广。三是完善农技推广服务体系。构建农业技术推广人员和新型经营主体的对接机制，整合科技创新、推广与应用主体，鼓励农业科研人员、农技推广人员通过下乡指导、技术培训、定向服务等方式，向农业生产者集成示范推广先进适用技术。完善基层农技推广服务体系，构建有效激励机制，吸引优秀人才投身基层农技推广工作；强化乡村“土专家”和新型经营主体对普通农户的技术带动、传授作用。

（四）构建新型农业经营服务体系，提升农业生产组织度

在客观认识小农户依然长期占据四川农业经营主体的前提下，有序推进小农户的现代化改造和适度规模经营主体的发展，将分散化、低强度的农业经营体系改造成为组织化、集约化并适应现代农业发展需求的新型农业经营体系。

1. 完善农业经营服务体系

在四川，尤其是在占全省耕地面积 60%的丘区，农业经营高度分散，并伴生着农业劳动力外流、劳动力老龄化、农户兼业化等问题，导致农业效益低下。应以土地经营权的有序流转集中为基础，在不挤出小农户的前提条件下，培育以规模化生产、组织化经营、集约化投入为显著特征的新型农业经营主体。一是实施龙头企业排头兵工程。一方面，分产业遴选和培育若干个龙头企业，支持龙头企业挂牌上市，通过债券融资、增资扩股等方式做大做强，打造一批行业领军型龙头企业。另一方面，推动农业产业化龙头企业通过组建战略联盟、收购兼并、战略重组等方式实现整合扩张，形成市场核心竞争力。二是培育农民合作社。采取分类施策方式，对于农民自发创办的合作社，重点通过加大财政、税收、金融等政策支持力度，增强其实体化运作能力；对于龙头企业创办和大户领办的合作社，重点强化其内部管理制度和民主决策机制，有效防范内部人控制风险。推动农民合作社区域合作和同业联合发展，积极组建农民合作社联合社。三是实施新型职业农民培育行动。构建教育培训、认定管理、政策扶持的新型职业农民三级培育体系。引导返乡农民工、大学生、“新乡贤”、城市居民等“新农人”参与农业创新创业，创办家庭农场、农民合作社、农业企业等新型经营主体。四是完善农业社会化服务体系。结合供销合作社改革，强

化供销合作社为农服务功能，打造区域农业生产性服务平台，形成专项服务与综合服务相互配套、公益性、合作性和经营性组织有机协同的农业社会化服务体系。

2. 构建小农户现代农业融入机制

小农户是当前四川农业经营主体的主要组成部分，小农经营在未来相当长的时间内也是四川农业的重要经营形态之一，四川向农业强省跨越不能忽视这一基本现实，更不能将小农户推向农业产业链和价值链的边缘，要构建小农户融入现代农业的衔接机制，实现对小农户的现代化改造与升级。一是精准把握小农户结构性分化进程。小农生产已呈现出明显的结构性分化，可分为退出型小农、自给型小农、兼业型小农和发展型小农四大类型。要采取相应针对性的政策支持，让退出型小农顺畅地实现由农民向市民的身份转换，尊重和保护自给型小农的基本权益，引导兼业型小农向专业化的发展型小农转变，将政策扶持重心向最具潜力的发展型小农倾向。二是推动对小农户的组织化改造。借鉴已有的成功经验，探索组建小农组织联盟，并将其作为新型经营主体来培育。引导新型经营主体与小农户通过多种利益联结方式构建紧密长效的合作关系，促进新型经营主体通过将品牌、技术、农资、销售渠道共享给小农户，构建新型经营主体与小农户共生共赢的发展格局。三是推动服务规模化。健全农业社会化服务体系，创新推广农业共营制、土地托管、服务联盟、联耕联种等经营方式，在不流转土地的条件下，提高农业经营效率，将小农户纳入现代农业发展轨道。

3. 推动农村集体经济创新性发展

集体经济组织不仅能采取自主经营的方式实现农业的规模化经营，还可为小农户、新型经营主体提供必要的外部支持，要坚持农村集体产权制度改革、脱贫攻坚与发展集体经济一体化推进，重构新型集体经济形态，形成集体经济发展与农业转型升级的共进共舞格局。一是探索多类型集体经济发展模式。鼓励和引导集体经济组织盘活集体机动地、“四荒地”和流转农民承包地土地的经营权，自主经营或与新型经营主体联合发展现代农业项目。鼓励和引导集体经济组织利用乡村生态资源、历史文化资源等，盘活乡村长期闲置的乡村资产，如农民房屋及宅基地、废弃农村小学与集体企业厂房等，用于发展乡村旅游等产业。二是拓展集体经济组织服务功能。支持具备条件的集体经济组织为新型经营主体和农户提供农资供应、技术指导、加工包装、产品销售、品牌建设等全链条、全环节的生产性服务，为外来的投资主体提供关系协调、物业管理等配套性服务，允许集体经济组织承接绿色防控、小微基础设施建设等政府购买服务，从而增加集体经营性收入，促进乡村产业升级发展。三是创新集体经济跨区发展模式。创新集体经济多村联营制，以跨村合作为重点，借鉴现代股权制度，组建多村农村(股份)经济合作社联合社，通过“强强联合”“弱弱抱团”或“强弱互补”的方式拓展集体经济发展空间。鼓励跨区域合作开发，支持因自身资源匮乏而发展受限的集体经济组织通过与具备资源潜力的集体经济组织合作开发，共享发展红利。

（五）构建专业化农业空间体系，提升区域布局优化度

顺应现代农业区域专业化分工的发展趋势，紧密结合四川省“一干多支、五区协同”的区域发展战略，重塑农业产业经济地理，构建形成产业布局与区域资源禀赋相协调、农业生产力与资源环境承载力相匹配的空间发展新格局。

1. 优化农业产业空间布局

着力改变各地农业产业主业不突出、产业布局散乱等问题，促进各地选择最具发展前景和契合本地环境的产业和产品作为发展重点，形成专业化的农业产业分工布局。一是优化产业空间地理。聚焦五大农产品主产区，形成差异化的农业空间布局。成都平原地区重点发展都市近郊休闲农业，打造西部农产品加工中心、农产品物流集散中心和现代农业科技创新转化中心；盆地丘陵地区重点发展粮食作物和优质专用小杂粮，建设柑橘、蔬菜、生猪等经济作物和畜禽优势产区；盆周山区重点发展茶叶、道地中药材、蔬菜、食用菌等特色产业；川西南地区重点发展芒果等特色水果和以早市蔬菜和黑山羊等为主的特色畜牧种植业；川西北生态经济区重点发展生态旅游、牦牛等绿色畜禽和特色水果等产业。二是打造一批千亿级、百亿级农业产业集群。推动区域特色效益产业由零星状向带状、块状集聚发展，打造一批要素集聚、链条完善、机制创新、利益联结机制健全的现代农业产业园、加工园、科技园以及产业融合示范园。推动农业强县建设，聚焦某一主导产业，以现代农业园区、农业强县为载体，以高水平高层次农业产业化为引领，在全省打造带动涉及面广、发展水平高的10个以上千亿级现代农业产业集群，打造30个以上百亿级现代农业产业集群。

2. 构建跨行政区协作机制

创新以产业区域分工与合作为基础的农业产业发展路径，不仅要形成空间合理、错位竞争的产业布局，还要将布局在不同行政区之间的产业横向有机串联起来，形成区域合理分工、产业相互协调、要素互为融通、品牌共建共享的一体化产业发展格局。一是发挥政府的服务引导作用。强化规划指导，充分发挥省级宏观调控功能，增强市县农业产业规划之间的衔接度和紧密度，在坚持多规融合原则上，专项编制针对某一产业的千亿级农业产业集群规划。强化平台搭建，促进各市（州）、各区（县）建立战略合作框架，在产业布局、品牌建设、市场拓展、信息沟通等方面实现有效合作，尤其要发挥成都市主干的核心带动作用，促进成都市与其他市州实现优势互补、资源共享。强化设施互通，推进农村尤其是偏远农村交通、信息基础设施建设，持续保障投入力度，促进各个经济区之间、城乡之间人流、物流、信息流的自由畅通流动。二是突出行业协会的沟通协调作用。在农口主管部门支持下，引导市场主体成立行业协会和发展联盟，探索在各地行业协会的基础上成立行业协会联合会，发挥行业协会及其联合会在农业公共品牌建设与维护、信息搜集与发挥、市场主体沟通等方面的中介作用。三是引导市场主体构建合作关系。引导不同区域之间的家庭农场、农民合作社及农业产业化龙头企业共同组建战略联盟或达成合作契约，进而实现抱团发展，确保多元主体发展步调协调一致，避免产业同构化和相互之间出现恶性竞争。

引导城郊地区和农村偏远地区联手探索跨区农业合作模式，由城郊地区提供资金、技术、品牌、种苗等现代要素，由农村偏远地区提供规模化生产基地和劳动力，从而实现优势互补、共赢共享。

六、加快推进四川向农业强省跨越的政策建议

跨越发展是政府运用市场规则的主动发展、引领发展，是突破常规路径的加速度发展、跳跃式发展。四川要实现强省跨越，必须以超越常规的政策措施，不断汇聚发展动能，实现体制机制的创新和关键领域的改革突破。

（一）构建高效推进机制

对照乡村振兴战略工作机制，由全省乡村振兴领导小组统筹推进农业强省建设。主动对接国家乡村振兴战略规划、国家质量兴农战略规划，结合四川“一干多支”发展战略、乡村振兴战略规划，编制四川农业强省建设规划。建立省领导联系重点产业基地、重点龙头企业、商(协)会、创新平台制度；建立农业强省建设定期联席会议制度，强化组织实施、工作调度，创新战略实施高效落实机制。统筹产业振兴要求，科学构建农业强省建设评价指标体系，开展第三方评估；加强地方党政领导班子和领导干部农业强省建设实绩考核。

（二）设立政府引导基金

优化财政投入方式，省财政安排 50 亿元设立省级农业强省跨越引导基金，以此撬动社会资本投入 500 亿元以上。组建省级农业投资集团，引领社会资本投入，推动实施四川强省跨越补短板行动，将发展绿色食品加工业、现代种业、智能农机装备制造业纳入全省特色优势产业和战略性新兴产业加以培育支持，加快建设国家级核心育种基地。将农产品烘干冷链物流业作为先导性服务业加以政策支持。

（三）深化农村金融改革

落实县域内金融机构的存款主要用于乡村的政策，建立对金融机构涉农贷款的考核机制；鼓励金融机构发行“三农”专项金融债券，推进农产品期货、期权市场建设；抓紧研究制定农村信用社省联社改革方案。研究制定引导支持工商资本下乡、外资投入农业的政策举措，支持国内外大企业、大集团在川投资农业。支持做强农业保险，扩大特色农业保险规模，升级完善农产品价格保险制度，加大财政保费补贴力度，推动价格保险向收益保险、收入保险拓展。健全农业信贷担保体系，聚焦重点产业、关键环节，提供费用低廉的信贷担保服务。发展生产、供销、信用“三位一体”的农民综合合作经济组织，严格落实农村资金互助组织的监管主体和责任。

（四）突出农业品牌建设

全面完善品牌发展机制，建立农业品牌目录制度、监管制度、危机处理应急机制。构建多层次、差异化的品牌体系，创建国家级农产品区域公用品牌，支持龙头企业争创国家级农产品品牌；创建新增一批农产品（食品）中国驰名商标；实施乡村文化品牌培育行动，扶持一批创新力、竞争力强的文旅文创企业。实施四川农业品牌拓展行动，支持“川字号”特色农产品品牌在中央媒体、新媒体开展形式多样的宣传推介活动，支持农产品品牌向互联网延伸；支持“川字号”农产品嫁接大型商超上市销售，努力提高四川农产品的市场占有率。

（五）创新农业科技平台

鼓励国家级科研院所、大学和龙头企业等创新建立战略联盟；培育对产业发展引领作用显著的国家级或省级示范工程技术研究中心；以创新需求为导向，建立以两院院士及其团队为核心的高层次科技创新平台，为高质量发展提供技术支撑。整合提升现有平台，对重点领域明确各区域科技平台的功能定位，构建若干具有“川字号”特色的科技公共服务平台；依托全国农业科技成果转移服务中心、国家种业科技成果产权交易中心等平台，提高科技成果转化率；落实激励科技人员创新创业政策措施，探索科技成果所有权改革。

（六）优化绿色农业政策

加快完成“两区”划定，实施“建管护”工程，支持地方争创国家级特色农产品优势区；加快引导生猪养殖业向适养区转移，落实草原禁牧补助、草畜平衡奖励政策。构建可持续的精准补贴和节水奖励机制，分类开展农业水价综合改革。加强农业面源污染防控，鼓励采取政府购买服务等方式，推广病虫害统防统治等绿色植保。引导经营主体参与土壤污染防治，加强技术集成与指导服务。鼓励发展循环农业，整建制推进现代生态循环示范县、循环农业示范区建设，大力推广种养结合循环农业发展模式和技术。推动建立绿色产品标准、认证、标识体系。

（七）加强土地支撑保障

研究以用地保障为重点的《支持发展现代农业园区的配套政策》。保障现代农业生产设施用地，实行现代农业生产设施用地、附属设施用地、配套设施用地按农用地管理，永久性的配套设施和附属设施用地按建设用地管理，并给予一定比例的建设用地指标。开展生态循环农业设施用地试点，鼓励集中兴建公共设施。保障三产融合用地，落实优先安排农村基础设施和公共服务用地，做好农业产业园、科技园、创业园用地安排，给予其因园区建设而需要用地的自主权。

（八）强化改革成果应用

全面深化全省农村集体产权制度改革，特别要加快落后区域农村集体产权制度改革工作。协同推进农村土地征收、集体经营性建设用地入市、宅基地制度三大改革，总结试点地区经验做法，推动改革成果运用。探索扩大农村土地资源产权权能，探索农村承包土地经营权和农民住房财产权抵押贷款，开展利用集体建设用地建设租赁住房试点；完善建设用地使用权转让、出租、抵押二级市场试点；积极探索集体资产股份有偿退出、继承、抵押、担保等权能实现形式。完善承包地和宅基地市场交易平台和服务体系，对承包地、宅基地和集体建设用地公益征收做出制度安排。出台《四川省农村集体经济组织条例》，制定完善集体资产股份管理办法。

（九）争取中央更大授权

积极申报创建中国特色农产品优势区、国家现代农业产业园、国家级现代农业示范基地等；争取开展丘陵地区和山区发展壮大农村集体经济试点；争取扩大农村宅基地和集体建设用地制度改革、农村集体产权制度改革、农业支持保护制度改革、农村金融制度改革、完善乡村治理机制改革等方面的试点范围；赋予试点地区更大的改革自主权，探索各种政策及体制机制创新。四川省要明确农村改革的重点方向，以农村集体产权制度改革为突破口，全面推进农村资产资源“三权分置”，健全保障机制，落实改革经费，出台配套政策，构建城乡融合发展要素双向流动的体制机制。

专题篇：四川乡村振兴的重点问题

第五章　乡村振兴与要素流动

随着我国工业化和城市化进程的加快推进，城乡发展差异逐渐凸现。在城市强大的吸附作用下，农村资金、土地、人才等生产要素持续流出，城乡发展在经历“刘易斯拐点”后，农村发展能力和内生动力不足的问题开始显现。在以四川为代表的广大西部地区，乡村衰退问题更为严重。自经济发展进入新时代以来，党中央高度重视乡村发展问题，并在党的十九大提出了“坚持农业农村优先发展，实施乡村振兴战略”的总体要求。从全省乡村发展现实情况来看，要实现乡村振兴，关键性选择在于有效吸引城市资本、人才、技术进入乡村，并实现城乡要素的有效融合，盘活乡村资源价值，激发乡村自有要素活力，为乡村的全面振兴提供要素基础和发展动能。因此，促进要素流动、激活乡村资源是乡村振兴的关键环节和必然过程。在此背景下，聚焦城乡要素和乡村资源的有效配置，探索如何通过促进要素流动、激活乡村资源来推动乡村振兴战略的实施具有重大的理论价值和现实意义。

一、我国城乡要素交换关系与乡村发展的历史演进

中华人民共和国成立以来，我国乡村发展历程与国家发展战略高度一致，先后经历了国家行政命令式的乡村集体化阶段、经济体制转型中的农村市场化阶段、城乡统筹发展中的新农村建设阶段和经济发展新时代后的乡村振兴阶段。

（一）1949～1977年：国家行政命令式的乡村集体化阶段

中华人民共和国成立伊始，为改变近代以来贫困落后的状态，快速恢复和发展国民经济，中央确立了优先发展重工业的发展思路。为了保证城市和工业的快速发展，农业农村必须承担起低价提供工业原料和基本生活消费品以使工业迅速完成资本积累的使命。

从城乡关系角度看，为加强对国民经济的计划控制，国家制定了严格的城乡分割式管理制度，严格禁止城乡间人口、资金和土地要素的自由流动，国家按照计划任务从农村收购粮食、选派劳动力等。总体而言，这一阶段的城乡关系高度契合工业化发展初期农村农业支持城市工业的发展战略。

从乡村发展角度看，为保证农产品低价供给和农村消耗最小化，国家在乡村实行了农业生产合作社和人民公社运动，一方面保证了国家能够按计划数量和价格收购农产品，另一方面也以政社合一的方式将供给基本公共品的责任划定在农村内部，有效节约了国家财政支出。虽然部分地区启动了乡村水利设施、道路、卫生站、学校等基础设施与公共服务建设，但对于大多数乡村而言，农业生产剩余经由国家统购统销转移给城市工业，在既无

自我积累机会又无外部资金投入的条件下，基本没有余力进行乡村建设。

在工业优先发展和高度计划经济条件下，乡村不得不以最低成本提供粮食等农产品，并最大限度减少消耗。因此，这一时期乡村的基本功能就是进行农业生产，实现“以粮为纲”的发展目标，并为城市工业提供资本积累。据统计，1951～1978 年，农民以税收形式给国家提供了 978 亿元，以工农业产品剪刀差形式为国家提供了 5100 亿元，而同期国家对农业投入仅为 1763 亿元。

（二）1978～2001 年：经济体制转型中的农村市场化阶段

以 1978 年改革开放为起点，我国乡村发展进入以家庭联产承包责任制确立和农业生产经营市场化为主要方向的发展阶段。这一阶段，发轫于乡村基层的“包产到户”改革迅速普及，并最终上升为国家政策在全国推广实施。同时，中央启动了农产品流通体制改革，至 1993 年底，实施三十年的农产品统购统销制度基本废止，全面市场化的流通体制初步建立起来。

从城乡关系角度看，这一阶段，城乡隔离的管理制度被逐步消除，农村劳动力流动进入爆发式增长阶段。随着城市改革的启动和对外开放程度的加深，东部沿海地区建立了大批个体、私营及三资企业，这些企业对劳动力形成大量需求，导致城市劳动力市场出现供求缺口。在此背景下，国家开始放松对农业生产要素流动的限制，逐步允许农村劳动力向城市转移。

从乡村发展来看，家庭经营制度的确立有效释放了农业生产潜能，极大地提高了农业劳动生产率和农产品产量(图 5-1)，加之农产品流动市场的不断完善，农业总产值和农民收入水平得到提升(表 5-1)。在政策支持上，国家开始以转移支付形式增加对农业农村发展的支持，但是受制于国家财力约束，仅能够解决部分农村公共品供给需求，大部分乡村基础设施和基本公共服务仍主要依靠集体和农户自我解决。

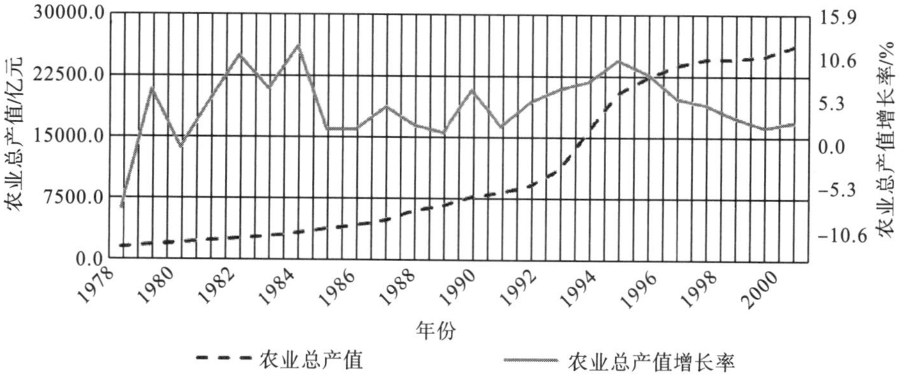

图 5-1 1978～2001 年农业总产值及增长率变化

资料来源：《2008 中国统计年鉴》。

表 5-1 1978～2001 年农业产值和农民收入变化情况

	1985 年	1990 年	1995 年	2000 年
农业占 GDP 比例/%	29.8	28.4	20.8	16.4
农村居民家庭总收入/元	547.3	990.0	2337.9	3146.2
农村居民家庭纯收入/元	397.6	686.3	1577.7	2253.4

资料来源：《2008 中国统计年鉴》。

总体而言，在国家经济体制转型大背景下，乡村在基本经营制度、经济功能等方面发生了重大变化，以家庭经营为基础、以农产品市场为导向的农业经营方式逐步确立，乡村自我积累能力提升，乡镇企业迅速发展，城乡间要素流动增加。但是，农业税赋仍较重，城市工业优先发展、农业支持工业的总体格局并未发生根本性变化，特别是推进城市改革以后，各地工商业快速发展，城市居民收入增长速度显著高于农村居民，城乡收入差距持续扩大，城乡二元结构问题愈演愈烈，乡村发展要素大规模流向城市，农业生产大幅度波动，“三农”问题已经威胁到国家粮食安全和经济持续发展。

（三）2002～2016 年：城乡统筹发展中的新农村建设阶段

在经济快速发展过程中，城乡矛盾不断加深，逐渐成为制约经济持续健康发展的重要因素，为破解“三农”问题，党的十六大将建设现代农业、发展农村经济、增加农民收入作为全面建成小康社会的重大任务，这也意味着我国城乡关系进入统筹发展的新阶段，乡村发展也开启了新农村建设的全新时期。

从城乡关系角度看，这一阶段国家发展战略逐渐由“农业支持工业”向“工业反哺农业”“城市带动农村”转变，工农和城乡和谐发展成为这一阶段国家发展战略的重要主题。随着发展战略的调整，中央到地方各级财政开始加大对农业农村领域的投入，乡村基础设施和公共服务水平得到全面提升。同时，以成都、重庆等地区为试点的城乡统筹相关改革启动，城乡间要素流动的制度性阻碍被逐渐消除，土地承包经营权流转、城市资本下乡等越来越普遍，城乡要素市场体系开始建立。

从乡村发展成效看，随着国家城镇化进程的加快和新农村建设的推进，农业生产保持稳定，有效保证了国家主要农产品供给（图 5-2）；大多数乡村在基础设施、产业发展、村容村貌、社会治理等方面取得了全面发展；农村居民持续增收，城乡居民收入比由 2002 年的 3.11 下降至 2016 年的 2.71（图 5-3）。

总体而言，这一阶段我国城乡关系得到极大改善，国家战略也更加重视农业农村发展问题，乡村社会经济稳定发展。但是，农村土地等财产的产权制度改革仍在探索之中，除少数试点地区外，大部分乡村仍未建立起现代产权制度，集体土地等财产价值仍被抑制，城乡统一的要素市场建设面临较多阻碍。相对于快速发展的城市，农村老龄化日趋严重，农村劳动力、人才不断流失，乡村文化日渐衰落、环境问题逐渐显现。

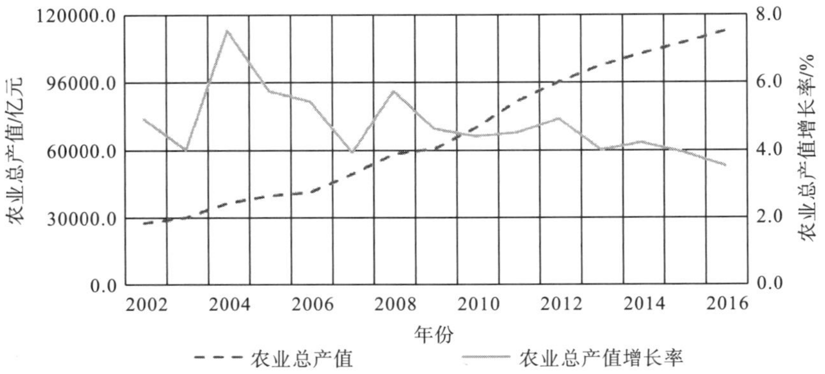

图 5-2　2002～2016 年我国农业总产值及增长率

资料来源：历年《中国统计年鉴》。

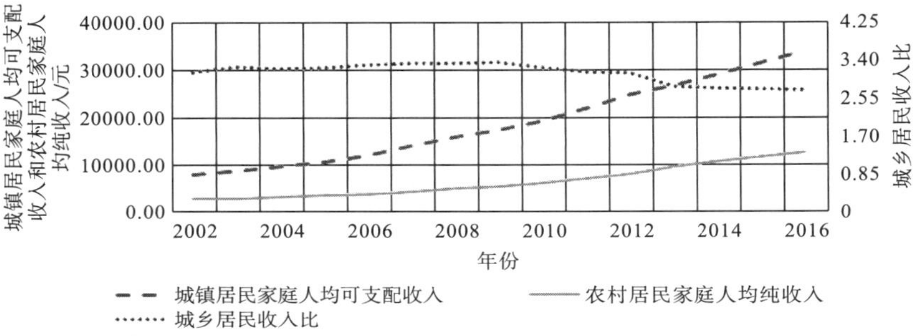

图 5-3　2002～2016 年我国城乡居民收入变化趋势及城乡居民收入比变化

资料来源：历年《中国统计年鉴》。

（四）2017 年至今：经济发展新时代后的乡村振兴阶段

2017 年，“乡村振兴战略”一词首次正式出现在党的十九大报告中，乡村振兴战略的提出标志着我国乡村进入了全新的发展阶段。通过实施乡村振兴战略，我国将从根本上抑制乡村衰落问题，实现乡村全面整体发展。与前期城乡统筹等战略不同，乡村振兴战略改变了乡村从属于城市的发展理念，更加注重通过全面深化农业农村领域改革培育乡村发展内生动力，形成乡村持续发展的长效机制。就城乡关系而言，要素在城乡各经济部门之间自由流动，能够使要素流向边际报酬较高的领域，提高社会资源配置效率；就乡村发展而言，促进要素自由流动能够通过经济利益有效激活各类长期未能进入市场经济体系的乡村资源，改变农村要素禀赋、提升乡村资源价值，使乡村发展具备更强内生动能，为乡村振兴战略提供更加丰裕的要素支撑和保障。

我国城乡交换关系与乡村发展的历史演进证明，在现代经济发展过程中，工农城乡关系随着生产力的发展而变化，工业化进入中期阶段后，必须建立起工农互助、城乡互补的关系，城乡封闭和要素不平等交换必然带来乡村停滞，城乡开放和要素平等交换对于推动乡村发展具有重要促进作用；当城乡关系演进到融合阶段时，促进城市要素向乡村流动是推动乡村全面发展的重要力量和战略选择（图 5-4）。

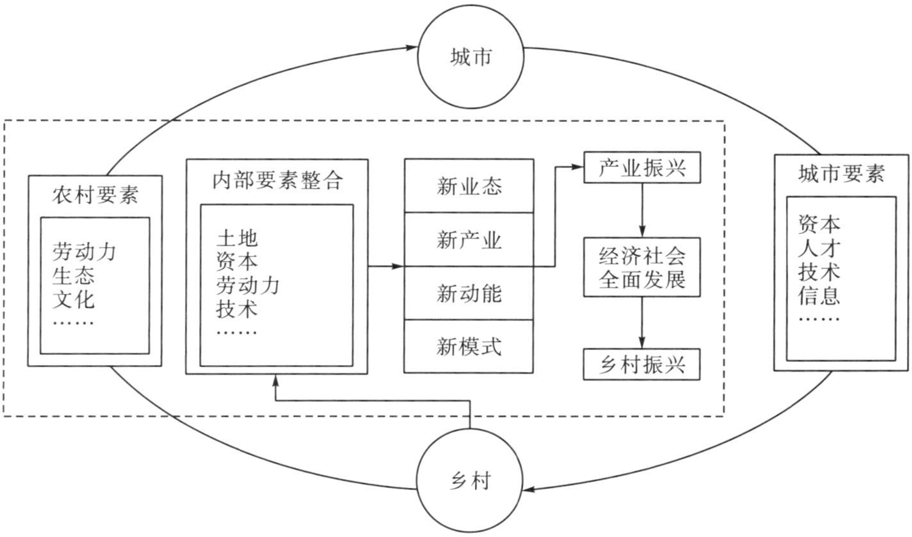

图 5-4　要素流动与乡村振兴的内在逻辑

二、城乡要素流动在乡村振兴中的理论意义和现实作用

我国乡村发展已经进入由重点领域发展向全面振兴转变的新阶段。在这一阶段，乡村振兴战略目标的实现不仅需要发挥政府引导作用，通过启动各类乡村建设项目帮助乡村全面改善发展基础，更需要转变乡村发展模式，由依靠城市工业反哺向培育内生发展动能转变。城乡要素流动是实现乡村全面自我发展的重要基础，构建起城乡要素自由流动和平等交换的体制机制，是培育乡村发展能力和内生动力的重要保障与必由路径。

（一）城乡要素流动对实现乡村振兴的理论分析

长期以来，关于城乡要素流动与乡村发展之间关系的讨论一直是理论界的重要研究主题，学者们一致认为，城乡要素的自由流动对于实现乡村发展具有重要作用。1949 年后相当长的一段时期，我国所实行的工业优先发展战略通过制度性因素阻碍了要素在城乡间的自由流动，形成了要素单向流向城市、带动城市工业加快发展而乡村凋敝的现象。进入工业化中期阶段以后，必须调整发展战略，全面消除各类体制机制阻碍，实现要素在城乡间的自由流动和平等交换，进而促进乡村经济发展，加快乡村振兴。

改革开放以来，随着体制转轨和经济市场化程度的逐步提高，城市由于具有集聚比较优势和强大的吸纳能力，造成农村的资金、土地、人才等生产要素源源不断地单向流向城市，农村空心化、人口老龄化趋势明显，以致农村面临内生发展动力不足的严重困境，进一步加剧了城乡差距。同时，随着我国粮食等农产品逐步市场化之后，产品交换已不是农业、农村和农民利益流失的主要环节，而城乡要素交换不平等成为“三农”利益流失的主要原因。

在城乡生产要素的交换过程中，无论在所有者权利还是交易价格上，城市要素往往“凌驾”于农村生产要素之上。在土地要素方面，我国城乡土地在要素权利、交易范围等方面存在较大差异，农民难以分享土地增值收益，大量收益经由土地间的不平等交换流向城市。在资本要素方面，由于农村现代金融体系发育滞后，资金进入农村的渠道有限，资金离农问题也逐渐加剧，导致农村和农业发展长期受到资金不足的约束。在劳动力要素方面，虽然城乡劳动力市场逐渐统一，农民工工资逐年增加，但城乡劳动力在就业选择、收入水平和社会福利方面的差异仍较大。这些都是城乡要素交换不平等的表现，也成为新时期制约城乡协同发展的主要障碍。

由于城乡要素交换不平等，导致城乡要素配置效率低下，要素收益分配不公平，也强化了城市对农村资源的“吸附效应”，进一步固化了城乡二元结构。可以说，在造成城乡差距的诸多因素中，城乡要素交换的不平等是其中最为基础、重要的原因，构建城乡发展一体化的体制机制，首先要解决城乡要素交换不平等的问题。

（二）城乡要素流动对四川乡村振兴的现实作用

在工业化快速推进阶段，作为农业大省和人口大省，四川乡村向全国输出了大量劳动力，也为城市扩张低成本地供给了大量土地资源，而流向乡村的城市要素却极为有限，导致全省大量出现乡村凋敝、发展动力不足的问题。在新阶段，要落实习近平总书记对四川“三农”工作的重要指示，要实现乡村振兴战略愿景目标，四川必须从根本上改变城乡要素单向流动态势，充分发挥城乡要素流动对于乡村振兴的积极促进作用。

1. 促进城乡要素流动是实现乡村产业转型升级的重要基础

产业兴旺是乡村振兴之根本，而是否能够获得相对丰裕的生产要素则是产业发展的基础。目前，缺人才、缺资金、缺发展用地是四川省乡村产业发展面临的普遍性制约，亟待通过城乡要素流动机制的完善予以破解。首先，从劳动力要素来看，乡村产业转型升级需要具有专业知识和丰富经验的经营管理者和技术人才，城市则存在大量能够专职或兼职进入农村的相关人才，如果能够以适宜的激励机制鼓励城市人才返乡下乡创业就业，能够在很大程度上缓解乡村产业发展的人才不足问题。其次，从资本要素来看，产业发展是市场运行的自然结果，乡村产业振兴的主体应该是农户、新型经营主体和企业等市场主体，产业发展所需的资本也应该是以获取利润为目标的城市工商资本。促进城乡资本自由流动能够让城市资本发现乡村经济机会，实现乡村发展与资本获利的双赢目标。最后，从土地要素来看，虽然乡村拥有比城市更加丰富的土地资源，但是除少数试点地区外，大部分乡村无法实现土地资源与乡村产业融合式发展。城乡一体的土地市场建设能够促进土地要素在城乡之间的高效配置，解决乡村产业发展过程中面临的集体土地闲置与发展用地不足的矛盾。

2. 促进城乡要素流动是改善乡村自然人居环境的重要前提

经过前期新农村建设、扶贫攻坚、绿化全川等工程项目的实施，四川省乡村人居环境和生态环境得到显著改善。但是，由于缺乏外部要素注入，全省乡村基础设施建设和管理缺乏机制创新，导致许多乡村的基础设施建设水平低、后续管理乏力。在生态环境保护和利用方面，由于缺少资金和人才，乡村生态环境出现两个极端问题，一个是部分偏远山区自然资源不仅未能成为乡村发展的重要资源，反而因缺少保护性开发利用导致生态退化；部分区位条件较好的乡村则无序承接了城市污染性产业，造成生态环境的破坏。通过城乡要素自由流动，有效利用政府和市场两种方式引导城市要素进入乡村基础设施建设管理领域和乡村生态保护领域，能够为乡村人居条件和生态环境改善提供要素支持，形成政府引导、微观主体参与的乡村公共品建设管理新机制。

3. 促进城乡要素流动是乡风文明和治理现代化的重要条件

乡风文明和治理有效的基础是村民，乡风文明和治理有效的必要条件是村民能够认知并践行优秀文化，同时具备治理的基本能力。从四川省实际情况来看，随着乡村人才的单向流出，多数乡村治理人才严重缺失，使乡村缺少“能人”和“带头人”，如许多乡村选举的村干部政治素质不高、知识储备不足，难以发挥带动作用，同时，村民对“村干部”权力的监督制约能力弱化，导致乡村权利向少数强势家族、“村霸”集中。由于缺少“乡贤”的引领作用，以及长期存在的乡村文化产品供给不足等问题，加之外部文化的冲击，导致许多乡村传统村规民约被逐渐遗忘，新的价值体系未能形成。人才、资金等要素向乡村流动能够为乡风建设和治理体系完善提供必要的基础和动力，如通过农村文化礼堂和文化大院等载体建设、塑造乡风文明，吸引“新乡贤”回乡带动村民提升乡村文化自信，实现乡贤文化引领乡村振兴；在广泛吸引、培育村干部后备人选的同时，通过人才的引入带动村民观念和治理能力的改变，为建立现代乡村治理结构提供必要的主体基础。

4. 促进城乡要素流动是提高乡村居民财产收入的重要路径

财产性收入来源于财产所带来的收入流，从本质上讲是财富的衍生物，因此，获得财产性收入的前提是能够占有财产和实现财产权利，而对绝大多数居民而言，累积财产的主要途径是收入增长。土地是农民拥有的最重要资产，农民财产性收入能否大幅提高，很大程度上取决于土地要素的激活水平。但是，由于城乡二元土地要素市场的存在，使农民拥有的土地资产价值被严重抑制。以四川省为例，2017 年四川省农村居民人均可支配收入结构中，来自财产性收入的占比仅为 2.64%，而转移性净收入的占比高达 25.08%，这种不合理的结构难以使农民收入实现长期持续增长。促进城乡要素自由流动能够激活乡村资源，通过市场交易实现土地等要素的有效配置，提升要素价值，是提高农村家庭财产性收入的重要路径。

三、四川城乡要素流动与乡村发展的阶段性特征

城乡要素流动是嵌入在城乡关系总体格局之中的，以要素流动体制机制的完善激活乡村资源是社会经济发展阶段性特征的内在要求。中国特色社会主义进入新时代，城乡关系发生了重大而深刻的变革，全国乡村发展进入全面振兴的新阶段。作为全国重要的农业大省，四川省城乡关系和乡村发展高度契合我国乡村发展的阶段演进轨迹，经历了由乡村支

持城市向城乡融合发展的过程。要理解城乡要素流动对乡村振兴的推动作用，首先需要准确判识四川乡村发展和城乡要素流动的阶段性特征。

（一）城乡二元结构问题消减，但城乡居民收入绝对差距仍呈扩大趋势

改革开放以来，尤其是自 2002 年中央实施统筹城乡发展战略以来，在西部大开发战略和社会主义新农村建设政策双重叠加的作用下，四川省乡村发展取得了长足进步，城乡二元经济社会结构得到了有效改善。从城乡经济结构看，乡村产业规模化-商品化水平和劳动生产率明显提高，涌现出一批现代农业产业基地，农村产业融合步伐加快，曾经是典型的落后乡村产业与先进的城市产业二元结构问题得到明显缓解。从城乡社会结构看，城乡之间公共服务的二元性也在明显减弱，目前四川乡镇和建制村通硬化路率分别达到 97% 和 92%，农村的教育、卫生、文化以及社会保障都有了长足进步，村文化活动室数量占行政村总数的 82.28%。但如果以城乡居民收入差距作为二元经济结构的重要测度指标，可以看到，1978 年至今的不同时期，全省城乡发展相对差距存在波动态势，绝对差距则持续扩大。如图 5-5、图 5-6 所示，1978～2017 年，全省城乡居民可支配收入①均出现持续增长，城乡居民收入比在 20 世纪 80～90 年代大幅度增大后进入波动发展阶段，自 2010 年

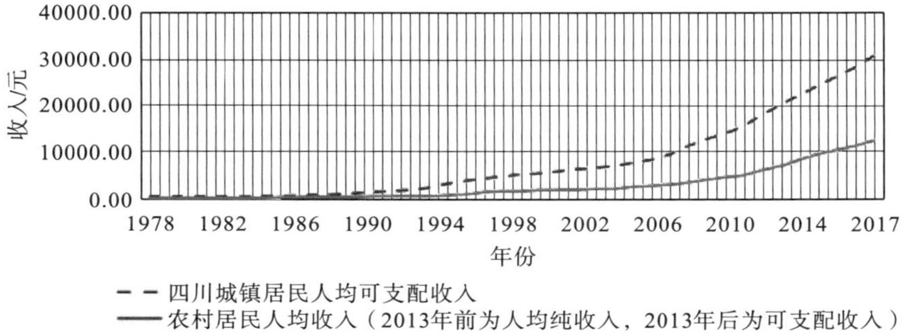

图 5-5　1978～2017 年四川城乡居民可支配收入趋势

资料来源：历年《四川统计年鉴》。

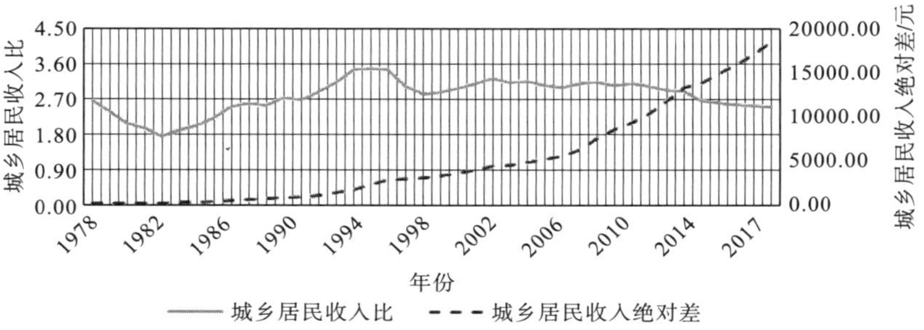

图 5-6　1978～2017 年四川城乡居民收入比变化趋势

资料来源：历年《四川统计年鉴》。

① 2013 年前农村居民按纯收入口径核算。

前后，开始出现缩小趋势，表明城乡二元结构问题有所消减。但是，城乡居民收入绝对差距则呈现持续扩大趋势，由1978年的211.25元增加至2017年的18499.95元(按不变价格计算为2901.77元)。

实证分析显示，在时序意义上，四川城与乡的差异出现了相对弱化趋势，城乡二元经济结构呈现出在波动中逐步转化的积极信号。但是城乡发展的绝对差异仍在扩大，二元经济结构仍是四川省亟待解决的结构性问题。通过2017年城乡居民收入结构的对比可以看出(图5-7)，城乡居民收入来源中，差距最显著的为财产性收入，而财产收入具有累积效应和马太效应，如果未能得到有效抑制，城乡两部门经济差异演变趋势将是不稳定的。因此，在乡村振兴阶段，需要进一步深化相关领域改革，提高农村居民财产水平，增加农村居民财产性收入。

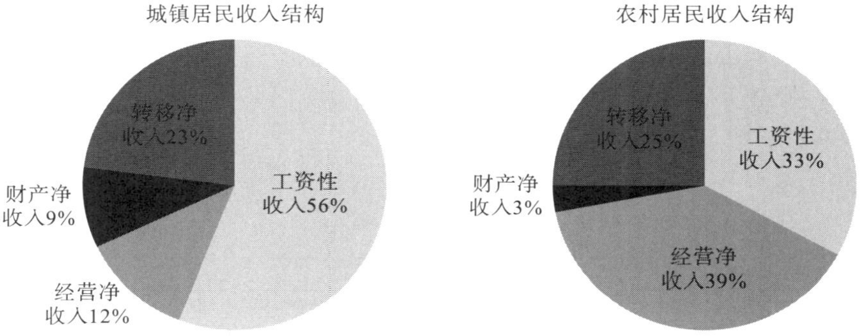

图5-7 2017年四川省城乡居民收入结构对比

资料来源：四川省统计局。

(二)城乡要素流动程度提高，但要素向城市单向流动的趋势仍未改变

改革开放以来，在市场机制的作用下，无论是城乡要素流动的规模，还是流动的范围、程度均大大提高，制约城乡要素合理流动的体制性机制性障碍正在弱化，尤其是近年来在中央强农惠农政策的引导下，城乡之间出现融合发展趋势，城乡要素双向流动的趋势初步显现，城市资本、技术、人才下乡从事农业农村资源开发和乡村产业发展的现象越来越明显。尽管如此，要素由农村向城市流动的规模和程度远远大于城市要素流向农村的规模和程度，二者之间不均衡和不对称的问题仍然突出。

以2016年为例，全省转移输出农村劳动力2491.5万人，全年实现劳务收入3833.4亿元，超过60%的农村家庭有成员进城务工，但是流向乡村的城镇劳动力数量却极为有限，难以弥补农业劳动力特别是高质量劳动力日趋不足的矛盾；从资金流动看，全省固定资产投资总额为29126.03亿元，而投入农林牧渔业的资金仅为1305.77亿元；从土地流动来看，全省流转农村土地经营权1970.3万亩，耕地流转率为33.8%，不仅低于全国平均水平，而且其中还有相当一部分为农户之间的代耕代种，缺乏实质性的规模经营价值。更为重要的是，农村集体土地通过政府征用、城乡建设用地增减挂钩等形式大量向城市转移，并且是以补偿标准较低的不平等交换方式，而相对具有等价交换方式的农村集体经营性建设用地入市改革仍限于成都市郫都区等试点地区，宅基地退出等改革也仅限于泸县等试验区，而且改革推进仍面临制度阻碍，进展相对缓慢。例如，作为农村集体经营性建设用地入市改革试点的郫都区，自 2015 年启动改革至今，集体经营性建设用地入市交易仅为 33 宗、总面积为 399 亩，仅占全区集体建设用地总面积（118252.95 亩）的 0.34%。

（三）要素市场体系逐步完善，但城乡要素流动的制度性阻碍仍然存在

在推行了一系列以市场化为导向的改革措施后，四川省初步建立了城乡要素市场体系。为消除城乡劳动力流动的阻碍，四川全面放开了大中城市、小城镇的落户限制并推行流动人口居住证制度，同时将符合条件的城乡居民纳入制度保障范围，基本养老、医疗保险关系在城乡间、地区间实现转移接续的格局正在实现，这些改革措施有力地推进了城乡一体劳动力市场的建设。为加快城乡间资本要素流动，特别是促进城市资本进入乡村，四川省以农村产权制度改革为基础、以农村金融服务体制改革为突破，通过农村产权抵押融资改革、农村投融资体制改革等引导和促进资本自发流向乡村，也取得了初步但却是重要的进展（图 5-8）。

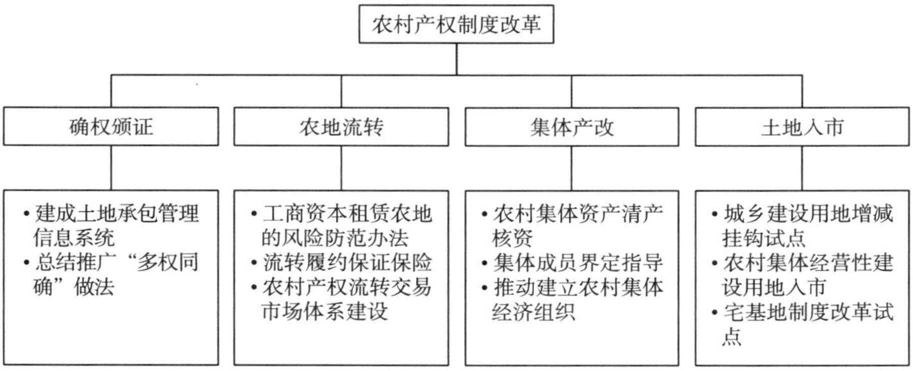

图 5-8　四川农村产权制度改革主要措施

市场体系的完善使城乡间劳动力、资本和土地的流动性得到增强。对于乡村而言，因制度原因被长期抑制的要素价值得以显现，形成了新的乡村发展动能和农村居民增收来源。但由于市场化改革的渐进特征，加之要素配置的路径依赖特征，当前全省城乡要素流动性以及交换关系仍存在着诸多不完善的地方，尤其是城乡土地市场面临的制度性阻碍尤为突出。对于乡村发展而言，土地是最具潜力的资产，是蕴藏在农村的巨大财富，目前，除少数试点地区外，全省农村集体建设用地交易仍被严格限制。从投入角度看，土地仅是诸多生产要素中的一种，但是对我国城乡发展来说，土地不仅是最为稀缺的资源，而且与劳动力、资本甚至科技等要素流动密切相关，对土地要素流动的严格限制直接影响了劳动力的城乡双向流动、以土地价值为基础的农村金融市场发育、以土地产权稳定性为前提的乡村投融资等领域发展等。

四、四川促进城乡要素流动、培育乡村振兴新动能存在的主要矛盾与现实问题

随着城乡融合发展体制机制的不断健全，四川省城乡一体的要素市场体系也在逐步建设和完善之中。但是，要素在城乡间流动面临的制度性阻碍仍然存在，农村要素长期净流出的基本态势没有改变，乡村原本稀缺的要素资源仍然不断被城市抽取，农村自我发展的能力仍被持续削弱，城乡发展仍在“要素外流—乡村发展缓慢—要素进一步外流—乡村凋敝”的恶性循环中徘徊。要推动乡村强化持续发展能力，实现乡村振兴战略目标，四川省城乡要素自由流动和平等交换的制度框架和运行机制还需进一步完善，在城市要素向乡村流动的过程中，与乡村资源有效对接的渠道要畅通、产权关系要明晰、体制机制要完善、各方利益要保障。总体而言，四川要素向乡村流动、激活乡村资源、培育乡村振兴新动能的核心问题在于：城乡要素流动的制度体系仍然建立在工业化前期战略思维基础之上，以城市和非农产业优先发展为隐性导向，以政府对市场的全面干预和越界控制为配置手段。市场机制作用下的城乡要素聚合困难，乡村资源的产权配置方式与现阶段优化城乡关系和推进乡村振兴的内在需求不相一致。

(一)主要矛盾

1. 城乡要素流动的客观需要与城市偏向政策路径依赖的矛盾

乡村振兴的过程同时也是乡村发展权的实现过程，而要素向乡村自由流动则是乡村发展权利的重要内容和方式。城市要素向乡村流动必须有政策的强有力支持和引导，打通向乡村流动的体制机制障碍。我国城乡关系虽然已经进入融合发展阶段，但长期存在的城市和工业部门优先发展思维仍未从根本上得到改变。传统的城市偏向政策主要包括对农业生产的干预、对农村建设用地和农业投资的控制以及通过户籍制度对劳动力由农村到城市的流动进行限制等，而随着市场化改革的推进，城乡商品市场已经实现一体化，现阶段的政策偏向主要集中于城乡要素权利、市场与收益分配领域，如不对等的城乡土地权利、有利于城市的金融转移项目、城乡间教育及医疗卫生设施差异等，在这种情况下难以吸引城市要素向乡村流动。

实施城市偏向政策的根源在于中华人民共和国成立初期确立的重工业优先发展的战略，由于原有战略形成的城市利益刚性，目前城市偏向政策依然存在较强的路径依赖。城市偏向政策的路径依赖造成生产要素市场的严重扭曲，抑制了乡村发展权，从而最终影响了乡村乃至国民经济的健康持续发展。其中，现行土地制度是城乡平等发展的关键障碍，虽然推行了城乡土地制度改革，力图建立城乡统一的用地市场，但是乡村仍不能获得平等的建设用地权利，对土地权利的限制导致城市资本因缺少获利空间前景而不愿长期投入农业农村领域，乡村振兴战略缺少有效的要素保障。

2. 城乡资源协同利用要求与要素间分割配置的矛盾

乡村振兴和城乡融合发展需要城乡要素能够在更大的空间范围内得到优化配置和合理利用，一方面，需要通过土地、资本、劳动力多元要素的协同，激发乡村内生动力，培育乡村发展新动能。另一方面，也需要乡村资源适度集中，实现一定程度的规模开发。但是，目前城乡要素流动领域的改革仍以局部试点和单项推进为主，缺乏系统性改革激发的要素配置联动效应，导致不同要素配置出现分割，造成城乡资源协同利用困难。同时，乡村资源在产权分散的情况下形成难以集中利用的困境。

目前，四川省已经在城乡要素领域推进了诸多改革措施，其中以户籍制度改革为主要内容的城乡劳动力市场建设成效最为显著，资本下乡和农村金融体制改革也在持续推进，但是农村土地市场改革则仍以封闭试点为主，改革推进的不均衡使城乡要素配置分割进行，如城乡劳动力流动推动了乡村产业发展，增加了乡村投资机会进而引致资本下乡，但是在现行土地制度安排下，进入乡村的劳动力和资本利用集体土地面临产权十分分散的困境，并且其从事非农建设权利受到严格限制，抑制了城市劳动力和资本下乡的动力，进而抑制了乡村资源价值的实现和乡村产业的持续发展，乡村振兴也因此失去了持续发展的内在动能。

3. 激活乡村资源的要素需求与城乡间收益率差异的矛盾

要素集聚是乡村振兴的前提和基础。通过城市要素的流入及其与乡村自有资源要素的结合培育起乡村发展的内在动能，是实现乡村振兴战略目标的重要路径。但在实践中，要素在比较利益的作用下仍持续向城市流动，在外部要素向农村流动不足的同时，乡村自身人力等要素也严重缺乏，激活乡村资源普遍面临要素需求与要素供给不平衡的问题。

从本质上看，要素单向流向城市的根本原因在于城市获利机会和要素边际报酬率普遍高于农村，诱致乡村要素流出，而由于乡村财产权利制度的封闭性、身份性仍未打破，加之政策不稳定性引致的获利预期不稳定，使城市要素缺少稳定持续进入乡村的动力。以城市专业人才返乡下乡创业为例，在乡村劳动力流出和专业人才不足的条件下，城市劳动力进入乡村能够有效利用乡村资源、带动乡村产业发展，是实现乡村振兴的客观要求。城市人才进入乡村需要土地制度、投资制度的配套支持，如满足其生产生活用地和融资需求。虽然各地都出台了人才下乡的激励政策，但是受制于集体建设用地权能限制和集体财产的流动性限制，许多政策本身不具有长效性，如集体经济组织发展需要能人带动，而外来能人无法获得集体股份、无法享受集体资产增值收益，因而缺乏进入农村并长期发展的意愿。

4. 要素流入乡村的逐利行为与农民利益保护的矛盾

保护农民利益、促进农民增收是乡村振兴战略的重要目标。促进城市要素向乡村自由流动不仅要为乡村整体发展构建要素支撑体系，还要为保护农民并实现其自身权利、提高总体福利提供有效路径。在市场经济中，获得收益是要素所有者投入要素的根本原因，也是要素高效配置的主要手段。但是，在我国农民缺少组织和利益表达机制的背景下，城市要素流入乡村进行资源开发可能会引发农民利益受损问题。

政府、企业、集体经济组织和农民等多元主体均是城乡要素市场化过程中的参与者，各主体会围绕自身利益进而展开市场竞争，但在这种竞争中，分散的小农户往往处于弱势地位。随着对资本下乡政策性限制的放松和农村投资机会的增多，越来越多的工商资本开始进入农村和农业部门。资本的进入为农业农村资源开发提供了最为稀缺的资金要素，但是，工商资本的逐利性和强大的资金实力决定了其在乡村占有优势资源和优势项目的必然性，从而产生与农争利的情形。由于部分地区政府对项目规模化、速度化的偏好，在乡村发展项目规划实施过程中往往倾向于引入大资本，排除规模和资金均有限的本地农民自身组织，而资本的逐利性决定了其进入的开发领域或者有较好的经营预期，或者有较高的政府补贴。同时，在缺乏监管约束的条件下，部分工商资本会利用信息、资金、技术等优势侵害农户的土地权益，加之工商资本可能存在向公权力"寻租"的风险，增加农户利益存在被挤占和被侵害的可能。

5. 要素流动和乡村资源开发的市场化方向与政府职能错位的矛盾

受不均衡发展思维和传统工业化政策惯性的影响，各地政府仍倾向于"越位"参与城乡要素和乡村资源的交易过程，影响交易主体决策，而资源和要素产权制度改革、市场体系培育和交易监管等领域则存在政府"缺位"问题。要素流动和乡村资源开发市场化发展方向与政府职能错位的矛盾导致资源要素市场建设相对滞后。在市场机制受到行政权力干扰的同时，部分制度供给又严重不足，城乡要素配置效率较低，乡村资源难以有效激活。

城乡要素流动和乡村资源开发应由市场机制进行调节，同时需要政府发挥提供制度、引导制度变迁、培育市场和监管等职能。从四川省要素市场建设实践来看，以成都为代表的部分改革试点地区已经初步建立了城乡要素交易市场体系，但是剩余地区仍处于起步阶段，城乡要素交易仍以政府主导为主，即使在部分改革试点地区，土地要素市场也存在较强的政府错位问题。以承包地流转为例，在政府"越位"问题方面，虽然建立了农村产权交易平台，但是许多乡村仍依靠政府以招商形式吸引城市资本规模流转土地，并且根据流转规模提供各类优惠政策，在这一过程中，政府不仅充当交易中介者，甚至替代农民成为实际供给方，政府直接参与土地流转市场不仅扭曲了土地价格，而且损害了市场的公平性，小规模经营主体很难获得优惠政策，市场主体处于不公平竞争状态，最终损害市场的效率。在政府缺位问题方面，目前承包地流转市场仍存在信息不对称、流转风险较高等问题，需要政府发挥制度供给者、市场监督者的职能，如对于流转风险的抑制职能，许多地区仅依靠采取流转保证金的做法，但流转保证金多为一年租金，且因转入土地经营成本的加大而很难执行，迫切需要政府根据地区实际建立事前审核、事中监管、事后风险的完善体系，但政府相关职能发挥并不充分。

(二)现实问题

1. 集体经济组织缺位导致城乡要素交换主体不对等

推进农村资源和要素市场化是市场经济发展的必然要求，也是实现城乡要素平等交换的关键路径，然而在农村资源要素市场化过程中要实现平等交换，首先要保证交易各方拥有对等的权利和市场地位，否则就会导致不平等的交易结果。现实中，城乡要素所有者的主体地位并不对等，与城市要素所有者相比，作为农村要素所有者的农民缺乏组织优势、信息优势、决策优势，也无强大的资本和经济实力，处于显著的弱势地位。

城乡要素所有者主体地位不对等的重要原因在于农民缺乏维护自身利益的组织。目前，全省城市范围内基本建立了主体明确、结构清晰的产权关系，然而在未开展集体经济产权制度改革的乡村，集体土地所有权主体“虚位”，土地剩余控制权和剩余索取权实际上归村两委，对于土地实际共有者的农民而言，由于组织化程度低，导致缺乏对土地交易方式和增值收入获取的决定权。在无法实现土地价值的条件下，农民的普遍性不合理选择就是千方百计占有更多的宅基地，结果是相当多的农村村庄内部规划建设失控，宅基地面积普遍超标，土地要素配置效率严重偏低。

2. 乡村土地要素权利①被抑制诱发要素配置“边界效应”

从我国的要素禀赋条件来看，在经济发展过程中，土地不仅是最为稀缺的资源，而且是集聚其他要素的重要载体，与劳动力、资本甚至科技等要素流动密切相关。在城乡二元经济结构中，城市和农村的要素权利主体享有的权利存在较大差异，农村要素主体往往处于弱势地位，其要素产权强度远低于城市要素主体。农民拥有的要素权利并不完整，如农民只有使用宅基地的权利，而无权对宅基地进行转让、抵押。农村集体建设用地与国有建设用地在权能上也存在巨大差异，即便是在推进集体建设用地入市改革的地区，城乡土地使用权转让价格差异仍然悬殊。城乡要素权利差异使城乡要素权利制度存在空间异质性，造成城乡要素流动和利用的“边界效应”，即：由于在城市与乡村两个空间的权利不对等，许多要素只能在城或乡的独立空间内部配置，而导致空间内部各要素禀赋与城乡整体空间的实际要素禀赋不同，要素在边界两侧空间的价值不同。

从四川现实来看，城乡土地要素权利不对等所引致的“边界效应”具体表现在如城市建设用地严重不足，乡村内部却出现宅基地扩张、空心村等土地低效利用问题；乡村专业技术人员紧缺，城市却存在大量无法发挥专业能力的事业人员、退居二线的专家等；乡村建设资金严重匮乏，城市却出现大量进入投机领域的“游资”。

3. 城市资本进入农村面临多重政策性阻碍导致短期化行为

虽然城乡二元经济结构问题有所消减，但是对要素流动的城乡分割性限制仍然存在。城市资本要素进入农村和农村土地要素进入城市均面临政策性阻碍。

以资本流动为例，从城市资本要素流动来看，为避免“资本下乡”引发的“非农化”风险，近年来，许多地区对资本流向农村进行了诸多限制，这种基于对农村资源和农民利益保护的政策限制虽然是必要的，但是有些因素则明显阻碍了城市资本要素的流入，例如，城市资本进入农村进行资源开发面临的首要现实问题就是用地需求很难得到满足，除进行规模化经营的用地集中外，更主要的是必要的设施用地、非农建设用地难以得到满足。同

① 要素权利是指要素所有者占有、使用、处置其所拥有的要素一系列权利。城乡要素自由流动要以要素权利对等为前提，即：城乡要素所有者拥有同样清晰的所有权，对等的处置权意味着城乡要素所有者享有同等的处置要素的权利，如要素可处置范围、处置方式等。同时，城乡要素所有者对于要素的一系列权利能够获得相同的法律赋权、行为能力及社会认可，具有相同的维护自身权利的能力。

时，由于缺少明确的乡村产权变更和保护机制，造成城市资本和农民双方的利益具有很大的不确定性，难以长期稳固，使城市资本和农民均缺少安全感。在这种情况下，城市资本进入乡村往往经由非市场化路径，如依靠政治资源和社会网络关系进入，缺少相关资源的城市工商资本很难维持在乡村的长期运营。而依靠非市场化路径进入的资本所有者，其投资决策和经营行为必然发生扭曲，在实践中就表现为行为“短期化”问题，如大规模圈地，以最少资本投入占用最大面积土地；利用政治资源进行政策性投机，套取支农补贴；增加非农性投资，转变土地用途，缩短投资回报周期等。

4. 城乡要素市场扭曲导致要素价格存在隐性“剪刀差”

我国农村要素市场发育滞后，农村要素无法通过市场机制得到合理配置，城乡要素交换过程中存在隐形“剪刀差”。城乡要素价格扭曲集中体现在土地价格“剪刀差”上，城乡二元土地要素市场是我国城乡差异最为显著的部分，也是面临阻碍最多、改革推进最为困难的领域。在工业化快速推进过程中，为保证工业集聚和城市发展，我国采取了城乡分割的土地管理体制，并将国家征地作为土地在城乡间分配的唯一路径。同时，以前征地制度确定的补偿标准是“按照被征收土地的原有用途给予补偿”，土地用途转变后，级差地租变化产生的巨额增值收益大部分被城市产业资本和地方政府获取，农民作为土地要素所有者基本失去了土地收益的分配权。

城乡土地价差形成了乡村对城市的资源隐性输出，据统计，2000～2013 年，全国国有建设用地出让成交价款从514.32 亿元骤升至4.37 万亿元，在当年GDP 中的占比从0.57%上升到 7.69%，以 2013 年不变价估算，15 年间总收入为 22.30 万亿元，占 2013 年国内GDP 的 39.20%，而包括土地补偿费和安置补助费在内的征地补偿支出从 122.83 亿元增加到 3517.30 亿元，占成交价款的比例也从 23.88%反向下降至 8.04%。从四川的情况看，根据自然资源部门统计，2004 年，全省土地出让纯收益为 211.32 亿元，2007 年增加至 566.72 亿元，同样表现为大幅上升趋势。

表 2　2004～2008 年四川土地出让纯收益及占本级财政收入的比例[①]

2004 年		2005 年		2006 年		2007 年		2008 年	
纯收益/亿元	占比/%	纯收益/亿元	占比/%	纯收益/亿元	占比/%	纯收益/亿元	占比/%	纯收益/亿元	占比/%
211.32	54.78	263.01	54.83	299.13	49.23	566.72	66.61	184.47	17.71

数据来源：历年《中国国土资源统计年鉴》，2009 年之后该项指标未予统计。

5. 城乡要素收益再分配过程仍存在较强的“城市偏向”

城乡要素收益分配包括初次收益分配和再次收益分配两个过程：从微观角度看，初次收益分配的公平是指要素所有者能够获得合理的要素报酬，“合理”是指要素所有者能够在公开、完善的市场上获得以要素价格形式表现的要素报酬；收入再分配的公平是指通过

① 由于统计方式的改变，2008 年以后不再统计此数据，但是从对各地财政收入结构分析，土地出让纯收益仍在本级财政收入中占有较高比例。

财政转移支付、公共品供给等形式使城乡要素所有者能够平等获得要素收入再次分配份额。从四川省的实践来看，城乡要素收益再分配过程仍存在“城市偏向”问题。

以财政转移支出为主要手段的要素收益再分配差异主要体现在城乡公共品投入上。从公共品投入来看，目前，四川省基本实现了医疗保障、义务教育以及基本养老保险的城乡全覆盖，但基本公共服务的城乡差距仍然存在，特别是在服务水平方面的差距较大，优质医疗卫生资源向大城市集中，而农村医疗技术人才缺乏等问题依然存在。

五、四川促进城乡要素流动、培育乡村振兴新动能的战略构想

要实现四川乡村振兴目标，必须在尊重经济发展规律的基础上，通过制度创新突破城乡要素交换关系的关键制约，从根本上转变发展观念，建立起适应现阶段城乡关系内在要求的要素流动体制机制。本书根据城乡关系演进规律和四川省乡村振兴面临的主要问题提出四川完善城乡要素交换关系、促进要素向农村流动的“1355”战略框架，其中：一个目标是通过城乡要素流动构筑乡村振兴的内在基础；三大突破是以改革的全面深化突破城乡要素交换领域的三个关键制约；五个转变包括发展思维、改革路径、发展导向、发展模式和发展手段方面的重要转变；五条路径是以集体经济组织发展壮大重构城乡要素交换主体基础，以农村产权制度改革突破城乡要素市场边界壁垒，以体制创新和支持政策引导城市资本与乡村资源有机融合，以构建长效激励机制破解乡村振兴中的人力资本制约，以城乡支持政策均等化构建公平的要素收益分配机制。

（一）一个总体目标

构建起城乡要素合理流动、高效配置的体制机制，通过要素交换关系的完善激活乡村资源，打破城乡要素配置的“边界效应”，实现城乡要素同权同价，建立公正的要素收益分配体系，以城乡要素自由流动和合理配置激发乡村自身发展动能，培育乡村可持续发展的内生动力体系，推动四川乡村实现全面振兴。

（二）三个重点突破

1. 突破城乡土地要素所有者权利鸿沟

以集体建设用地入市制度改革为突破口，以乡村振兴远景目标为导向，全面深化农村土地制度改革，突破城乡土地要素所有者权利鸿沟。构建起结构明晰、权能对等的现代城乡土地要素产权制度，实现城乡土地要素能够在法律允许的范围内自由流动和平等交换，实现农村土地要素与人才、资本要素在更大范围、更深层次上的有机结合，从根本上解决城乡发展过程中“地”的问题，加快释放农村土地要素红利。

2. 突破城市资本下乡壁垒

健全投入保障制度，创新乡村投融资机制，协同推进财政投入制度、社会资本引导制

度、农村金融制度改革，构建起城市资本进入农业农村、带动乡村要素共同助力乡村振兴的重要机制，突破城市资本下乡壁垒。全面构建并加快实施涉农财政资金整合长效机制，充分发挥财政资金对社会资本的带动引领作用，加快形成财政优先保障、金融重点倾斜、社会积极参与的多元投入格局。有效发挥城市资本优势，实现城市工商资本与乡村资源融合，激活乡村要素，有效解决乡村振兴过程中“钱”的问题。

3. 突破人才双向流动瓶颈

以建立乡村人才吸引、培育和使用机制为核心的畅通智力、技术、管理下乡通道，针对人才实际需求提供精准激励，突破城乡人才双向自由流动瓶颈。根据各地乡村发展现实需求和长远目标，深化新型职业农民、农村专业人才队伍培育制度改革，建立乡村人才长效引进机制，鼓励社会各界投身乡村建设，聚天下人才而用之，解决乡村振兴过程中“人”的问题，形成以人才为基础的乡村可持续发展道路。

（三）五个重要转变

1. 由城乡对立发展向城乡融合发展思维转变

在乡村振兴战略背景下，促进城乡要素流动要从根本上改变传统发展战略思维，真正将城市与农村、工商业与农业视为相互依存、共同发展的有机整体。虽然中央及地方各级政府长期重视农业农村工作，特别是党的十八大以来，随着我国经济发展进入新时代，中央提出了农业农村优先发展要求，将乡村发展作为国家发展的重要战略。但在实践中，各地仍存在传统工业化发展思维，重视城市和工业部门发展，在产业规划、土地供给、资金支持方面仍偏向于工业和城市扩张。在传统思维定式下，城乡要素市场建设过程异化为让更多乡村资源支持城市发展的过程，如部分地区借城乡集体建设用地改革契机强制农民“上楼”，将节约建设用地指标用于城市发展等。城市优先发展思维会使各地在推进城乡要素流动过程中有意或无意地制造新的壁垒和阻碍，造成新的城乡分割问题。因此，必须从根本上转变发展理念，将城市与农村作为经济发展过程中平等享有发展权的部门。

2. 由要素单项点状激活向双向多维整合转变

为实现城乡融合发展，中央及四川省在农村产权制度、要素市场建设等领域实施了一系列改革措施，取得了显著成效。但目前大多数改革仍以单项要素某一环节的制度创新为主，导致城乡要素领域出现单项要素分割式发展的态势，如集体建设用地入市改革解除了对农村集体土地流转范围的限制，提高了土地要素价值和农民的财产权利，但是这项改革至今仍限于试点地区内部，且土地制度的改革并未与农村投融资体制改革、城乡劳动力市场建设相互配合。实现乡村振兴战略目标要求在新阶段城乡要素流动体制改革方面必须改变单项突击的做法，通过政策协同配合实现多项改革政策同向着力，由要素单项点状激活向双向多维整合转变，实现产业政策、土地政策、就业政策、社会保障政策等方面的相互协调，推进城乡两端的土地、资本、劳动力要素高效配置。

3. 由强化城市吸附效应向激活乡村资源转变

工业化前期，在强制行政手段和城市较高边际收益的双向拉动下，农村劳动力、资本、土地等要素持续流向非农部门，在加速城市发展的同时也形成了农村积弱局面。进入工业化后半段，城乡关系由对立走向统筹，并实现融合互惠发展，那么以乡村振兴为目标推进城乡要素自由流动就必须改变城市吸附乡村资源的态势，转而发挥城市要素激活乡村资源、带动乡村发展的功能，实现城乡要素互补优化，最终实现乡村振兴、城乡融合的发展目标。但是，要实现这一转变仍面临正式和非正式的制度阻碍，正式制度阻碍，如集体土地的权能限制；非正式制度阻碍，如对于 GDP 和税收增长的偏好及对于农村功能的固化思维等。因此，要发挥城市要素对于乡村资源和要素的激活、带动、重置作用，仍需在转变思维观念的基础上重新认识城乡关系发展阶段，并通过全面深化城乡要素流通领域改革破除制度性阻碍，实现城市要素由吸附农村资源向激发乡村活力的转变。

4. 由城乡要素争利模式向增利共利模式转变

2013 年以来，中央接连出台了多项政策鼓励和引导城市资本、人才进入乡村进行资源开发，带动农业农村发展。乡村振兴战略提出后，中央及省政府进一步强化对城市要素进入农村的支持和鼓励政策，如加大返乡下乡创业补贴力度，加强对城市资本发展乡村二、三产业的土地、金融支持等。在政策引导下，以工商资本为主体的城市现代生产要素持续向农业和农村聚集，将人才、技术、资金和先进管理经验等引向了乡村，加快了传统农业改造和乡村产业融合进程。但在这一过程中，部分地区、部分领域出现了城市要素进入乡村过度争利分利的问题，一些资本进入农村圈占资源，抢占获利空间，不仅没有发挥带动乡村发展、农民致富的作用，反而将乡村要素挤出具有发展潜力的产业。在长期城乡不对等的发展效应累积下，乡村本已处于弱势地位，在新一轮市场竞争中，乡村要素必然无法与城市优势要素抗衡。因此，如果单纯无限制地强调城市要素进入乡村，而忽视城乡要素间先天的不对等问题，那么乡村振兴最终将演变为城市优势要素对乡村资源的新一轮占有。因此，必须通过科学精准的产业政策设计规范城市要素流向，在尊重要素市场配置规律的同时，以合理手段引导城市要素与乡村资源有机结合，通过要素优化配置形成乡村新的经济增长点，从而实现城乡要素由相互争利向共同创造并分享发展红利转变。

5. 由城乡要素流动行政主导向市场主导转变

城乡要素自由流动体制的建立要以市场为核心，充分尊重并运用市场规律推动乡村生产方式的转变，引导城市资源进入农村和农业部门，激活农村要素和市场，激活乡村发展的内生动力。在这一过程中，要严格限定政府的职能范围，不能以行政手段高度集中和分配资源的方式来推进乡村振兴，同时提高政府在制度供给、公共服务领域的能力，通过政府与市场的协同作用构建城乡要素自由流动体制机制。

（四）五条路径选择

建立健全城乡要素自由流动和平等交换体制机制对我国乡村振兴、城乡关系变革、国民经济发展具有深远而重大的影响。对于四川省而言，学习贯彻习近平总书记关于“把四川农业大省这块金字招牌擦亮”重要指示，深刻把握新时代治蜀兴川的重中之重，大力实施乡村振兴战略，必须通过城乡要素交换关系的完善、推进要素向乡村流动构筑乡村振兴的要素基础，培育乡村发展新动能。然而，城乡要素流动涵盖多个要素的权利关系、交易关系、利益分配关系，涉及城乡居民、企业、政府等多元主体的复杂利益关系，因此，应当立足四川省城乡发展阶段性特征，瞄准城乡要素流动和交换关系的现实问题，以五个实施路径作为突破口和关键点推进乡村资源开发，构建促进乡村振兴的新动能。

1. 以集体经济组织发展壮大重构城乡要素交换主体基础

要素交换主体拥有对等权利是城乡要素自由流动的前提和基础，在我国现行城乡生产资料所有制关系下，实现城乡要素所有者权利对等的首要前提是从根本上改变集体经济长期主体缺位和产权虚置的现状，以全面改革推动集体经济组织由虚变实和发展壮大。必须明晰乡村土地等要素的产权主体和权利关系，全面推进全省农村集体经济组织产权制度改革，封闭试点探索农村集体资产股权的开放式交易模式，重构对等的城乡要素主体关系。

2. 以农村产权制度改革突破城乡要素市场边界壁垒

城乡要素流动不畅、交换不平等的关键是农村资源和要素的产权制度不完善，核心是土地产权制度的残缺。土地要素流动对城乡关系影响最为深远，同时也是城乡要素交换关系中面临阻碍最多的领域。长期以来，城乡土地市场始终处于分割状态，集体建设用地流动受到诸多严格限制，不仅使城乡土地要素配置出现“边界效应”，而且抑制了城乡资本、劳动力的流动，成为城乡要素自由流动必须突破的关键壁垒。必须深化集体经营性建设用地入市改革，全面推进农村宅基地产权制度改革，探索构建农村集体土地退出机制，健全集体产权交易服务机制，真正为盘活乡村土地资源扫清体制机制障碍。

3. 以体制机制创新引导城市资本与乡村资源有机融合

中国特色社会主义进入新时代后，我国乡村功能发生了深刻的变化，乡村经济社会发展方式也发生了重大转变。乡村自然资源价值得到显现、投资机会增多，越来越多的工商资本投入农业农村领域，在一定程度上弥补了乡村发展的资本短板，但同时也出现了投资短期化和挤出效应等现象。乡村振兴战略目标的实现不能缺少城市工商资本的广泛参与，因此，要通过乡村体制机制创新和支持政策，有效引导资本流向、规范投资行为，形成以财政投入为牵引、社会资本为主体、农民积极参与的合作体制，形成城乡要素共建共享的乡村振兴模式。

4. 以构建长效激励机制破解乡村振兴中的人力资本制约

从乡村振兴总体要求来看，乡村产业振兴、乡风文明建设和基层治理改革均需要具有创新精神和专业能力的人才，但劳动力的持续外流使四川乡村振兴面临着人力资本不足的现实制约，尤其在丘区、山区等偏远地区的乡村，人力资本匮乏的问题更为严峻。要破解这一现实制约，改变全省乡村人力资本严重稀缺的状态，就必须针对人才需求建立精准的持续性激励机制，引导多元化人才进入乡村发展。

5. 以城乡支持政策均等化构建公平的要素收益分配机制

建立起公平公正的城乡要素收益分配和再分配体系需要合理发挥政府的作用。农村基础设施建设滞后，公共服务不完善，既是城乡要素收益再分配差异的重要表现，又是制约城市要素向乡村流动的重要瓶颈因素。要发挥好政府的政策引导和制度供给者作用，加强农村基础设施投入，完善农村公共服务体制机制，优化农村生态环境，为城市要素向农村流动构建均等的获利机会。

六、四川促进城乡要素流动、培育乡村振兴新动能的对策建议

本书立足四川省城乡发展阶段性特征，瞄准城乡要素流动和交换关系的现实问题与乡村资源对接的突出障碍，提出以全面促进城乡要素流动为重点培育四川省乡村振兴新动能的七点对策建议。

（一）全面强化集体经济组织要素交易主体地位

当前，四川省已经开展了集体经济产权制度改革，明确了集体经济组织具有特别法人地位，但集体经济组织作为独立经济主体参与市场交易和法律诉讼的权能仍不完善，导致其在城乡要素交换过程中仍然不能充分有效地发挥主体作用。实现城乡要素所有者权利对等的首要前提是推动集体经济组织发展壮大，明晰乡村土地等要素的产权主体和权利关系，重构对等的城乡要素主体关系。

1. 明确集体经济组织地位和权能

针对目前改革试点工作中出现的法律、法规制约等问题，尤其是实行股份制改革后的新型集体经济组织法人地位的解决仍不完全、不彻底的现实矛盾，应借鉴上海、浙江等地经验，尽早尽快启动四川省农村集体经济组织地方立法工作，出台集体经济组织地方性法规，重点明确集体经济组织在社会活动中的权能范围，使其在城乡要素中独立和完整的交易主体地位得到全面强化，为城乡要素自由流动和平等交换提供对等的权利基础。

2. 探索多种集体经济组织发展路径

四川省集体经济发展差异较大，从各集体经济组织拥有的资产情况来看，部分城中村、城郊村和经济发达村具有较多集体经营性资产，而大多数农业村拥有的经营性资产较少，主要以土地、林地等资源资产为主，增强运营增收能力是巩固集体经济组织市场主体地位的关键。因此，要引导不同集体经济组织根据自身情况探索多种经营方式和路径，如对于有经营性资产的集体经济组织，引导其组建股份合作社，将原有发包租赁合同到期的资产经过公开竞标，提高资产的市场价值，增加农民的财产性收入。对于没有经营性资产的集体经济组织，一方面，帮助集体资源性资产和成员承包地共同“入股”，建立土地股份合作社；另一方面，设立财政资金并折股量化给集体成员，充实集体经济组织资产。

（二）深度推进农村集体经济组织产权制度改革

全省农村集体经济组织集体资产总量庞大，虽然已经开展了集体经济组织产权制度改革，但由于改革以局部试点为主，并且主要局限于成员界定、资产清理和股份量化等基础性改革层面，基本尚未涉及继承、抵押、担保、流转等更深层次的改革内容，必须更大力度地深度推进相关改革。

1. 全面推进集体经济组织资产股份制改革

四川省集体经济组织仍存在归属不清晰、权能不完善、流转不顺畅、保护不严格等缺陷，仍然对生产要素的优化配置和有效利用构成制度障碍。因此，要加快推进集体经济组织产权制度改革，尤其要制定出台集体股权抵押融资、抵押登记、有偿退出、继承办法，在实行“增人不增股、减人不减股”静态管理的基础上，开展农民对集体资产股份有偿退出权、继承权等权利和抵押、担保权试点，通过深化改革，明确集体资产归属、增强资产权能，让乡村要素能够在更大范围、更深层次流动并实现价值。

2. 封闭试点探索农村集体资产股权的开放式交易模式

城乡融合发展客观上要求集体资产能够打破身份限制，在更大范围内流转。在实践中，由于存在对集体资产所有者身份的限制，各地均规定集体资产仅能在成员内部转让。虽然封闭式的集体资产转让方式能够抑制集体资产流失的风险，但同时也抑制了集体资产权能的实现，进而阻碍了城乡要素的自由流动。因此，应在条件成熟的情况下，选择部分集体资产权利清晰、管理规范、抗风险能力强的地区封闭试点，建立集体股权的转让和交易机制，突破集体资产股权在集体经济组织内部流转的限制，试点外来人口可通过向集体或者个人出资购股的方式获得集体经济股权，实现股权的开放性和流动性，让集体资产能够在更大范围内流动，也为外来人口和资本等要素进入乡村提供股权激励。

3. 健全集体产权交易服务机制

要进一步拓展农村产权交易中心职能，增强服务功能，发挥产权交易体系对于促进城乡要素流动、提升乡村资源价值的重要作用。要全面完善农村产权交易服务机制，健全交易登记、鉴证、金融等服务，加快推动成都农交所在与省内市州统一联网的基础上与西南省（市）的对接合作，打造覆盖面更广的区域性农村要素交易中心、专业性农村产权交易平台、综合性农业农村改革平台和特色性农村产权金融平台。进一步健全农村产权价值评估体系，探索开展农业生产设施所有权、林木采伐权指标等品种交易。通过交易服务机制的完善，降低城乡要素交易过程中的内生和外生交易费用，提高城乡要素在流动和交换中的效率。

（三）实现农村土地产权制度改革的关键性突破

激活土地要素是实现乡村振兴目标的关键突破，对四川省现实情况而言，进一步深化农村土地制度改革必须重点从三个方面发力。

1. 深化集体经营性建设用地入市改革

在总结郫都区、泸县等试点地区经验的基础上，积极向中央争取扩大集体经营性建设用地直接入市试点范围。允许更多试点地区在保证耕地数量和质量不减少、农民权益不受损的前提下，自主探索集体经营性建设用地多元入市路径。积极落实集体建设用地建设租赁住房试点，帮助试点地区集体经济组织和农民做好前期规划，引导金融机构开发相关金融产品，加快出台集体建设用地建设租赁住房的相关实施细则和风险防控制度。在符合规划要求和用途管制的前提下，以集体经营性建设用地入市为突破口，有效激发城乡土地要素自由流动对推进乡村振兴的积极作用。

2. 全面推进农村宅基地产权制度改革

农村宅基地产权制度改革对乡村产业发展具有重要意义，在乡村旅游业、共享经济等新产业、新业态迅速发展过程中，固化的宅基地和农房制度抑制了乡村土地要素作用的发挥。因此，应加大力度推进农村宅基地“三权分置”改革，鼓励各地在符合规划、尊重农民意愿的前提下自主探索闲置宅基地和农房的利用方式。改革农民住宅用地取得方式，鼓励各地探索宅基地有偿分配改革。通过农村宅基地制度改革，激活大量乡村固化的土地和农房，为城市要素流向农村提供载体，为乡村产业发展提供要素支撑。

3. 探索构建农村集体土地退出机制

城乡要素的双向自由流动必须进一步打破农村资产产权主体的身份性限制，实现城市劳动力、资本进入与农村离农劳动力退出相互结合。其中，国家试点推行的农村耕地承包经营权和宅基地使用权退出改革为解除农村要素产权主体的身份固化问题提供了现实路径。通过引导农民退出承包地和宅基地，实现城乡要素双向退出—进入—激活机制，让农村要素能够通过自由流动配置真正得到高效利用的领域，并形成以土地为载体的乡村要素集聚机制，形成乡村振兴的长效动能。因此，要进一步争取扩大改革试点范围，探索农村集体土地等资产退出的可行路径。一方面，完善农村土地承包经营权退出机制建设，在总结试点经验的基础上在全省有序推进农村土地承包经营权有偿退出工作，探索实现农民退出土地与外部要素进入的对接方式，破解土地退出需求与流转需求不一致的困境；另一方面，在更大范围进行农村宅基地使用权退出改革试点，规范宅基地使用权退出的具体操作程序，出台相关配套措施，完善宅基地退出的收储利用机制和风险防范机制，鼓励各主体利用收储农村闲置建设用地发展农村新产业、新业态。

（四）建立工商资本与乡村资源融合的体制机制

通过创新工商资本投入机制、畅通渠道、搭建平台、加强金融等服务，让工商资本能够以更多途径和方式进入乡村，与乡村自有资源和要素结合，形成乡村振兴的内生动力。

1. 适度放宽工商资本投资乡村资源开发的领域

鼓励工商资本投资现代农业、乡村旅游、乡村生态环境治理、乡村基础设施和公共服务等领域。规范盘活农业农村基础设施存量资产，允许工商资本在符合规划的前提下以多种方式开发利用，回收资金主要用于补短板项目建设。加强乡村资源开发的宣传介绍，完善各县(区)涉农项目储备制度，对项目库内项目实施动态管理，把乡村优势资源的开发纳入招商引资的重点领域进行重点推荐，采取召开对接会、洽谈会等形式搭建工商资本与乡村资源开发有效对接的平台，吸引更多工商资本投资乡村。

2. 发挥政府财政的引领撬动作用

以乡村振兴项目引领财政资金投入，以财政资金投入聚合社会资本、劳动力等要素，发挥政府财政的引领、激励和撬动作用。以县域范围为重点搭建涉农资金统筹整合平台，鼓励县级政府在预算执行环节对部门间涉农资金进行统筹协调。进一步完善财政资金“四到县”制度，赋予县级相机施策和统筹资金的自主权。完善各县(区)涉农项目储备制度，对项目库内项目实施动态管理。深化财政支农资金形成资产股权量化改革，增加农民群众财政性收入。以建立资金长效整合机制提高资金投入和使用效率，让财政资金发挥带动和引导作用，为乡村振兴构建更加顺畅高效的资本进入渠道。

3. 加强对工商资本投资乡村开发的金融服务

通过构建完善的现代农村金融服务体系，发挥金融机构在资金投入和使用上的专业优势，为城乡资本要素自由流动提供路径和制度保障，为乡村产业发展提供资金支持。要优先安排支农再贷款满足现代农业示范基地、现代粮食产业基地、惠农创业示范基地内的新型农业经营主体和农户的合理资金需求，在此基础上，完善再贴现管理，优先办理涉农票据，支持扩大“三农”信贷投放。同时，同步落实涉农贷款奖补政策，对涉农金融工作开展较好的金融机构和涉农投融资平台给予奖励。

(五)调整收益分配体系拓展资本下乡获利空间

建立公平公正的城乡要素收益分配和再分配体系，通过乡村基础设施等生产生活条件的完善吸引更多资本进入乡村，有效拓展资本下乡的获利空间。

1. 构建市场主体和政府主导的收益分配调控机制

通过明确市场和政府在城乡要素收益分配中的合理边界，使要素交换主体通过自由平等的要素交换过程获得合理收入，对于城乡要素市场体系建设和城乡要素自由流动具有重要的激励作用。一方面，发挥市场机制作用，城乡要素平等交换收益分配要以市场自由平等交换为主，充分发挥市场对资源的配置作用，实现城乡要素效益最大化；另一方面，合理发挥政府职能。政府应发挥好统筹兼顾的主导作用，合理利用税收、财政、金融等经济杠杆手段，调节城乡要素交换收益分配比例，取高补低，扶持社会弱势群体，缩小城乡要素收益差距，但同时必须避免政府权力过度干预。特别是在城乡土地要素交换中，政府要退出既是行政主体又是经济主体的双重身份，回归到管理者身份本位，明确自身行为边界和权力边界。

2. 通过提高支农政策效率赋予城乡要素均等的获利机会

城乡二元结构下，乡村发展相对滞后，导致乡村获利机会有限，使城乡要素长期呈现单向流动态势。因此，要通过支农政策体系的优化弥补已经形成的城乡差异，让乡村具有更大发展空间和更多获利机会，通过预期收益的提高增强乡村对城乡要素的吸引力。从四川实际情况看，需要在改革支农整体体系的基础上，进一步调整、协调、整合支农政策，根据乡村发展现实需求提供有效政策支持，在增加乡村投资机会、提高乡村要素边际报酬的同时，改变乡村要素生产和再生产的条件，增强乡村要素竞争能力。通过完善支农政策体系，缩小城乡要素在获利机会、获利能力等方面的差异，真正实现城乡要素的平等交换。

（六）构建乡村人才“引培结合”的长效激励机制

针对四川省乡村人才不足的现实问题，要在城市人才引进和乡村本土人才培育两方面共同推进，构建起乡村人才“引培结合”的长效激励机制。

1. 增强对城市人才下乡的激励

在乡村人才流失的背景下，通过吸引城市专业人才进入乡村是破解乡村发展人才不足制约的重要方式。要增强乡村对城市人才的吸引力，构建“物质+精神”双重手段互补的人才激励机制。明确不同人才进入乡村的现实需求，灵活运用乡村特有优势，精准设置激励政策。借鉴部分乡村实施的“新村民”“特殊贡献集体组织成员”等方式，通过给予城市人才宅基地和房屋使用权、集体资产特别股权等，构建人才进入乡村并长期服务乡村的长效激励。

2. 增强新型职业农民培育激励

现代农业生产体系的建立是乡村产业兴旺的基础，而形成完善的现代职业农民培育机制能够为现代农业发展奠定坚实的要素基础。对于四川而言，培育新型职业农民的关键是要增强职业农民培育的政策激励，要鼓励各地优化并落实对培育新型职业农民的支持政策，激励新型职业农民和农业职业经理人获得资格认证后主动参与农业经营实践，对获得执业证书并上岗的农业职业经理人在购买农业保险方面给予补贴，对新型职业农民参加城镇职工养老保险进行梯度缴费补贴。通过完善新型职业农民培育机制，有效解决“谁来种田”问题，为乡村产业发展持续提供最为关键的人力资本要素。

3. 增强提升乡村干部队伍素质的激励

高素质的乡村干部队伍是乡村发展的重要带动力量，是乡村振兴过程中重要的人力资本要素，因此，要通过有效的激励机制引进并培育乡村干部队伍，一方面，要构建以复员退伍军人、回乡高校毕业生、外出务工回乡青年和致富能人等为基础的乡村后备干部储备库；建立乡村后备干部常态化管理培训机制，完善村后备干部三级台账管理制度，把村（社区）后备干部培训纳入基层干部教育培训规划，建立村（社区）党组织书记后备干部“导师制”和挂职培养制度。另一方面，构建灵活的乡村后备干部使用机制，依托乡村行政管理体制改革，创新村“两委”基层干部和乡镇干部任用、考核机制，为乡村振兴提供不可缺失的基层干部队伍支撑。

（七）优化农村公共品供给机制和配套服务环境

农村公共品供给水平和配套服务环境是吸引城市要素流入和激活乡村要素的重要保障条件，要根据乡村振兴目标进一步优化农村公共品供给机制和配套服务环境，建立与城乡融合发展要求相一致的农村公共品供给体系。

1. 建立与乡村振兴需求相一致的农村公共品供给机制

在基础设施和公共服务建设上，要逐渐实现城乡供给标准一致，实现城乡公共品供给的均等覆盖。要根据人口发展趋势和乡村需求变化趋势科学布局乡村基础设施，合理规划基本公共服务供给方式。在农村选择关键服务节点布局教育资源、医疗资源、养老资源，有效提升乡村公共品供给的效率和水平。

2. 切实解决要素下乡的配套用地需求问题

要根据规划确定的用地结构和布局，在年度土地利用计划分配中应安排一定比例的新增建设用地指标优先满足农业农村需求。保障农村新产业、新业态建设用地，落实新增建设用地指标向乡村新业态倾斜的政策。保障特色产业用地，对发展乡村旅游、康养、休闲等特色产业使用建设用地，允许实施点状供地。保障设施农业用地，对从事冷链物流、烘干仓储、农产品加工、森林康养、休闲农业和乡村旅游的新型农业经营主体，可再适度增加辅助设施建设用地，并更有针对性地出台支持乡村振兴土地利用政策。

第六章　乡村振兴与农业经营方式创新

产业兴旺是乡村振兴的关键，而以问题为导向创新农业经营方式是促进产业兴旺发展的重要路径。崇州农业共营制发轫于传统农业向现代农业转型面临瓶颈障碍，以及在“差地种粮”“弱者种地”现象日益突出的背景下，通过制度创新和不断地摸索和完善，实现了对农业经营体系的重构，同时，以维护农民土地权益和农户主体地位为前提的土地规模化经营，兼顾了保障国家粮食安全、保护农民权益和促进传统农业转型升级等多重政策目标，得到了国家层面的认可，引来了社会各界的广泛关注。客观评价崇州农业共营制的绩效，分析其面临的问题和挑战，系统总结前期经验，不仅有利于农业共营制进一步的完善和推广，而且对于中国现代农业经营体系的构建和乡村振兴战略的实施也具有重要启示意义。

一、农业共营制：破解农业发展多重约束

（一）崇州农业共营制的缘起

随着中国农村经济社会发生巨大变革，曾发挥过巨大作用的农业双层经营体制的弊端不断显现，农业经营面临着土地细碎化、农户兼业化、劳动力老龄化、农业副业化和生产非粮化等多重挑战，“谁来种地”“怎么种地”“谁来经营”成为中国农业经营体系改造与重构所需要解决的重大问题，这就必须要转变以小农经营为基础的传统经营方式，使之适应现代经济体系和全球化经济格局的要求。

全国各地都进行了农业经营方式创新的探索，但各地在实践中均面临着同样的两难困境，即如何实现土地规模经营与保障农户经营主体地位的兼容和在不对小农户产生挤出效应的条件下实现土地的低成本集中和规模化经营。换言之，单纯地扶植龙头企业、家庭农场等新型经营主体带来了弱小农户的被动式挤出，利益结构的失衡既不利于乡村社会的和谐稳定，也会因为农业经营缺乏稳定性的主体支撑而对农业的持续发展构成严重挑战。

崇州市隶属于成都市，为县级市，崇州市在农业发展过程中面临着严峻的“地碎、人少、钱散、缺服务”的问题。同时，作为成都平原重要的粮食主产区，“政府要粮”与“农民要钱”之间的矛盾，以及大都市优质农产品需求大与近郊县农产品竞争力弱、地缘优势发挥不足等的矛盾突出。为解决以上困境，早在1998年，崇州市就开始探索新的农业经营方式，最开始鼓励和引导粮食生产大户流转土地进行规模经营，逐步到引进龙头企业、开展订单农业及鼓励农民组建合作社。但以上各种经营方式均展现出一些弊端，这就需要崇州市继续深化探索，寻求更为高效、能兼顾各方利益的新型农业经营方式。崇州市于2008年在全国率先开展土地确权，同时，新农村建设促进了人口聚居，扩大了生产半径，

规模化经营的需求进一步增强，为农业经营体制的制度创新提供了外部契机。

（二）崇州农业共营制的演进

崇州农业共营制产生于基层干部群众的自发探索，并在实践中不断调适、发展与完善，这一契合了农业生产与技术条件、兼容了多方利益诉求与多维政策目标的经营方式展现出了良好生命力。到 2017 年底，在共营制创建不到 7 年的时间里，崇州市已经建立了 246 个土地股份合作社，入社土地面积达到全市耕地面积的 61%，农业部(现农业农村部)将崇州共营制作为重要经验向全国推广。

1. 基层实践：崇州农业共营制的产生

进入 21 世纪，崇州市农业农村发展面临着严峻的挑战，一方面，人均耕地面积不足 1 亩且地块分散严重，农业生产效益低下，农业与工商业经济激励的悬殊导致农村大量劳动力外流。据统计，2012 年崇州市外出务工的农村劳动力占比已经高达 73.4%，“谁来种地”的矛盾十分尖锐。另一方面，由于劳动力的外流，导致“高龄农民”的现象突出，务农人群多为 60 岁以上的老人，而新生代农村人口不愿意进入农业领域，“怎么种地”的问题同样严峻。崇州市最初探索农民相互之间的自发流转或引进企业流转土地以实现适度规模经营，但前者仍然无法实现对传统农业的彻底改革，经营发展步履维艰，而后者出现了企业失约、农民失利、土地撂荒等情况。面对发展困境，崇州市顺势而为，大胆创新突破，开始探索通过合作社的组织形式将农民撂荒、不愿意种的土地集中起来。

2010 年，崇州市隆兴镇黎坝村组建了第一家土地股份合作社杨柳坝土地股份合作社。农户以承包土地的经营权入股合作社，并按入股土地面积筹集生产成本；合作社由理事会代表社员负责统一经营管理，并聘请种田能手进行日常田间管理，解决了“谁来种地”“如何种地”的问题；由农业综合服务组织提供生产服务；经营收益按比例分成、保底二次分红、超产分红等方式进行分配。与业主流转土地的经营模式相比，土地股份合作社的稳定性和持续性优势在其成立之初就得到了充分体现，杨柳坝合作社的绝大部分社员最初是在干部动员下勉强同意入股的，但在第一批入社社员分红后，周边农民见有“甜头”可尝，纷纷主动要求加入合作社。

2. 调适健全：崇州农业共营制的发展

从 2011 年起，土地股份合作社模式被推广到全市 25 个乡镇(街道)。随着合作社覆盖范围和经营规模的不断扩大，对优质社会化服务和职业经理人的需求日益迫切，要求崇州采取有效的政策举措解决这一难题。崇州采取分片区建立农业社会化服务超市，将农技、农机、农资等各项农业服务整合为农业科技、品牌、金融和社会化“四项服务”，形成公益性服务与经营性服务相结合、专项服务与综合服务相协调的社会化服务体系，并将服务涵盖了产前、产中、产后的全部环节，“土地股份合作+四大服务体系”的运作机制因此在早期被概括为“1+4”新型农业经营模式。

同时，为了满足规模经营对农业专业技能人才的要求，崇州开始统一培育职业经理人。成都市出台了《成都市人民政府办公厅转发市农委等部门关于加强农业职业经理人队伍建设试行意见的通知》《成都市人民政府办公厅关于加强农业职业经理人队伍建设的意见》等文件，明确了选拔、培养、管理、服务职业经理人的“四大机制”，并提出了产业、科技、社保、创业、金融5方面扶持政策，构建了职业经理人的教育培训、认定管理、政策扶持三大体系，职业经理人队伍不断规范完善。随着土地股份合作社、职业经理人以及社会化服务体系等专业组织运行机制的逐步完善，最终形成了“土地股份合作社+职业经理人+农业综合服务”三位一体的农业共营制①。

3. 系统推进：崇州农业共营制的完善

崇州农业共营制是在坚持制度框架下的重大创新，农业共营制在坚持农村基本经营制度和农民家庭经营主体地位的前提下，实现了土地的适度规模经营，大大激发了农村生产潜能，符合党的十八大提出的“坚持和完善农村基本经营制度，构建集约化、专业化、组织化、社会化相结合的新型农业经营体系”的中央精神实质。农业共营制也得到了国家宏观层面的高度认可，2015年1月，崇州农业共营制得到了时任国务院副总理汪洋的充分肯定；2016年10月，中央将农业共营制作为一项重要的农业经营制度创新向全国推广。

同时，崇州农业共营制的组织形式不断丰富，组织功能不断改进完善。2015年，崇州市开始探索“土地股份合作社+农业产业化企业”试点，农业产业化企业成为共赢制中的重要组织主体，农业共营制被提升为“土地股份合作社+农业职业经理人+农业产业化企业+农业综合服务”四位一体的组织结构。合作社与企业通过入股经营、产品联营、资产联营3种形式的股份合作构成紧密的利益联结，并采取“优先股+分红”的收益分配方式，即首先确保合作社土地经营权入股或合作社产品入股(优先股)的收益，剩余利润再按股份比例重新分配。此外，顺应“互联网+农业”发展趋势，设立农产品电商服务平台，从而形成了科技、品牌、金融、电商和社会化五大服务体系。

4. 优化提升：农业共营制助力乡村振兴

党的十九大报告提出了实施以“产业兴旺、生态宜居、治理有效、乡风文明、生活富裕”为总要求的乡村振兴战略，并将其作为当前和今后“三农”工作的总抓手。总体而言，农业共营制在实施乡村振兴中可以起到以下三个方面的作用。

一是农业共营制促进了乡村人才振兴。农业共营制创设了一支人数稳定、能力较强且具备竞争淘汰机制的专业的职业经理人队伍，与人才振兴相呼应，达到了让农民成为有吸引力的职业的效果。

二是农业共营制促进保护和发展了弱小农户的利益。其通过合作社的形式将原子化的农民个体重新组织起来，保留了农民“种什么”的权利，让农民通过按比例分红、保底二次分红、佣金+超奖短赔3种利益分配方式合理分享价值增值，符合党的十九大报告和国家《乡村振兴战略规划(2018—2022年)》提出的“促进小农户与现代农业发展有机衔接”；

① 2014年4月27日，国务院发展研究中心农村经济研究部、华南农业大学农村经济转型发展协调创新中心、四川省社会科学院主办的中国农业经营制度创新实践研讨会在崇州市召开，包括农业经济学在内的各学科顶尖专家云集崇州，并进一步地把崇州市“1+4”新型农业经营模式提炼总结提升为“农业共营制”。

三是农业共营制促进了乡村产业的兴旺繁荣。农业共营制是农业经营体系领域的重大变革，为农业产业体系和生产体系的调整优化奠定了重要基础，使农业成为有奔头的产业。一方面，农业共营制为产业体系的优化升级创造了条件。农业共营制实现了土地规模化经营，崇州市在十万亩粮食基地载体的基础上建设了农商文旅体融合发展产业园，探索了稻田综合种养模式，打造了特色优质农产品品牌“稻虾藕遇”生态大米，培育了农业、乡村文化、旅游跨界融合的多元业态，形成以总部经济为引领的复合产业生态圈。另一方面，农业共营制促成了生产体系的重构提升。共营制实现了土地规模化经营和组织化管理，为农业生产标准化提供了组织条件。农业机械化专业服务组织的培育、土地整治和土地规模化经营等因素促进了农作物的机械化生产，崇州较早基本实现了主要农作物的耕种收全程机械化。由于合作社、职业经理人、农民避免了小农户经营的短期机会主义行为，为追求盈利的持续性和更高额度的利润，农业共营制客观上形成了生态绿色农产品生产的经济激励，从而促进了农业生产体系向标准化、机械化、绿色化方向的发展。

正因为农业共营制在乡村振兴中发挥了“助推器”的作用，因此备受关注，2018 年，《成都市实施乡村振兴战略促进城乡融合发展 2018 年行动计划》提出，要深入推广“农业(林业)共营制”，这表明，农业共营制已成为实施乡村振兴战略中完善农业经营机制的重要方面。农业共营制已逐步突破崇州区域范围，向其他地域扩展；突破平原地区，向山区扩散；突破种植业范畴，向林业领域拓展。

(三)崇州农业共营制的制度特征

1. 组织框架

农业共营制的核心内容是以家庭经营为基础，土地股份合作社、农业职业经理人、农业综合服务、农业产业化企业四大主体共同经营(图 6-1)，其中农户以土地承包经营权入股，组建土地股份合作社；职业经理人队伍负责土地的日常田间管理；农业综合服务体系为合作社和职业经理人提供生产、要素、经营等服务；农业产业化企业对初级农产品进行加工并销售。四大主体之间共同构成了有机衔接、系统完备的组织体系。

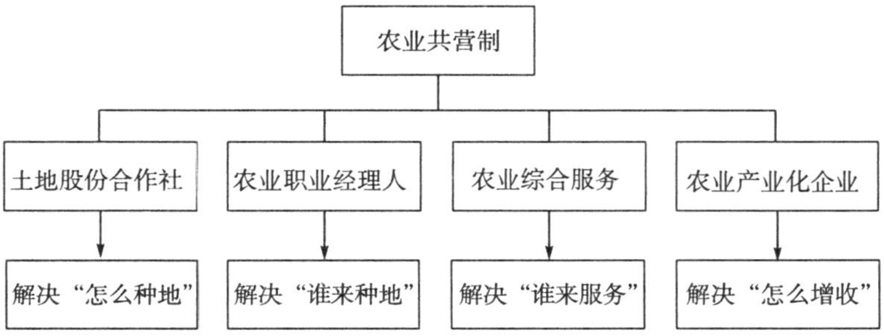

图 6-1 崇州农业共营制组织结构图

2. 主要模式

农业共营制的组织结构和运作方式处于不断变化之中，其表现形式也在不断丰富和拓展。根据不同模式的演进时序和运作特征，可将现存的 3 种模式概括为初始型、演进型和提升型。

初始型：合作社与经理人保持雇佣关系。初始型是指仍然保持共营制成立之初的组织形态和运作机制的模式。在初始型中，入社社员是土地股份合作社的经营主体，生产成本由社员出资，理事会代表全体社员负责决策“种什么”“谁来种”，理事会审议通过职业经理人提出的生产实施意见、生产成本预算、产量指标等。在初始型中，土地股份合作社与职业经理人之间是劳动雇佣关系，农业职业经理人负责理事会的生产决策，决定“怎么种”并取得相应报酬，其经营行为处于监事会和社员的监督之下。

演进型：合作社与经理人演变为伙伴关系。与初始型相比，演进型的变化表现在以下两个方面：一是土地股份合作社与农业职业经理人之间由劳务雇佣关系演变为合作伙伴关系，农业职业经理人的地位上升。在生产决策上，农业职业经理人同时决定“种什么”“怎么种”，生产计划也未经合作社理事会批准；在生产投入上，由农业职业经理人负责生产环节流动资金的投资；在利益分配上，合作社及其社员获得固定收益，其余部分由农业职业经理人获取；在风险分担上，由农业职业经理人独自承担经营风险。二是合作社运作过程简化。理事会和监事会的职能弱化，合作社召开集体会议的频率大大降低等。

提升型：农业产业化企业成为农业共营制重要组成部分。在提升型中，企业成为农业共营制的重要组成部分，形成了“土地股份合作社+农业职业经理人+农业产业化企业+农业综合服务”的运行机制，合作社及其社员能够分享产业化经营收益。企业的作用有两个：一是提供标准化的生产过程指导，合作社需按龙头企业的要求，统一技术、投入品、标准、管理等，确保农产品品质；二是开展产后加工与销售，企业负责对农产品进行统一储藏、统一加工、统一品牌、统一包装、统一销售。

总体而言，虽然农业共营制的组织结构和运作过程均发生变化，但是，合作社、土地股份合作社、农业职业经理人“三位一体”的基本组织结构继续得到保持，多元“共营共建”的特征仍然得到鲜明体现，多元主体的利益共享格局依然保持，农业共营制“共建、共营、共享、多赢”的实质始终不变。因此，农业共营制发生的种种变化可视为其经营模式的调适优化与发展提升。

3. 制度特征

根据农业共营制的组织结构和运作机制，可以将其制度特征概括为以下四个方面。

一是以生产分工协作为关键提升农业综合效益。在农业共营制中，各个主体专注于不同的环节和领域，提供相对充裕且具有比较优势的要素，从而大幅提升了农业生产综合效益。首先是实现了生产环节的纵向分工。在产前和产中环节，由不同的专业服务组织提供技术咨询、农业劳务、全程机械化、农资配送、田间运输、粮食代烘代储等“一站式”全程生产服务；在产后环节，由龙头企业负责产品加工、销售，在各环节由不同的专业组织负责。其次是实现了经营主体的分工。农业共营制培育了农业职业经理人和农业专业化服务组织两类经营主体，其中，农业职业经理人改善了农业的知识分工与决策经营效率，而专业化服务组促进了技术分工，提高了生产效率。

二是以市场平台搭建为路径提高要素交易效率。农业共营制能够持续良性运转的奥妙在于搭建了产权交易平台、企业家才能交易平台、社会化服务交易平台三类市场平台，实现了不同主体的有序衔接和充分竞争。通过市场平台，一方面可以实现不同主体之间的有序对接。土地股份合作社从企业家才能交易平台获得竞争性的企业家能力；农业职业经理人借助合作社平台从社会化服务组织获得专业化服务；专业服务组织通过社会化服务交易平台获得稳定的规模服务需求，减少了与单个农户的谈判交易成本，实现了服务收益最优化。另一方面，各个同类主体之间实现了公平竞争。土地股份合作社必须扩大规模以吸引优秀农业职业经理人和周边农户入股，农业职业经理人业绩必须高于其他经理人才能代理优质合作社，专业服务组织必须提供更优质的服务才能得到需求方的青睐。

三是以产业融合为重点拓展价值增值空间。首先，农业共营制呈现出整链扩张的发展态势，这不仅源于产业链延伸能够扩大价值增值空间，也源于农业共营制的制度设计具有农业产业化经营的先天基因优势，因实现了规模化经营可以为农产品加工提供规模支撑，因实现了组织化经营可以为品牌建设与维护提供标准化产品，通过采取“土地股份合作社+龙头企业”模式发展农产品加工业，开展农产品电商，拓展农产品销售渠道，从而延伸农业“加工链”，优化农业“营销链”。其次，推动农商文旅体融合发展，重点在崇州农业共营制核心区域发展稻田综合种养模式，以万亩稻浪和油菜花海为基础发展乡村旅游和休闲农业、农业文创等三次融合产业，促进全链条整合、全环节升级。

四是以系统政策支持为基础保障组织运行高效。政府和市场的“双强引擎”是农业共营制的重要特征，而政府通过构建系统性的政策支持体系有效地确保了农业共营制的良性运转。一是坚持扶持激励与监督约束并重。政府既要出台了对农业职业经理人、专业服务组织的有效扶持政策，又要对其行为进行约束，抑制了个体机会主义带来的损害。例如，政府既对农业职业经理人提供适度规模补贴、社保补贴等，但又对农业职业经理人考核成绩不合格者取消扶持政策；既对社会化服务组织提供项目支持和财政补贴，又对其提供的服务质量进行严格监管。二是政策扶持覆盖多元主体和多个环节。政策支持既涉及土地股份合作社示范奖补、设施用地保障，又包括农业职业经理人的政策优惠，还包括社会化服务的品牌、金融、科技、农机等。政策支持还涵盖了产前的农资供应，产中的耕、种、管、割、收以及产后的品牌打造、销售等。

二、崇州农业共营制财政支出分析

（一）农业共营制财政分类支出

由于涉农财政支出有多种形式，很难精确地进行分类分析，但是根据农业共营制的特征，可以大致分为农业职业经理人队伍建设、土地股份合作社建设、农业服务体系建设和农业规模经营补贴四个大类。事实上，各个大类之间存在一定的重叠，如在服务体系建设中，会有技术培训或基础设施建设等项目。因此，这一分类只是一个基础性参考，需要总体评估相关财政支出的范围和方向。

如表 6-1 所示，农业职业经理人队伍建设费用大致是 100 多万元，占比较小。而另外三类财政支出均超过 1000 万元，且各年度之间波动较大。农业规模经营补贴相对较为稳定，2014 年为 2757 万元。农业服务体系建设的财政支出在 2017 年有显著提高，主要原因是当年实施了“中国好粮油行动示范工程”，积极开展了粮油服务体系建设，该项目资金总量就达到 9800 万元。在后面的分项分析中，会对各类别的财政支出列出细化项目。

表 6-1 崇州农业共营制主要财政分类支出 （单位：万元）

项目类别	2014 年	2015 年	2016 年	2017 年
农业职业经理人队伍建设	155	120	—	—
土地股份合作社建设	2102	1268	—	—
农业服务体系建设	1908	3048	1768	10219
农业规模经营补贴	2757	—	—	—

（二）农业共营制财政分项支出

1. 农业职业经理人队伍建设

尽管总量支出在 2014 年和 2015 年相对稳定，但是从分项上看，波动仍然很大。例如，2014 年有 50 万元用于农业职业经理人之家及基层管理服务站建设，而 2015 年在这方面只花费了 8 万元。2015 年职业经理人城镇养老保险补贴则比 2014 年增加一倍多(表 6-2)。

表 6-2 崇州市农业职业经理人队伍建设支出 （单位：万元）

项目类别	2014 年	2015 年
职业农民“双培训”补贴	10	32
职业经理人城镇养老保险补贴	25	56
培育专项资金	40	24
农业职业经理人之家及基层管理服务站建设	50	8
小计	125	120

2. 土地股份合作社建设

针对土地股份合作社建设的财政支出主要包括各类奖补和合作社基础设施建设，如粮食烘干和仓储中心建设等。各分项的支出在不同年份之间波动较大，如土地股份合作社建设奖补在 2014 年为 430 万元，而 2015 年则达到 713 万元；合作社基础设施(仓储、烘干、提灌等)建设补贴则由 2014 年的 1040 万元减少到 2015 年的 538 万元(表 6-3)。

表 6-3　崇州市土地股份合作社建设支出　（单位：万元）

项目类别	2014 年	2015 年
土地股份合作社建设奖补	430	713
合作社基础设施(仓储、烘干、提灌等)建设补贴	1040	538
合作社水稻测土配方补贴	525	—
合作社先进个人表彰奖励	30	17
小计	2025	1268

3. 农业服务体系建设

由于农业服务体系建设包括产前、产中和产后各个环节的工作，很难具体区分出来单项的财政经费支出。表 6-4 以工程项目为单位，列出部分有代表性的建设内容。同样，资金随着项目走，各年度之间的可比性不大。

表 6-4　崇州市农业服务体系建设支出　（单位：万元）

项目类别	2014 年	2015 年	2016 年	2017 年
农业综合化服务体系建设	719	999	—	—
农业生产全程服务化试点	490	900	—	—
农产品质量安全监管体系建设	200	—	—	—
智能育秧中心建设	—	250	—	—
市供销联社建设项目	—	—	1338	—
农资物流体系建设	—	—	400	—
中国好粮油行动示范工程	—	—	—	9800
现代农业发展工程	—	—	—	401
小计	1409	2149	1738	10201

4. 农业规模经营补贴

表 6-5 以 2014 年为例，对农业规模经营补贴进行分项分析。根据分析，在中央层面，有农作物粮种补贴，共 152 万元；在省级层面，有种粮大户补贴，共 772 万元；在成都市层面，有粮食规模经营补贴，这项最大，共计 1833 万元。这里没有计算耕保基金的补贴，因为这与农业共营制没有必然联系。

表 6-5　崇州市 2014 年农业规模经营补贴　（单位：万元）

项目类别	2014 年	资金来源
农作物粮种补贴	152	中央惠农政策
种粮大户补贴	772	四川省惠农政策
粮食规模经营补贴	1833	成都市惠农政策
小计	2757	—

（三）财政支持指标

农业保险深度指农业保费收入与农林牧渔业增加值的比值。崇州市农业保费收入持续增加，2017年达到4895万元，保险深度指标为1.31，与2016年的1.34基本持平（图6-2），超过了国家基本实现现代化设定的1.0的目标值，接近全面实现现代化设定的1.5的目标值。

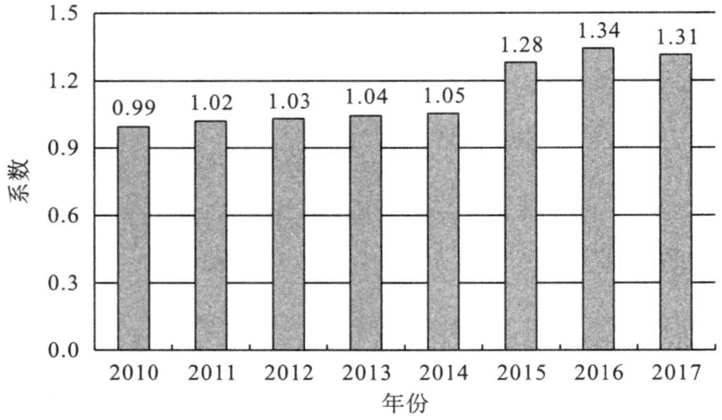

图6-2　崇州市农业保险深度指标（2010～2017年）

从财政支持水平来看，崇州市农林水务支出持续增加，特别是在2014年上了一个台阶，农林水务支出占农林牧渔业增加值比例从2013年的16.0%增加到2014年的31.5%，此后几年均保持在30%以上的水平，并逐年递增（图6-3）。

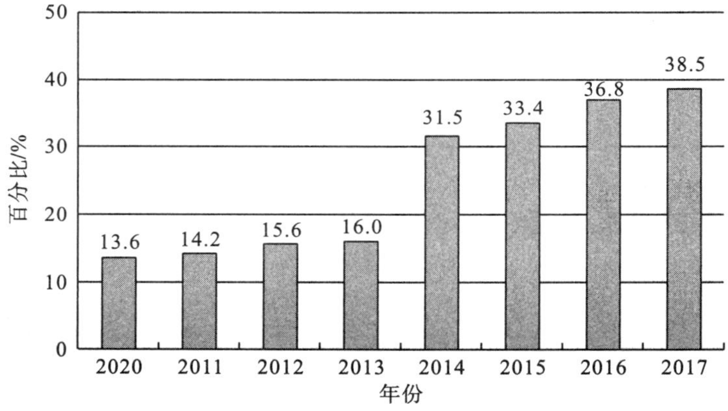

图6-3　崇州市农林水务支出占农林牧渔业增加值比例（2010～2017年）

（四）基本判断

1. 针对农业共营制三大主体的支出与补贴力度大

财政投入重点在农业职业经理人队伍建设、土地股份合作社建设、农业服务体系建设和规模经营补贴四个方面，其中农业职业经理人队伍建设费用占比相对较小，大致是100

多万元，而另外三类财政支出或补贴均超过 1000 万元。

2. 土地股份合作社建设和农业服务体系建设支出在各年度之间波动较大

财政支出总量受项目工程的影响而不同，如农业服务体系建设的财政支出在 2017 年有显著提高，主要原因是当年实施了“中国好粮油行动示范工程”，开展了粮油服务体系建设，资金总量达 9800 万元。

3. 农业规模经营补贴相对较为稳定

农业规模经营补贴由惠农政策指导执行，在政策有效期内相对较为稳定，但各级财政支持力度不同。例如，2014 年为 2757 万元，在中央、省、市三级财政支出中，成都市一级占比最大，占 66%，而省上财政支持占 28%，中央财政支持只占 6%。

4. 财政支持水平较高，逐年递增

从财政支持指标来看，农业保费收入持续增加，2017 年达到 4895 万元，保险深度指标为 1.31。农林水务支出占比不断提高，特别是在 2014 年上了一个台阶，超过了 30%，此后几年略有增加。

三、崇州农业共营制绩效评估：方法与指标

从 2010 年开始，崇州农业共营制经过 7 年的探索和实践，逐步推广和完善，目前农业共营制已进入较为成熟的时期。在国家实施乡村振兴战略的新形势下，亟待对崇州农业共营制的发展进行一个全面的成效评估，从社会效益、经济效益、政策目标等方面形成综合性的判断。

（一）评价方法与内容

本书主要依据面上的统计数据，特别是现代农业监测数据，不会对指标进行权重处理，因为经过权重处理会加入研究者的主观判断，不如直接呈现各项指标的实际数值。农业共营制是一种农业经营体系的制度创新，其成效评价应该综合考虑政策目标的实现情况、社会效益和经济效益。具体说，从粮食安全、农业现代化水平、资源环境保护、经济效益、农户带动能力和财政投入水平六个方面进行评价，评价的时间段为 2010～2017 年。

(1) 粮食安全。崇州市是成都市的产粮大县，承担了确保粮食安全的重任。因此，农业共营制是否起到了稳定粮食生产的作用，是重要的评价标准。

(2) 农业现代化水平。新型农业经营体系建设的重要目的就是要提高农业现代化水平，要促进传统小农生产方式向适合我国国情的规模化经营方式转型。因此，崇州农业共营制的成效应体现为农业现代化水平的不断提升。

(3) 资源环境保护。经济的发展不能以牺牲生态环境为代价。现代农业的发展应强调资源环境的合理和高效利用，提高农产品的生态标准，这是能否实现农业可持续发展的重

要影响因素。

(4)经济效益。崇州农业共营制的制度创新既要促进农业产业的升级，也要为农民带来经济收益，同时，更要保证经济效益的提高，包括提高劳动生产率、生产投资收益率，以及通过延长产业链产生的收益。

(5)农户带动能力。在我国当前农地“三权”分置的政策背景下，农户的土地承包关系将是长期稳定的，农业共营制的发展离不开对农户的带动。可以说，没有农户的普遍参与，共营制就缺乏根基。因此，农户带动能力是农业共营制的一个关键指标。

(6)财政投入水平。从世界农业发展规律来看，农业始终是一个弱势的行业，需要财政投入和政策支持。财政投入的规模和方式将是决定共营制发展的一个重要因素。

(二)评价指标①

1. 粮食安全

(1)粮食生产指标：粮食播种面积和粮食总产量。

(2)水稻生产指标：水稻播种面积、水稻总产、水稻单产。

2. 农业现代化水平

(1)土地适度规模经营比例。该指标指土地适度规模经营面积与耕地总面积的比值，是反映农业生产经营专业化、标准化、规模化、集约化程度的重要指标。适度规模经营面积是指单个经营面积达到50亩(含)以上的种植大户、家庭农场、农民专业合作社、农业产业化龙头企业等规模经营主体经营的耕地面积之和。计算公式：土地适度规模经营比例=土地适度规模经营面积／耕地面积×100%。

(2)高标准农田面积比例。该指标指高标准农田面积与耕地面积的比值，是反映农业基础设施支撑能力的重要指标。计算公式：高标准农田面积比例=高标准农田面积／耕地面积×100%。

(3)农作物耕种收综合机械化水平。该指标指各种农作物机耕、机播(栽、插)、机收的综合作业水平，是反映农业装备水平的重要指标。农作物耕种收综合机械化水平按农作物机耕、机播(栽、插)、机收水平分别占40%、30%、30%的权重加权求和计算。计算公式：农作物耕种收综合机械化水平=机耕水平×40%+机播(栽、插)水平×30%+机收水平×30%。

3. 资源环境保护

(1)耕地保有率。该指标指本年末耕地总面积与上年末耕地总面积的比值，反映了耕地面积的变动幅度。计算公式：耕地保有率=本年末耕地总面积／上年末耕地总面积×100%。

(2)农田灌溉水有效利用系数。该指标指灌入田间可被作物利用的水量与灌溉系统取用的总水量的比值，是反映农田灌溉用水利用效率的重要指标。计算公式：农田灌溉水有

① 在评价指标体系中，部分指标遵照《中华人民共和国农业农村部国家现代农业示范区评价与动态监管方案》中所设定的指标计算规范。

效利用系数=灌入田间可被作物利用的水量／灌溉系统取用的总水量。

(3)“三品”认证农产品产量比例。该指标指该地区获得认证的无公害农产品、绿色食品、有机食品产量占当地食用农产品总产量的比例，是反映农产品优质、生态、安全水平和标准化生产水平的重要指标。计算公式：“三品”认证农产品产量比例=“三品”认证农产品产量／食用农产品总产量×100%。其中，“三品”认证农产品产量=无公害农产品产量+绿色食品产量+有机食品产量。

(4)单位能耗创造的农林牧渔业增加值。该指标指农林牧渔业增加值与能源消耗总量的比值，是反映转变农业发展方式、节能降耗的重要指标。计算公式：单位能耗创造的农林牧渔业增加值=农林牧渔业增加值／能源消耗总量。

4. 经济效益

(1)农民人均纯收入。该指标指按人口平均的农村居民家庭纯收入(即农村住户当年从各个来源得到的总收入相应地扣除所发生的费用后的收入总和)，是衡量农村居民生活水平的核心指标。

(2)农业劳动生产率。该指标指平均每个农业劳动力创造的农林牧渔业增加值。计算公式：劳均农林牧渔业增加值=农林牧渔业增加值／第一产业就业人员数。

(3)农产品加工业产值与农业总产值比值。该指标指农产品加工业总产值与农业总产值的比值，是反映农业产业化经营水平的国际通用指标。计算公式：农产品加工业产值与农业总产值比值=农产品加工业总产值／农业总产值。

5. 农户带动能力

(1)农户参加农民合作社比例。该指标指参加农民合作社的农户数量与农户总数的比值，是反映农业组织化程度的重要指标。计算公式：农户参加农民合作社比例=参加农民合作社农户数量／农户总数×100%。

(2)持专业证书的农业劳动力占比。该指标指持专业证书的农业劳动力数量与农业劳动力数量的比值，是反映农业劳动力素质的重要指标。计算公式：持专业证书的农业劳动力占比=持专业证书的农业劳动力数量／第一产业就业人员数×100%。持专业证书人员是指农业从业人员(包括各类农业企业、合作社、种养大户及一般农民)中持有涉农专业中等及以上学校教育及职业教育毕业证书、农业行业职业资格证书、农民技术职称证书、农民技术资格证书(绿色证书)的人员。

(3)农业标准化服务覆盖率。该指标是指享受农业标准化服务的农户数占农户总数的百分比。农业标准化服务是指以标准化为基础，以市场为导向，以农工贸、产供销一体化的经营组织为依托，严格按照标准指导和组织生产，从种子、种苗、种畜及生产过程的标准化抓起，逐步在产品加工、质量安全、储藏保鲜和批发零售环节实施标准化管理，建设标准化体系、为农业生产服务的体系、保障农产品安全的监督体系。

6. 财政支持

(1)农业保险深度。该指标指农业保费收入与农林牧渔业增加值的比值，是反映示范区农业风险防范能力的重要指标。计算公式：农业保险深度=农业保费收入／农林牧渔业增加值×100%。农业保费收入是保险公司为履行农业保险合同规定的义务而向投保人收取的对价收入。

(2) 财政支出占农林牧渔业增加值的比例。该指标指农林水事务支出与农林牧渔业增加值的比值，主要反映财政对示范区农业的支持和保护力度。计算公式：农林水事务支出占农林牧渔业增加值的比例=农林水事务支出／农林牧渔业增加值×100%。

四、崇州农业共营制绩效评估：数据分析

(一) 粮食安全得到有效保障

在粮食播种面积和粮食总产量呈下降趋势的大格局下，确保水稻产量保持稳中上升。随着我国农业产业结构调整，居民食物消费结构变化，以及城镇化进程加速，核心大城市在粮食生产方面的作用会有所减弱。根据成都市农调队调查数据，成都市粮食播种面积近年来逐年下降，从 2014 年的 488.68 万亩下降到 2017 年的 454.85 万亩。崇州市的粮食生产总体上也表现出同样的下降趋势，但是这一下降趋势近年来趋于平缓，表明粮食安全总体上得到了有效保障。特别是同农业共营制直接相关的水稻生产近年来保持了稳中有升的态势，水稻播种面积从 2013 年以来，一直保持在 36.5 万亩以上的水平(图 6-4)，水稻总产量则由 2013 年的 19.81 万吨逐年上升，到 2017 年达到 20.17 万吨(图 6-5)。

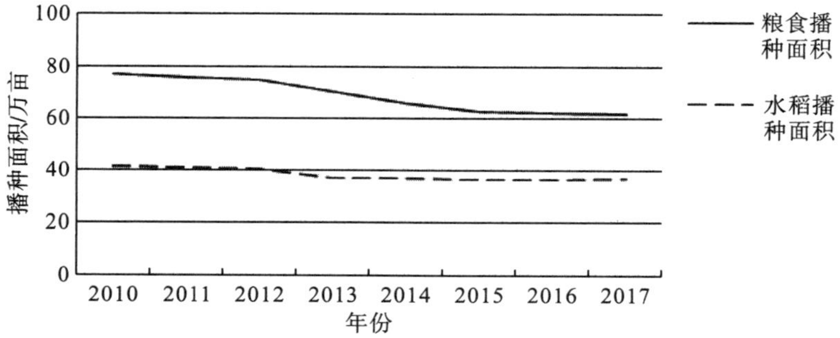

图 6-4　崇州市粮食播种面积(2010～2017 年)

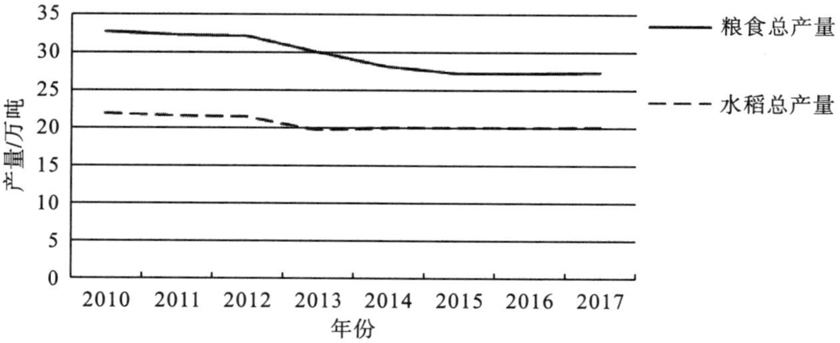

图 6-5　崇州市粮食总产量(2010～2017 年)

在粮食生产总量得到保障的同时，崇州市水稻单产呈现出逐年升高的趋势。特别是在2013年、2014年和2015年都有较大幅度的提升，到2017年，水稻亩产达到552公斤/亩，高于同期全成都市的平均水平(图6-6)。

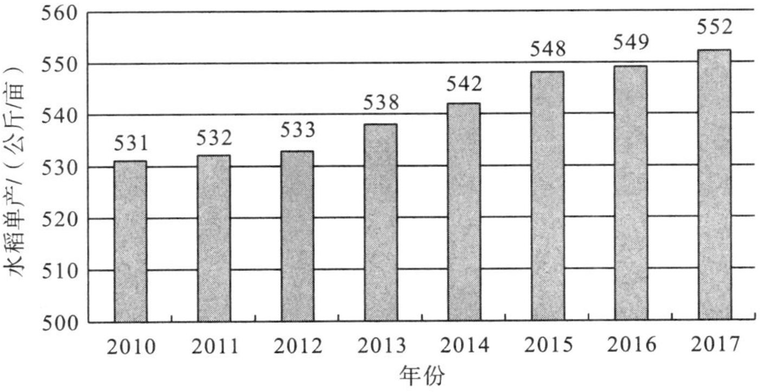

图6-6　崇州市水稻单产(2010～2017年)

值得注意的是，在普遍实施农业共营制的十万亩粮油生产片区，水稻平均产量得到显著提升，根据2016年的测产数据，平均亩产达到575.1公斤，其中分乡镇计算亩产最高达到641.7公斤，最低也有559.0公斤(表6-6)。这说明，崇州农业共营制核心区水稻增产效果较为显著。

表6-6　崇州市土地股份合作社水稻产量(2016年)

项目类别	数量	单位
土地股份合作社粮油面积	89745	亩
其中十万亩片区粮油面积	60307	亩
十万亩片区水稻平均亩产	575.1	公斤/亩
十万亩片区分乡镇水稻最高亩产	641.7	公斤/亩
十万亩片区分乡镇水稻最低亩产	559.0	公斤/亩

资料来源：崇州市2016年土地股份合作社水稻测产表；崇州市2016年土地股份合作社面积汇总表。

(二)农业现代化水平显著提升

1. 土地规模化经营面积持续增加

自农业共营制推进以来，崇州市土地规模化经营面积逐年持续增加，规模化经营面积的占比从2010年的36.1%增加到2017年的71.0%(图6-7)，已经达到了国家全面实现农业现代化设定的70%的目标值。

2. 高标准农田建设基本完成

大力推进高标准农田建设，崇州市高标准农田面积占比从2010年的46.5%提高到2017年的83.7%，达到49.04万亩(图6-8)，高标准农田面积占比超过了国家全面实现农业现代化设定的75%的目标值。

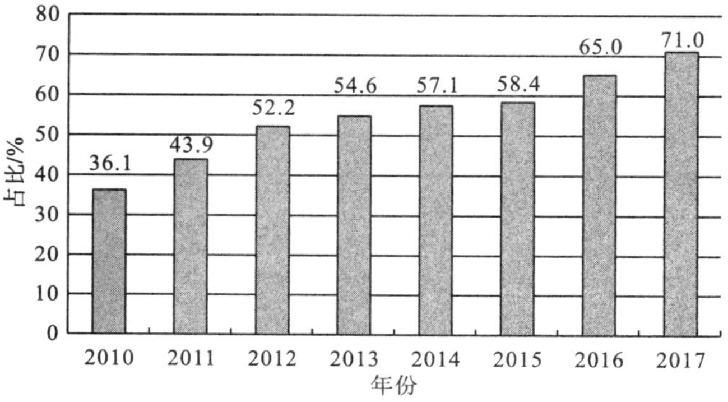

图 6-7 崇州市土地规模化经营面积占比(2010～2017 年)

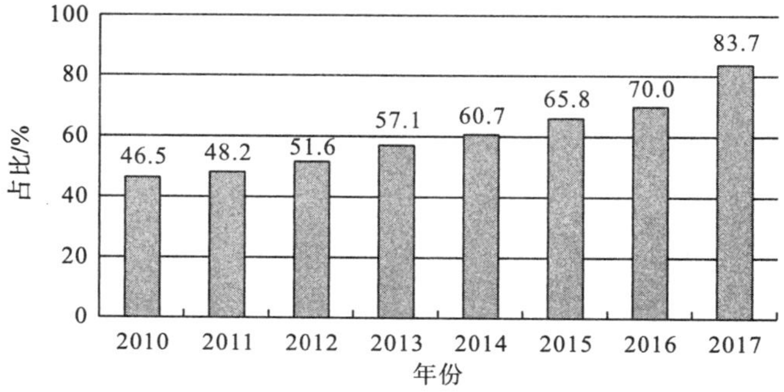

图 6-8 崇州市高标准农田面积占比(2010～2017 年)

3. 农作物耕种收综合机械化水平进一步提高

崇州市基本实现了机耕作业和机收作业，机播作业起步较晚，但是发展迅速，全市农作物耕种收综合机械化水平从 2010 年的 59.8%提高到 2017 年的 86.1%(图 6-9)。从机耕、机播和机收三个分项指标来看，机耕和机收的实现基础较好，在 2010 年均已超过 50 万亩。但是机播起步较晚，直到 2012 年仍然未达到 10 万亩，到 2013 年也仅为 11 万亩。其后，机播进入快速增长期，每年机播面积增加 10～18 万亩，到 2017 年，崇州市的机播总面积已达到 50.5 万亩(图 6-10)，值得注意的是，要达到国家全面实现农业现代化设定的 90%的目标值，在机播能力方面还需要进一步提升。

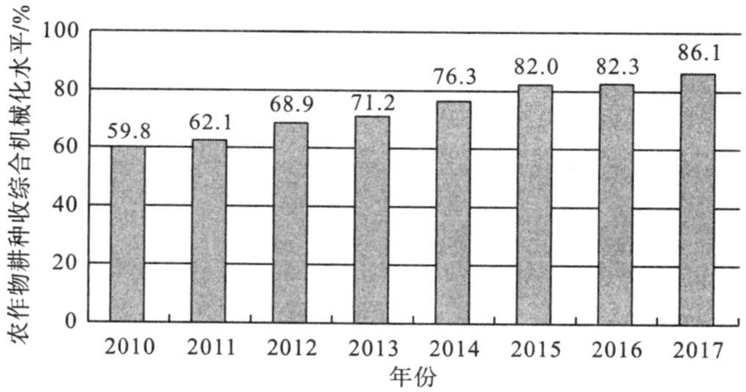

图 6-9 崇州市农作物耕种收综合机械化水平(2010～2017 年)

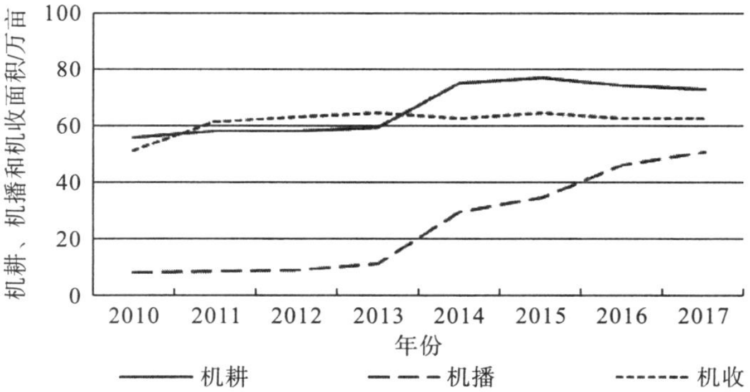

图 6-10　崇州市机耕、机播和机收面积(2010～2017 年)

4. 农业职业经理人队伍基本形成

经过几年的培养和培训，崇州市基本形成了一支成熟的农业职业经理人队伍。根据 2014 年的调查统计，全市共有农业职业经理人 1343 人，其中有 1232 人获得崇州市颁发的证书，有 447 人获得成都市颁发的证书；当年有 499 人上岗，其中有 256 人从事粮油类经营(图 6-11)。全市通过农业职业经理人经营的粮油面积达到 99470 亩，但是单个农业职业经理人经营的面积差别较大，最大经营面积达到 3798 亩，最小经营面积则只有 21.2 亩，均值为 390 亩，中位数为 250 亩。

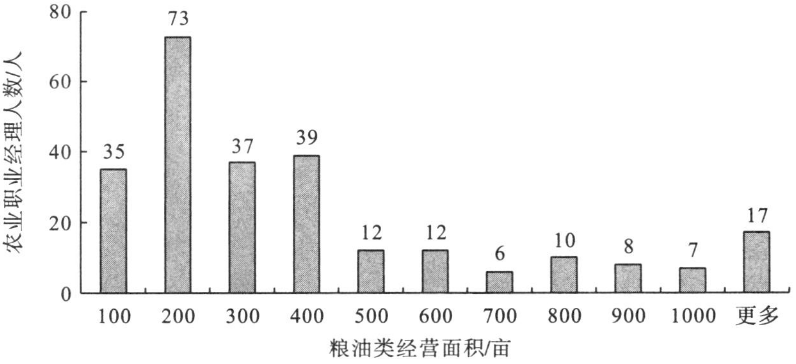

图 6-11　崇州市 2014 年职业经理人数量与粮油类经营面积

(三)资源环境保护成效显著

从耕地资源和水资源保护来看，崇州市基础较好，自推进农业共营制以来，耕地和灌溉水资源都得到了有效的保护和利用。全市耕地保有率在 2013 年达到 100%，并一直保持在这个水平；农田灌溉水有效利用率较高，从 2010 年的 0.67 上升到 2017 年的 0.72(表 6-7)，稍高于国家全面实现农业现代化设定的 0.7 的目标值。

单位能耗创造的农业增加值逐年提高，从 2010 年的 2.65 提高到 2017 年的 4.25(表 6-7)，显著高于国家全面实现农业现代化设定的 3 的目标值。

表 6-7　崇州市资源环境保护指标(2010～2017 年)

评价指标	2010 年	2011 年	2012 年	2013 年	2014 年	2015 年	2016 年	2017 年
耕地保有率/%	97	98	99	100	100	100	100	100
农田灌溉水有效利用系数	0.67	0.67	0.68	0.68	0.68	0.70	0.70	0.72
单位能耗创造的农业增加值/(万元 / 吨标准煤)	2.65	2.70	2.76	2.98	3.01	3.68	3.84	4.25
“三品”认证农产品产量占比 / %	1.8	2.3	4.2	20.9	61.1	64.7	77.5	79.4

在生态有机认证农产品方面来看，崇州市可以说是从无到有，在短短几年的时间内实现了向绿色农业的转型。全市获得“三品”认证的农产品产量占比在 2010 年仅为 1.8%，在 2013 年开启快速增长模式，当年实现 20.9%的占比，2014 年达到 61.1%，超过了国家全面实现农业现代化设定的 50%的目标值。其后几年生态农业保持稳定增长，到 2017 年，全市获得“三品”认证的农产品产量已占全部食用农产品产量的 79.4%(表 6-7)。

(四)经济效益得到体现，尚有更大发展空间

1. 农民人均纯收入稳步增长

崇州市农民年人均纯收入保持稳步增长的趋势，从 2010 年的 7464 元增加到 2017 年的 19543 元，稍高于成都市三圈层产粮大县(市)的平均水平(图 6-12)。为了更具体地分析共营制对农户家庭收入的影响，我们根据近期对崇州农户的调查数据，对入股型农户和流转型农户的家庭收入结构进行了比较，其中入股型农户是指加入了土地股份合作社的农户，也就是共营制所覆盖的农户；而流转型农户是指未加入土地股份合作社的农户，没有参加共营制。统计结果显示，入股型农户 2017 年家庭总收入为 54105 元，而流转型农户的家庭总收入为 49232 元，入股型农户的家庭总收入要高于流转型农户。从收入结构上看，两类农户都主要依靠非农就业收入，务农收入和经营性收入非常少。图 6-13 显示，相比于流转型农户，入股型农户非农收入要高近 3000 元，转移性收入也较高，但是财产性收入要稍低一些。

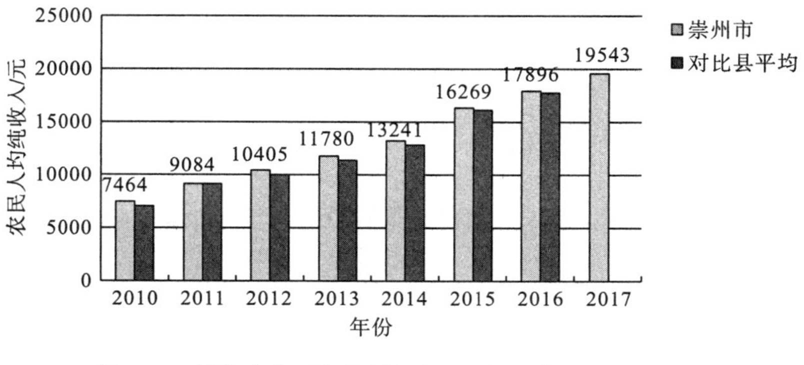

图 6-12　崇州市和对比县(市)农民人均纯收入(2010～2017 年)

注：对比县(市)是位于成都三圈层的 5 个产粮大县(市)，包括都江堰、彭州、邛崃、金堂和大邑。

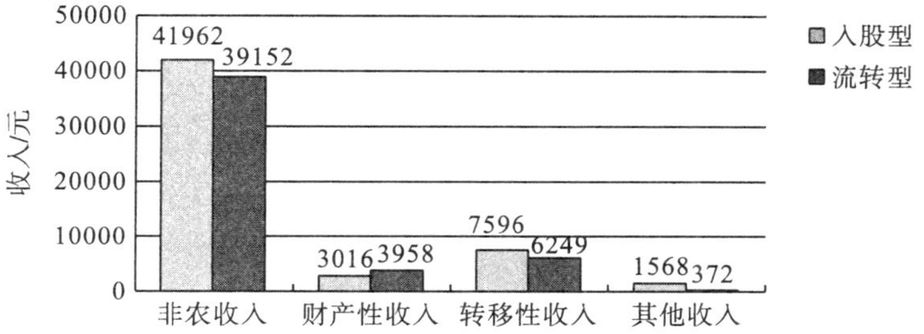

图 6-13 崇州市入股型农户和流转型农户收入结构

注：其他收入包括务农收入和经营性收入。

数据来源：四川省社会科学院于 2018 年初对崇州农户的入户调查数据，调查了 234 户入股型农户和 89 户流转型农户。

2. 农业劳动生产率稳步提高

崇州市劳均农林牧渔增加值一直稳步增长，从 2010 年的 14704 元增加到 2017 年的 33781 元，提高了约 1.3 倍(图 6-14)，已经非常接近国家对基本实现农业现代化设定的目标值，即农业劳动生产率达到 35000 元①。

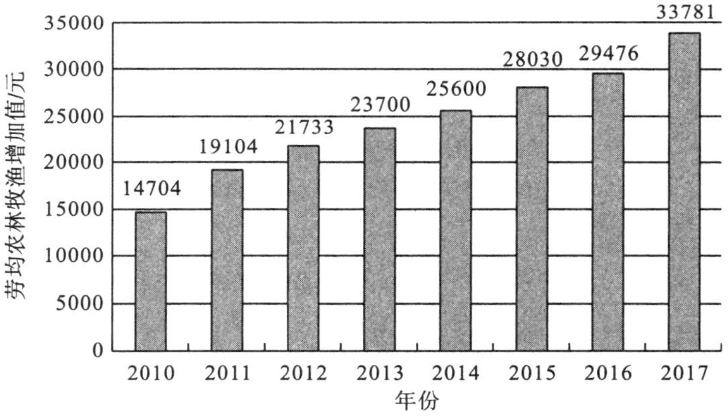

图 6-14 崇州市劳均农林牧渔增加值(2010～2017 年)

3. 农业产业化发展有所突破

崇州市农业产业化发展起步较晚，基础较为薄弱。截至 2014 年，农业产业化发展指标(农产品加工业产值与农业总产值的比值)还不到 0.5。随后在 2015 年和 2017 年有较快速度的增长，2015 年增加了 54.2%，达到 0.74，2016 年又增加了 25.7%，达到 0.93。但是 2017 年发展速度放缓，保持在 0.94 的水平(图 6-15)。尽管崇州市农业产业化发展近两年有所突破，但还需要进一步加大力度，要在延长产业链、增加农产品附加值上大做文章。

① 关于农业劳动生产率的计算是以从事第一产业的农村劳动力为基数，但是考虑到农民大量兼业的客观事实，真正以第一产业为主要就业方式的劳动力数量会更低一些。因此，现有计算方式可能低估了实际的劳动生产率。

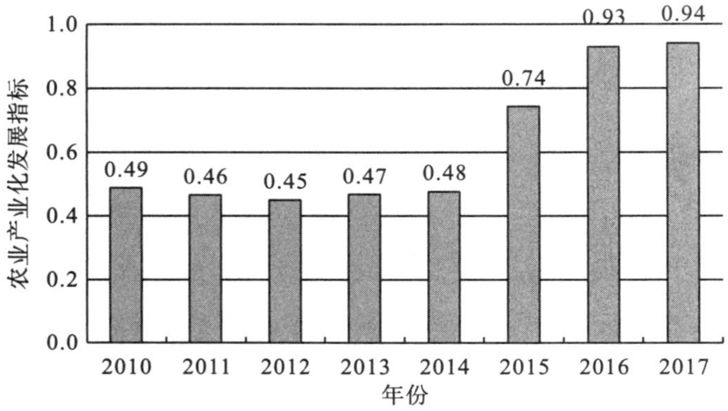

图 6-15 崇州市农业产业化发展指标(2010～2017 年)

(五)带动农户能力进一步增强

崇州农业共营制的一个重要特征就是通过一套制度设计，带动农户参与现代农业的发展。首先，农业共营制提高了农户参与农民合作社的积极性，农民参加农民合作社比例持续增长，从 2010 年的 42.3%增加到 2017 年的 84.6%，超过了国家全面实现农业现代化设定的75%的入社率。其次，农业标准化服务覆盖率由2010年的54.3%增加到2017年的92.%，基本上实现了全覆盖。第三，持专业证书的农业劳动力占比逐年提高，特别是在 2015 年上了一个台阶，由前几年30%多的水平增加到接近50%的水平，到2017年达到了54.1%(图6-16)。值得关注的是，对农业劳动力的培训颁证还需要进一步加强，力争尽快达到国家全面实现农业现代化所要求的 60%的水平。

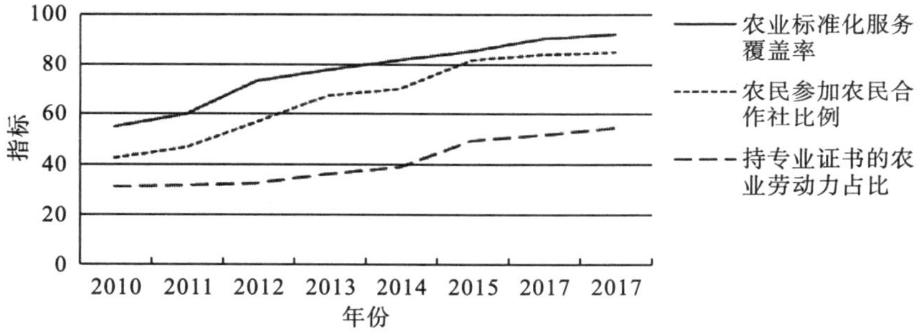

图 6-16 崇州市农户带动能力指标(2010～2017 年)

(六)总体结论

根据对近年来与农业共营制相关的农业监测数据的分析，崇州市在粮食安全、农业现代化水平、资源环境保护、经济效益和农户带动能力五个方面均取得了显著成效。

首先，在农业现代化水平、资源环境保护和农户带动能力这三个方面表现尤为突出，主要指标值均超过了国家全面实现农业现代化所设定的要求。

其次，在粮食播种面积和粮食总产量呈下降趋势的大格局下，崇州市通过农业共营制的实践，使粮食生产的下滑趋势得到了有效控制。全市主要粮食作物水稻的产量自 2013 年以来呈现出稳中有升的态势，水稻亩产逐年提高，特别是以共营制为主的水稻产区，亩产达到 575 千克，增产效果显著。

第三，经济效益指标呈现出较为明显的增长趋势，但是尚有进一步发展的空间。从家庭收入结构分析看到，一方面，参与共营制有利于农户家庭劳动力的优化配置，表现为有更高的非农收入。另一方面，由于共营制主要覆盖粮油类作物生产，更需大力加强对复合种养和产后加工环节的支持，提高经济效益。

五、崇州农业共营制绩效的制度分析

“谁来种地”的现实压力和如何发展现代农业的目标动力是崇州农业共营制改革的现实背景，为补齐农业发展短板、推进农业现代化，崇州市立足区域经济现实基础，着眼现代农业发展总体趋势，探索了以“土地股份合作社+农业职业经理人+农业综合服务”为基本构架的农业共营制，实现了农业产业、生产、经营“三大体系”的全面提升和协调发展，有效破解了农业谁来经营、农村谁来种地、生产谁来服务三大现实难题，构筑了现代农业发展的总体架构，这不仅为全市现代农业的持续发展奠定了坚实的制度基础，而且为中国特色社会主义农业现代化探索了重要的发展方向和可行路径。从制度创新带来的现实成效角度看，崇州农业共营制在构筑以“三大体系”为核心的现代农业发展总体架构、探索基本经营制度与现代农业有机衔接的现实路径、建立以较低交易成本实现生产要素集聚的组织载体、展现以分工演化推进现代农业转型升级的逻辑线索、催生各元主体协同演进的农业产业生态圈发育模式、实现强制性制度变迁与诱致性制度变迁的融合机制、形成实现乡风文明建设和乡村治理优化的微观基础七个方面有着重要的制度绩效。

（一）构筑以“三大体系”为核心的现代农业发展总体架构

党的十九大报告提出实施乡村振兴战略，并把“构建现代农业产业体系、生产体系、经营体系”作为乡村振兴战略的主要措施，崇州农业共营制高度契合了中央所提出的“构建现代农业三大体系”的目标要求，其中，推进土地股份合作经营，形成了以农户家庭经营为基础的农业规模化生产体系；推进职业经理人制度，建立新型职业农民培育和服务体系，“实现小农户和社会化的有机衔接。在家庭经营的基础上，各个新型经营主体在提高资源利用效率和劳动生产效率方面，发挥了积极作用”；同步推进农业服务社会化，采取政府引导、市场参与、多元合作方式，构建农业科技、品牌、金融和社会化相结合的农业综合服务体系，补齐了现代农业生产链条，有效推动了农村产业融合发展，夯实了乡村振兴的产业基础。

（二）探索基本经营制度与现代农业有机衔接的现实路径

农业共营制在坚持家庭经营基础性地位的前提下，盘活了分散且固化的土地经营权，为土地适度规模经营和现代生产方式的运用奠定了组织基础，在坚持家庭承包经营权的基础上实现了农业的集约化、现代化。在农业共营制中，农户以土地经营权入股组建股份合作社，在稳定农户承包权、保留农户生产决策权的同时，为现代管理、技术等要素的集聚提供了平台载体。通过将分散的农户以现代公司制的股份合作社联结起来，竞聘懂技术、善经营的职业经理人负责合作社的经营管理，实现了土地要素集聚基础上的“企业家才能”注入；通过构建社会化服务市场体系，解决了粮食规模经营中社会化服务不到位的掣肘，保障了合作社从粮食播种到收割、烘干、贮藏、运输全程经营的集约化和专业化。农业共营制建立了以多主体联合为基础，以社会化服务为支撑的现代农业经营体系，实现了小农户与现代农业的有机衔接。

（三）建立以较低交易成本实现生产要素集聚的组织载体

土地承包经营权流转是近年来推动土地规模经营的主要形式，但是近年来，随着土地承包经营权流转需求的相对增加，许多地区出现了土地流转价格大幅度提高，甚至成倍数增长的现象。随着农村土地产权的清晰和外来业主的持续进入，在“禀赋效应”作用下，农村土地流转价格的逐年增长既是市场规律的自发作用，也是农民实现自身财产权利的合理要求。但是，由于农业经营具有特殊性，土地流转价格的持续增长直接提高了新型农业经营主体的经营成本，不仅带来了土地规模经营进展迟缓、非农化和非粮化趋势不断加剧等严重后果，而且也增加了土地流转的风险。近年来，“业主跑路”现象时有发生，直接损害了农民利益。针对此种现象，崇州的农业共营制实践提供了一条低成本实现土地适度规模经营的有效路径，土地合作社以股权契约实现农户间的长期合作，从而实现了土地经营权的集中使用，大幅度减少了前期所支付的土地流转费用和农业生产资料投入成本；通过聘请职业经理人，以合作社与职业经理人之间的要素契约替代农户与业主之间的商品契约，并通过设计分成薪酬方式弱化代理问题并赋予农业职业经理人较强激励，能够以较低的成本发挥专业性人力资本的作用。

（四）展现以分工演化推进现代农业转型升级的逻辑线索

农业共营制的另一个重要制度成效在于，这一组织创新模式证实了在交易成本为正的真实世界中，通过社会化分工可以在降低交易成本的基础上扩大经营规模，并推动农业转型升级。农业共营制从土地股份合作社到组建服务超市的实践同时也是分工演化推进现代农业转型升级的现实路径。崇州市首先通过建立土地股份合作社以达到土地适度集中的目的，随后引入在农业生产领域拥有更高人力资本的农业职业经理人专门从事农业经营活动以获得更好的经营管理技术，并开展交易方式创新，带动农机、科技、金融以及品牌等社会化服务的发展，并衍生出农业服务超市，除提供一站式农业服务外，为进入超市的农业服务的声誉背书，降低交易达成的成本。在分工自我促进、自我繁殖的推动下，形成农业社会化分工网络。更为重要的是，在农业共营制的分工网络中，职能分工向生产型和交易型两个方向同步演化，生产型分工使农业经营效率得以提高，如服务超市提供的农机服务和技术服务等；交易型分工使分工过程的交易成本得以降低，如职业经理人市场等。崇州农业共营制的制度创新为我国现代农业经营体系的培育提供了一个重要的制度经验，现代农业经营体系的发展不仅要重视生产型分工的演进，如龙头企业、合作社、农户等在不同环节的专业化程度，还要重视交易型分工的演进，如更加完善的价格发现机制、更具保障的合作契约等，以减少社会化分工的市场交易成本。因此，要通过分工与专业化推动我国农业现代产业体系发育，必须同时大力扶持交易型分工体系的发育。

（五）催生多元主体协同演进的农业产业生态圈发育模式

从组织生态学视角看，可持续的农业产业演进过程可视为农户、涉农企业、合作组织等不同主体之间通过特定联系建立起互惠共生系统的过程。农户、合作社、服务组织和龙头企业之间形成具有内在联系的共生单元，发展成为一个多样化组织形式共生的组织群，不同组织形成以功能分工为基础的产业生态体系，形成一个自我演化、良性循环的产业生态圈。产业生态圈的形成，使产业发展具有良好的环境保障和互惠共生的主体关系，对于农业稳定持续发展具有重要意义。崇州土地股份合作社、农业职业经理人、社会化服务体系、政府支持、配套产业多位一体的创新探索，是以家庭经营为重要基础展开的，其基本利益主体是农民，作为土地使用权“长久不变”的所有者，合作社社员的价值取向具有同质性，在合理选择生产项目、规避经营风险、实现农业多功能拓展等方面更容易形成共识。同时，通过决策权、管理权、生产权、监督权的合理分离，使土地使用权所有者、经营者、劳动者之间的依赖性增强，也更容易实现农业内部的社会分工，形成低成本、有效率的劳动协作。随着农业自身的发展壮大，农村金融、科技等产业主体随之集聚，形成了产业集群式发展态势。

（六）实现强制性制度变迁与诱致性制度变迁的融合机制

崇州农业共营制的形成与演进是农户自发选择与政府有效引领的共同作用过程，体现了政府与市场功能互补、强制性与诱致性有机融合的制度变迁过程。农业共营制的形成是基层为应对土地抛荒和业主跑路双重危机的自发选择，在乡村能人的发动下，首批农户成立了土地股份合作社，成为“初次行动集团”。但是，农民合作经济组织建立后，面临着集体行动困境和信任问题：一方面，组织建立需要农户联合行动，但由于“搭便车”问题的存在，单个农户在集体行动中的努力程度不足，阻碍着合作社的建立和发展；另一方面，合作社与职业经理人之间面临协调问题，无法在短期内自发形成合作关系。此时，需要发挥强制性作用，提高制度变迁效率，而政府能通过政策、指令等手段有效地推动制度变迁，因此成为组织变迁中最主要的外部推动动力。在崇州农业共营制实践中，政府发挥了制度变迁引导者与推动者的作用，崇州市政府设计并实施了完善的制度支持体系，通过推进相关农地制度、农村金融、社会保障等方面的全面变革，为共营制发展提供了良好的制度基础和配套保障，如构建政策性投融资平台、推进产权抵押贷款、提供补贴等。可见，崇州农业共营制对于我国现代农业经营体系培育的一个重要经验是，在现代农业经营组织发育过程中，既需要尊重微观主体的自主选择，又要合理发挥政府的引导和保障作用，形成组织演进和制度变迁的内外部合力。

（七）形成实现乡风文明建设和乡村治理优化的微观基础

崇州农业共营制的制度创新绩效不仅体现在乡村产业发展之中，还延伸至了乡村文化和治理领域。农业共营制使广大农户重新建立起紧密的联结，克服了因家庭分散经营造成的乡土互助传统和基层治理弱化问题，为乡村全面振兴奠定了良好的基础。在农户将土地经营权入股合作社后，农户之间形成了更加紧密的利益共同体，在合作社经营过程中，农户通过股东大会建立了民主协商、合作共赢的关系，这种关系延伸至合作社之外的乡村日常生活和村庄治理中，强化了农户之间合作互助的传统。同时，土地的集中规模经营减少了小农户分散经营过程中产生的因灌溉设施使用、田埂边界不清等造成的矛盾纠纷，邻里之间、宗族之间的关系更加和谐，乡风文明得到显著提升。

六、崇州农业共营制演进面临的制度性约束与对策

在农村产权制度改革不断深化，以及乡村振兴战略全面启动的新形势下，崇州农业共营制面临新的机遇与挑战。特别是近年来在基层大量实践中，一些原有的制度性约束也逐渐显现，需要给予特别的关注。

（一）面临的制度性约束

1. 部分政策性补贴与农业共营制组织特征的契合性不强

农业共营制要实现土地产出率、社员收益、职业经理人预期收益的“共赢”，离不开作为改革试验区和大量财政补贴等特定现实基础和优越条件。但是，与简单的规模经营不同，农业共营制是小农户、农业职业经理人、龙头企业等多元主体以长期契约联结的农业规模化经营组织，因此，农业共营制不仅是简单的土地要素集中，而且是农业经营组织形式的重大变革和创新。所以，与一般性的农业规模经营相比，农业共营制所需要的补贴要更具针对性，除了在土地流转、生产投入等环节给予补贴外，还需要对组织内部运行给予支持，帮助完善组织内部和外部治理结构，从而引导组织向更加共营制预期目标方向演进。但是，目前对崇州农业共营制的补贴仍以既有的财政补贴项目和补贴方式为主，缺少针对性和与组织特征的契合性。

从补贴方式看，仍以生产经营前段的补偿性补贴投入为主，缺少对经营绩效的激励性补贴。据调查，对共营制的补贴以粮食直补、良种补贴、农资综合补贴为主，同时根据合作社经营面积给予规模经营补贴，而此类补贴大多鼓励面积扩张，而未能对农户、农业职业经理人的经营绩效做出激励，在一定程度上弱化了合作社、职业经理人积极寻求产业转型、拓展市场机会的内生动力，导致获得补贴成为部分农业职业经理人和合作社从事农业生产活动的重要目标，一方面，过度依赖政策性补贴使农业共营制的演进失去内生动力，组织缺乏自我优化激励、农业职业经理人缺乏创新精神，导致产品市场竞争力较弱、利润较低。另一方面，从补贴对象看，仍以补贴小农户为主，缺少对组织本身治理和经营行为的补贴。

2. 对其他经营方式扶持较少导致产业发展主体协同性弱

产业发展有其内在规律，一个好的产业生态系统首先应该为多元主体提供良性竞争的机会和平台，以特惠政策有意打造的生态系统缺乏多样性，不同主体发展不均衡最终会导致相关主体缺乏竞争能力和配套支撑。虽然崇州农业共营制是我国农业经营方式的重大创新，破解了小农户与现代农业衔接的关键问题，但是从产业生态圈视角看，任何产业系统都应该是多元组织主体共同演进的过程，部分家庭具备向农业生产“大户”、家庭农场等组织形式转变的条件和意愿，其发展能够与农业共营制形成相互补充、良性竞争的态势，因此，应为其创造公平的成长环境，农业共营制覆盖范围的扩大和影响力的增强应该是在平等市场中多元主体竞争的结果，否则，依靠特惠性政策扶持起来的组织也将因缺少竞争而走向固化。

目前，在农业发展和社会效应的双重压力下，地方政府对农业共营制的扶持具有一定的偏向性，普通合作社、家庭农场等得到的帮扶相对弱化。对共营制组织模式的高度关注和特惠扶持可能引发“挤出效应”，导致项目、资金等生产要素向土地股份合作社积聚，而其他类型的经营主体，如家庭农场、专业大户等因缺少要素流入，易形成对其他主体发展的“马太效应”，使得其他经营主体所能享受到的资源和面临的发展空间被挤占。

3. 部分共营制内部治理结构不规范导致组织运行成本较高

农业共营制可以视为土地要素所有者(集体经济组织与农户)、人力资本所有者(农业职业经理人)之间形成的长期契约关系，其与社会资本租地经营模式最大的区别在于，农业共营制是以关系型契约代替了部分市场契约，这一转变的优势在于抑制了市场交易中的机会主义行为(农户索要高价或在业主做出长期投入后违约)和道德风险问题(业主改变土地用途或“跑路”)，节约了市场交易成本，但是组织内部的管理协调成本较高，作为股东的农户之间、农户与农业职业经理人之间需要通过会议等协调做出生产分配等决策。部分农业职业经理人反映，每年因大量时间用于与农户协调，而浪费了许多时间。在尊重农户、农业职业经理人等主体自主选择、平等支持各类经营组织发展的基础上，立着力于降低共营制内部组织协调成本。

随着土地经营权流转市场体系的完善和配套服务保障机制的健全，加之社会化服务体系和融资体系的不断完善，以市场契约形式流转土地的交易成本相对下降，部分农业职业经理人已经开始转向流转土地组建家庭农场。同时，合作社对农户吸引力下降，导致农户退社，合作社作用弱化甚至解体，农业经营退行到简单的租地关系。农业共营制的多边关系契约向简单的双边市场契约形式转变，这一转变有其内在必然性，但是农业共营制的“共营”性质将发生变化，其“共赢”目标也将发生偏离。

4. 农户与职业经理人剩余权利不对等导致共营收益递减

农业共营制是不同要素所有者通过契约联结形成的长期合作组织，在组织运行过程中，由于作为股东的农户与农业职业经理人之间是典型的委托代理关系，而作为专业性人力资本的所有者和生产经营的实际组织者，共营制的收益与农业职业经理人的经营能力和努力程度高度相关，因此，对职业经理人的激励尤为重要。在现代企业组织中，对经理人最有效的激励就是赋予其对等的剩余控制权和剩余索取权，使其行为与组织收益高度一致。

在农业共营制运行中，也设计了较好的薪酬体系以激励职业经理人，减少代理问题。但是，为了保证农户能够获得较为稳定且逐年递增的分红收益，大多数合作社实际上采用了农户“保底收入+二次分红”的分配方式，实际上将剩余分配权归于农业职业经理人，但同时，在进行生产决策时，农业职业经理人只获得部分剩余控制权。有限的剩余控制权使农业职业经理人无法为增加剩余收益而开展一系列风险较高或投资较大的经营行为，如延伸产业链、投资进行粮油产品深加工等，导致共营制组织生产经营大多集中于传统的粮食油料作物，缺乏主动拓展收益空间、提高组织合作收益的动力。

（二）对策建议

1. 构建与共营制特征相符合的精准支持政策

一是整合财政补贴项目，建立更加稳定、高效的财政补贴制度。以财政涉农资金整合改革为契机，做好县级财政平台建设，发挥县级财政统筹整合涉农资金的平台作用，创新农业补贴投入机制，构建农业精准补贴投入机制。搭建预算编制、优势产业、重点区域、重大项目等涉农资金统筹整合平台，在建立起完善的考核监督机制的前提下，探索将各级财政安排的性质相同的、用途相近的涉农资金纳入统一资金池，统筹使用，形成政策合力。

二是引导共营制组织参与财政支农项目建管。深化财政支农资金形成资产股权量化改革，全面推行补助改股份，鼓励农民合作社等经营主体以多种形式承接财政支农项目的建设和管理。

三是瞄准共营制组织关键环节投入财政资金。增加对农业生产性基础设施的投入，加强农业技术研发体系建设，推动金融保险体系同步发育，扩大政策性农业保险范围和提高保险水平，创新互助合作保险模式，提升农业规模化经营之后的抗风险能力。调整补贴投入环节，从按照流转土地面积、种植面积补贴进行前端补贴向按照长期投资、产出和销售水平进行中后端补贴转变，以提高产量和产值为导向投入补贴资金。

2. 构建多元农业经营主体共同演进的政策环境

一是在提高支持政策精准性的同时，适度增加对农业生产经营基础性环节的普惠性投入。加大对全市农村高标准农田建设、水利设施、田间道路等生产性基础设施的投入，全面提升崇州农业生产经营的基础条件。在产业后端，做好公共品牌开发和宣传工作，切实发挥农村电商建设工程作用，帮助各类经营主体解决产品销售和价值提升问题。

二是构建平等的项目申报机制。鼓励各类符合条件的农业经营主体平等申报财政项目，减少对组织形式的限制，建立各类主体平等的扶持机制。充分发挥市场机制作用，完善市场环境，全面消除歧视性政策，引导多元主体进行平等、公开的市场竞争。

三是允许不同经营组织转变组织形式。尊重市场规律，在符合政策的前提下，允许大户、家庭农场、共营制合作社转变组织形式，对于部分因内部交易成本过高或其他现实因素制约导致无法维持的共营制组织，应允许其在股东和利益相关者同意的条件下，转变为家庭农场等组织形式。

3. 引导农业共营制组织进一步规范治理结构

在内部治理方面，要出台标准化的共营制内部组织管理制度，剥离合作社非经济职能以降低组织内部协调、管理成本，简化农业职业经理人决策过程。帮助各合作组织建立完善的现代企业制度，明确股东权责，建立规范的财务制度。

在外部治理方面，要构建完善的农业职业经理人激励机制，在加强政策性引导的同时，充分发挥市场机制的激励作用，通过市场竞争激发共营制组织自我演进动能。在不改变企业(合作社)资产价值主体结构的前提下，短期内可行的路径是在进一步规范合作社内部组织结构和运行机制的同时，完善外部要素市场，包括土地市场、职业经理人市场、金融市场，发挥市场机制的信息传递和行为激励功能。特别要构建规范的经理人市场，以规范的市场信誉代替乡土人情作为选择农业职业经理人并确定薪酬的标准，发挥市场在配置农业职业经理人人力资本中的作用。

4. 帮助农户与农业职业经理人间调整规范利益联结机制

一方面，增强对农业职业经理人经营行为的激励。通过赋予其对等的剩余权利鼓励农业职业经理人主动拓展业务格局，在稳定现有种粮规模和产量的基础上，通过产后流通环节和加工环节提高产品价值，建立真正属于合作社的农业企业和农产品品牌。对获得执业证书并上岗的农业职业经理人在购买农业保险方面给予补贴。以持证后参与农业经营管理时间为标准，对新型职业农民参加城镇职工养老保险进行梯度缴费补贴。

另一方面，引导农户形成合作精神。形成农户与农业职业经理人间对等的剩余权利。通过宣传、参观、讲座等形式加强对农户的教育引导，使其明确农业共营制与简单租地经营的区别，明确共营制的合作内涵。在此基础上，鼓励农民按照规范流程参与经营管理，发挥作为股东的权利和义务，特别要转变农户“共赢不共亏”的固化认知，形成“风险共担”的责任意识。

第七章　乡村振兴与绿色兴农

四川要在实施乡村振兴战略中建设全国农业强省、实现产业振兴，面临着食品安全问题多发、环境退化风险高和乡村衰落遏制难三大挑战。从理论和实践来看，推进绿色兴农发展，是有效应对这些现实挑战的关键选择。基于此背景，四川必须进一步明确提出实施质量兴农和绿色兴农战略，全面建立农业绿色生产评价体系、政策体系、工作体系和考核体系，推进农业由增产导向转向提质导向。

一、绿色兴农的内涵要义与发展背景

农业是生态产品的重要供给者，绿色化是农业现代化的重要标志。农业绿色发展是农业高质量发展的重要内容，也是中国特色社会主义乡村振兴的必由之路。

（一）科学把握绿色兴农的内涵要义

在绿色发展理念下，农业绿色发展能够提高农业资源环境承载能力，转变农业粗放增长方式并缓解对生态环境的破坏，产生促进农业高质量发展的新动能，创造新价值，驱动新产业、新业态、新模式和新增长点的形成和发展，实现新时代农业的振兴和可持续发展。

1. 绿色兴农的基本内涵

绿色兴农是指以绿色发展为导向，以增加农业资源环境承载力为基准，以创新为动力，以空间、资源、环境与生态改善为路径，以增收、安全、质量为任务，推进投入品减量化、生产清洁化、废弃物资源化、产业模式生态化，从而形成的一种产出高效、产品安全、资源节约、环境友好的农业发展新格局。

第一，绿色兴农的基础是明确绿色发展理念的价值导向。绿色发展理念为绿色兴农指明了方向。一是要尊重自然、顺应自然、保护自然，绿色兴农的过程也是建设农业生态文明的过程。二是要更加注重资源节约、环境友好、生态保育和产品质量，构建人与自然和谐相处的农业发展格局。三是要树立绿水青山就是金山银山的理念，保护农业生态就是保护农业生产力。四是要把绿色发展导向贯穿农业发展全过程，绿色产品供给和产能释放是形成现代农业发展新增长点的重要来源，是现代农业发展的新动能，也是满足人民对美好生态向往的主要支撑。

第二，绿色兴农的核心是实现农业发展方式的根本转变。绿色兴农是绿色发展的理念、方法、技术深刻融入农业经济系统各个层面的绿色化过程，深刻改变了农业发展的动力、资源配置方式和价值增值路径，进而推动农业经济转型升级、生产方式转变，形成新产业、新业态、新模式等新经济形态，推动农业向数量、质量、效益、生态、安全并重的方向转变。绿色化的过程也会是创新驱动的过程，从而提高劳动生产率和资源生产率，从根本上实现农业发展方式的转变。

第三，绿色兴农的关键是推进农业经济系统的深刻变革。习近平总书记在 2016 年参加全国“两会”湖南代表团审议时提出，要以科技为支撑走内涵式现代农业发展道路。绿色兴农的本质是内涵式的农业发展模式，它要求摒弃依靠“大水大肥大药”的资源消耗型发展，依靠科技创新、制度创新、组织模式创新和实现路径创新，在追求绿色价值中实现发展动能的转换、效益的提高和质量的提升，这是在农业经济系统内部发生的深刻变革，是一种内涵式的发展模式和发展路径，也是创新驱动发展的路径。

2. 绿色兴农的理论基础

农业之所以能够实现绿色振兴，是由农业生态系统及其绿色发展的多重功能价值决定的。理解和推动绿色兴农，必须首先把握其深厚的理论基础。

第一，农业生态系统具有多重价值。农业生态系统是自然生态系统的重要组成部分，一般包括森林、农田、鱼塘、畜牧等子系统，具有三大重要价值：一是产品提供功能，包括食物、纤维、木材、生物能、遗传资源、生物化学药物与天然药物、装饰与观赏资源等，是生态产品的重要提供者；二是生态调节功能，包括水净化、大气调节、固碳、生物控制等；三是文化服务功能，包括知识、教育、美学、休闲娱乐、旅游、康养等功能。同时，农业用地也具有支持周围生态系统的重要功能。因此，农业也是重要的自然资源资产，投资绿色农业、改变农业对自然资本的非理性利用，具有较高的资本回报率。

第二，农业绿色发展具有多维功能。一是承载功能，稳定的农业生态系统是农业高质量发展的载体和基础；二是净化功能，农业绿色发展深度、系统、全面地融入农业生产的各方面和全过程，对正在运行中的农业生产系统起着重要的净化作用，有利于加快转变农业粗放生产方式；三是引领功能，农业绿色发展对农业高质量发展具有重要的导向与引领作用，有利于深入推进农业供给侧结构性改革，为满足人民群众日益增长的美好生活需求提供更绿色、更优质、更安全的农产品；四是管控功能，农业绿色发展有助于遏制农业的盲目开发和肆意开发，遏制农业面源污染与生态退化；五是提升功能，绿色发展有助于提高农产品附加值，有利于农业价值链的攀升。

第三，农业绿色发展具有多重效益。农业绿色发展，是发展观念、空间布局、资源利用方式、生产生活方式的全方位绿色变革。其多重效益表现在：一是节约自然资源；二是扩大经济产出，即以具有生态效益的方式增加经济产出；三是减少环境损耗，即通过减少化肥和农药以及水和矿物燃料的使用，扩大自然资本和生态系统服务流动并减少负面环境影响。需要特别强调的是，农业绿色发展具有明显的经济优势，包括降低成本、增加收入和提供可持续生计等，而且还可从由此产生的环境效益中获得一定的经济回报。

（二）充分认识绿色兴农的现实背景

1. 农业资源环境约束趋紧

近年来，我国农业现代化建设虽然取得了显著进步，但主要依靠资源消耗的粗放经营方式没有根本改变。一是“大水大肥大药”的传统农业种植方式没有根本改变，由此带来了土壤板结、地力下降、环境污染和农药残留等问题。《中华人民共和国农业部公报》显示，2015 年，全国化肥使用量为 6022 万吨，利用率仅为 35.2%，尤其是果园和设施蔬菜化肥过量施用现象较为突出。农药使用量近年来稳定在 30 万吨(有效成分)左右，农药利用率为 36.6%。二是农业资源综合利用程度不高。一方面，农业资源利用方式单一，产业链条短，附加值低，产出效益不高。另一方面，大量的农业废弃物资源利用程度普遍较低，《中华人民共和国农业部公报》显示，全国每年产生畜禽粪污 38 亿吨，综合利用率不到60%；每年生猪病死淘汰量约 6000 万头，集中专业无害化处理比例不高；每年产生秸秆近 9 亿吨，未利用的约为 2 亿吨；每年使用农膜 200 多万吨，当季回收率不足 2/3。

2. 农业生态安全形势严峻

农业资源环境形势严峻，存在围湖造田、毁林开荒、过度养殖、过度种植、过度捕捞、过度放牧等现象，外源性污染与内源性污染相互交织，面临严重的面源污染和生态退化；不可持续的耕作方式致使土壤进一步侵蚀，从而造成耕地和水域退化，往往降低了环境的可持续性以及耕地的长期生产力，这些问题倒逼我们要着力解决当前突出的环境问题，发展绿色农业。同时，农产品供应规模虽然有了很大提升，但存在诸多结构性矛盾，如绿色产品与高质量农产品不足，特别是无公害农产品认证总量及水果蔬菜类、肉类等非主食类农产品的绿色供给量不足，距离满足人民群众日益增长的美好生活需求还有很大差距，这将是中国未来农业发展迫切需要突破和解决的首要难题。

3. 农业绿色价值正在重塑

党的十八大将生态文明建设纳入“五位一体”总体布局，突出了生态文明建设的突出地位。特别是习近平总书记创新性地提出的“绿水青山就是金山银山”重要理念，深刻地指出了生态的经济价值以及农业的绿色价值。步入中国特色社会主义新时代，农业的多重价值得到重新定义，为我们盘活农业资源、参与绿色价值创造提供了历史性契机。一是通过农业多功能开发，推进农村绿色资源、绿色产业与绿色生态融合，催生出农文旅融合等新产业、新业态，并以出售农业生态系统休闲服务功能的方式，在农业资源保护中获得经济回报。二是通过农村农业废弃物的资源化利用，既能解决农村面源污染的难题，也能通过生产沼气、有机肥等方式，创造出新的经济价值。三是通过发挥农业的生态涵养功能，有效破解生态保护与农业发展的矛盾，为我国生态文明建设做出积极贡献。

（三）深刻理解绿色兴农的重大意义

1. 绿色兴农是推进农业现代化的重要标志

绿色兴农是现代农业发展的必然要求，美丽田园、绿水青山、生态环保也将成为农业的代名词。推进农业绿色发展，强化绿色兴农，是农业高质量发展的应有之义和必然内容。推进强化绿色兴农，有利于依托农业资源优势，提供农业生态、环保、文化、康养、休闲等多重功能，变绿水青山为金山银山，满足人民群众日益增长的优美生态环境需要，最终实现绿水青山就是金山银山。

2. 绿色兴农是实施乡村振兴战略的关键支撑

2018 年，中央农村工作会议明确提出了“中国特色社会主义乡村振兴道路的七个重要方面：城乡融合发展之路、共同富裕之路、质量兴农之路、乡村绿色发展之路、乡村文化兴盛之路、乡村善治之路、中国特色减贫之路。”其中，绿色兴农是中国特色社会主义乡村振兴的必由之路。推进绿色兴农，有利于促进三产融合以及循环经济、创意经济、服务经济融合发展，发挥循环链、价值链、创新链、生物链融合效应，实现农业经济、社会、生态效益的共赢与提升，实现乡村整体振兴。

3. 绿色兴农是化解资源环境矛盾的必然举措

推进绿色兴农，有利于促进山、水、林、田、湖、草的统一治理，使其成为一个健康的生命共同体，保障粮食和食用农产品的安全、优质、健康、美味，保护和优化乡村生态环境，发挥农业民生之本、生态之根、健康之源的重要作用。推进绿色兴农，有利于优化产业布局保护和修复农业生态系统，建立循环低碳的生产制度，实现减量增效，构建同环境资源承载力相匹配、生产生活生态相协调的绿色兴农新格局；有利于降低农业生产成本，减少环境污染，提升农业的整体效益和竞争力；有利于扩大农业劳动力就业，增加农民收入，实现农业高质量发展。

二、四川绿色兴农的资源条件判识

四川是全国农业大省、人口大省、资源大省，生态资源富集，人文环境绝佳。绿色是四川农业发展的鲜明底色，绿色兴农必须立足四川资源环境本底以及水土资源匹配性，真正走出一条可持续的绿色兴农之路。

（一）四川绿色兴农的资源优势

1. 绿色资源充足，绿色兴农发展潜力巨大

四川生物资源种类多、产量大，实现绿色农产品生产的资源基础良好。一是自然资源种类繁多。全省拥有高等植物近万种，种数约占全国总数的三分之一；拥有药用植物 4600 多种，中药材产量占全国总产量的三分之一；拥有芳香及芳香类植物 300 余种，种数占全国总数的三分之一；拥有野生菌类 1291 种，品种数占全国总数的 95%；拥有野生果类植物达 100 多种，其中猕猴桃产量居全国之首。二是农业科技资源储备量大。全省拥有农业气象观测站 47 座，比重庆多 33 座，比贵州多 28 座，比云南多 21 座；拥有省级农业科学院 1 所、市(州)级农业科学院 14 所、农业科技人才近 3000 人、农业科技园区 240 万亩，要素储备普遍高于周边省份。

2. 环境资源良好，绿色兴农生态本底扎实

四川环境资源条件良好，实现农业绿色发展的生态承载力强。一是水资源总量大，共计约为3489.7亿立方米，人均水资源量达4203立方米，为全国人均水平的2倍。二是雨量充沛，全省年降水量平均为1000～1200毫米，是全国平均水平的2倍。三是土壤资源丰富，全省共有25个土类、66个亚类、137个土属、380个土种，除橡胶园以外，一、二级土地利用类型四川都有，其中土类和亚类数分别占全国总数的43.5%和32.6%。四是植被覆盖率高，2017年，全省草原植被综合覆盖率达到84%，高于全国水平近30个百分点。

3. 气候资源优越，绿色兴农条件得天独厚

四川气候类型复杂多样，实现农业绿色生产拥有天然的气候优越条件。东部盆地属亚热带湿润气候，气温较高，无霜期长，雨量多，日照少，天然适合粮食绿色生产。川西南山地冬暖夏凉，干湿季明显，光热充足，天然适合芒果、石榴、葡萄等水果绿色生产。西部高山峡谷高原冬寒夏凉，水热不足，日照充足，气候垂直变化显著，天然适宜种植反季节蔬菜等绿色产品。

（二）四川绿色兴农的资源约束

1. 环境资源约束显现，绿色治理任务繁重

四川资源集约开发利用能力不高，绿色兴农的环境制约明显。一是土壤环境质量状况总体不佳。根据土壤质量状况调查结果显示，四川耕地土壤的点位超标率为34.3%，其中重度污染点位比例为1.20%；林地土壤的点位超标率为10.7%，其中重度污染点位比例为0.15%；草地土壤的点位超标率为38.3%，其中重度污染点位比例为3.92%。攀西地区、成都平原区、川南地区等部分区域土壤污染问题较为突出。二是水环境质量改善缓慢。2016年，在全省147个国、省控监测断面中，Ⅴ类和劣Ⅴ类水质断面达27个，乡镇集中式饮用水水源地达标率仅为81.6%（除甘孜州外），低于贵州、重庆、云南等周边省份5个百分点以上。三是自然灾害影响严重。2016年，四川发生地质灾害227次，是重庆的2.36倍、2.64倍，成灾面积占受灾面积的比例为15%，抗灾能力高于重庆和云南水平（图7-1）。全省水土流失面积为近20万平方公里，占全省面积的30%，每年土壤侵蚀总量近10亿吨，流入长江干流的泥沙达3亿吨，成为长江流域水土流失面积最大的省和全国水土流失最严重的省份之一。

2. 土地资源支撑不足，绿色开发掣肘明显

四川可利用土地储备不足，绿色兴农的空间拓展受制。一是人多地少矛盾突出。四川省土地总面积为48.5万平方公里，但人均土地面积只有0.6公顷，仅为全国人均水平的70%。二是土地利用潜力不足。全省土地类型以山地丘陵为主，平原占比较低，仅为7.8%，低于全国平均水平4.2个百分点；土地利用类型以林牧业为主，占土地总面积的69.2%；

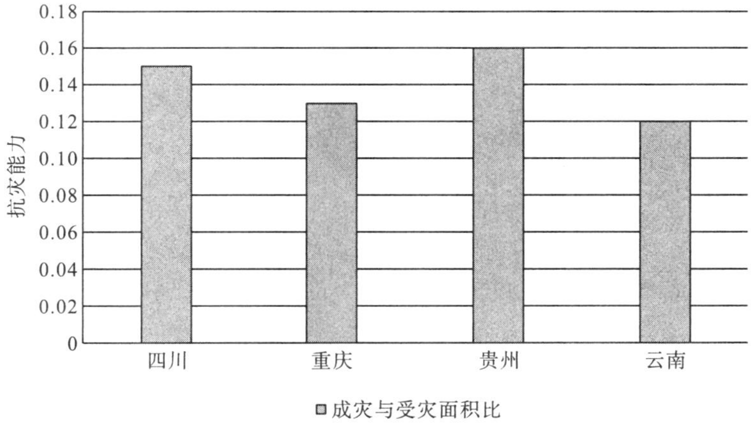

图 7-1　2016 年四川与周边省(市)抗灾能力对比

数据来源：《2017 中国统计年鉴》。

耕地面积为 672 万公顷，占土地总面积的 13.8%，低于全国平均水平，优质耕地占比水平则更低。三是土地、林地保护压力大。四川承担着长江上游生态屏障建设的重要任务，生态保护特别是林业资源保护压力显著高于周边区域，2016 年，全省森林覆盖率仅为 35.22%，比重庆低 3.21 个百分点，比贵州低 1.87 个百分点，比云南低 14.81 个百分点(图 7-2)。

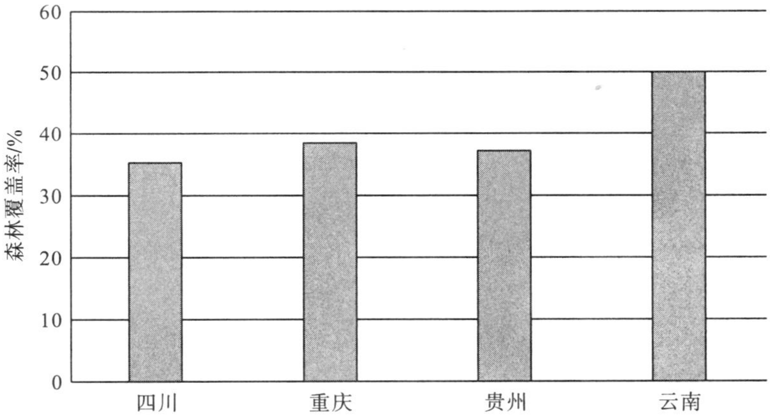

图 7-2　2016 年四川与周边省(市)林地资源储备情况对比

数据来源：《2017 中国统计年鉴》。

3. 市场资源培育滞后，绿色产品知名度不高

一是地形复杂导致绿色农业市场开拓受制。省内货运铁路不发达，农产品运输主要依靠公路，物流成本高于全国平均水平 2～3 个百分点。由于部分绿色农产品产地处于交通不便、相对边远的地区，而消费市场集中在省内外中心城市，较高的物流成本导致四川绿色农产品市场销售难度较大。二是绿色农业的市场开发起步较晚。特别是相较于东部区域，全省绿色农产品规模化、集约化生产水平较低，品种相对单一，难以满足国内外市场的多样化需求。三是绿色农业的市场主体发展不足。目前，四川省新型农业经营主体已经

形成较大规模，但其中从事绿色农业开发的相对较少。财政涉农资金对绿色农业企业支持不够，投入存在“小、散、乱”现象。

三、四川绿色兴农的发展现状及存在问题

通过对四川2010年以来绿色兴农发展情况的纵向度量以及与重庆、贵州、云南四省（市）相关数据的横向比较，明确了四川省实施绿色兴农战略的优势和制约，以期在战略推进中能够因地制宜、有的放矢。

（一）四川绿色兴农的发展现状

1. 绿色发展体系基本形成

党的十八大以来，四川省委、省政府高度重视绿色发展，2016年颁布的《关于推进绿色发展建设美丽四川的决定》，分别从绿色空间、绿化全川、污染防治等六个方面进行了系统安排，并据此形成了“生态环境治理与绿色发展政策并进”的绿色发展制度体系。在生态环境治理方面，出台了《〈水污染防治行动计划〉四川省行动计划》《四川省大气污染防治行动计划实施细则2016年度实施计划》《四川省水土保持规划（2015—2030年）》《关于进一步加强天然林保护的通知》《四川省生态保护红线实施意见》《大规模绿化全川行动方案》等一系列政策文件，明确了水、大气、森林以及生态安全的目标要求、工作重心和具体举措，呼应了绿色发展的理念，强有力地促进了资源的集约利用、环境的改善和生态系统的保护。绿色发展政策方面，出台了《四川省创新体制机制推进农业绿色发展实施方案》《四川省秸秆全域综合利用试点行动方案（2017—2020年）》《关于推进畜牧业转型升级绿色发展的意见》《关于加快推进畜禽养殖废弃物资源化利用的实施意见》《四川省农业厅关于加强农膜科学使用促进农田残膜回收利用的指导意见》《四川省农业厅关于加强推广农业节水技术的指导意见》等，明确规定了在对畜禽粪污源头减量、农药化肥减量、农作物秸秆综合利用、畜禽粪便资源化利用、农膜和农药废弃包装物回收处置等方面实施“技术补贴、生态补偿、项目补助”的支持政策。

2. 绿色生产水平逐渐提升

四川立足生态环境和自然资源优势，全面推进农业绿色生产。一是农用物质利用效率有所提升，施用强度不断下降。围绕“提、推、调、改、替、试”六字，推进化肥使用量零增长行动，推进绿色植保，实施化学农药替代工程，服务绿色农业发展。2016年，四川万元农业增加值所耗费的农药为24.3公斤，比2010年降低3.0%；农药施用量为58038吨，比2010年减少4146吨；单位耕地面积农药施用量为8.62公斤/公顷，比2010年降低6.7%（图7-3）。从2012年起，四川省单位耕地面积化肥使用量开始下降，2016年已降至370公斤/公顷以下（图7-4）。二是农作物秸秆综合利用率逐渐提升。试点推进“秸秆还田利用”、“秸-饲-肥”种养循环、“秸-基-肥”循环利用等模式，秸秆“五化”综合利用技术体系逐步完善，基本形成了“五化”综合利用格局，2016年，全省秸秆综合利用率

超过80%，较2010年提高30个百分点。三是畜禽粪污资源化利用水平不断提升。着力推动“源头减量、过程控制、末端利用”，逐步构建种养结合、农牧循环的可持续发展格局。2017年全省畜禽粪污综合化利用率约为62%，规模养殖场粪污处理设施装备配套率达到77.8%。四是农膜科学使用水平显著提升。全面推进农膜减量替代使用，大力推广水稻集中育秧、水稻直播、玉米膜侧栽培、旱地新两熟模式和蔬菜、水果等产业设施栽培等关键技术。2017年，全省农膜回收率达到72.5%，比2016年提高3.4个百分点。

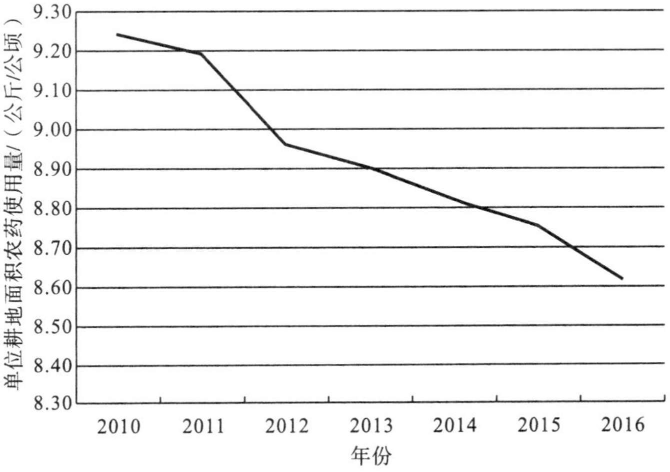

图7-3　四川省耕地农药施用强度变化情况（2010～2016年）

数据来源：2011～2017年《中国统计年鉴》《中国农村统计年鉴》《中国环境统计年鉴》。

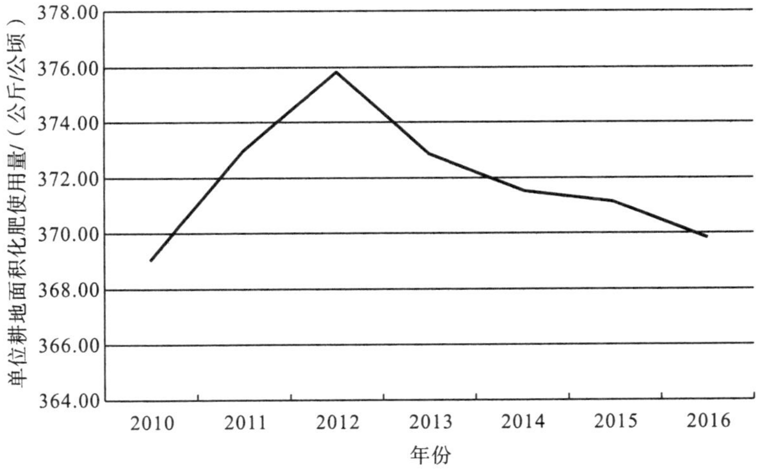

图7-4　四川省耕地化肥施用强度变化情况（2010～2016年）

数据来源：2011～2017年《中国统计年鉴》《中国农村统计年鉴》《中国环境统计年鉴》。

3. 绿色开发布局初步确立

四川省坚持生态优先，推进农业生态布局优化，落实农业主体功能区规划，明确发展性空间和约束性空间，推进农业生产向优势产业聚集，农业资源绿色开发布局正在逐渐形成。一是绿色生态安全格局基本确立。以若尔盖草原湿地、川滇森林、秦巴山区、凉山彝区四大生态功能区为重点区域，以长江、金沙江、雅砻江、岷江-大渡河、嘉陵江、沱江、涪江、渠江八大流域生态廊道及水土保持带为骨架，以世界遗产地、国家公园、自然保护区、森林公园、湿地公园、地质公园、风景名胜区和水产种质资源保护区等点(块)状分布的典型生态系统为重要单元，全面构建起“四区八带多点(块)”的生态安全战略格局。二是绿色农产品生产布局基本确立。初步形成了川西“稻菜”轮作、优质奶牛蛋禽，川中柠檬产业、优势禽兔，盆周山区名优绿茶、优质牛羊肉，长江上中游柑橘、猕猴桃和川西北优质牦牛、绵羊等优势农产品主产区，基本建成国家优质特色农产品供给基地。三是绿色农业发展梯度基本确立。四川以盆地中部平原浅丘区、川南低中山区、盆地东部丘陵低山区、盆地西缘山区和安宁河流域“五大农产品主产区”为主体建立了农业发展基本格局，据此确立平原地区、丘陵地区大部分和安宁河流域为优化发展区，盆周山区大部分和安宁河流域以外的川西南山地区为适度发展区，川西高原区和部分盆周山区为保护发展区的农业可持续发展的功能定位和发展方向。

4. 绿色治理成效不断显现

四川全面推进农业供给侧结构性改革，加快推进四川农业创新绿色发展行动，切实提高发展质量效益和竞争力。一是农业环境治理能力不断提升。积极完善农业环境基础设施建设，加强农村生活污水和生活垃圾处理设施建设，推进农产品产地环境治理与保护。2016年，全省农村无害化卫生厕所普及率达到63.30%，比2010年提高16.92个百分点；生活污水净化沼气池达到68589个，比2010年水平提高1.09倍；水库数量达到8117座，比2010年增长20.1%，年均新建226座；水土流失治理面积898万公顷，比2010年水平提升41.9%。二是绿色防控治理能力逐渐增强。打造绿色防控治理“一园四区”，“一园”即绿色防控示范园，“四区”即蜜蜂授粉示范区、稻鸭共作示范区、稻渔共生示范区、统防统治与绿色防控融合示范区，推进农业环境绿色治理。全省共建立绿色防控示范园区953万亩、全国病虫害监测预警区域站50个、省级病虫害重点测报站60个，培育壮大植保社会化服务组织2000余个。三是农业抗灾能力有所提升。2016年，四川省成灾面积为60.9千公顷，比2010年水平降低66%，但成灾受灾比仍为0.15，比2010年提高7个百分点，农业抗灾防灾水平不高，救灾减灾体系建设需要加强(图7-5)。

（二）四川绿色兴农的主要难点

1. 生产方式绿色转型压力大

一是化肥、农药施用量大，施用强度高。2016年，四川化肥施用总量达到249万吨，分别是重庆的2.6倍、贵州的2.4倍，单位面积化肥施用量达到369.8千克/公顷，是贵州的1.6倍。农药施用量达到58038吨，分别是重庆的3.3倍、贵州的4.2倍，远远超过发达国家设置的225公斤/公顷的标准，也远远高于全国化肥平均使用量；单位面积农药施用量为8.62千克/公顷，是贵州的2.85倍。化肥、农药当季利用率分别为35%、30%，造

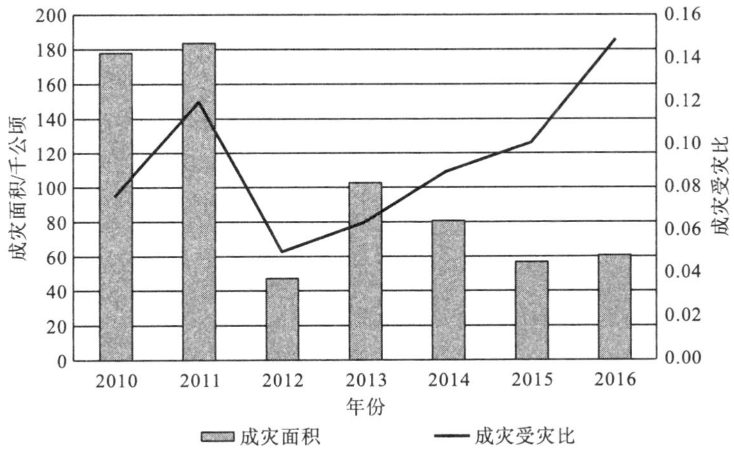

图 7-5 四川省农业抗灾能力变化情况(2010～2016 年)

数据来源：2011～2017 年《中国统计年鉴》《中国农村统计年鉴》《中国环境统计年鉴》。

成土壤板结，有机质土层厚度下降情况较为突出。二是化肥、农药施用效率不高。2016 年，四川万元农业 GDP 耗费化肥为 104.2 公斤，是贵州的 1.2 倍；万元农业 GDP 耗费农药为 24.3 千克，分别是重庆的 1.2 倍、贵州的 2.1 倍(图 7-6)。三是耕地质量呈下降趋势。资源循环利用能力不高，局部地区耕地土壤污染点位超标率达 34.3%，轮作休耕不够。

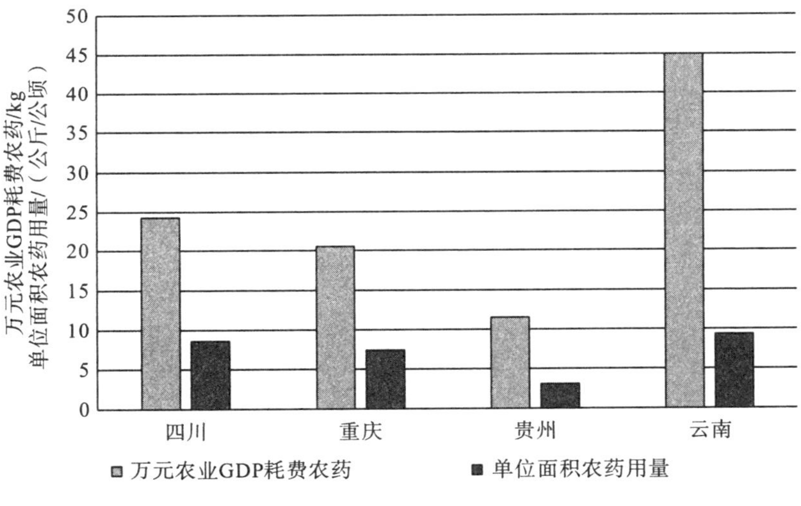

图 7-6 2016 年四川与周边省(市)化学物质施用情况对比

数据来源：2017 年《中国统计年鉴》《中国农村统计年鉴》《中国环境统计年鉴》。

2. 资源绿色开发利用程度不高

一是农业废弃物资源化利用率低。四川年畜禽粪污量约为 2.5 亿吨，畜禽粪污综合利用率仅为 62%，低于周边省(市)水平；50%左右的畜禽养殖废弃物未得到资源化利用和无害化处理，农用塑料薄膜回收不完全、农药有效利用率不足，造成土壤主要污染物超标，部分点位超标率甚至超过20%。二是农业资源综合利用能力提升缓慢。油菜、豆类、薯类等秸秆综合利用率相对较低，秸秆快速还田相关配套技术和机具等关键技术突破力度不够。部分偏远地区技术设备相对落后，存在污水处理难，沼渣、沼液利用不配套，环境容量不足，二次污染突出等问题。三是农业绿色开发的科技支撑和应用不足。现有的化制、深埋、焚烧等处理方式和处理工艺，无法对病害动物资源进行充分利用。对新型农用可降解地膜的研究不能满足现代农业生产发展需求，当前可降解地膜存在拉伸强度、降解时间与农艺要求不匹配，使用成本高等缺点，尚无法大面积推广应用。

3. 农业绿色生产制度不健全

绿色农业是以生产并加工销售绿色食品为轴心，以倡导农产品标准化为手段，通过特定机构认证认可进行规范化管理和组织协调的农业生产经营模式。绿色农业是生产绿色食品的基础，主要生产安全、无污染的健康绿色食品。一是绿色农业标准建设不完善。目前全省尚无统一的绿色农产品质量安全生产规范和标准，全程质量监控、检测体系、执法问题尚需统一协调解决，绿色技术标准能否被广大农户所接受与应用也尚待考察。二是绿色农业监管体制不健全。主要是对农业绿色生产过程的监管范围较小，仅限于已经生产出来的产品，缺乏对生产过程的全程监控，导致假冒侵权行为时有发生，影响了消费者的购买信心，阻碍了绿色食品市场的发展。三是绿色农业市场运作机制不规范。相当一部分绿色农产品企业还没有形成绿色营销观念，只注重眼前利益，仅以通过认证了事，追求一个“绿色”卖点，不注重维护提高自身绿色农产品信誉，缺乏树立绿色农产品品牌意识，产品质量良莠不齐。

4. 农业的绿色功能开发不足。

农业不仅具有生产功能，其生态功能、教育功能、旅游功能等潜力巨大。目前，四川农业的多功能开发水平较低，农业与其他产业的融合度较低，尤其与第三产业的融合还处于层次较浅的阶段。一是乡村旅游发展起步较晚。主要是乡村景点串联难度大，旅游模式比较单一；三次产业融合程度较低，新业态、新模式发展滞后，旅游与农业、文化、手工艺等产业融合程度较低；乡村环境基础设施建设严重滞后，生活垃圾、污水和畜禽粪便处理能力极低，乡村生活污水处理率、生活垃圾处理率普遍均低于30%。二是农业教育培训功能开发滞后。对农业教育的地位和作用认识不够，农业教育功能的载体建设不足，特别是成都平原地区等都市农业发达地区的“窗口农业”作用和“知识传播”作用不明显。

四、四川绿色兴农的战略框架与重点突破

本书以习近平生态文明思想和他对四川工作系列重要指示精神为指导，以实施乡村振兴战略为统领，坚持“生态优先、质量提升、小农为基、全链打造”的发展思路，结合四川绿色兴农发展的基础、潜力和现状，提出四川绿色兴农“2345”战略框架，其中：“2”是指两个定位，“3”是指“三步走”递进目标，“4”是指四个着力点转变，“5”是指五大战略重点突破。

（一）两个战略定位

以绿色农业为抓手实现农业发展方式转变、生产结构优化及增长动能转换，提高农业的创新力、竞争力和全要素生产率；以绿色兴农、质量兴农作为全省乡村生态振兴、产业振兴的先行引领，充分发挥优势，走绿色兴农之路，加快构建与环境资源承载力相匹配、生产生活生态相协调的绿色兴农新格局。

1. 全国绿色农业发展先行省

力争在涉及绿色农业发展的主体参与、标准建设、激励约束等一系列重大体制机制方面先走一步、先行先试、率先突破。创新探索以现代农业产业园区为载体，梯次辐射带动绿色农业生产方式扩散的示范带动机制。先行探索贫困地区生态资源价值转化机制和绿色农业开发机制，形成具有四川特色和全国示范效应的绿色农业发展路径。

2. 全国绿色农业经济强省

努力推广绿色农业生产方式，扩大绿色农业覆盖面和区域，将四川打造成为全国一流的绿色优质农产品供应基地。完善绿色农产品研发链、加工链、营销链，实现农业价值产出大幅提升，将四川打造成为全国领先的绿色农产品加工基地。深度挖掘农业的多功能和新业态，将四川打造成为全国闻名的生态休闲养生农业示范区。

（二）“三步走”递进目标

1. 到 2020 年：实现农业发展方式转型升级

农业环境突出问题治理取得阶段性成效，绿色农业生产方式普及取得积极进展，绿色农产品供给能力持续提升，农业产业布局与资源环境承载力逐步匹配，总体建立以绿色生态为导向的政策支持体系和体制机制的总体架构。

2. 到 2035 年：建成绿色农业发展先行省

科学合理的绿色农业生产力布局体系基本成型，建成“产出高效、产品安全、资源节约、环境友好”的现代绿色农业产业体系，引导绿色生态发展的政策体系和科技创新推广体系基本形成，实现农业可持续发展、农民生活富裕、乡村美丽宜居。

3. 到 2050 年：建成全国绿色农业经济强省

绿色农业成为全省农业的主体形态，小农户充分融入现代绿色农业经济体系，形成绿色农业发展新格局。

（三）四个着力点转变

四川推进绿色兴农发展，必须扭转发展思维惯性，实现四个着力点的根本性转变。

1. 由注重农业生产功能向生产与生态功能协调并进根本性转变

促进节约集约循环利用的资源观的形成，落实构建“生态功能保障基线、环境质量安全底线、自然资源利用上线”的要求，尊重农业发展规律，转变农业发展方式，把绿色发展理念贯穿到农业发展全过程。

2. 由注重农产品保供给向保供给与促增收融合共促根本性转变

要切实保障重要农产品供给，重点提高绿色农产品供给占比。构建农业绿色发展产业链、价值链，培育具有四川特色的生态绿色农产品品牌。加快构建贫困地区生态价值转化机制，特别是要以紧密的利益联结机制和生产水平的持续提升，确保小农户分享农业绿色产业链价值增值。

3. 由注重农业科技创新向创新与制度改革双轮驱动根本性转变

推进制度创新，构建以“资源管控、环境监控和产业准入负面清单”为主要内容的农业绿色发展制度体系。推动科技创新，开展“农产品绿色生产、加工、运输、存储”全产业链科技联合攻关，推动“绿色生态农业技术”集成示范与推广，培育农业绿色发展新动能。

4. 由注重政府推动向政府引导与市场主导两手发力根本性转变

建立健全生产经营者责任制度，通过市场激励和政策引导，逐步让新型农业经营主体、广大农民形成绿色农业生产方式；落实执法监管和政策支持，形成农业绿色发展的正向激励。要积极创新绿色农业发展的投融资模式，有序引导社会资本参与绿色兴农发展。

（四）五大战略重点突破

1. 突破绿色农业发展空间失序的制约，典型推动一批绿色兴农试验示范

严格落实农业功能区制度、主体功能区规划和农业可持续发展规划，立足水土资源匹配性、农业多功能性、经济发展协调性，构建“一圈、一带、两片、多园”的绿色兴农核心空间布局，即推进环成都绿色科技农业示范圈、安宁河谷阳光农业示范带、川西北原生态农业示范片区、丘区山区种养循环农业示范园绿色兴农试验示范，为四川绿色兴农发展奠定基础，探索方向，积累经验。

环成都绿色科技农业示范圈。以成都市二、三圈层为核心，以德阳、眉山、资阳部分区域为拓展，以温江区、郫都区、蒲江县、金堂县、广汉市、仁寿县等为重点，以绿色农业的科技研发应用和绿色农业的教育宣传为探索方向，打造环成都绿色科技农业示范圈。围绕“绿色农业领域农业高效用水、化肥农药减施增效、健康养殖绿色投入品”等方面的技术瓶颈，积极开展以农业绿色生产为重点的技术攻关，重点建设一批科技创新平台。围绕农业的科普宣传、审美教育和文化载体等功能，积极开展农业知识普及、人才培养、农业技术推广、农业新产品以及新技术改进等一批试点工程，重点打造一批农业教育载体，形成绿色农业科技示范和教育培训示范。

安宁河谷阳光农业示范带。以安宁河谷地带为基本范围，以攀枝花市、西昌市、冕宁县、喜德县、德昌县、米易县、盐边县、会理县、会东县、宁南县等为重点地区，以绿色农事体验和森林旅游康养等为探索方向，打造安宁河谷阳光农业示范带。依托优质水果、森林旅游、森林康养等特色产业，培育休闲农庄、森林小镇、生态康养社区、“森林人家”，积极推进阳光旅游品牌培育、阳光康养基地建设、阳光农产品开发等系列举措，建设集生态旅游观光、康复疗养度假、循环有机农业生产为一体的田园综合体，形成绿色兴农产业融合示范和绿色兴农脱贫示范。

川西北原生态农业示范片。以川西北高原地区为基本范围，以甘孜州的康定市、泸定县、九龙县、丹巴县、雅江县、炉霍县、德格县、稻城县、理塘县、巴塘县以及阿坝州的马尔康市、阿坝县、茂县、理县、松潘县、小金县、汶川县等为重点地区，以绿色农牧产品种养和开发为探索方向，在甘孜州和阿坝州分别打造川西北原生态农业示范片。围绕区域农牧业主导产业，坚持以育龙头、建基地、搞加工、创品牌、促营销为重点，大力发展高原特色效益农牧业，促进高原农牧业适度规模化、专业化经营，重点打造一批脱贫奔康百公里绿色生态农牧林产业带，形成绿色农产品开发和农业生态旅游示范。

丘区山区种养循环农业示范园。以川南丘陵地区和盆周山区为基本范围，以川北的三台、射洪、南部、苍溪，川东的通江、宣汉、武胜，川南的合江、叙州、荣县，川中的中江、资中、安岳等县(市)区为重点地区，以循环农业和有机农业为探索方向，打造一批种养循环农业示范园。围绕茶叶、特色水果、优质蔬菜、道地药材、特色食用菌、特色畜禽、冷水渔业、木本粮油、林板加工、珍稀树木及花卉苗木等特色生态产品种养和开发，着力推进农业资源利用节约化、生产过程清洁化、产业链条生态化、废弃物利用资源化，形成粮经饲统筹、种养加结合、农林牧渔融合循环发展示范。

2. 突破绿色农业发展要素紧缺的制约，重点畅通一批城乡要素流动渠道

畅通城市工商资本下乡渠道。健全投入保障制度，创新乡村投融资机制，协同推进财政投入制度、社会资本引导制度和农村金融保险制度改革，突破城市资本下乡壁垒，构建城市资本进入农业农村、带动乡村要素共同助力绿色兴农的重要机制。全面构建并加快实施涉农财政资金整合长效机制，充分发挥财政资金对社会资本的带动引领作用，加快形成财政优先保障、金融重点倾斜、社会积极参与的多元投入格局。有效发挥城市资本优势，实现城市工商资本与乡村资源融合，激活乡村要素，有效解决绿色兴农发展过程中“钱”的问题。

畅通现代农业科技应用渠道。围绕乡村农业科技需求，全力打造从农业品种资源库、品种创制、技术体系到推广转化和成果应用的环环相扣的农业科技创新与推广全链条。围绕绿色农产品加工贮藏技术、绿色农业防控技术、绿色农产品新品种推广以及绿色储粮技术研究等，开展绿色农业关键技术联合攻关、集成组装配套、试验示范推广，构建支撑农业绿色发展的科技创新体系。加大农技人员集中培训力度，提高业务素质；组织农业科技推广人员进村入户，开展“五新”(新品种、新技术、新模式、新机械、新肥药)的推广工作。

畅通专业发展人才进入渠道。坚持“内培外引”的绿色兴农人才战略。以建立乡村人

才吸引、培育和使用机制为核心，畅通智力、技术、管理下乡通道，针对人才实际需求提供精准激励，不搞单纯的人才争夺战，突破城乡人才双向自由流动瓶颈。增强乡村对城市人才的吸引力，更多地探索“借才”的创新模式，“借用”城市人才扎根乡村做实事。根据各地乡村发展现实需求和长远目标，深化新型职业农民、农村专业人才队伍培育制度改革，发掘和培育本土人才。建立乡村人才长效引进机制，鼓励社会各界投身乡村建设，聚天下人才而用之，解决绿色兴农过程中“人”的问题，形成以人才为基础的乡村可持续发展道路。

3. 突破农业绿色发展环境趋紧的制约，着力打响一批生态环境治理战役

打响农产品产地土壤重金属污染防治战。深入开展土壤环境质量调查，在普查的基础上开展详查，掌握重点行业企业污染地块分布及环境风险情况，对污染状况进行综合评估，并建立和完善耕地土壤环境质量档案。根据不同的污染特点和污染程度，通过切断污染源、改进耕作方式与种植结构，从根本上解决土壤重金属污染问题。通过生态补偿等措施，确保农民收益。稳步推进重点典型区域耕地污染治理综合示范区建设。在龙门山断裂带石亭江流域、川南土壤酸化区、川西南矿产富集区和盆周矿产富集区等重点区域开展重金属污染耕地修复及农作物种植结构调整试点。

打响农业面源污染防治攻坚战。深入实施化肥、农药零增长行动，通过增施有机肥和微生物肥料，从源头上减少化肥用量。推广病虫害绿色防控技术，鼓励施用高效、低毒、生物农药，促进农药施用减量增效。促进畜禽粪污“减量化、无害化、资源化、生态化”综合利用。大力推进秸秆肥料化、饲料化、基料化、原料化、燃料化“五化”利用。完善废旧农膜和农药包装物多种回收利用机制，逐步健全回收加工网络。围绕沱江、岷江等重点流域区域，建设一批跨区域、跨流域、涵盖农业面源污染全要素的综合防治示范区。

打响农业生态环境综合整治战。加强草原生态系统保护与修复，推行基本草原保护制度，开展若尔盖等国家草原公园建设试点准备工作。加强草原修复治理，开展草原退化、沙化、鼠荒地治理，开展休牧、划区轮牧围栏、退化草地改良、人工饲草地、牲畜棚圈等建设。关注生态退化区的生态恢复与治理，重点加强川西藏族聚居区生态保护与建设、水土流失及岩溶地区石漠化综合治理。加强水生生态系统保护与资源养护，严格执行禁渔期制度。加强水生生物自然保护区和水产种质资源保护区建设与管理，完善保护区功能体系。实施山、水、林、田、湖综合治理，加强农田生物多样性保护。

4. 突破绿色农业发展业态单一的制约，探索创新一批绿色资源转化模式

坚持存量优化与增量扩大并重，通过原有价值提升、多元功能拓展和新的收益增长点创造等多种方式，提高生态资源开发的广度、深度，实现生态资源价值的充分转化和大幅提升。

创新农产品品质提升模式。建立健全农业投入品减量使用制度，减少化肥、农药、除草剂的使用，推进测土配方施肥、水肥一体化等精准施肥技术，推广绿色防控技术及生物农药，强化畜禽粪污资源化利用，建立并完善废旧地膜和包装废弃物等回收处理制度，促进地力修复和提升。加强农产品质量安全全程监管，健全农产品合格证制度，建立国家农

产品质量安全追溯管理平台和体系。探索区域农业循环利用机制，实施种养结合循环农业示范工程，推广“生态养殖+沼气工程+绿色种植”“林(草)-沼-畜(禽)”、稻鱼(虾、蛙)综合种养等循环发展模式和技术，建立农业资源高效利用的集约化现代农业经济循环体系。

创新农业融合发展模式。依托农业生态本底优势，探索“农业+”的多种模式，促进农业与文化、商业、旅游、体育等多元产业、多种功能的深度融合。发展乡村旅游业，利用农业生产所形成的优美景观，打造农业观光带、农业观光景区，实现“农区变景区、田园变公园”。发展休闲体验，开发养心益智、康体健身、健康养老、民俗体验等覆盖少儿、青年、中年、老年等不同年龄段群体的体验项目。发展科普教育，以现代农业产业园、科技园、创业园为载体，打造一批农业科普教育基地，促进农业科普教育走进中小学生课堂。发展文化创意，打造具有地方特色的文创农业景观，开发特色文创产品，发展文创农事活动体验，形成绿色消费空间。

创新生态资源产业化模式。拓展生态资源多元功能，深度开发生态资源非农经济价值，从而形成新的收益增长点。开发生态资源的生产性功能，发展林下种植、林下养殖等林下经济，形成“林、农、畜”协同发展模式，发挥生态空间的生物质供给作用。开发生态资源的生活性功能，利用优越的空气、气候、植被、阳光、生物多样等自然资源，发展自然体验、自然教育、生态旅游、康养度假等新型业态，发挥生态空间的服务产品供给作用。充分开发生态资源的生态性功能，搭建中间市场交易平台，开发碳汇交易、水权交易、排污权交易等多元环境市场工具，使隐性的、潜在的生态资源转化为显性的、现实的市场价值。

5. 突破农业绿色发展认可度低的制约，强力实施一批农业品牌培育工程

实施农产品质量溯源体系建设工程。在农产品同质化严重、食品安全问题突出的今天，农产品品牌通过向消费者传递独特的、高品质的农产品信息从而赢得消费者的信任。为保障农产品质量安全问题，实现产品“生产可记录、安全可预警、源头可追溯、流向可跟踪、信息可存储、身份可查询、责任可认定、产品可召回”，可依托网络通信、系统集成及数据库应用等技术，建立一整套信息化系统，对从农产品产业链的种养殖、加工、物流到最终消费每个环节进行全程跟踪、记录详细情况，建立农产品质量追溯制度，为消费者提供系统全面的溯源信息。

实施农业品牌建设主体培育工程。突出龙头企业在四川农业品牌建设中的主力作用，聘请国内在品牌农业建设领域有一定建树的专家授课，支持引导龙头企业、农民专业合作社、家庭农场和种养大户打造有机安全优势与特色。从绿色兴农引导基金中拿出一定比例的资金，对获得绿色、有机认证的产品给予一定奖励，进一步调动各农业品牌建设主体的积极性。完善“三品一标”认证登记保护、产品防伪标识使用和证后监管制度。

实施农产品区域公用品牌建设工程。通过孵化、提升、创新、整合、信息化建设，强化实施农产品区域公用品牌战略。深入发掘依附在传统农产品上的历史文化元素，使其在同类产品中脱颖而出。以现代农业万亩示范区、畜禽水产标准化养殖示范场、绿色食品原料标准化基地为载体，进一步提高其示范效果，发挥其辐射带动作用。进一步做响做大川

酒、川茶、川果、川菜、川猪、川药、川油、川烟、川薯等“川字号”农产品区域品牌，将其铸造成为全球闻名的金字招牌，同时增加品牌的绿色内涵与绿色标识，打造一批“川字号”千亿级农业产业。推进成都天府源、内江甜城味、“广元七绝”、资阳资味、遂宁鲜、眉山东坡味道等农业区域公共品牌建设。

五、四川绿色兴农的政策支撑体系

建立健全支持农业绿色发展的政策体系，在顶层规划、体制改革、资金保障、产业发展等方面完善政策支持机制，调动各类社会主体积极参与四川绿色兴农发展。

（一）构建绿色兴农投融资体制

一是由省政府牵头设立绿色兴农引导基金，建立“财政、金融、担保和保险”协同推进机制，引导工商资本和社会资本参与农业绿色发展。通过几年的发展，力争基金规模逐步达到 100 亿元左右，累计投资规模力争达到 2000 亿元以上。二是积极整合惠农资金和涉农补贴，最大限度发挥惠农政策的绿色导向作用和激励效应。三是不断完善绿色金融产品体系，鼓励和引导金融机构精准瞄准满足绿色农业发展需要，对从事绿色、低碳、循环农业领域的涉农客户予以倾斜。四是研究出台适应涉农特点的排污权、碳排放权、节能环保知识产权等新型抵质押担保管理办法。五是发展绿色信贷业务，积极探索与绿色生态农业保险、农村环境污染责任保险等险种联动的合作模式。

（二）深度推进农业和农村改革

通过深化农业和农村改革，一方面，可以提高土地等农业资源的集约化和节约化利用程度，为绿色兴农奠定扎实的制度基础；另一方面，有利于引导现代要素进入农业领域，激发绿色兴农的发展动力。一是深化农村集体产权制度改革。按照“扩面、集成、加速”的要求，由省级层面授予市、县行政区开展农村集体产权制度改革试点。扎实有序做好集体资产清产核资，完善农村集体“三资”管理。开展承包土地经营权和收益权、农民住房财产权、林地经营权抵押融资试点，通过深化改革，明确集体资产归属、增强资产权能。健全集体产权交易服务机制，让乡村要素能够在更大范围内更为顺畅地流动，并在流动中实现价值。二是统筹推进农村土地征收、集体经营性建设用地入市、宅基地制度改革试点。进一步缩小土地征收范围，制定土地征收目录，探索土地“征转分离”制度。允许更多地区在保证耕地数量和质量不减少、农民权益不受损的前提下，自主探索集体经营性建设用地多元入市路径。加大农村宅基地“三权分置”改革力度，鼓励各地在符合规划、尊重农民意愿的前提下探索宅基地和农房利用方式创新。利用集体经营性建设用地和闲置宅基地满足乡村旅游、度假康养、文创农业等新产业、新业态的用地需求。三是积极创新多种形式的适度规模经营模式。继续做好推进农村承包地“三权分置”改革，支持通过土地托管、土地入股、农业共营制等多种形式的适度规模经营，盘活土地资源。

（三）加快绿色农业标准建设进程

一是实施农业标准化战略。健全农产品产地环境、生产过程、收储运销全过程的质量标准体系。推动建立绿色产品标准、认证、标识体系，进一步加大绿色和有机农产品认证力度。建立健全全省绿色农业地方标准、技术规程以及质量监管制度。创建一批国家级和省级有机产品认证示范区、国家级特色农产品优势区和森林食品基地。支持有条件的地区参与全国有机产品认证扶贫试点。二是实行全链条信息化质量监管。搭建农产品质量安全信息追溯平台，建立红黑名单制度，完善农产品市场准入制度，推行食用农产品合格证贴标上市。三是成立全省绿色农业标准化联盟。以标准化为纽带，整合产业链上各行业环节资源，吸纳各类型农业经营主体、科研单位及社会团体等加入，共同制定本产业的行规行约和各类标准。

（四）建立绿色农业负面清单制度

一是建立绿色农业准入负面清单制度。根据《关于创新体制机制推进农业绿色发展的意见》要求，“因地制宜制定禁止和限制发展产业目录，明确种植业、养殖业发展方向和开发强度，强化准入管理和底线约束，分类推进重点地区资源保护和严重污染地区治理。”严禁工业和城镇污染向农业农村转移，不能以旅游开发为名破坏生态环境，严禁破坏、污染、圈占闲置耕地和损毁农田基础设施。二是建立农业投入品负面清单管理制度。明确列出各类禁止使用的农药、肥料、兽药、饲料、饲料添加剂和限制使用的农药目录，定期抽查农资使用情况。三是建立绿色农业发展一票否决制度。确保农业发展没有发生重大生态破坏、食品安全事故、环境污染事故、超量使用化肥、农药和资源过量使用等问题。将造成资源环境破坏的企业纳入“黑名单”，实行永久性禁入制度。

（五）完善绿色兴农发展激励政策

一是建立健全市场化、多元化的农业生态补偿政策。落实共抓大保护、不搞大开发工作基调，避免农业长期使用农药、化肥对水环境的严重污染。对上游的生态补偿应重视扶持发展生态农业，对农民因不用农药、化肥造成的减产减收给予补偿。二是制定完善绿色农业发展扶持政策。完善基金扶持政策、财税补贴政策和金融保险政策。进一步落实“三补合一”政策，提高粮食等绿色优质农产品的补贴标准，建立“耕地地力保护补贴与永久基本农田保护结合联动机制”。三是实施绿色农产品品牌创建和农产品质量认证奖补政策。对川酒、川菜、川茶、川果等农产品品牌的创建，给予大力支持和奖补。

（六）出台《绿色兴农行动指南》

牢固树立和切实践行“生态优先、绿色发展”的理念和要求，结合《乡村振兴战略规划》，编制《绿色兴农行动指南》。一是要增强指引性。结合已经出台的与绿色兴农相关的政策文件、各个层面绿色兴农的创新举措和典型案例、绿色生产与绿色生活行动等，编制面向政府、涉农企业和新型农业经营主体的《绿色兴农行动指南》，为推进全省绿色兴农发展提供指引，切实推行绿色生产方式和生活方式。二是要加强衔接性，推动《绿色兴农行动指南》与农业相关规划、城乡规划、产业规划、环保规划的高度衔接，保持与各规划的统一性和协调性。

第八章　乡村振兴与粮食安全

在深入实施乡村振兴战略的背景下，习近平总书记提出“要扛稳粮食安全这个重任”，并强调“确保重要农产品特别是粮食供给，是实施乡村振兴战略的首要任务”。面对保障粮食安全的多重挑战，全国各个区域围绕提高粮食安全保障能力这一核心问题，以多样化方式进行了探索试验，并且取得了重要进展。但现有的探索实践呈现出两个共同性的基本特征：一是主要单纯以土地流转、土地托管、土地入股和订单生产等在经营形式方面寻求单向突破；二是主要通过向种粮大户定向补贴的方式对规模化经营给予政策支持。总体而言，粮食产业发展中以市场化机制为基础的动力机制尚未形成，现代粮食产业体系的整体发展还缺乏实质性突破。

新津区地处成都平原南部，面积为 330 平方公里，耕地为 21.4 万亩，年粮食总产量约 10 万吨，是典型的“农业小区”，但具有粮食生产总量少、加工比例大、流通占比高的特征。新津区虽然不具备大幅增加粮食产量的资源基础，但其发挥作为“粮油加工大区”和种粮大户等新型粮食经营主体快速发育的优势，构建“1+5”现代粮食产业发展模式，避粮食种植面积、总产之短，扬粮食优质、规模经营之长，实现了利用市场机制推动稳定粮食生产、提高粮食品质、促进粮农增收等多元目标同步实现的粮食产业发展模式重构。新津区的创新性实践探索，对于粮食安全新战略下以产业化方式提高粮食安全保障能力具有极为重要的借鉴价值。

一、现实挑战：粮食产业面临多重困境

粮食问题是世界性难题。粮食问题对拥有 14 亿人口的中国而言是更为重要的全局性战略问题，解决好吃饭问题始终是中国治国理政的头等大事，“中国人的饭碗任何时候都要牢牢端在自己手上”。当前，粮食产业面临着多重现实挑战，保障粮食安全的难度日益加大，正处于矛盾全面爆发的前期。

（一）传统生产模式快速瓦解与保障粮食安全之间的矛盾加剧

在城镇化和工业化快速推进的背景下，农村空心化、农业兼业化、农民老龄化问题尤为突出，传统的分散小规模经营模式快速瓦解。分散小规模经营能够解决农民“吃得饱”的问题，但却难以解决依靠粮食产业致富的难题。与此同时，由于耕地细碎化，难以集中连片经营，对新型经营主体通过土地流转开展粮食适度规模经营形成极大的制约。2015 年，四川省从事粮食产业的家庭农场只有 4051 家，占全省家庭农场总数的 17.4%，占从事种植业的家庭农场总数的 36.5%；从事粮食产业的合作社有 3864 家，占全省合作社总

数的 6.6%，占种植业合作社总数的 14.2%(图 8-1)。

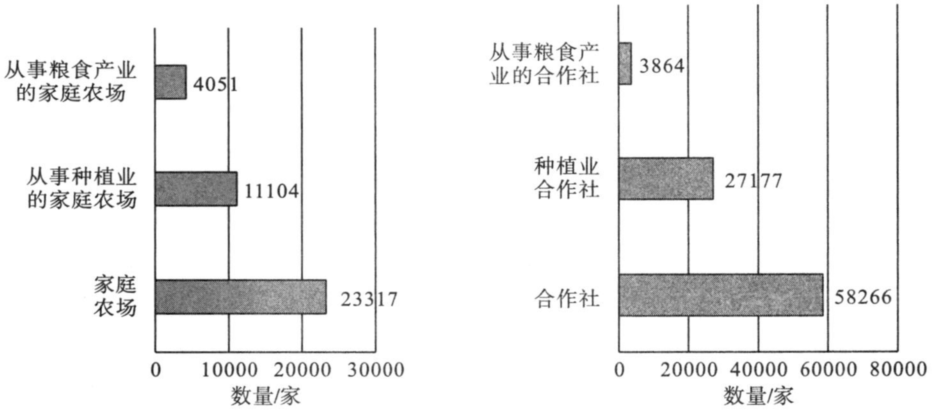

图 8-1　四川从事粮食产业的家庭农场和合作社

（二）粮食生产成本上升与粮价下行增收困难之间的矛盾加剧

生产粮食所需种子、农药、肥料成本尤其是人工成本不断快速上升，与此同时，在粮食补贴政策遭遇“天花板”、粮食价格国际与国内“倒挂”的情况下，国内主要粮食品种收购价格总体处于稳中下降的态势，粮农收益大幅缩水，粮食生产微利性和弱质性特征更加明显，粮农的种粮积极性进一步下降。

（三）粮企本地化的原料需求与供给能力不足之间的矛盾加剧

我国粮食总产量近年来持续增加，但进口量也在持续增加，粮食结构性矛盾不断凸显，导致进口压力、库存压力同步提高(图 8-2)。四川省作为西南地区唯一的粮食主产省，已从基本自求平衡省转变为产不足需、转化用粮缺口急剧增长的粮食消费大省，仅次于广东省的第二大粮食调入大省。

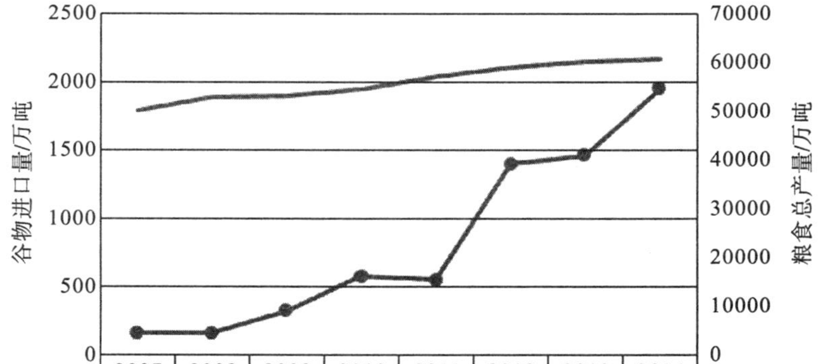

	2007	2008	2009	2010	2011	2012	2013	2014
全国谷物进口量	155	154	315	571	545	1398	1458	1951
全国粮食总产量	50160.3	52870.9	53082.1	54647.7	57120.8	58958	60193.8	60702.6

图 8-2　2007～2014 年全国粮食总产量和谷物进口量变化趋势图

(四)消费需求升级与生产方式滞后和环境恶化之间的矛盾加剧

中国经济发展进入了新的发展阶段，导致生活水平提高和膳食结构改善，消费从“吃得饱”向“吃得好”“吃得健康”转型。虽然人均口粮消耗量呈下降趋势，但需粮食转化而来的肉蛋奶等消费需求不断增加，粮食需求结构发生着明显变化。然而目前中国农村的生产方式仍然是以化肥、农药等大量施用为主，采用绿色、有机等生态化生产方式的占比还比较低，由此造成资源环境约束不断加剧，因此，迫切需要加强粮食供给侧结构性改革，构建兼顾增加粮食产出、确保质量安全和优化生态功能多元发展目标协同的生产模式。

(五)粮食产业化与服务缺失和支持政策偏差之间的矛盾加剧

近年来，粮食产业化发展进程加速，但所需的农机、植保、仓储、烘干等社会化服务存在明显的缺失，对新型粮食经营主体而言，服务供给不足表现得尤其突出；在支持对象上，过于偏重龙头企业的规模化行为，而小农户普惠式优惠的政策支持方式未得到根本转变；在支持领域上，统防统治、信息服务、金融创新等服务领域和粮食产业整链支持明显不足，三重因素叠加对新型粮食经营主体的发展壮大和粮食产业化经营形成严重制约。

二、新津实践：重构现代粮食产业发展模式

为了保障粮食安全，全国很多地方卓有成效地开展了促进粮食增产、农民增收的探索实践。在这些多样化的实践之中，四川省成都市新津区的实践是最具代表性的成功探索实践之一，其核心是以种粮大户、合作社和粮食产业化龙头企业等新型主体为粮食经营载体，以市场化的产销链接机制为纽带，系统地推进粮食规模化生产、社会化服务、契约化交易、科技化支撑和品牌化营销，利用市场机制推动稳定粮食生产、提高粮食品质、促进粮农增收等多元目标的同步实现。

(一)创新推进适度规模经营的主体培育机制，开展规模化经营

为了破解传统分散小规模经营存在的不足，新津区大力推进粮食适度规模经营。一是土地连片形成促进规模经营的土地基础。新津区通过加强农田水利等基础设施建设改善生产条件，从而促进种粮大户、粮食生产专业合作社等发育成型。截至 2015 年底，新津区耕地流转率达 87.5%，比四川省全省 27.7%的流转率高出了 59.8 个百分点。2015 年，四川省 30 亩以上的粮食规模经营面积仅占粮食播种面积的 1.4%，而作为平原地区的新津区则达到 30.5%。二是创新培育模式形成促进规模经营的人才基础。新津区探索出以“精准瞄准、分类培训、按需供给”的新型职业农民培训机制，解决了培训对象瞄准存在偏差、培训内容缺乏针对性、培训资源供需错配等问题，有效地提高了农业生产经营人才的培训效果。到 2015 年底，全县有职业农民 670 名，农业职业经理人 470 名。三是整合多项补贴政策形成促进规模经营的政策基础。整合省市种粮大户补贴政策、农机购置补贴、农机作

业油料补贴等政策，并积极解决粮食规模经营中烘干难、融资难等实际问题，扶持壮大种粮大户、专业合作社等粮食适度规模经营主体，不仅有效破解了“谁来种粮”的难题，而且实现了“种粮致富”的目标。2015 年，全区有水稻规模化种植主体 98 户，共种植水稻 54298 亩，占全县水稻种植面积的 40.4%。其中优质稻订单生产主体 76 户、面积 32036 亩，分别占水稻规模化种植的 78%和 59%，户均种植规模面积达到 422 亩，适度规模的组织化经营特征十分明显(图 8-3、图 8-4)。与普通农户家庭分散经营相比，优质稻规模化经营平均亩产增产约 3.2%，亩平利润比种植普通水稻高 7.4%，实现“粮袋子”与“钱袋子”的双丰收。同时，通过推广“企业+基地+新型粮食经营主体”“合作社+基地+新型粮食经营主体”等模式，并采用优质稻订单生产形成了以粮食适度规模经营户为主体的新型利益联结机制，有效降低了新型粮食经营主体的市场风险、提高了粮食生产组织化程度。目前，全区拥有粮食加工企业 4 家，其中销售收入 1 亿元以上的有 2 家，带动农户面达到 72.4%；从事粮食生产经营和服务的合作组织有 26 家，入社农户 1269 户，带动农户 2.53 万户，带动农户面达到 67.8%。

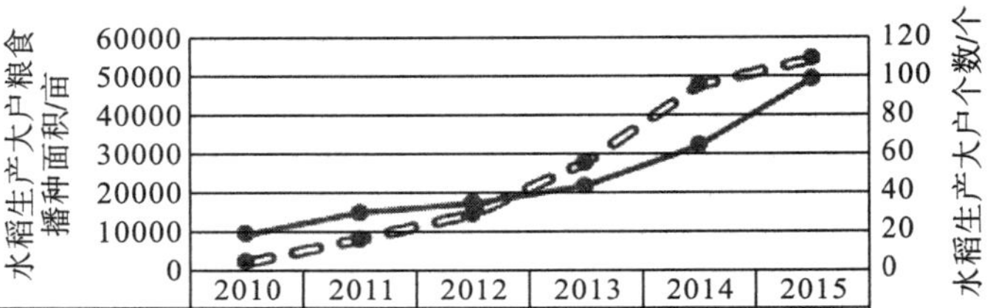

	2010	2011	2012	2013	2014	2015
水稻生产大户粮食播种面积	1098	7058	13517	27149	47309	54298
水稻生产大户个数	17	28	33	42	63	98

图 8-3　新津区 2010～2015 年种粮大户发展趋势

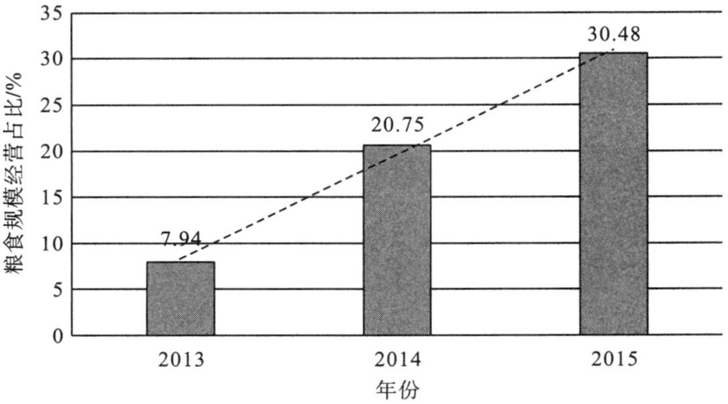

图 8-4　新津区 2013～2015 年粮食规模经营占比变化趋势图

(二)探索生产大统筹、服务全托管的综合服务机制，发展社会化服务

新津区地处成都市近郊，与种植经济作物相比，种粮的比较效益更为低下；与偏远地区相比，具有较高素质的农村青壮年劳动力在区域上向城市转移、在产业上向二三产业转

移的比例更高。因此，开展粮食适度规模经营面临的社会化服务缺失的矛盾尤为突出。新津区运用社会化服务的理念，探索出“生产大统筹、服务全托管”的综合服务机制，将育秧、插秧、田间管理、收割等环节交由社会化专合组织统一服务，形成了大地农耕技术专业合作社、绿川农耕技术专业合作社、万兴农耕技术专业合作社、大桥水稻种植专业合作社、津龙生态农业合作社、大汉仓农机专业合作社、新津迅达植保专业合作社等一批水稻生产服务的专业合作社。“产前”由粮食加工销售龙头企业根据市场需求选择种植品种，并由种源企业统一提供相应的粮食种子；“产中”由选定的托管服务组织进行统一播种、育秧、机耕、机插、田间病虫害防治到机收烘干的全程服务；“产后”由订单企业按照订单收购或者由托管的基层组织、合作社联系农业产业化龙头企业进行统一收购。

通过“生产大统筹、服务全托管”实现了粮食生产“从播种到收购”的全程化、规模化机械服务，各种类型专合组织之间围绕“生产统筹、服务托管”，根据自身经营范围，各司其职、分工协作，实现了产业发展中的土地规模化、管理精细化和服务社会化，形成了一条环环紧扣、链式聚合的产业发展链条。社会化服务水平的提升不仅有效解决了“粮食怎么种”的问题，更通过专业化分工提高了种粮比较效益。

（三）构筑产销协同、四方联动的订单生产机制，促进契约化交易

产销脱节是传统粮食经营模式面临的重要桎梏。新津区探索实践优质稻订单生产，形成了粮食加工营销企业、生产主体、种源企业等主体产销联动，政府应势而导的分工合作、四方联动机制。粮食加工营销企业与种源企业、粮食生产主体同时签订良种供种订单和水稻生产订单，将订单从粮食生产环节向粮食种源环节延伸，促使订单由“生产订单”向“全程订单”转变，从根本上确保品质的核心支撑作用。一是粮食加工营销企业“从需而产”，主要负责优质稻的加工和营销，为订单生产户优先提供粮食烘干服务，并进行保底收购，确保有市场，解决优质稻种植户的后顾之忧。二是种源企业“择优而推”，主要负责优质稻的选育，确保有良种，并按无公害生产要求进行生产技术指导。三是粮食种植主体“依单而种”，主要负责组织生产订单指定品种，净化产地环境，不施用高毒高残留农药，确保每亩交售优质稻谷 400 公斤以上。四是主管部门“应势而导”，整合项目资金为优质稻生产创造良好条件，并给予每公斤种子 40 元的良种补贴。同时，农技部门加强技术指导，规范生产，严防高毒、高残留农药施用，确保优质稻的品质。2015 年，全县优质稻订单种植面积达 32036 亩，生产优质稻 16820 吨，优质稻订单履约率达到 90%以上，促进产销由“简单买卖”向“产销联盟”转变。

通过优质稻订单生产，以生产合同形式确定了双方的权利和义务，促进产销由“简单买卖”向“产销联盟”转变，不仅为粮食种植主体带来了稳定的合理价格预期，也为粮食加工营销主体带来了稳定的优质原料来源预期，更为培育粮食生产经营主体的契约精神、弱化粮食市场的波动风险起到了积极作用，从根本上发挥了合作的协同推进作用。新津区的实践表明，种粮大户比普通农户具有更强的契约意识，产销协同、四方联动的订单生产机制是促进优质稻生产的重要动力。

（四）优化技术研发推广、物质装备的协同保障机制，提升科技化支撑

科技贡献率低是制约现代粮食产业发展的重要因素。新津区在重构现代粮食产业发展模式过程中，不断提高科技支撑能力。在种源环节，发挥四川省绿丹种业有限责任公司等种子企业集杂交水稻种子研发、生产、营销于一体的技术优势和制种优势，提供宜香优2115、内香6优498、川谷优6684、川优8377等优质水稻品种由种植大户、专业合作社、农业公司等试种1000亩，考察其品种丰产性、抗病性、适应性，并将种植出来的稻谷交由米业企业加工，进行品质及适口性测定，考察其商品性能，确保种源的优质性，规避推广的盲目性，企业最终选择宜香优2115和内香6优498作为订单品种。在生产环节，通过机插机收大幅减少人工劳动力投入，降低种植成本；企业烘干设施优先为订单种植户提供粮食烘干服务，尤其是在2015年水稻收获期间遭遇连续阴雨天气的情况下有效解决订单种植户粮食烘干问题。在粮食加工环节，粮食订单企业中粮集团与四川农业大学等组建联合实验室，开展水稻育种、种植加工等技术研发，为提高优质大米加工能力提供有力的技术支撑。

从粮食种源到加工的全产业链技术研发、推广为提高粮食产量和质量提供了坚实的保障。以宜香优2115为例，2014年被评为国家主导品种，而且被作为打造四川优质大米名优品牌“巴蜀香米”的优选品种。新津区的实践表明，四川也能产出好米，“四川无好米”“外来米”占据四川优质米市场的局面有望得到突破。

（五）构建以需定产、优质优价的市场运作机制，强化品牌化营销

粮食产业是弱质产业，粮食安全是公共目标，保障粮食安全迫切需要政策的支持。如果缺乏市场机制在资源配置中的决定性作用，在国际粮市的深刻影响下仅依靠政府的宏观调控根本无法实现粮食安全目标。新津区通过以需定产、优质优价的品牌化运作，利用市场机制有效促进粮食增产提质、种粮主体增产增收。对种粮主体而言，优质稻订单保底收购价为2.8元/公斤，每公斤高于普通稻谷约0.3元，从而有效地解决了稻谷“卖不好”的问题；对粮食加工企业而言，利用本地优质稻加工天府香米系列品牌，实现部分品牌大米原料本地化，从而有效地降低了企业成本，与从东北地区调入同等优质原料相比，仅运费一项每吨即可节约200元。同时，有力巩固了种源企业的良种销售渠道，进一步提高了粮食种植主体的生产积极性，形成了以经济利益为纽带的内生发展动力。

新津区通过粮食生产模式创新，成功探索出了“1+5”的现代粮食产业发展新模式。其中，“1”是培育一个新的“经营载体”——即以粮食大户、粮食生产合作社、粮食产业化经营龙头企业等新型经营主体为粮食产业新的基本经营载体；“5”是强化“五化”路径——即以规模化生产、社会化服务、契约化交易、科技化支撑和品牌化营销为粮食产业的基本发展路径。新津区的实践表明，“1+5”的现代粮食产业发展模式实现了对传统粮食生产模式的重构，两者之间主要存在三个重要差别：一是从以普通农户为主的分散小规模经营转变为以种粮大户为主体的多元新型主体适度规模经营；二是从以单一依赖财政补贴支持转变为以市场化机制为主加政府支持的双轮驱动；三是从产销脱节、单一环节突

破转变为粮食产业整链集成、系统创新。粮食“三量齐增”的症结在于供需结构性矛盾加剧，有效供给不足和无效供给增加并存，而新津区利用市场化机制促进优质稻发展的“1+5”模式创新实践表明，重构现代粮食产业发展模式不仅可以通过供给侧结构性改革解决供需结构性矛盾，而且可以实现多方参与主体的共赢，更有利于避免过多的政府行政干预，形成政府引导下的自我良性循环。

三、实践价值：创新现代粮食产业发展机制

新津区“1+5”现代粮食产业发展模式的实践表明，重构现代粮食产业发展模式，以市场化方式全产业链系统推进粮食产业发展，跳出就生产抓生产、就粮食谈粮食的桎梏，不仅有效突破了传统小规模分散经营应用先进科技成果及对接大市场的瓶颈，极大地推动了现代粮食生产专业化、规模化、社会化和品牌化的形成，大幅提高了粮食可持续发展能力，而且更为重要的是通过制度创新、利用市场机制促进多方需求有效对接，同步实现稳定粮食生产、提高粮食品质、促进粮农增收、粮食企业盈利等多元目标，并促进了产业链价值的合理分配。在确切意义上，新津区重构现代粮食产业发展模式的实践是以“本地资源有机整合、优质优价内在驱动、多元目标同步实现”方式构筑的现代粮食产业发展之路，是对现代粮食产业发展模式的有效重构，有效改变了弱质性特征尤为明显的粮食产业依靠最低收购价保护粮农利益、依靠行政压力保障粮食安全的老路，实现了粮食生产结构优化与主体结构优化、消费者需求走势与生产者供给调整、政府宏观粮食目标与微观主体经济目标的“激励相容”。

通过重构形成“1+5”现代粮食产业发展模式，新津区粮食产业发展取得显著成效。一是区域粮食安全整体保障能力提高。2013 年，新津区粮食播种面积和总产量为 23.34 万亩和 10.33 万吨，2015 年分别为 22.25 万亩和 10.39 万吨，在播种面积小幅下降的基础上实现了粮食总产量稳中有升。这主要得益于新型经营主体适度规模经营带来的生产效率提高，粮食亩产从 2013 年的 443 公斤提高到 467 公斤，增幅达到 5.4%。二是粮食质量水

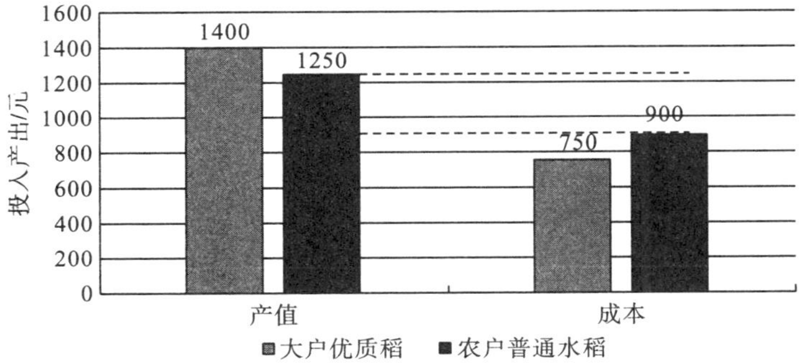

图 8-5　2015 年新津区种粮大户优质稻生产与农户普通水稻生产投入产出[①]对比图

① 大户生产成本计算中未包括土地租金。

平提高。在 2014 年优质稻试种基础上，2015 年全县共计推广订单生产优质稻 32036 亩，生产优质稻 16820 吨，短短两年时间内，订单优质稻已达全县水稻种植面积的 23.8%。三是参与主体持续增收能力提高。传统散户种植每亩投入约 900 元，而规模种植每亩投入约 750 元，每亩可节约生产成本 150 元（图 8-5）；种粮大户优质稻生产成本结构①明显优于农户普通水稻（图 8-6）；优质稻订单价高于普通水稻约 0.3 元/公斤，按照 2015 年的亩产水平，每亩平均可增收近 160 元。同时，开展机插、植保、机收等粮食生产专业化服务的组织市场空间扩大、盈利能力提高。粮食加工营销企业原料本地化供给能力增强，原料获取风险和成本得以降低。

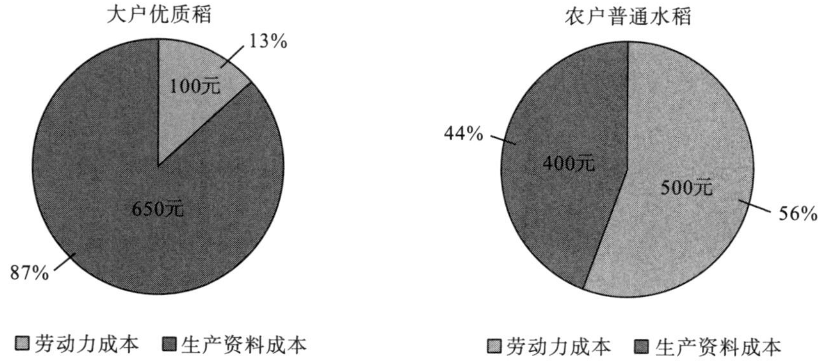

图 8-6 新津区种粮大户优质稻生产与农户普通水稻生产成本结构对比图

新津区现代粮食产业发展模式创新实践不仅取得了显著的成效，更重要的是实现了四个方面极其重要的机制创新。

（一）供需有效对接机制

为了破解本地高端大米消费市场主要依靠调入粮解决，而在生产成本“地板”不断抬高和粮食价格、补贴双重“天花板”制约下一般水稻微利性特征更加突出的现实挑战，新津区粮食加工营销企业、生产主体、种源企业形成了发展本地优质稻的一致需求。新津区发挥政府的引导作用，通过优质稻订单生产形成优质种源、优质稻谷和优质大米供需有效对接机制，有效摆脱了生产的盲目性和供给的无效性。

（二）产业整链优化机制

优质稻产业的发展涉及优质品种的选育、优质水稻的种植以及优质大米加工等多个环节。新津区整合本地粮食生产经营主体资源，引导产销主体联动，推进产业链整链优化，形成了粮食加工企业“从需而产”、种源企业“择优而推”、生产主体“依单而种”、政府部门“应势而导”的发展格局，实现了从粮食单一环节创新到粮食产业链集成创新的转变。

① 大户生产资料成本包括机械作业费、烘干费。

（三）发展内在动力机制

优质稻能否实现发展效益提升是决定推广成败的关键所在。为了确保优质稻提质增效，在发展社会化服务、开展适度规模经营基础上，新津区利用优质优价的市场化利益驱动机制形成了政府引导下发展粮食种植的内在激励机制，摆脱了政府的过度干预和单纯依靠政府财政补贴发展粮食种植的弊端。

（四）模式创新外溢机制

通过“1+5”现代粮食发展模式的创新实践，新津区的粮食产业发展摆脱了县域的地理限制。一方面，借助生产经营模式创新，有力地促进了生产经营主体“走出去”发展，为了获得性价比更高的土地开展粮食规模化经营，新津区种粮大户将目光从县域内拓展到县域外，2015 年，共在县域外计流转 2 万余亩耕地，并且流转规模呈增长趋势。另一方面，粮食加工企业优质稻订单生产带动，中粮、花中花两家优质稻订单企业在新津区开展优质稻订单生产的同时，2015 年，还在新津区外签订优质稻订单 1 万亩以上，呈现出明显的模式创新溢出效应。

四、重要启示：调整优化粮食产业发展思路

在资源、环境两道“紧箍咒”和价格、补贴两块“天花板”的制约下，在农业老龄化、耕地非粮化等多重现实挑战下，依靠增加粮食播种面积、增加农药化肥投入的传统粮食经营模式来提高粮食安全保障能力和促进农民增收的路子已注定行不通，推动粮食产业发展模式创新是保障粮食安全的必由之路。新津区重构形成“1+5”现代粮食产业发展模式的创新实践为四川省甚至我国南方地区粮食增产提质提供了新的路径，为推动粮食产业结构优化升级，本书提供了以下三点重要启示。

一是促进粮经协同发展是推动粮食产业转型升级的重要基础。只抓粮不挣钱没有发展动力，只挣钱不抓粮没有粮食安全，要“粮袋子”和“钱袋子”两手抓、两手都要硬才能取得事半功倍的效果。新津区“1+5”现代粮食发展模式之所以能高效推进，关键在于主体增收创利与粮食增产提质形成了内在的一致性，从而增强了发展粮食产业的“动力源”。

二是培育新型经营主体是推动粮食产业转型升级的有效支撑。好的机制必须要有好的主体。在新常态下，粮食必须走适度规模经营之路，在传统经营模式加速瓦解的背景下，必须培育优质粮食加工营销企业，培育粮食生产新型主体，培育优质种源企业，创新利益联结机制，从而形成分工合作、优势互补的产业组织体系，增强发展粮食产业的“支撑力”。

三是系统优化支持政策是推动粮食产业转型升级的坚实保障。粮食产业微利性特征明显，自然风险和市场风险也都很高，要针对粮食产业升级所需的良种选育、土地流转、农田水利基础设施、机械化耕作、烘干仓储、资金融通以及保险等形成系统的政策支持，并维护参与各方的正当利益，才能增强发展粮食产业的“牵引力”。

加强粮食供给侧结构性改革是破解“三量齐增”困局、在粮食安全新战略下提高粮食安全保障能力的必由之路。新津区“1+5”现代粮食产业发展模式的实践探索虽然还存在一些不足，但在以市场化为动力形成现代粮食产业整链发展上已经取得实质性突破和明显成效。可以判定，构建现代粮食产业发展模式的新津实践代表着我国粮食生产经营模式创新的重要方向，对提高粮食安全保障能力具有重要的现实意义，对构建新型农业经营体系具有广泛的借鉴价值。

第九章　乡村振兴与农村集体经济再造

贫困山区在实施乡村振兴战略中必须创新探索集体所有制的有效实现形式，发展壮大农村集体经济，构建增收长效机制。相较于其他地区，贫困山区农村集体经济普遍薄弱，发展壮大集体经济面临的制约更多、难度更大。作为四川省贫困山区的典型代表，宜宾市珙县通过构建一系列紧密关联、互相支撑的政策举措和机制创新，探索出了集体经济与脱贫攻坚、乡村振兴的有机协同路径，既全面消除了全县集体经济“空壳村”，又带动了贫困农户脱贫增收，取得了明显的扶贫解困效应，还有力地促进了乡村发展。珙县在发展农村集体经济中的创新性实践经验，具有极其重要的推广价值，值得全国同类型地区充分借鉴。

一、发展困境：贫困山区集体经济发展的共性难题

贫困山区农村集体经济“空壳化”现象十分普遍，大部分村集体没有稳定的经营性收入来源，并面临着以下六个方面的一般性困境。

（一）土地分户经营导致集体稳定收入来源缺失

始于20世纪70年代末的农村家庭联产承包责任制将“分田到户”作为基本内容，农户成为农业的主要微观经营主体，虽然极大地释放了农户经营的生产潜能，但另一方面也导致集体经济组织事实上不再具备对承包土地的直接支配权利，“统”的功能和作用持续弱化。进一步地来讲，随着集体林权制度改革的推进，绝大部分林地同样实行“分户经营”或被低价出租，集体经济组织所直接控制的资源仅为少数“四荒地”、闲置集体建设用地和房产，资源的有限性导致集体经营性收入来源渠道非常狭窄。同时，与东部发达地区、城郊地区相比，贫困山区没有二三产业发展基础，也不具备发展固定资产租赁的先天区位优势，进而造成了贫困山区集体经济的普遍“空壳化”现象。

（二）区位发展条件受限导致资源价值转化不畅

特殊的自然地理和社会人文环境孕育了贫困山区丰裕的农业资源、景观资源以及文化资源，保持着优良的生态本底，具有较强的产业开发价值和广阔的未来发展前景。如果开发利用得当，可以成为集体经济的产业支柱依托。但是，贫困山区经济社会发展水平总体偏低，处于区域经济地理板块的边缘，远离城市中心，交通不便，呈现出山高坡陡、谷深水急等地形特征，对人才、资金、技术等发展要素的吸附能力薄弱。加之，贫困山区集体经济组织和农民的自身积累也较为有限，导致缺乏激活资源、发展壮大集体经济的初始启动资金及人才、技术、管理等生产要素。

（三）利益关联疏离导致集体内生发展动能不足

实践证明，贫困山区集体经济发展特别需要本地能人的带动和农民集体归属感、凝聚力的重塑。但对大部分贫困山区而言，自家庭联产责任承包制改革以来，集体经济组织提供基础设施建设与维护、孤寡弱势群体救助等公共福利的能力不断弱化，农民也不再对集体负有投工投劳等责任和义务。农村市场化进程的推进和乡村社会结构的分化进一步加剧了农民与集体、农民相互之间关系松散化程度。因此，对乡村本土能人和农民而言，集体经济的发展壮大与自身不存在紧密的利益关联，他们所关注的重心在于通过自谋生计以实现个体富裕，从而导致集体经济的发展缺少能人带动和普通群众的参与及回应，集体经济发展的内生动能严重不足。

（四）村域之间界限分明导致发展空间拓展困难

一般而言，农村集体经济组织以行政村或自然村作为基本范围，相应地，集体经济发展以此作为基本单元进行谋划。但是，立足于单个行政村或自然村所建构起来的集体经济组织所拥有的各类资源资产数量、空间范围、政策惠及程度等往往有限。尤为值得关注的是，因政策受益程度的差异，非贫困村集体经济的发展水平大多已明显落后于周边的贫困村。因此，如果简单地采取单村发展模式，集体经济发展不仅会存在村与村之间发展水平的不平衡，还会普遍面临着资金、人才、经营能力、空间范围等多重制约，最终造成集体经济发展空间严重受限。

（五）多重政策统筹不足导致支撑政策绩效不高

在相当长的一段时间里，人们对贫困山区集体经济的发展潜力和发展价值认识不足，导致对贫困山区的支持政策以“输血”为主，对“造血”重视不够，由此带来以下 3 个方面的具体问题。一是针对集体经济发展的专项扶持政策不足，基本上为“三农”政策支持体系中最为薄弱的领域。二是多元政策缺乏协同整合。贫困山区在空间上往往与重要生态功能区高度重叠，一些贫困山区还属于少数民族地区和革命老区。因此，贫困山区能够获得扶贫、生态补偿、民族地区、革命老区等多项优惠政策。但是，进入的多种政策资源大多仅关注其本身初始设定的目标和任务，未能与集体经济发展紧密结合，政策投入的碎片化特征明显，没有起到有效助力集体经济发展的作用。三是政策支持的系统性不够，缺乏针对集体经济发展资金、税收、土地、人才等全方位的政策支撑体系，导致政策支持的“木桶效应”明显。

（六）改革进程相对滞后导致制度建设不够健全

在新一轮精准扶贫中，贫困村退出标准包括“集体经济”这一项，要求贫困村退出必须要满足“有集体经济组织”或“集体总收入或集体人均收入必须达到一定金额”的标准，脱贫指标的硬约束倒逼贫困山区积极发展壮大集体经济。但是，由于农村集体资产股份合作制改革、农村集体产权制度改革尚处于试点的阶段，贫困山区的大部分村集体均未开展成员界定、清产核资、股份量化、成立集体经济组织等工作，其集体经济组织的产权结构、治理机制和管理制度不健全。“有发展而无制度”是大部分贫困山区集体经济发展状况的真实写照，给集体经济的良性发展带来了一定隐患。

二、实践探索：珙县寻找集体经济发展新路

珙县位于川滇黔三省交界处和乌蒙山扶贫开发片区，是一个拥有 43.2 万人口的农业大县，属省定贫困县。除了面临贫困山区农村集体经济发展的一般困境之外，基于特殊的发展现实，珙县还需解决以下重要难题：一是如何低成本、高效率地推进脱贫攻坚，并通过构建长效机制确保脱贫人口不返贫；二是如何在基础条件十分薄弱的前提下，既适应现代农业规模化、产业化、组织化发展趋势的同时，又保护好小农户的利益，并促进其与现代农业发展有机衔接；三是如何在“分”得有余而“统”得不足的情况下，确保农村道路、水利、环境维护、孤寡弱势群体救助等公共产品的供给；四是如何在农村发展“空心化”和农村基层组织能力弱化的背景下，重新增强农村社会的凝聚力，构建现代乡村治理体系。

正是基于上述现实，珙县将探索农村集体经济发展新路作为解决以上难题的重要突破口，重点采取“模式拓展、资源整合、党建引领、跨村联营、政策协同、改革联动”6 项创新性举措，不仅突破性地使集体经济重新焕发出生机和活力，还有效促进了乡村面貌的整体性改观。到 2018 年，全县全面消除了集体经济空白村，农村集体经营性收入创纪录地达到 1000 万元以上，初步实现了全县集体经济从无到有、由少到多的历史性突破。其中，集体经济收入人均 6 元/年以上的村达到 214 个，占行政村总数的 88.06%；集体经济收入达 2 万元以上的村有 129 个，其中，5 万元以上的 37 个；20 万元以上的 10 个。

（一）以多种模式拓展为方向开辟收入来源

针对大部分村集体“无区位优势、无产业基础、无收入来源”的区情实际，珙县坚持以多维拓展集体经济发展模式为方向，深挖各类资源的利用价值，拓展增收渠道。珙县在少数物业租赁等常规性发展模式之外探索形成了以下 5 种创新模式：一是量化入股模式。一种途径是，集体经济组织将产业扶持资金、贫困户贴息贷款等财政性质和补贴性质资金投入到家庭农场、农民合作社、龙头企业等新型经营主体中，村民和集体经济组织按股份比例获得分红；另一途径是，将财政项目、村集体单独或联合投资建成的生产道路、农田水利设施等基础设施，折资入股到新型经营主体，集体经济组织按股份比例获得分红。2018 年，全县量化入股型集体经济收入为 443 万元，占全县集体经济总收入的 45%。二是服务创收模式。充分发挥集体经济组织在统筹协调、动员群众上的组织优势，通过为基层政府和龙头企业等新型经营主体提供多元化、综合性的服务，从而获得收入来源，如集体经济组织为政府提供农业技术推广、植树造林等社会化服务项目；为新型经营主体提供劳务用工、土地流转和协调管理、水电路设施建管等各类服务；为农民提供产前农资供给、产中技术指导、产后加工销售等生产性服务。2018 年，珙县集体经济组织通过提供多元化服

务实现创收 101 万元，占同期全县集体经济组织总收入的 10.23%。三是金融推动模式。财政出资设立了珙县农业农村(村级集体经济)发展基金，作为办理农商银行开发的“金猪贷”的风险补偿金基金，农村集体既可以提取贷款额 1%的担保费用作为其收入，同时，集体经济组织还可以获得生猪养殖利润的 1%～10%的收益。2018 年，珙县以此实现村集体经济收入共计 147.9 万元，占总收入的 15%。四是自建自营模式。利用财政注资、集体自有资金等，由集体经济组织发展小型农产品加工、光伏发电、花卉苗木等产业，并进行自主运营，获得相应回报。五是自建托管模式。集体经济组织负责前端的土地平整、设施建设及种苗栽培等，引进大户负责后期的运营管理，农村集体按股份分红或固定金额形成收益。例如，珙泉镇永福村建成了占地近 2 亩的养蚕大棚，通过大户返包，每年村集体收益达 1.5 万元，人均可达 8 元。

（二）以资源外引内聚为关键释放发展潜能

为激活乡村资源的价值潜能，珙县采取了一系列“组合拳”，一举扭转了长期以来的农村资本单向流出状况，从而有效解决了投资短缺矛盾，促进了外部资源与集体内部资源的有效整合。一是发挥财政资金的引导作用。利用宜宾市财政设立的“党的建设发展基金”，扶持以村集体资金、资产、资源参股或兴办的从事农牧业生产、农产品加工、乡村旅游的企业、合作社等经济组织，对流转农村土地规模达 200 亩以上，带动农户脱贫致富的企业，按照 100 元/亩进行一次性奖补；对在贫困村中实施农特产品精深加工、销售等产业脱贫项目，固定资产投资 200 万元(含)以上且投产一年以上的企业一次性奖补 20 万元；对在农村建立原材料基地，带动农户致富的县内企业，按照每年收购原材料支出总额的 1%给予奖补。二是撬动金融资本投入。推进政银担合作项目，依托本级政府融资平台，整合财政涉农资金 600 万元用于设立珙县“农村集体经济发展基金”，作为办理“金猪贷”的风险补偿金基金，作为合作方的农商行可按照 5～10 倍的标准向农民专业合作社放贷，到 2018 年 10 月，“金猪贷”已收到申请贷款 5802 万元；与中国邮储银行联合开展“好农贷”业务，到 2018 年 10 月，“好农贷”累计担保额达 523 万元。同时，积极开展土地经营权和林权抵押融资贷款，全县累计实现土地经营权和林权抵押等融资 2.13 亿元。三是促进社会资本投入。引进温氏集团、华西能源、亨博利牧业等多家重点龙头企业，开展财政资产投资收益扶贫试点，自 2015 年至今，累计量化财政扶贫资金 1739.6 万元，降低了社会资本的融资成本和融资压力。四是促进内外部资源对接。构建“龙头企业+村集体+贫困农户/普通农户”“党支部+合作社+大户”“党支部+合作社+公司”等经营模式，以股权为纽带，串联新型经营主体、集体、农民等不同主体，将来自政府、市场主体、金融机构的外部资源和土地、劳动力、生态、自然风光等农村内部资源紧密捆绑在一起，将农村的自然和人文资源融入新的产业发展体系，从而产生资源组合的裂变效应，使“沉睡”的资源转变为可增殖的、活化的、流动的资本。

（三）以党建示范引领为核心培育发展动能

针对农民与集体之间利益关联松散、集体经济发展能人带动不足的问题，珙县坚持以党建为引领，发挥党员干部的示范带动作用，并汇聚和借助乡土精英的力量，从而将党的政治优势和组织优势转化为集体经济的发展优势。一是创设党员合作社。全县共创建135个以党员干部为核心骨干的党员合作社，占全县合作社总数的23.11%，以党员合作社为集体经济发展的主要实施载体，选强配优党员合作社组织力量，累计将524名有责任、能力强、懂经营、会管理的能人党员任命为合作社党组织书记，并按章程选举为理事长，依法进入合作社管理层。二是加强党员教育与激励。全县坚持思想教育与激励约束并重，针对部分党员干部所存在集体经济发展的保守和观望心态，通过座谈谈心、参观示范点、实地“诊断”等方式帮助其转变思想观念，树立发展信心和责任感，构建激励约束机制，将村党组织带领发展村集体经济情况纳入党建工作年度目标考核，并在村集体新增的经营性纯收入中提取一定比例作为村干部的奖励资金。三是吸纳本土精英进入农村基层党组织。珙县实施“凤还巢”工程，动员吸引在外务工、经商的珙县籍成功人士返乡创业，并将返乡人才吸纳进入村级党政领导班子，从而解决农村基层组织和集体经济组织“无能人可选”等问题。截至目前，共回引返乡创业人士 322 人，其中纳入村级后备干部培养管理74人，有67人直接参与了集体经济的发展。

（四）以跨村联营合作为手段扩大发展空间

为破解集体经济单村推进所面临的发展空间受限难题，珙县打破村域行政界限，探索多村抱团、异地置业、异地联建的发展方式。一是推动集体经济跨村抱团。各村级集体经济组织分别等额出资作为股金，成立乡镇一级集体经济组织。例如，底洞镇全部28个村（社区）各出资2万元组建镇级集体经济股份合作社，开展食品生产与销售、广告位招租等村级集体经济组织因投入水平和能力限制而无法从事的经营活动。二是推动集体经济飞地发展。珙县按照“小的依托大的、差的依托好的”的思路，探索集体飞地经济发展模式，以“强村带弱村”为手段消除集体经济“空白村”。例如，巡场镇三合村引进宜宾雅邦农林科技发展有限公司打造蔬菜种植基地，联合王家镇福胜村、白玉村、底洞镇德利村等 8个村整合资金50万元入股基地，使各村集体按照“保底收益+股份分红”的分配方式获取收益。此外，发展异地置业，鼓励贫困村集体发展建设标准厂房、商铺店面、农贸（资）市场等异地物业经济。

（五）以扶持政策创新为重点强化发展支撑

珙县创新对集体经济发展的扶持政策的“碎片化”倾向，创新政策体系，从而为集体经济发展提供了良好的外部支撑。一是设置专项扶持政策。专项设置“农村集体经济发展基金”与农商银行的“金猪贷”联动，将产业项目是否扶持壮大了集体经济作为放贷补贴的前置要件，从而实现了集体经济与生猪产业的同步发展；利用宜宾市设立的“党的建设发展基金”，专项用于增强农村集体经济发展的“造血”功能，并以这一基金为依托，携手金融机构设立基于党员身份、个人征信的“党员贷”，重点用于发展壮大集体经济。二是加强扶持政策联动。将农村脱贫攻坚、基础设施完善和集体经济发展政策联动，形成综合叠加效应；量化财政扶贫资金，集体可按股份从扶贫产业的收益中提取一定比例；探索财政投入的基础设施建设项目建成后统一交由集体经济组织持有，并折资作为其与产业发展主体合作的股本金。三是构建综合性政策体系。珙县出台了《关于加快农村集体产权制度改革大力发展农村新型集体经济的实施意见》，明确了扶持集体经济发展的财政、土地、税费、金融共4大类，涉及财政补贴、建设用地指标保障、土地整治、税收优惠减免、贷款贴息等12个小项，精准涵盖了集体经济发展的政策需求的各个方面，系统综合的政策内容有效地改变了政策支持的“木桶效应”。

（六）以配套制度建设为保障确保良性发展

珙县以中央和省市相关文件精神为遵循，将集体经济发展与改革深化、制度建设协同推进，确保了集体经济的良性发展。一是推进农村集体资产股份合作制改革。在全县范围内开展清产核资工作，由县农业局先行对集体经济组织登记赋码，确保其在经营中具有完整的市场主体地位。二是健全集体经济组织管理制度。健全农村集体“三资”管理，完善村级财务监督，落实“四议两公开一监督”制度，执行村财镇管制度和建立集体“三资”信息化监管平台，确保村级集体经济组织管理运行科学化、规范化。一些村还创新了村集体经济收支专项账本、村集体财务年度评审制度、民情台账等具有地方特色的民主管理制度，让农民参与到决策、管理及监督之中。

三、内涵特征：珙县样本的深度解析

珙县农村集体经济发展的实践探索全面消除了“空壳村”，有效破解了贫困山区面临的稳定收益来源缺失、资源价值转化不畅、内生发展动能不足、发展空间拓展困难、政策绩效不高、制度建设不健全6大共同困境，创新性地实现了与乡村产业振兴、组织振兴、人才振兴相互呼应和有机联动。根据珙县的具体做法和内在规律，珙县集体经济创新样本的内涵可以概括为：以乡村组织再造为引领，以乡村产业升级为支撑，以多元政策叠加为突破口，以内部资源激活与外部要素集聚为关键点，实现贫困山区集体经济发展由小到大和由弱到强的突破性转变。更进一步地分析，珙县样本具有4种重要特征。

（一）组织化特征：建立了示范带动的合作机制

重构乡村组织是珙县集体经济得以突破现实约束、实现良好发展的重要条件，也是珙县样本的突出特征。一方面，按照“党支部+农民合作社”的思路，成立由党员为主体力量、党组织发挥核心领导作用的党员合作社，以此作为发展集体经济、带动农民参与的组织载体，吸纳乡村精英进入村“两委”和党员合作社，对党员干部进行教育培训、激励问责等，从而增强党支部和党员合作社发展集体经济的意愿和能力；另一方面，为防范内部人控制风险，保障农民的知情权和参与权，完善集体“三资”管理，创新村集体经济收支专项账本、民情台账等扎根本土、行之有效的民主监督制度。党组织的带头引领和民主管理制度的完善，形成“雁阵效应”带动农民发展，将个别能人的孤立式发展转变为群众集体的合作式发展，让大户、能人等乡土精英带动广大农民共同富裕。

（二）普惠式特征：构建了共营共享的发展格局

整合多方力量、兼顾多方利益尤其是保障农民群众的利益是珙县样本的重要特征。一是构建共营合作关系。珙县转变过去把集体土地资源、不动产资源低价出租给市场主体的做法，重点通过发展股份合作制，让集体、农民与新型经营主体形成合作伙伴关系。同时，集体、农民与新型经营主体之间还形成了分工协作机制，集体为新型经营主体提供土地流转、用工协调、纠纷处置等服务，为农户提供技术指导、加工销售等服务。二是构建收益共享机制。珙县创新探索二次收益分配机制，第一次是集体获取股份分红、保底收益，或收取租金、服务费等；第二次是除留存集体部分之外，其余收益用于农民分红、公共服务设施建设与维护、困难弱势群体救助等公共福利领域，确保农民的幸福感和获得感。2018年，全县农民从集体经济中人均分红达6.5元。集体经济发展共营共享格局的形成兼容了村集体、农民、新型经营主体等不同主体的利益，使集体经济的发展获得了多方支持，并具有深厚的群众基础。

（三）实体性特征：形成了特色产业的基础支撑

坚实的产业支撑是珙县样本的显著性特征。珙县突破了大部分地区农村集体经济组织简单收取土地流转协调费、固定资产租金的一般做法，而是选择了依靠优势特色产业支撑壮大集体经济的发展道路，形成了集体经济组织与乡村产业、新型经营主体共生共荣的格局。2018年，全县农村集体经济组织依靠产业发展实现收入504.9万元，占集体经济总收入的51.2%。农村集体经济组织深度嵌入到生猪、桑蚕、肉牛、茶叶、食用菌等特色产业发展进程中，担任着组织协调、土地供给、投资融资等角色，有力地促进了优势特色产业做大做强。同时，特色产业发展又使集体经济组织的收入来源得到了持久性的保障和依托。

（四）稳健型特征：实现了经营风险的有效规避

珙县推动集体经济发展中特别注重对经营风险的规避和防控，选择了稳健型的发展道路。一是在经营方式上，对具有较大风险的养殖、种植、乡村旅游等产业项目，普遍选择股份合作等经营方式，采取“保底+分红”、固定租金的分利机制，从而将市场风险对集体经济组织的影响降至最低，即便是经营主体遭遇亏损、破产等情况，仍能确保集体经济组织的经济损失在可控范围之内。二是在产业业态上，积极规避风险，选择风险相对较小的产业项目，特别是对自建自营的产业业态，大多选择收益稳定、市场风险较低的生产性服务业等。三是在管理制度上，规定集体所有的经营性资产可以承担经营风险的比例原则上不得超过经营性资产总量的60%。稳健型的发展道路避免了集体经济发展出现大起大落，实现了稳定有序的发展进程。

四、理论贡献：珙县样本的价值意义

珙县集体经济发展的创新性样本虽然尚属基层探索范畴，但是从更宏观的视角审视，其探索实践具有十分重要的价值启迪意义。

（一）印证了贫困山区发展集体经济具有必要性

珙县样本证明了贫困山区发展集体经济能够带来综合性的经济社会效应，是实施山区乡村全面振兴的重要途径。首先，集体经济发展能有效激活乡村资源要素，增强乡村发展动能，尤其是促进产业提档升级，促进乡村“产业兴旺”。其次，集体经济发展能够改变伴随着农村“空心化”、人口“老龄化”出现的乡村组织涣散问题，增强集体的凝聚力，促进农民对集体事务的关心和参与，从而实现乡村“治理有效”。最后，集体经济发展能够有效地促进农民增收，尤其是集体经济与脱贫攻坚协同推进，有利于通过发展效益的共享性促进村民尤其是贫困群众共同发展，进而促进农民生活富裕。

（二）展现了贫困山区发展集体经济具备可行性

首先，珙县样本证明了发展集体经济不仅在基础好的发达地区可行，在贫困山区同样也可以大有可为。其次，珙县样本证明了贫困山区集体经济发展能够得到干部群众和新型经营主体的一致认同和响应。对基层干部而言，集体经济发展提升了村“两委”在村民中的认可度，提升了其组织能力和公共产品供给能力，降低了工作开展难度；对农民群众而言，既获得了村集体分红收入，又享受到了因村集体实力增强带来基础设施、公共服务、特殊群体救助等福利改善，还可以借助集体经济组织提供的技术指导、加工销售等生产性服务，发展优势特色产业，提高经营收入水平；对新型经营主体而言，可以得到集体经济组织提供的矛盾调解、物业管理、原料组织等配套服务，有助于其经营活动有序开展和降低成本。

（三）探索了贫困山区发展集体经济的适宜路径

珙县样本成功探索了贫困山区如何克服内外部制约因素，发展壮大集体经济之路，从“主体-供体-载体”的三维视角来看，以下 3 个方面的创新显得十分重要。从主体的视角来看，贫困山区集体经济的发展需要培育农村基层党组织、乡村能人等带动主体，有效发挥其带动作用；同时，要以农民合作社为载体构建乡村能人、普通农户之间的互助合作机制。从供体的视角来看，贫困山区集体经济发展既需要顺应城乡融合发展和城乡要素加速对流的趋势，撬动金融资本，引入社会资本，还需要加强政策支持力度和政策资源整合，最终将社会资本、金融资本、财政资本整合在一起，并将集体内部的自然资源、人文资源、固定资产等充分激活。从载体的视角来看，贫困山区集体经济的发展需要突破村域界限，探索跨村联营、多村抱团和飞地经济等发展模式，克服单村发展在地域空间、发展能力、资源数量等方面的缺陷和限制。

五、基本启示：珙县样本的创新经验

珙县集体经济发展样本探索出的经验启示具有一般意义上的普适价值，值得其他地区尤其是同类型贫困山区在发展集体经济时进行参考借鉴。

（一）重构组织是贫困山区发展集体经济的重要基础

从各地已有实践看，贫困山区集体经济发展的关键在于具有奉献精神的能人带动。但是，能人带动型发展模式存在着以下 3 个问题：一是能人具有“可遇不可求”的稀缺性资源特征；二是即便当地有能人，若缺乏有效的激励机制，所带来的结果也是少数能人的致富而非具有普惠性质的共同富裕；三是过度依赖能人也会潜藏着较大的内部人控制风险，甚至出现侵吞集体资产的现象。珙县的创新之处在于依靠扎根于乡村的农村基层党支部，将能人吸纳融入村级干部队伍，让农村基层党支部成为集体经济发展的支柱性带动力量；同步完善集体经济组织管理制度，赋予农民对集体事务的参与权和监督权，从而规避了能人稀缺、激励不足、内部人控制等三大缺陷。珙县的实践表明，贫困山区农村集体经济的发展可以充分发挥基层党组织战斗堡垒作用和党员干部的率先垂范作用，以此作为驱动集体经济发展的精神内核。

（二）聚合要素是贫困山区集体经济发展的关键突破

拥有丰富多样的资源是大部分贫困山区的共同特征。但是，贫困山区长期延续的小规模、低强度、弱投资的单家独户经营模式无法实现对类型多样、总量富足但布局分散的资源进行有效整合，也没有资本、技术、人才、信息等现代要素对资源进行开发。珙县实践的创新之处在于通过财政资产投资收益扶贫试点、设立“政银担”合作项目、财政奖补等手段，引进和聚合社会资本、金融资本、政策资源，有效开发利用集体内部资源，并通过股份合作等形式将集体内部沉淀的资源有效吸附，实现了“资源变资产、农民变股民、资金变股金”。珙县的实践证明，贫困山区农村集体经济发展要走区域开放发展的道路，必须注重外部要素的吸纳聚集，并使其与本地资源相融，从而实现各类资源资产的资本化和效率化。在区位条件不佳、对社会资本吸引力不够的条件下，重点可通过投融资杠杆、政策激励等手段有效撬动社会资本流入。

（三）拓展路径是贫困山区发展集体经济的必然选择

从发达地区的情况看，物业经济和物流经济已经成为集体经济发展的主要形式。受地理区位、资源禀赋等限制，贫困山区不具备“两物”经济的发展条件。这也是大部分贫困山区农村集体“空壳化”的重要原因之一。珙县的重要创新性探索在于走出了一条优势特色产业与集体经济相互支撑、有机协同的发展路径，形成了量化入股、服务创收、金融推动、自建自营、自建托管型 5 种发展路径。珙县的实践表明，贫困山区农村集体经济的发展必须选择一条能够发挥比较优势和具有区域特色的发展道路，要聚焦成长空间大、最具竞争力的优势特色产业，真正将“山区劣势”转变为“山区优势”，要通过多元模式拓展形成集体经营性收入的持续性来源渠道。

（四）提供服务是贫困山区发展集体经济的重要方面

贫困山区呈现出3个方面的重大转折性变化：一是乡村产业的整体升级，传统农业经营模式向适度规模化、组织化、集约化的现代农业经营模式转变；二是产业业态多元化，乡村旅游、度假康养、共享农庄等新产业新业态蓬勃发展；三是经营主体多元化，形成了传统小农与家庭农场、种养大户、农民合作社、龙头企业等新型经营主体并存的格局。为了有效适应以上变化特征，珙县将提供多元服务作为集体经济的重要收益点，由集体承接政府购买服务，为企业等提供关系协调、货源组织、物业配套管理等服务，为农户提供产品销售、良种技术等服务，从而以低风险、低成本方式实现集体收入增加。珙县的实践表明，贫困山区在发展集体经济过程中，需要特别重视由集体经济组织通过承接政府购买公益性服务和为新型经营主体、农户提供服务来获取稳定的收益。

（五）打破村界是贫困山区发展集体经济的重要路径

在贫困山区，集体经济的单村发展模式很难突破资源要素、经营能力、空间范围等多重约束，从而导致集体经济发展初始启动难、发展突破难。珙县的重要经验在于在发展约束严峻的条件下，探索跨村联营、多村抱团的发展方式拓展集体经济发展空间，并通过“强村带弱村”的飞地经济模式，解决集体经济薄弱村因条件不具备而无收入来源的问题，是一个具有重要现实意义的发展选择。珙县的实践证明，为了打破村域资源要素的局限性，需要充分整合资源进行优势互补，通过跨村联合能有效地拓展集体经济发展空间。

（六）创新政策是贫困山区发展集体经济的有效保障

有效的政策支持是贫困地区集体经济发展的重要外部条件。但是，贫困山区集体经济发展普遍面临着专项扶持政策缺失、政策资源的“碎片化”投放以及政策支持缺乏系统性等问题。珙县的重要探索在于设置了扶持集体经济发展专项基金，并促进扶贫、基础设施建设等其他方面的支持政策与集体经济发展紧密结合，再为集体经济发展提供用地、金融、财税等综合性的政策支持。珙县的实践说明，贫困山区农村集体经济的发展还需要提供相应的政策支持，尤其是通过政策优化形成具有针对性系统性的政策体系。

六、推广应用：珙县样本的政策借鉴

（一）创新组织管理模式

借鉴珙县发挥农村基层党支部的示范引领作用，吸纳乡村能人，并同步完善内部管理制度的做法，创新组织管理模式，促进集体经济健康有序发展。一是发挥农村基层党组织的核心领导作用。将发展壮大集体经济作为巩固和加强党在农村的执政基础、优化乡村治理的重要方面，引导党员干部转变原有的思想观念，克服消极懈怠心理和畏难情绪；构建有效激励机制，将集体经济发展成效纳入基层年度目标考核，对集体经济发展实绩突出的村和干部予以奖励，通过“保底底薪+绩效奖励”的薪酬结构、股权激励等方式，对集体经济组织管理人员予以奖励；鼓励党员干部领办创办农民合作社，以合作社为载体促进党员干部、乡村能人、农户之间的抱团合作，强农惠农政策支持适度向管理规范、利益联结机制健全的党员合作社倾斜。二是发挥乡村能人的带动作用。运用“物质+精神”的双重手段，促进新乡贤、农民工、大学生、退伍军人等各类乡村精英人员回归家乡，构建乡村精英与集体经济组织的合作机制，既可以通过组织措施探索将精英人员纳入村级领导班子或集体经济组织管理层，也可以通过产业合作的方式实现收益共享。三是完善集体经济组织内部管理制度。按照“扩面、集成、提速”的要求，加大力度推进农村集体产权制度改革，构建集体经济组织内部清晰的产权结构、健全的治理结构；进一步完善农村集体“三资”管理，防范内部人控制风险和集体资产流失；保障好农民对集体事务的知情权、决策权、参与权、监督权，落实公示公开制度、民主决策制度、民主监督制度等制度，避免出现少数村干部“代民做主”。

（二）引聚外部发展要素

借鉴珙县以开放发展为指向，通过引聚政策资源、金融资本、社会资本以激活集体内部沉淀资源的做法。一是发挥财政资金的投资引导作用。鉴于贫困山区投资的高成本、高风险特征，建议通过财政奖补、税收优惠等激励举措引导社会资本流入。二是撬动金融资本投入。搭建好投融资平台，采取贷款贴息、贷款担保等方式引导金融资本投入，深化农村承包土地经营权抵押融资改革，撬动金融资本投入。三是引导社会资本流入。适度放宽社会资本的准入门槛，允许社会资本在符合规划、不损害农民利益、不破坏乡村生态的条件下进入农业农村，以多种方式盘活集体内部资源，并引导农村集体发挥服务功能，优化投资环境，根据产业发展需求，强化道路、水利、高标准农田等基础设施建设，从而降低投资成本，增强贫困山区对社会资本的吸引力。

（三）拓展多元增收渠道

借鉴珙县探索量化入股、服务创收、金融推动、自建自营、自建托管等集体经济多元发展路径的做法，贫困山区可结合自身实际，拓展集体经营性收入来源渠道。一是盘活农村资源。构建乡村产业与集体经济发展的紧密衔接机制，明确集体经济组织在产业发展中的角色定位，通过产业业态的多元化和发展壮大创造形成集体经营性收入来源；深度挖掘贫困山区农村富集的生态资源、自然光热资源和水文资源、历史人文资源等，发展森林碳汇交易、康养农业、生态旅游、光伏发电、文化创意等多种产业和业态；盘活农村承包地、“四荒地”、林地，发展现代农业项目、林下种养模式，鼓励盘活闲置宅基地、经营性建设用地等用于新产业新业态发展。二是用好财政惠农政策。鼓励集体将财政扶持资金入股新型经营主体，股份量化财政对农村基础设施建设的投入，并作为集体与产业发展主体合作的股本金，形成集体的分红收入。三是积极发展服务创收。允许集体经济组织承接政府购买服务，赋予集体经济组织直接承接基础设施建设的资格，扩大农村小微型基础设施建设村民自建的范围和规模，拓展政府购买集体经济组织公共服务的范围，从而形成集体经营性收入；鼓励集体经济组织发展生产性服务业，为农民和新型经营主体提供农资供应、技术指导、加工仓储、营销流通等服务。有条件的地区可探索将集体经济组织打造成为综合性的业态运营商和服务供给商，提供集矛盾协调、劳务用工、物业管理等于一体的系统性配套服务，形成具有稳定性的服务收入渠道。

（四）探索跨区联合发展

借鉴珙县打破集体经济单村发展模式的做法，可探索多村联营和飞地经济的集体经济发展模式。一是探索集体经济多村联营制。鼓励多个村集体经济组织通过等额出资的方式联合成立多村连片集体经济组织或乡镇一级集体经济组织，以农村股份合作社联合社或土地股份合作社联合社的组织形式促进对多村资源的整合，通过“强强联合”“弱弱抱团”或“强弱互补”的方式，拓展集体经济发展空间，增强集体经济发展实力。二是鼓励发展飞地经济。鼓励受生态保护限制、规划限制、村内资源匮乏或发展空间较小的村通过向外购置商贸店铺、入股其他村集体或企业等异地置业、异地联建方式，克服产业发展空间限制。

（五）优化完善政策支持

借鉴珙县设立专项支持政策、整合多元政策资源、构建系统政策支持体系的做法，加大对集体经济发展的政策支持力度，优化政策支持方式，提高政策支持效率。一是设置集体经济发展专项支持政策。通过整合现有各部门涉农资金，设置支持集体经济发展的专项基金，作为集体经济发展的启动资金或贷款贴息、融资担保资金。二是加强政策整合协同力度。将发展集体经济与发展产业、脱贫攻坚、农村基础设施和公共服务、生态建设、少数民族优惠、革命老区发展等各类支持政策有机衔接起来，探索在完成专项政策目标的同时促进集体经济发展的路径和办法。三是强化综合性政策支持。在继续加大和优化财政支持的同时，还要更有针对性地提供土地、税费、金融等其他方面的支持政策。当前，重点是要加大土地政策支持力度，允许将实施土地整理、村庄整治节余的建设用地指标，优先给予集体经济组织使用，新增耕地由集体经济组织管理和使用；允许由集体经济组织牵头成立的土地股份合作社、专业合作社所需的农业生产和附属设施用地，按照农业设施用地管理。通过税收优惠、核减返还减轻集体经济组织税收负担，并引导金融机构单列集体经济发展信贷计划，给予优先支持和利率优惠。

实践篇：四川乡村振兴的实现路径

第十章　成都实践：深化农村改革增强乡村振兴动能

改革是发展的根本动力。在统筹城乡综合配套改革的基础上，成都市根据发展新阶段、新形势和新任务要求，瞄准推进乡村振兴战略面临的突出矛盾，尤其是体制机制顽疾，主动作为、深化改革、大胆突破，努力破解制约城乡融合发展的瓶颈，有效增强了助力乡村振兴的新动能，在促进乡村振兴、城乡融合的重点领域和关键环节取得了显著成效。

一、以改革促进成都乡村振兴动能转换迫在眉睫

党的十九大提出的乡村振兴战略正视了我国农业农村发展的阶段性特征和面临的突出问题，是对新时代“三农”政策适时进行调整和完善的重大战略部署。成都市作为西部地区重要的中心城市，既面临着全国共性的任务和挑战，也具有自身的特征和矛盾。因此，成都市立足自身实际，全力推动农村改革再出发、再深化，以全面增强乡村振兴的新动能。

（一）深化改革拥有扎实基础

成都市是全国统筹城乡综合配套改革试验区、第二批全国农村改革试验区、国家现代农业示范区，通过持续不断地推进改革取得了显著成效，为进一步深化改革奠定了坚实基础。从产业发展看，有效供给能力显著增强，聚焦“优绿特强新”，不断提高农业供给质量，城乡居民“米袋子、菜篮子、果盘子”更加丰富安全，成为副省级城市和省会城市中唯一的国家农产品质量安全市，而且规模化、集约化水平有效提升，新产业、新业态不断培育壮大。从产权制度看，以体制机制创新为动力的要素供给改革加快推进，农村产权的实现和流转政策不断完善，城乡要素流动自由度持续提升，农村劳动力、土地、资本活力不断迸发。从公共服务看，城乡区域分割形态逐步被打破，城乡融合互动发展不断加速，以社会力量为补充的公共服务体系加快完善，农村公共服务市场逐步放开，社会力量提供的个性化、高品质服务逐渐向农村延伸，政府主导、社会参与的公共服务供给机制加快构建。从乡村治理看，以村民自治为基础的农村社会治理模式加快形成，新型经济主体和社会组织不断进入农村，新的乡村管理服务体系加速重构，村民自治机制更趋完善。从生活水平看，新农村建设扎实推进，探索形成“小组微生”新农村综合体建设的体制机制，累计建成幸福美丽新村 1979 个、新农村综合体 186 个，有效改善了农村生产生活条件，农民收入持续稳定增长，城乡居民收入比下降到 1.93∶1。

（二）乡村振兴仍存在瓶颈制约

成都市在推进乡村振兴的过程中，既面临着全国性的共性问题，也存在与国家中心城市建设不相适应的个性问题。一是对照城乡融合发展要求，城镇体系发育还不够完善。城乡规划条块分割，镇级规划质量不高，村级规划覆盖率低，刚性执行力度不够。镇村资源分布散乱，建制镇数量多、规模小，农村散居现象突出。二是对标发达城市，都市现代农业发展水平有待提升。农业组织化程度不高，耕地规模经营效率较低；产业结构不优，农产品加工业产值与农业产值之比为1.47∶1，低于全国2.1∶1的水平；效率型要素供给不足，农业科技进步贡献率仅为56.2%，远低于上海80%的水平。三是对比农村社会结构的快速变革，乡村治理体系转型相对滞后。农村社区行政化倾向明显，社会组织发育不足；农村公共服务供给不足，农村自来水和燃气普及率仅为56.2%、34.6%，光纤网络尚未实现“户户通”；农村环境问题较为突出，垃圾焚烧处理率不到45%，近20%的乡镇未建污水处理厂；农村稳定问题不容忽视；封建迷信、非法宗教、变相传销等现象突出，城乡接合部各类犯罪行为多发频发。

（三）改革动能出现减弱趋势

虽然成都市长期以来的探索实践和改革创新取得了显著成效，但随着农业农村发展形势的变化，一些原有改革措施的适应性发生了变化，已有改革的动力呈现出弱化趋势。一是乡村振兴需要大量的资源要素作支撑，虽然通过改革破除了一些要素流动制度瓶颈，但土地、劳动力、资金等基本生产要素持续大规模由乡到城单向流动的格局尚没有得到本质的转变。二是随着农村人口外部流动继续发展和劳动力老龄化不断加剧，乡村振兴缺乏人才支撑的困境日益凸显，已有政策措施下人才回不来、引不动、留不住的矛盾必须破解。三是随着城乡开放度不断扩大，农村社会的封闭性不断被打破，农村利益主体呈现出多元化特征，农村熟人社会的特征趋于弱化，原有制度下农村内部资源争夺加剧，利益冲突增多，治理成本增加、效率降低，乡村治理模式需要进一步创新。四是通过推进集体资产股份权能改革为农村集体经济发展奠定了必不可少的产权制度基础，但总体上仍未突破农村集体经济组织“有资源，缺发展”的瓶颈性困境制约，带动小农发展的能力还十分有限。

二、以五大重点改革破解乡村振兴的关键制约

按照实施乡村振兴战略、推进城乡融合发展的决策部署，成都市以“五项重点改革”为突破口增强乡村发展新动能。

（一）深化农业供给侧结构性改革，破解供需失衡矛盾

成都市坚持在创新链、供应链、价值链、产业链上着力，加快构建现代农业产业体系、生产体系和经营体系，提高农业供给质量，减少无效供给，破解供需失衡矛盾。一是以延

长产业链、提升价值链为重点优化农业产业体系，在切实保障粮食生产能力的基础上，按照“农商文旅融合发展”的思路，大力发展农产品深加工、农村电商、农产品物流、森林康养等新产业新业态，构建一二三产业融合发展的现代农业产业体系。二是以扩大绿色、有机、无公害农产品供给为重点优化农业生产体系，大力推进标准化、绿色化、品牌化生产。三是大力推广“农业共营制”，着力完善创新链和优化供应链，健全集农技推广、生产经营、主体培育、品牌营销、金融保险、质量安全为一体的新型农业服务体系。四是以提高资源匹配度为重点重塑农业经济地理，科学布局主业突出、特色鲜明、集约高效的现代农业主体功能区，构建农业产业生态圈。

（二）深化农村集体产权制度改革，消除要素流动障碍

成都市致力于进一步深化农村集体产权制度改革，完善农村生产关系，解放和发展农村生产力，盘活农村土地等重要资源，激发资源要素活力。一是大力推进农村土地制度改革，完善承包地“三权”分置制度，落实第二轮土地承包到期后再延长三十年的政策；扎实抓好集体建设用地、建设租赁住房试点和集体经营性建设用地入市改革试点，探索建立集体经营性建设用地增值收益分配机制，探索有效的宅基地自愿有偿退出路径。二是更大力度推进农村集体资产股份化改革，深入开展集体资产清产核资和股份量化，规范发展股份经济合作社等新型集体经济组织。三是完善农村集体产权交易服务机制，推动成都市农交所与省内市州统一联网，促进农村产权合法有序流转，并严格依法保护。

（三）深化农村金融服务综合改革，突破资金供给瓶颈

成都市瞄准农村金融发展相对缓慢，功能发育不完备，导致农村长期处于资金失血和贫血状态的实际，致力于以改革为动力增强金融服务支撑。一是以发展农村普惠金融为重点加快完善金融组织体系，鼓励发展新型农村普惠金融机构和组织，支持金融机构和支付机构在农村延伸经营网点，推广应用网上银行、手机支付等服务方式。二是支持地方法人金融机构和具备条件的民间资本依法设立服务“三农”的中小型民营银行、村镇银行和金融租赁公司，同时推行经济林木、农产品仓单等抵质押金融产品，支持农业职业经理人凭资格证书信用贷款，推广土地流转履约保证保险等创新型涉农保险品种，鼓励发行企业债、“双创”债、“绿色”债和私募债等直接融资产品。三是以建设“农贷通”等平台为载体加快完善农村金融服务体系，探索农村金融、产权交易、农村电商“三站合一”模式，健全农村产权抵押担保、融资风险防控机制。四是加快完善农村信用体系，构建金融信用信息平台和金融风险监控预警平台，加强互联网金融监管，防止非法集资下乡。

（四）深化公共产品服务生产供给机制改革，化解投资低效难题

成都市全面强化公共投资体制改革，以政治效益、经济效益、社会效益最大化为目标推进公共产品服务生产供给机制创新，力求以最小化投入获得最大化产出，并通过共建共享增强人民群众的获得感和认同感。一是推动财政投入方式改革，开展农村公共产品供给

管理权和经营权分离试点，把财政性投入以股份、基金、购买服务、担保、贴息等方式植入农业农村发展的重点领域，引导撬动社会资本有序参与乡村振兴战略。二是聚焦农业农村现代化发展不均衡、不充分的重点领域，创新教育、就业、社会保险、医疗卫生、文化体育等服务供给，加大财政资金向科技创新、品牌营销、创业孵化和农村电商等农商文旅融合的新产业、新业态领域的投入。三是以现代农业主体功能区为主要依托，联合社会资本，整合涉农领域资金，组成联合投资体，引导科研、品牌、营销、加工、文旅等共同推动资源整合和功能区开发。

（五）深化农村行政管理体制改革，打破二元分割格局

成都市根据农业规模化、组织化加快发展，产业跨界深度融合、城乡人口双向流动加速等重要发展趋势，着力改革现有农村行政管理体制。一是依法稳妥有序开展联村并村、拆乡并镇、乡改街办，逐步构建“两级政府、三级管理”，扁平高效的新的农村管理组织架构。二是打破行政区域界限，创新管理方式，构建以现代农业主体功能区为基本单元的管理新体制，探索建立“管委会+投资公司”的运营模式。强化以区（市）县和主体功能区为主体组织和推动经济工作，提升服务产业发展和社区治理能力。三是推进村级集体经济组织与自治组织分离，促使集体经济组织专注于经济发展，自治组织专注于社区治理。

三、以全面深化改革为突破充分释放乡村振兴新动能

成都市在全面深化农村改革、增强乡村振兴动能的过程中，构建了一条系统谋划、全面改革、科学有效的路径，概括而论，主要具有以下几个方面的重要经验。

（一）通过系统化的顶层制度设计实现有序推进，提高改革动能整体效力

成都市在全面深化改革、推进乡村振兴的过程中，始终高度重视以顶层制度设计加以引领和规范。中共成都市委、成都市人民政府于 2017 年共同下发了《关于实施乡村振兴战略建立健全城乡融合发展体制机制加快推进农业农村现代化的意见》；中共成都市委办公厅、成都市人民政府办公厅印发了《成都市实施乡村振兴战略推进城乡融合发展“十大重点工程”和“五项重点改革”总体方案》，同时配套出台了《成都市实施乡村振兴战略若干政策措施（试行）》；中共成都市委农村工作领导小组出台了《关于印发实施乡村振兴战略推进城乡融合发展“十大重点工程”和“五项重点改革”专项实施方案的通知》。这一系列系统性的顶层政策设计，不仅明确了改革的目标任务和突破重点，而且分项制定了具体改革方案，形成了明确的改革任务书、路线图和时间表，有效破解了改革碎片化、分散化和难以形成合力的困境，确保成都乡村振兴战略的推进成为一个规范有序的过程，对于构建推进乡村振兴的新动能和提升新动能的整体效力，都具有极为重要的支撑性作用。

（二）通过区域性的改革试点安排实现循序渐进，推进改革动能有效激活

成都市充分认识到深化农村改革的复杂性和艰巨性，在聚焦重点领域和关键环节的同时，在区域推进上没有采取齐头并进、一步到位、全面铺开的简单方式，而是选择部分区域先行进行试点，待取得成熟经验和改革成效后再循序推广。无论是在集体经营性建设用地入市改革、农村宅基地“三权分置”改革、利用集体建设用地建设租赁住房改革，还是农村行政管理体制改革、农村集体资产股份权能改革等方面均是如此，以确保改革过程平稳有序。在崇州市和新津区试点创新的功能区“管委会+投资公司”管理模式，以及在成都天府新区、青白江区、金堂县、蒲江县等 4 个区县按照“严格审批、局部试点、封闭运行、风险可控”原则开展的利用集体建设用地建设租赁住房试点，都是通过对试点取得的经验进行系统总结评估后才逐步扩大范围进行推广的。尤其是对农村集体资产股份化改革，更是在前期改革试点取得可行性绩效的基础上进行提质扩面，新增 100 个农村集体资产股份化改革试点，从而加快全市农村集体资产股份化改革的进程，强化和扩散发展新动能。成都市构建的“局部试点-改革扩面-全域推进”的循序改革路径，一方面通过将改革探索限定在特定区域渐进性推进，确保改革过程震动较小，风险可控；另一方面又通过总结推广、提质拓面让改革动能不断扩散，稳定地发挥支撑乡村振兴制度供给作用，具有很强的借鉴推广价值。

（三）通过高效率的工作实施机制实现快速推进，加速改革动能充分释放

农村改革牵涉面广、涉及部门多，特别是在当前处于改革“下深水”“啃硬骨头”的阶段，如果缺乏有效的统筹推进机制往往会带来改革难、推进慢、成效差的后果。基于此，成都市不仅加强组织领导，通过农村工作领导小组定期或不定期研究有关重大举措、重大政策和重大项目，建立集中协调解决重大问题的工作机制，而且构建深化改革目标责任制，确定推进改革的原则、程序和节奏，环环相扣，层层落实，确保改革过程能够实现任务明确、责任清楚、落地落实。同时，成都市高度重视加强对“五项重点改革”的宣传力度，引导广大农民群众增强主人翁意识和主动参与意识，形成良好的改革氛围。此外，成都市还充分调动基层的改革积极性，有效激发基层在推进改革中的首创精神，建立健全推进改革的试错机制和免责机制，从而形成高效的工作推进机制，实现了改革动能的加速释放。

（四）通过差异化的改革路径选择实现高效推进，促进改革动能持续扩散

成都市面积为 1.43 万平方公里，辖 12 区、5 市、3 县。各区市县之间无论是地形地貌、资源禀赋还是人口结构、产业基础等方面均存在着很大差异。正因如此，成都市在推进改革的过程中，高度重视不同区域之间的差异性、不同改革内容之间的特殊性，不简单化采取统一的“一刀切”模式 ，而是积极鼓励因地制宜进行多元化的探索创新。其中，针对土地经营权放活，探索了“农业共营制”“土地预流转+履约保证保险”“大园区+

小业主”等不同经营方式，形成了多元化的适度规模经营模式；针对集体经营性建设用地入市改革，探索形成了“就地入市+乡村旅游”“整理入市+田园综合体”“配套入市+特色农业”“宅改入市+都市农业”“三权分置+民宿康养”等多种模式。成都市差异化、多元化的改革探索，一方面有效降低了改革的摩擦阻力和成本，另一方面也提高了推广改革经验的适应性和现实价值。

（五）通过联动性的协同改革机制实现统筹推进，促进改革动能集成传导

任何农村改革都是一项复杂的系统工程，既需要相关配套的有效支撑，更需要相关部门的合作协同。因此，成都市在推进改革的过程中，特别注重构建工作合作机制和政策联动机制，协同一致地推进改革。其中，成都市在乡村人才培育聚集工程中，成立了以农业部门牵头，组织、财政、人社、科技等相关部门共同参与的乡村人才集聚工程领导小组，针对农村专业人才引进培育行动、新型职业农民培育行动、千村万名村（社区）后备干部孵化行动等重要方面，明确工作内容、计划进度、阶段目标，各司其职、相互配合，形成联动推进乡村人才培育聚集的工作格局。成都市通过对每项具体改革任务均明确牵头单位和配合责任单位，要求相关部门联动推进改革工作，进而形成“1+1>2”的改革合力，呈现出改革动能的集成式传导，产生了十分重要的倍增效应，为全面推进乡村振兴提供了关键性支撑。

成都市以“五项重点改革”为抓手，着力破除乡村振兴在产品供需失衡、要素流动障碍、资金供给瓶颈、公共产品供给低效和城乡二元分割等方面的现实挑战和制度瓶颈，在盘活资源、激发活力、提高效率、创新机制等关键方面取得了重大进展。可以判定，改革已经成为成都市乡村振兴的新引擎和动力源，通过“五项重点改革”不仅有效扭转了改革动能弱化的趋势，而且为成都市实现高位求进的乡村振兴提供了有效的动能支撑。

第十一章　郫都区实践：高位求进的乡村振兴

党的十九大提出了“产业兴旺、生态宜居、乡风文明、治理有效、生活富裕”的乡村振兴总要求，为新时代乡村全面繁荣发展描绘了光明前景。郫都区作为新一线城市的主城区板块，乡村发展定位发生了明显的变化，尤其是根据习近平总书记“走在前列、起好示范”重要指示精神，郫都区针对实施乡村振兴战略的普遍性问题，结合自身的发展阶段特征，扬优补短实施高位求进的乡村振兴探索实践，不仅取得了显著的阶段性成效，而且创新形成了一些具有普适性和长效性的发展机制，对广大农村地区推进乡村振兴战略具有较强的示范作用，对相对发达的区域尤其是乡村振兴基础较好的地区率先推进乡村振兴、有效实现高质量和高水平乡村振兴具有较强的借鉴意义。

一、现实挑战：乡村振兴面临多重困境

2017 年 10 月 18 日，党的十九大报告提出乡村振兴战略，全国各地对此改变乡村发展现状的重大机遇表现出了极高的热情，及时响应、积极推进，但从目前的实践来看，也存在一些值得关注的苗头性、倾向性问题让乡村振兴可能陷入难以持续、高效推进的困境。

（一）动力来源单一化

乡村振兴是个系统工程，不仅需要大量的投资，而且需要政府、企业、村民以及社会各界的共同努力。但是，目前农村金融抑制问题依然严重，社会资本参与农业农村发展的功能作用仍显不足，加之集体经济组织和农户经济实力极为有限，在多方主体推进乡村振兴能力和动力不足的情况下，政府成为了推进乡村振兴的主要动力源。虽然政府在规划、协调、战略引导和政策支持等方面对推进乡村振兴具有不可替代的主导作用，但是政府的作用边界不是无所不能的。一些地方把乡村振兴变成了政府强力推动的行政行为，不仅造成动力来源单一和总体动力不足，而且蕴藏着行政化推进的效率弊端和极大的潜在风险。

（二）产业发展同质化

产业振兴是乡村振兴的关键支撑。但产业发展具有较强的路径依赖性，在产业比较成型的地区调整农业产业结构的难度相对较大，而且见效较为缓慢。一些地方为了追求短期见效和集中连片，不顾资源环境约束特别是市场需求，在产业选择上要么选择投资小、见效快的“短平快”产业，要么盲目效仿、过度发展乡村旅游产业，而且缺乏产业链的整体谋划和布局，严重冲击着“一乡一业”和“一村一品”的寻优推进及错位发展战略，不仅

容易造成新的“产能过剩”、与农业供给侧结构性改革背道而驰，还容易导致产业缺乏特色和市场竞争力、隐藏着较大的市场风险，如不及时纠偏很可能造成新一轮产业同质化矛盾，并在乡村振兴战略实施背景下以更快速度和更大规模爆发。

（三）小农参与被动化

虽然新型农业经营主体是发展现代农业的重要支撑，但是我国的地形地貌、人地关系、发展阶段等特征决定着在未来较长的一段时期内，小农依然是农业生产经营的主力军，是乡村振兴的重要参与者与主要受益者。虽然乡村振兴需要打破乡村自我循环的发展桎梏，通过引入外部人才、城市资本等有利于激活乡村资源，但是内生动力才是最核心、最持久的动力。一些地方为了盘活乡村闲置资源，加快乡村振兴进程，无条件和无限制地引入城市资本，甚至是给予高额的补贴和其他政策扶持。在这样的政策导向下，不仅容易导致最重要的利益主体农民和农村集体经济组织被严重边缘化，甚至被无情挤出，还容易导致农村稀缺的土地和生态资源再次被低价剥夺，让乡村振兴的持续性和稳定性受到严重的威胁。

（四）振兴样本盆景化

乡村振兴战略是针对乡村衰退趋势提出的逆转性战略举措，而且乡村振兴是全面的振兴、全域的振兴。因此，我们必须对原有的发展路径、发展模式进行有效地矫正，而且衰退越严重的区域越是振兴的重点，越需要振兴政策的扶持。但是，一些地方在推进乡村振兴的过程中，仍然沿用过去“嫌贫爱富”的政策资源投入模式，仍然热衷于“锦上添花”而不是“雪中送炭”，采用堆资源、吃偏饭的方式打造所谓的“样本”。甚至有的地方通过 PPP 模式、银行融资等大规模负债的方式“寅吃卯粮”地打造超水平、超能力的“亮点”。同时，一些区域之间呈现出不计成本、不惜代价的高标准“盲目攀比”怪象，虽然样本地发展变化确实明显，但难免陷入“一枝独秀”的尴尬局面，由于缺乏示范带动性、推广复制性而不可能形成乡村振兴的“满园春色”。

（五）改革创新表层化

与乡村振兴相对的乡村人口“空心化”、土地荒芜化等只是衰退表象，找准乡村衰退的根源并对症下药改革创新才能从根本上破解乡村振兴的“密码”，因此，要全面、有效推进乡村振兴必须扫清深层次的制度障碍。但是，一些地区在推进乡村振兴尤其是开展乡村振兴“试点示范”的过程中产业“集中连片”、农房“穿衣戴帽”等侧重视觉效果的表面文章做得多，但从制度层面下“深水区”探索创新、以问题导向啃“硬骨头”、解决“疑难杂症”的工作做得还不够。表层化的改革创新将导致无法从根本上扭转乡村衰退的态势，更难以形成高效、持续的乡村振兴格局。

二、阶段特征：转型发展需求极为迫切

改革创新具有鲜明的时代特征，在新时代实施乡村振兴战略，必须准确把握当前发展的阶段性特征，对郫都区而言，以下四大转型发展的阶段特征值得高度重视。

（一）以起好示范作用为目标的振兴要求更加明确

虽然“实施乡村振兴战略”自 2017 年 10 月 18 日在党的十九大报告中提出以来，就明确了“产业兴旺、生态宜居、乡风文明、治理有效、生活富裕”的总要求，但是对郫都而言，并不仅限于一般意义上的乡村振兴要求。因为在 2018 年 2 月 12 日，习近平总书记到郫都区视察乡村振兴工作，并在战旗村做出了“走在前列、起好示范”的重要指示，为郫都区推进乡村振兴战略提出了更高、更明确的要求。郫都区不仅肩负着转型发展、推进自身乡村振兴的重任，而且还肩负着探索创新、示范引领乡村振兴的职责。

（二）以饮用水源保护为重点的生态管控大幅加强

2017 年 4 月 25 日，成都市第十三次党代会提出了“东进、南拓、西控、北改、中优”的发展定位。郫都区担负着成都市主城区 90%以上的饮用水供水任务，是“西控”的重要区域之一，加上乡村振兴“生态宜居”的发展要求，郫都区良好的生态本底和管控的发展取向既为郫都区发展转型提出了严格的要求，又对郫都区产业选择形成了较大的制约，也为郫都区生态发展提供了良好的机遇，可以说是重大挑战与重要机遇并存。

（三）以传统增收渠道为依赖的持续难度不断加大

由于国际国内宏观经济形势整体疲软，经济增速明显回落，农村居民转移性收入难以大幅增加，而实体经济运行困难态势仍在发展，工资增长缺乏后劲支撑甚至滑坡，加之农村居民主要以租赁的形式将土地流转出去，缺乏长效增收机制，农村居民家庭经营性收入受生产成本上升及农产品价格“天花板”挤压而增长空间较为有限。郫都区依赖传统增收渠道持续增收尤其是大幅增收的难度不断加大，对产业升级、乡村转型的要求提高，亟待通过实施乡村振兴战略拓展增收新渠道、挖掘增收新空间。

（四）以乡村内部挖潜为主体的发展空间急剧缩小

自 2007 年成都市开展“全国统筹城乡综合配套改革试验区”建设以来，郫都区通过一系列改革措施激活农村资源要素、挖掘乡村发展空间，而且近年来又获得了“农村集体经营性建设用地入市”等 18 项国家、省、市改革试点任务，取得了显著的成效。作为重要改革的“试验田”，郫都区一方面获得了改革试点的“先机”和“红利”，但另一方面相较于后发地区而言，在乡村内部挖潜的空间缩小，尤其是在一些关键性的领域和环节面

临着局限于乡村内部循环的法律障碍和政策瓶颈，亟待更加开放、更大力度的制度创新去开创城乡互动、融合发展的新格局。

三、郫都区实践：扬优补短，探寻高位振兴

为了有效推进乡村振兴，全国很多地方卓有成效地开展了探索创新和试点示范工作。在众多探索实践中，四川省成都市郫都区针对乡村振兴面临的多重困境和转型发展的阶段特征，将“高位振兴”作为振兴奋斗目标，努力践行“走在前列、起好示范”的嘱托；将“扬优补短”作为振兴努力方向，奋力推进“六大融合、提质增效”的探索，形成了以“融合”为核心的“扬优补短”高位振兴实践，是乡村振兴试点示范中最具典型性和代表性的成功探索实践之一。

（一）区域融合放大战旗品牌

把全域乡村作为一个整体，打破镇村地域边界和行政边界进行系统思考和谋划，重塑乡村经济地理，破解村域规模小、资源要素少的劣势，充分利用试点任务多、关注程度高的优势，充分发挥“战旗”品牌效应，示范带动周边区域协同发展。一是大力建设功能区，实现区域联动。充分发挥规划的龙头引领作用，编制《“绿色战旗·幸福安唐”——乡村振兴博览园概念性规划策划方案》《成都市郫都区关于深化农村集体产权制度改革发展壮大农村新型集体经济的实施意见》等8个规划以及近20个方案、意见。坚持以规划为引领，打破街道（镇）、村（社区）行政空间，重塑产业经济地理，以战旗村为核心，联合周边五村14.6平方公里区域进行泛战旗连片打造；以全国农村一二三产业融合发展先导区建设为重点，开展五大农业产业功能区、8万亩水稻生产功能区及乡村振兴博览园等建设。唐昌街道入选四川省乡村振兴规划试点镇。乡村振兴博览园成为全市新增7个现代农业园区之一，争取上级财政支持资金1000万元。二是打造战旗示范片，实现示范带动。制定《花样战旗乡村旅游区总体规划》，实施战旗核心区大田景观提升工程，建设“乡村十八坊”，策划巴蜀农耕文化博物馆，打造吕家院子特色林盘，塑造乡村振兴学院品牌。2018年，首届全国乡村振兴发展论坛暨乡村振兴示范村颁奖典礼在乡村振兴学院举行。战旗村已通过AAAA级旅游景区创建初检，成功申报为2018年“中国美丽休闲乡村”，2018年游客总量已超过65万人次，文旅产业收入超3200万元。12月2日晚，CCTV综合频道《我们一起走过——致敬改革开放40周年》纪录片重点报道了战旗村改革开放及乡村振兴工作取得的成果。三是积极培育示范村，实现全域驱动。对标战旗村，郫都区在全区14个街道遴选出产业基础较好、农民增收措施有力、可起到示范推广作用的行政村33个，梳理示范村“家底”，深挖厚植各村综合优势，按照“一村一风格，一片区一特色”要求，形成“战旗示范片区”“安龙示范片区”等8个乡村振兴示范片，构建特色鲜明、优势互补、产村融合、良性互动的示范村发展格局，辐射带动全区乡村全面振兴。

（二）产业融合提升综合效益

针对郫都区面积小、生产成本高的特征和区位条件佳、产业基础好的优势，瞄准需求多元化、消费高端化的趋势，破解规模扩展、以量取胜的劣势，凸显融合发展、生态高效的优势，充分发挥乡村产业的多功能性，聚力推进农商文旅体融合发展，通过融合发展满足中高端消费群体的多元化需求，并获得多位一体的综合性效益。一是推进“农业+”行动拓增收路径。抓“农业+园区（基地）”，依托“陌上花开”等农业项目，加快现代农业精品园区及唐元韭黄（韭菜）基地等产业基地提档升级，建成“汇菇源”出口备案基地；抓“农业+科技”，深化院区合作、校地合作，聚焦“互联网+”农业，加快农业科研成果研发、转化、应用，2018年，全区主要农作物耕种收综合机械化水平达87.7%；抓“农业+工业”，引培“棒棒娃”等规上农业加工企业62家，开辟川菜调味品、旅游休闲食品等精深加工新空间，全区农产品精深加工率达53%；抓“农业+旅游”，按照公园城市建设理念，实施大地景观再造工程，打造“蜀国鹃都”农业主题公园，大力提升“第六产业”层级，预计全年实现乡村旅游收入30亿元。二是建设融合发展先导区提综合效益。整合乡村资源要素，重点围绕广福韭黄（韭菜）、新民场生菜、云桥圆根萝卜、精品花卉苗木（川派盆景）等优势特色产业，全年建成绿色有机农业产业基地10700亩、“稻田+”综合种养基地6000亩、赏花观叶基地3000亩，促进农业园区变景区、农品变礼品、资源变收益，成功创建全国农村一二三产业融合发展先导区，2018年园区带动全区高端种植业、农产品精深加工业、乡村旅游业等产值综合收入达465亿元以上，并成功举办了“中国丰收节、战旗诗歌汇”、安龙村首届川派盆景艺术节等活动，实现乡村旅游收入30亿元。三是塑造特色农业品牌增附加价值。郫都区坚持质量兴农、绿色兴农、品牌强农，积极发展高端品种、高端品质、高端品牌的“三品”农业，创建“绿色战旗·品牌创新中心”，依托“天下星农”等做靓“郫都产”农产品品牌，持续开展“买全川、卖全球”农业品牌打造攻坚行动，打造农业文化遗产品牌、“天府水源地”农产品公用品牌，“稻渔暨农耕文化节”入选首届中国农民丰收节100个乡村文化活动名单，云桥圆根萝卜、郫县豆瓣等特色品牌产品“进京”“入国际市场”，实现优质优价助农增收。其中，云桥圆根萝卜销售价格高达9.9元/斤，并与日本经销商签订合作协议，即将端上日本餐桌，实现“萝卜卖出猪肉价”。2018年，圆根萝卜带动种植户人均增收400元左右。

（三）产村融合塑造大美乡村

郫都区充分发挥良好的生态本底优势，将“西控”制约常规发展的劣势转变为生态发展、长效发展的优势，大力推进幸福美丽新村建设，借助川西林盘资源、大田农业景观等优化人居环境，同时大力实施文化惠民工程等推进乡村文化振兴，增进乡村和谐。一是大力发展农村美丽经济。截至2018年，深挖厚植农村美丽经济元素，新建5个“稻田+”示范基地，新增“稻田+”立体综合种养2000亩；全年完成1.12万亩高标准农田建设，建设绿色有机农业基地超过1万亩、4个赏花基地0.3万亩，形成连片农业大地景观，推进农业景观化、农村景区化发展。二是打造幸福美丽新村升级版。依托川西林盘和都江堰精华灌区，推进灌区轮作系统和川西林盘申遗工作，初步完成团结宝华村支家院子、唐昌先锋村李家院子、金星村吴家院子等林盘保护项目规划设计方案，启动沱江河绿道、磨底河绿道、柑木河绿道等城区级绿道建设 20.8 公里，建成投用 16 公里，积极推进建设红光支渠绿道、太清路绿道、游子河绿道等长度共约 87.4 公里的 8 条城区级绿道。三是加强农村环境综合整治。持续加强农业面源污染治理，实施市级“百村容貌”整治项目和农村“厕所革命”，全区森林覆盖率达到 16.64%，农作物秸秆综合利用率达 96.7%；全年打造省级“四好村”11 个，33 个乡村振兴示范村，新改建农厕 400 户；全面落实“治土十条”等，完成中央环保督察“回头看”相关工作，关闭反弹规模畜禽养殖场 50 家；完成全区 619 个农产品样和对应的土壤样检测，全区主要作物测土配方施肥技术覆盖率逾 92.5%，化肥施用量同比增幅为-0.3%。四是多渠道推进乡村文化振兴。深化农村精神文明建设，涵养文明乡风，增强乡村“软实力”，增加农民职业荣耀感，坚持以文化人，厚植文化自信，制定《郫都区关于进一步加强非物质文化遗产保护与利用的实施方案》，传承发扬蜀绣、唐昌布鞋等非遗文化，唐昌布鞋展示馆和区文化馆非遗展示馆展陈工作有序推进，深化全民艺术素养提升行动，每年定期举办大地景观艺术节，现已开展全民艺术月、社区艺术节等文化活动 327 场次、受众 40 余万人次；围绕“溯源望丛文明、展现农耕文化”，实施农村文化廊、民风廊、文化院坝打造工程，充分展示现代农业文明成果；共推出郫都好家风好家规 193 条，评选新乡贤 48 名、文明家庭 42 户、“好公婆、好儿媳、好邻居”420 户、道德之星 217 人、文明之星 356 人。

（四）改革融合激活发展潜能

郫都区将改革作为乡村振兴的“驱动器”，落实习近平总书记“做好‘三农’工作，关键在于向改革要活力”的要求，不断深化农业供给侧结构性改革，集成推进多项涉农改革试点工作，激活乡村振兴发展动能，充分利用改革试点任务多、集成推进的优势弥补单项改革推进难度大、成本高的劣势。一是集成推进农村改革。郫都区成功入选 2018 年全国农村集体产权制度改革试点，集成开展农村金融服务综合改革等 18 项国家、省、市改革试点，打造农产品交易服务平台、农村金融保险服务平台，并在全国首创“立足镇村、覆盖全区、融通成都、服务四川、辐射全国”的“1+5”农村共享服务综合体；扩大战旗村集体建设用地入市改革经验，集成推进农村土地制度等 18 项国家省市改革试点，全区入市交易集体经营性建设用地 38 宗 485 亩；“农贷通”平台建成三级服务站点 128 个，累计放款 4.8 亿元。二是发展壮大集体经济。制定全区农村集体资产股改方案，成立村集体资产管理公司，培育发展集体股份合作社、农业专业合作社，通过就地入市、作价入股等方式，盘活农村闲置资源，做强村级集体经济。目前，全区村社两级集体经济组织资产超过 6 亿元，资金超过 2 亿元，预计年底集体经济收入 50 万元以上的村将达 30%以上，2022 年全区村级集体经济收入达 14 亿元。其中，迈高公司与青杠树村合作探索出了以“优势互补、权责匹配、公平对等、共享共赢”为核心，以搭建“一平台”促聚合，以推动“两分离”强动能、以构建“三机制”添实效的农村集体经济，高效发展“共建分享制”迈高模式在全国推广。2018 年实现农村集体资产 2800 万元，新增 280 万元，预计带动村民人均分红 300 元。三是积极推进农村双创。郫都区积极打造西部地区最大、最具活力的现代农业双创空间，构建“创业苗圃+孵化器+加速器+产业园”的多层次创新孵化体系，并成功举办了 2018 年全国农村双创座谈会暨现场交流会，总结交流农村双创新经验，并荣获全国农村创业创新典型区称号。

（五）内外融合增强人才支撑

实施乡村振兴战略，最基础、最关键的是人才振兴。农村人才存量现状不佳是全国性的普遍现象。郫都区按照习近平总书记“着力抓好招才引智，促进各路人才‘上山下乡’投身乡村振兴”指示要求，有针对性地采取内外融合的措施，以引进外部人才的优势来弥补乡村内部人才不足的劣势，构建以本土人才培育和外部人才引入双轮驱动的乡村振兴人才引育机制，通过乡村振兴人才培训学院、战旗鳖灵人才工作站等，2018 年引育农村实用人才 23600 名。一是加强内部人才选育。充分挖掘利用“土专家”“田秀才”资源，并通过开展农民实用技术、新型职业农民、农业职业经理人等培训，进一步提高现有乡村人才的发展能力。目前，全区已培育市级以上农业产业化重点龙头企业 36 家、农民专业合作社 327 家、家庭农场 116 家、农业职业经理人 543 人，成功培育形成了一批农业“双创”载体，夯实了乡村振兴的人才基础。二是加强人才柔性引进。充分利用郫都区高校多、成都市人才聚集的优势，通过院区合作、校地合作等方式，探索柔性引才机制。为了探索农业科技成果创新转化新机制、整合以农业专家为核心的科技资源，郫都区人民政府和四川省农业科学院共同设立了“农业专家大院”，在全省率先建立集科研孵化、项目合作、专家服务、成果转化功能为一体的现代农业省级人才工作站，已引进高层次人才 61 名，组建起 100 余名专家人才（含 2 名院士）的专家库，200 余名企业技术人才的人才库，为推进乡村振兴战略提供了坚实有力的人才支撑。三是充分发挥党员作用。创建基层党建“一环三组团”区域党建模式，已打造 45 个党建示范点，串联形成示范环线，通过党员“三问三亮”“三固化、四包干”等方式，已累计联系走访群众 67.7 万人次，收集问题 2.6 万余个，办理 2.4 万余个。同时，建立起 590 余人的村级后备干部人才库，安排 9 名干部赴街道挂职，选派 29 名“区选区备”村（社区）党组织书记后备干部到战旗、双柏等优秀党组织挂职；选派 2 名选调生和 2 名优秀大学生志愿者到战旗村挂职锻炼，从而进一步增强内部人才的发展能力和带动能力。

四、实践价值：创新乡村振兴发展机制

郫都区围绕高位求进的乡村振兴探索实践取得了显著的成效，其价值不仅在于改善了环境、塑造了品牌、增加了收入，更为关键的是通过改革创新破解了乡村发展面临的一些制度障碍，探索形成了促进乡村振兴的长效机制。概括而言，创新形成了 5 点具有重要借鉴推广价值的机制。

（一）创新形成了多方资源整合机制

郫都区针对乡村振兴的复杂性和艰巨性，通过成立郫都区实施乡村振兴战略推动城乡融合发展工作领导小组，系统谋划、统筹推进乡村振兴工作，从而有效整合乡村内部和外部资源、政府和市场资源、有形和无形资源，破解了乡村发展要素短缺、单一主体动力不足、要素分散化、政策细碎化等问题，形成了多部门协同、多主体联动、多要素整合的联动推进格局，有效增强了乡村振兴战略的推进合力。

（二）创新形成了内生动力激活机制

农村居民是乡村振兴的重要参与者和主要受益者，农村资源是乡村振兴的重要基础和核心支撑。郫都区通过深化产权制度改革、构建配套政策体系，尤其是把集体经济作为载体、把金融创新作为手段，有效利用品牌产品实现优质优价、绿色生态增强竞争优势、产权交易促进价值凸显等市场机制激活乡村资源、增强内生发展动力，从而破解了内生动力不足、政府独木难支的困境。

（三）创新形成了产业协同优化机制

乡村产业不仅是种养殖业，产业振兴也不是单一环节和某一领域的振兴。郫都区从全域空间布局、全产业链着力、全业态优化，尤其是通过重点区域突破、加工营销带动、新产业新业态引领形成了农村一二三产业融合发展、协同优化机制，现代农业基地持续优化、川菜加工优势不断强化、乡村旅游和品牌营销等蓬勃发展，形成了“强二兴三优一”的发展格局，从而有效破解了产业分割的发展困境，避免了产业链短的市场风险和产业短板的木桶效应。

（四）创新形成了生态友好发展机制

作为大都市的主要饮用水源保护区，虽然生态好、但受限多，郫都区结合市场走势调整产业结构，重点发展生态有机农业，既减少了对生态环境的破坏和污染，又增强了对高端市场的响应和供应能力，并通过打造“天府水源地”农产品公用品牌等利用优质优价的市场机制促进保护与发展有机衔接，在规避规模扩展“红海”的同时走上了“以质取胜”的发展道路，从而构建起生态友好型发展机制，有效破解了“资源诅咒”。

（五）创新形成了探索示范推广机制

试点、示范、推广的循序渐进推进路线是遵循客观发展规律的重要体现。郫都区立足于“走在前列、起好示范”的要求，不仅在区域内开展乡村振兴示范村、融合发展先导区、乡村振兴博览园等多层面的试点，而且在试点中注重选择多种类型的区域进行试点示范，以期形成多元化的探索实践增强可推广性。更为重要的是，郫都区在区域内部形成了示范推广机制，将以“战旗”为核心的乡村振兴探索实践经验推广到其他示范村，并带动形成乡村振兴示范片，通过模式创新外溢破解有试点却难以推广的“盆景化”弊端。

五、发展需求：深入优化顶层制度设计

乡村振兴是项长期性的系统工程。虽然郫都区以高位振兴为目标、以现实问题为导向、以扬优补短为路径的探索实践取得了显著的成效，具有重要的经验推广价值，但从“走在前列、起好示范”的要求出发，要高效、持续推进乡村振兴，要让郫都区的乡村振兴取得更大的成效，还需要进一步优化顶层制度设计。

（一）加强生态补偿

饮用水源保护区建设土地租金、生态建设资金等所需资金多，而且饮用水源保护区由于工业、养殖业等发展受限，加上目前的补偿资金有限，保护资金供需缺口加大导致水源保护区湿地保护与利用的矛盾日益突出。为了进一步形成保护得利的氛围、进一步增强探索创新的动力，郫都区还需要在现有的补偿机制上进一步提高生态补偿力度、优化生态补偿方式。

（二）加大振兴投入

作为乡村振兴的先行区和高位振兴的示范区，郫都区在推进乡村振兴中虽然具有更好的基础，但同时也面临着更高的要求和更大的压力。基于目前许多改革任务属于“自费改革”的现实情况，郫都区在基层利用改革授权盘活资源、激发动力的同时，仍然需要加大财政投入力度和政策支持力度，在确保“财政投入持续增长”落地落实的基础上构建“财政优先保障、金融重点倾斜、社会积极参与”的多元投入格局，为基层撬动金融资本、社会资源推进乡村振兴提供更有利的环境，形成乡村振兴的投入合力。

（三）强化改革力度

改革创新是推进乡村振兴的重要力量来源。当前，许多改革进入深水区、处于攻坚期，乡村振兴试点示范地区遇到的深层次、制度性瓶颈制约日益凸显。因此，郫都区必须要有“啃硬骨头”的勇气和担当。但是，诸如农村产权交易范围、集体经济组织法人地位、集体建设用地同等入市等方面仍然面临着明显的法律法规和规章制度制约，尚需根据不断增强的开放性、流动性要求等进一步加深改革的力度，为乡村振兴的试点示范区域提供更为宽松的改革创新环境和更为广泛的改革试点范围，进一步释放改革创新的红利，从根本上增强乡村振兴的驱动力。

（四）全面总结提炼

全面实现乡村振兴是一项长期性的历史任务，当前处于做好规划、抓好试点的阶段，是为全面推进、高效推进探索经验的阶段。因此，针对诸如郫都区等走在乡村振兴前列的地区，要抓紧总结乡村振兴中的有效做法和不足之处，尤其是要提炼形成具有借鉴、推广价值的经验。一方面是肯定探索试点成果，将基层的有效探索实践上升为顶层制度设计；另一方面是积极开展宣传推广，让已有成功探索实践转化为普适推广做法，从而降低乡村振兴战略推进成本、提高推进效率。

第十二章　荣县实践：探索丘区乡村振兴创新路径

四川省当前正处于脱贫攻坚和全面建成小康社会的决胜期、乡村振兴与脱贫攻坚的融合期。就现实而言，脱贫攻坚和乡村振兴是四川省当前必须深入推进的两大战略。四川丘陵地区是全省平原、丘陵、山区和少数民族地区四大经济类区中县（市、区）个数最多、人口最多、耕地面积最大的区域。全省乡村振兴的重点在丘陵地区、难点在深度贫困地区。自贡市荣县属于川南典型的丘陵地区，近年来不断探索实践，有效地破解了丘陵地区普遍面临的发展资源约束、人地矛盾突出、乡村衰退严重等共同性挑战，尤其是探索形成的乡村振兴“五型”实践对广大丘陵地区推进乡村振兴具有重要的借鉴价值。

一、丘区乡村发展呈现的普遍性特征

虽然四川省拥有平原、丘陵、山区、高原等多种地形地貌，但丘陵地区是全省重要的农产品生产和加工基地，在全省区域发展中居于关键性地位，具有独特的区域特征。

（一）农业地位重要

按照四川省主体功能分区和行政区划，全省 35 个农产品主产区县中丘陵地区有 22 个，占比高达 63%，比丘陵地区在重点开发区中市辖区和重点开发区县的占比分别高 7 个百分点和 14 个百分点，而且丘陵地区中没有一个是重点生态功能区县。因此，丘陵地区的农产品供给保障功能显得尤其重要。

（二）人口负荷沉重

丘陵地区人口多、人均资源少、资源环境承载能力较弱，同时缺地、缺水等资源不足是丘区的突出现象。其中，人均耕地占有量远低于全国平均水平，而且是全省粮油安全的重心区域，人地矛盾较为尖锐。虽然近年来大量劳动力外出务工，人地矛盾有所缓解，但丘陵地区总体而言资源较为匮乏，人口负荷依然较重。

（三）基础设施滞后

虽然丘陵地区自然条件优于山区和高原地区，但近年来基础设施尤其是生产性基础设施改善滞后，中低产田占比高，灌溉条件差，基础设施对农业提升的保障能力弱。当前，丘陵地区的发展差距不仅表现为经济发展水平与平原地区的差距，甚至还有基础设施和公共服务改善滞缓与贫困地区大幅改进的差距。可以说，丘区处于全省发展的“洼地”。

（四）乡村衰退突出

随着城市化和工业化的不断发展，农村青壮年劳动力向城镇和二三产业持续转移，2018 年全省乡村常住人口为 3979.5 万人，比 5850.3 万的乡村户籍人口少 1870.8 万人。其中，丘区青壮年劳动力外流现象十分明显，农村空心化和老龄化问题日益严重且比其他区域更为突出。比如，在荣县从事农业的 15.32 万人中，56 岁以上人口占 18 岁以上总人口的比例高达 75%。而且，丘陵地区的乡村衰落不单是耕地撂荒、农房闲置、村庄地理空间形态缩小和“空心化”问题相对更加严重，同时还有其承载的农业生产功能、居住功能和生活服务功能的退化或丧失，情况更加复杂，问题更加多元。

二、丘区乡村振兴面临的共同性挑战

虽然推进乡村振兴的需求是共同性的，但不同区域推进乡村振兴面临的困难和挑战具有明显的差异性。因此，无论是国家级层面还是省级层面的乡村振兴规划均明确提出要“分类推进乡村振兴”“不搞一刀切”。就丘区而言，推进乡村振兴面临着以下 4 种共同性的挑战。

（一）资源约束严峻与供给保障压力并存

丘陵地区自然资源匮乏，缺乏具有明显差异性的资源禀赋，产业振兴面临着很大的产业选择困难，而且由于生态本底差、自然消解能力弱，是四川省农村面源污染治理和人居环境改善任务最为艰巨的区域，加上人地矛盾突出、坡耕地面积占比高、土地细碎化严重，机械化和规模化生产程度远低于平原地区，农业生产经营面临着严重的资源环境约束。但从发展功能定位而言，农业生产和农产品供给功能要求高，这对丘陵地区产业发展转型尤其是在保障粮食安全和农产品供给的基础上提高土地产出效益提出了严峻的挑战。

（二）人地矛盾尖锐与耕地低效利用并存

丘陵地区人地矛盾较为突出，长期以来农民群众对土地的依存度较高。以荣县为例，随着劳动力大量外出，农村常年外出务工劳动力达到 20 万人以上，占农村劳动力总人数的 60%左右，农村劳动力结构性短缺矛盾凸显，农村人口众多与高质量劳动力严重不足并存。加上农业比较效益低，在一些区域，粮食等传统农业生产从商品经济向自给经济倒退，“为自食而种”成为许多留守老人的个体“理性”选择，而且耕地季节性、常年性抛荒的显性抛荒与粗放式经营、广种薄收的隐性抛荒并存。

（三）劳务经济发达与农业投入不够并存

丘区是全省劳务输出的重点区域，劳务经济发达，在近年来国际国内整体经济形势下滑尤其是实体经济发展速度减缓和乡村振兴需要大量资源要素投入的双重背景下，一方面由于创新创业扶持不足、教育医疗卫生配套服务跟不上等因素导致外出农民工回流有限；另一方面，虽然劳务输出带来大量的现金收入，农民工也呈现出一定的回流规模，形成了劳动力和人才以及附带的资金、技术、理念等共同回流的趋势。但遗憾的是，这些回流的资源大多并未进入农业农村领域而是沉淀于城镇尤其是房产。可以说，丘陵地区要素非农化问题严重，农业发展资源要素投入不足的格局并未得到根本性改变。

（四）振兴需求增大与政策供给不足并存

丘陵地区由于人口占比高，农业基础支撑作用异常重要，推进丘区乡村振兴对构建全省乡村振兴的大格局具有十分重要的支撑作用。对四川省而言，虽然推进乡村振兴战略最难的不是丘陵地区，但最重要的则非丘陵地区莫属。但是，丘陵地区贫困县仅占全省 88 个贫困县的 26%，多数县不是贫困地区、革命老区，更不是少数民族地区，力度大的政策基本鲜有覆盖，政策供给严重不足，难以为乡村振兴提供相应的支撑。

三、荣县破解丘区乡村振兴难题的主要进展和成效

荣县地处长江上游、沱江、岷江水系之间的低山丘陵区，面积为 1609 平方公里。截至 2018 年，荣县辖 27 个乡镇，总人口为 67.64 万人，其中农业人口 52.78 万人，占比高达 78%，是典型的川南丘陵地区。

四川省丘区乡村振兴工作的重中之重、难中之难是产业振兴。荣县以产业振兴为重点，瞄准丘陵地区的共同性挑战发力，进行多元化、全方位的产业振兴实践，形成了具有鲜明特征的丘区乡村振兴实践路径：一是把传统产业升级作为产业振兴的支撑点，坚持高水平的精耕细作、大幅度的品质提升、全方位的品牌塑造，推动传统农业全面持续转型升级，破解丘区缺乏天赋资源、产品同质化的天然制约；二是把小农融入作为产业振兴的关键点，在“大县小农”现实背景下，在发挥小农稳定性作用的基础上进行提升，促进小农与现代农业有机衔接；三是把循环农业作为产业振兴的突破点，多元化地构建循环农业体系，实现乡村产业振兴和人居环境改善的双向推进；四是把创新发展作为产业振兴的切入点，通过制度改革和模式创新破解瓶颈制约因素，形成有利于乡村振兴的路径指引，提高乡村振兴的加速度。

通过富有区域特色的探索实践，荣县乡村振兴近年来取得了明显的进展和成效。一是新型经营主体快速发育。2018 年，荣县拥有国家级龙头企业 1 户、省级龙头企业 10 户，持续稳定处于全市领先水平；农民专合组织近 500 户，比五年前增加了 200 户；自 2014 年注册第 1 户家庭农场以来，全县家庭农场已突破 1000 户。二是农业产出水平大幅增加。

2018年，荣县农业总产值和农业增加值分别为81亿元和51亿元，分别比2013年的59亿元和32亿元增长了37%和59%。三是产业融合发展成效显著。2018年，全县乡村旅游接待游客330万人次，实现乡村旅游收入26亿元，分别是2013年85万人次和11亿元的4倍和2.4倍。四是农村居民持续稳定增收。荣县农村居民人均可支配收入从2013年的5625元提高到2018年的15560元，比全省平均水平高出2229元，平均增速达到9.42%，被评为全省农民增收工作先进县。可以说，荣县已经成为丘陵地区快速崛起和影响力不断提高的典型代表，不仅是全国产粮大县、生猪调出大县、蔬菜产业重点县、油茶百强县，生猪、蔬菜标准化示范县，绿色食品原料标准化生产基地县；也是省现代农业、林业、畜牧业重点县，农产品加工示范基地县，菜稻轮作现代农业示范区；还是全省唯一的全国首批农业可持续发展试验示范区，四川省社会治安综合治理模范县、文化先进县和旅游大县。

四、荣县推进乡村振兴的创新性探索

荣县乡村振兴之所以能取得显著的成效，主要得益于近年来荣县深入推进农业供给侧结构性改革，把特色产业高质量发展作为主线，大力推进乡村振兴战略，创新形成了以本土型优势产业、友好型循环农业、合作型经营模式、融合型功能拓展和综合型改革创新为主要内容的乡村振兴“五型”模式。

（一）以本土型特色产业为基础推动转型升级

荣县根据自然资源禀赋和产业发展基础，将推动本土型特色产业转型升级作为促进产业振兴的抓手，在增强产业发展生命力的同时增强增收带动力。一是把本土化优势产业作为产业振兴的重点依托。荣县围绕“粮菜果茶”四大优势特色，在大力实施“藏粮于地，藏粮于技”战略，全力培育高产粮仓、新型粮农、放心粮食“三驾马车”的基础上大力优化提升水果、蔬菜和茶叶产业。其中，在粮食产业升级上，通过选用再生力强的高产优质水稻品种，推广旱育秧苗、双膜保温旱育秧早播早栽、配方施肥、病虫综合防治技术，为全县水稻种植户节约育秧成本1500万元以上，而且在头季稻平均亩产600公斤以上的基础上，再生稻平均亩产达到了150公斤以上。二是把标准化基地建设作为规模发展的重要支撑。荣县组建了荣州9s智慧农业服务中心，将物联网、互联网、云计算等信息技术、农业产业社会化服务与农业生产相结合，采用“党总支+协会+联合体+种养基地+金融+物流+互联网”的模式，统一技术和投入、统一包装和品牌、统一销售和物流，强化农业标准化生产，2018年已建成80万亩优质粮油、28万亩蔬菜、24万亩水果、15万亩茶、16万亩油茶、7万亩蚕桑、5万亩健康水产养殖基地，基本形成了“三荣山的茶（油茶）、两河流域的稻、旭水河的菜、越溪河的果”的产业布局。三是把公共化品牌打造作为提质增效的重要抓手。荣县着力打造“荣州”品牌，培育巴尔生猪、绿源乐鸡蛋、龙都茶叶、乐德红辣椒、鼎新蔬菜、荣州椪柑等地方特色农产品品牌21个，拥有“荣县油茶”和“新桥枇杷”两个地理标志保护产品，已建成绿色农产品生产基地20个，培育“三品一标”农产品47个。其中，四川大农和农业开发有限公司充分发挥荣县作为全国500个优质粮产粮大县之一的优势，经过三年扎根原料端的历练，打破了“四川无好米”的传统认知，在自贡地区普通精白米“阿姆阿木”售价已达 8.6 元/公斤，普通去壳糙米为 5.6/公斤，萌芽糙米售价为 40～50 元/公斤，创造了自贡地区甚至全省川米售价历史新高。

（二）以友好型循环农业为路径提高发展质量

作为长江上游沱江、岷江水系的低山丘陵腹心地带，属于限制开发区中农产品主产区的荣县是全国首批农业可持续发展试验示范区。荣县定位于打造长江上游丘区生态循环农业绿色发展样板区，大力推广平坝生态蔬菜错季生产技术、浅丘生态柑橘错季生产技术、深丘绿色早春茶栽培管理技术、畜禽智能化养殖技术和丘区绿色农业生态防治修复技术，通过农业废弃物资源化利用项目等发展友好型循环农业，以绿色发展提高农业质量，在提高资源环境承载能力的同时，推动农产品品质和产值同步提升。一是推进“两循”。2018 年，荣县从就地循环和异地循环两条路径提高资源综合利用率，减少环境污染。首先是推进秸秆粉碎直接还田，并探索建设“小微综合体”，将畜禽存栏量与周边土地承载能力有机结合，通过配套 2.4 万个农用沼气池实现就地循环利用，消纳畜禽废弃物 50%(50 万吨)左右；其次是异地循环，通过建设佳禾生物天然气工程、有机肥厂和 45 个大中型沼气工程，将秸秆、畜禽废弃物能源化和生产成有机肥还田。全县粪污资源化利用率达 75%，农膜回收率达 77.1%，秸秆综合利用率达到 84%，农药、化肥使用量分别减少 30%、60%。二是做强“三合”。大力发展以“菜-稻-菜”“玉米+辣椒(大豆)-蔬菜”等为主的粮经复合模式，促进水土资源高效节约利用；大力发展以“畜-沼-菜”(果茶粮)、稻田综合种养等为主的种养结合模式，促进面源污染治理；大力推动“农业+旅游”为主的产业融合发展，促进农业生态绿色产品供给，实现土地有机质含量逐年提升，土地综合利用率提高 20%以上，农业综合效益提高 30%以上。其中，鼎新镇蔬菜主要实施水旱轮作“菜-稻-菜”粮经复合型生产模式，一亩地达到粮食收获 1000 斤，蔬菜收获价值超 10000 元钱。“千斤粮万元钱”的粮经复合模式在全省得到推广。三是夯实“五保”。保障绿色发展规划、绿色生产技术、绿色基础设施、绿色环保项目、绿色智慧服务共建共享，促进园区可持续、基地产业强、农村风光美、农户能致富。

（三）以合作型经营模式为载体促进多元增收

针对农村人口尤其是劳动力减少的现实挑战，荣县大力培育新型农业经营主体，摆脱了以流转为主的土地规模发展路径，通过涉农企业、农民专业合作社、家庭农场等新型农业经营主体带动小农融入现代农业发展轨道，以低成本的合作规模扩张机制、紧密型的抱团发展机制、系统化的对接合作机制促进群众多元增收。全县农村土地流转面积为 175640 亩，占承包地总面积的 29.4%，其中出租面积 42658 亩，仅占 24.3%。一是加强“主体培育”。2014 年，荣县被列为全国新型职业农民培育试点县，到 2018 年累计培育新型职业农民 2317 人，其中生产经营型 1369 人，占 59.1%；专业技能型 60 人，占 2.6%；社会服务型 876 人，占 37.8%；农业职业经理人 12 人，占 0.5%。同时，荣县大力推动产业主体平稳转化，促进本土主体将前期积累投资到农业农村领域并带动周边农户发展；充分发挥

“归雁”积极作用，利用荣县籍人才和外出农民工回流的机遇培育新型农业经营主体。二是推进“合作经营”。荣县大力推动企业、专合社等新型农业经营主体领办、创办、联办特色产业基地和农业产业园区。“公司+基地+农户”“专业合作社+家庭农场”“土地股份合作社”等经营模式不断涌现，成为“大县小农”县情下小农融入现代农业的重要纽带和支撑。其中，保华镇旭湾村农户以土地入股、村集体以集体资产参股，成立土地股份合作社，2017 年底实现入股分红增加村集体经济收入 1.8 万元。鼎新镇坚持发展多种形式适度规模经营，重视培育新型农业经营主体，目前已形成了 1500 户 20 亩左右的家庭小规模种植大户和 200 人的专业经纪人营销队伍。而且通常是 1 个种植大户带动 50～200 户种植无公害蔬菜 300 亩到 1000 亩不等，全年种植和带动种植蔬菜 4 万亩以上，占鼎新镇蔬菜种植面积的 80%以上。三是促进“六农对接”。荣县实行农科对接，与清华大学、四川省社会科学院等 18 所高校院所开展校地合作，通过与四川省高粱水稻所、浙江大学等科研院所合作，成功实施四川省“千人计划”创新团队等项目；农网对接，利用自主开发的“农业信息化管理平台”系统——“大农和云”和“农产品产地直供平台”系统——“大农汇”，拓展了“农村社员电商+城市社群电商”路径，累积实现农产品网上销售额 1300 余万元；农校对接，与重庆阳乐餐饮集团共同成立“四川大农阳乐农业发展有限公司”，实施“从农田到餐桌”为特点的“农校对接”；农餐对接，与成都一鼎餐饮公司合作组建“四川大农一鼎农业有限公司”，大力发展稻虾共作模式，打造四川省内规模最大的澳洲龙虾养殖基地；农超对接，与自贡、荣县大小六十多家超市开展合作，将生态大米、蔬菜、水果等入驻超市销售；农旅对接，结合现有产业基地，推动农业、旅游业深度融合，发展集观光、休闲、体验、科普等于一体的农旅体验产业。

（四）以融合型功能拓展为重点增强综合效益

在大力推进绿色发展，提高农产品品质的基础上，荣县通过融合型功能拓展发挥农业农村的多功能性，通过功能拓展走出单一的农业生产功能发挥路径，提高综合发展效益。一是产村相融。荣县大力推广“小组微生”建设模式，加强农村人居环境整治，促进传统村落向美丽乡村转变，在村民生产生活功能的基础上将乡村打造成为宜居宜业宜游之地，凸显乡村的生态价值和休闲旅游价值。荣县通过打造“田园荣州 • 美丽乡约”乡村旅游综合品牌，推出观山镇吴家湾村红高粱、度佳镇胡家巷村春见等 12 条乡村旅游精品线路，促进“农产品变纪念品”。二是文化融入。荣县挖掘发扬本土佛文化、盐文化、陶文化、茶文化等民俗文化和荣州农耕特色文化，收集民间故事，开展集成展示活动，如农民漫画、麒麟灯舞、特色小吃等，将文化融入产业发展各个领域，增强特色产业吸引力、竞争力，开发出的亲子文化主题大米和粥米——“阿木阿姆”、孝亲文化主题大米——“食奉”、禅修文化主题再生稻大米——“空袋子”等食品系列，以其充满人性关怀的品牌属性，深受消费者喜爱；农民漫画、荣州蝶画等文旅产品也深受游客青睐。三是农旅融合。荣县树立“全域旅游”的思路，践行“旅游农业与农业旅游互换”的规划理念，充分利用乡村自然风光、农产品资源、历史遗迹等资源优势，发展观光旅游、民宿经济等乡村旅游业态，重点打造形成了“大佛文化产业园”“玉章故里 • 花漫金台”“石笋沟森林茶谷”“乐德红土地”等乡村旅游景区6个，中国·荣县大佛文化灯会等特色文旅品牌声名远扬。2018年，全县乡村旅游接待游客330万人次，实现乡村旅游收入26亿元。

（五）以综合型改革创新为抓手破解瓶颈制约

荣县瞄准乡村振兴的关键影响因素，紧抓各项试点和创新政策契机，结合自身实际，加强改革创新，并将多项改革举措进行统筹谋划、综合推进，增强瓶颈制约因素的破除能力。一是深化组织机制改革。荣县成立县委书记、县长为组长的乡村振兴工作领导小组，下设“一办六组”，统筹协调全县乡村振兴工作；组建县乡村振兴促进中心，抽调11名干部负责乡村振兴日常工作；在重点区域、重大项目设立一线指挥部，加速推动园区、示范村项目实施；成立金色荣州农业发展有限公司，开展项目投（融）资，成立园区管理委员会，专项推进现代农业园区建设；建立重点工作台账（清单）、目标考核、督查通报等制度，促进乡村振兴工作的有效开展。二是改革财政投入机制。2018年，全县投入“三农”发展资金32亿元，其中县财政投入3.8亿元。荣县制定了《荣县涉农项目整合管理办法》，整合13个重点部门7大类项目资金，集中安排到特色产业园区、脱贫攻坚重点区域及市县抓点示范村，并通过优化财政投入方式，提高财政支农效率和效益。荣县设立了“乡村振兴农业产业发展贷款风险补偿金”，风险分担比例为县财政30%、合作银行30%、担保机构40%，资金放大比例为10倍，并设立了风险准备金，县财政为政府主导的惠农贷、农村产权抵押贷、信用保证保险、扶贫小额信贷等地方金融产品注入风险金3945万元，累计撬动金融资本44127万元。县政府与省农业融资担保有限公司合作，由县财政注入950万元“风险补偿准备金”，省农担公司为荣县授信1亿元，资金放大比例为10倍，目前已办理担保贷款3768万元；注资3000万元入股自贡市农业融资担保有限公司，累计为荣县新型农业经营主体提供担保贷款92919万元。三是深化产权制度改革。荣县深度推进土地承包经营权、林权、集体资产股份量化等农村产权制度改革，深化产改成果运用，促进财产权利有效实现，并制定了《生物资产预期收益目录》和《农业生产设施信息目录》，实现土地预期收益、农业生产设施、林权等资产抵押贷款，累计融资近2亿元。荣县度佳镇灯坡村与四川元森农业科技有限公司进行合作造林，累计共造林3260亩。公司负责育林、造林、砍伐，产权归公司和村民小组共有，其中村民小组占22%的股份，并给予相应村、组各5元/吨的管理费，既增加了林农的财产性收入，又壮大了农村集体经济。白岩石油茶种植专业合作社在白坡村、高湾村片区的荒山和林地种植油茶、茶叶，目前已发展油茶1.6万亩、茶叶0.6万亩，带动了30余个村民小组约600户发展油茶、茶叶产业，实现年产值2400万元以上，带动当地年人均增收500元以上。

五、深化荣县实践经验的推广性建议

在丘陵地区推进乡村振兴面临着共同性和特殊性双重挑战的现实约束下，荣县乡村振兴的“五型”模式构建了以产业振兴为核心，协调联动推进生态振兴、人才振兴、文化振兴、组织振兴的有效路径，在传统产业升级、小农户融入、有限资源盘活等领域探索了道路、积累了经验，形成了一些可资借鉴的模式，对全省丘陵地区实施乡村振兴战略具有重要的推广价值。但是，站在实现全面乡村振兴的角度进行审视，荣县实践仍然需要加以完善和提升，借鉴推广荣县经验还需要从以下 5 个方面进行加强和深化。

（一）更加注重增强地方特色化产业的整链发展能力

依托地方特色转型升级促进产业兴旺有利于避免盲目引进外部产业造成的“水土不服”现象，在突出差异性和特色性做大做强产业基地规模的同时，要更加注重弥补在生产后期商品化处理、加工、储运和功能拓展、品牌塑造、市场营销等产业链后端的短板，增强地方特色优势产业的整链发展能力，提高市场风险抵御能力和产业链综合效益，从而增强乡村产业振兴的内在经济支撑。

（二）更加注重健全生态可持续发展的政策支持体系

生态可持续发展是丘陵地区产业发展的关键所在，而且具有极强的正外部性，但在短期内难以完全通过农产品的优质优价实现机制形成自我良性循环发展，还需要常态化、体系化的政策体系给予支持。尤其是要对开展种养循环、实施有机肥替代和秸秆回收利用等，在设施设备、运行经费等方面给予政策支持；加强生态有机农产品公共品牌打造、促进优质、实现优价，为实现生态可持续发展提供市场驱动力。

（三）更加注重构建多元低成本扩展的规模经营模式

依靠传统的一家一户分散小规模经营是不可能实现乡村产业振兴的，必须引导小农与现代农业有机衔接，但同时要高度重视单纯依靠土地租赁实现土地规模经营带来的成本高、风险大、稳定性差的隐患，注重利用集体经济组织、本土化农民专业合作社和专业大户等通过入股、托管、代耕等低成本、紧联结的方式，发展多种形式的适度规模经营，从而提高规模经营的参与性、持续性和受益面。

（四）更加注重提高分散闲置性资源的统筹利用程度

丘陵地区土地较为分散和细碎，加上大量劳动力外出引致的农村劳动力老龄化和农村空心化现象更为严重，稀缺的宅基地、耕地资源等闲置、抛荒较多，在农村要素净流出的态势没有得到根本性扭转的情况下，要抓住城乡要素双向性流动的有利发展走势，充分利用宅基地自愿有偿腾退制度、承包权“三权分置”制度等为盘活存量资源提供制度支撑，同时要通过土地综合整理、农村集体经济组织发展壮大等，统筹利用分散性的闲置资源，让“沉睡”的资源变资产，尤其是要利用外部的和回流的要素激活内部存量资源，形成内外融合、联动互促的发展格局，为乡村产业振兴提供要素支撑。

（五）更加注重凸显问题导向型改革的系统推进机制

丘陵地区乡村衰退是由一系列制度因素造成的，要推进乡村振兴就必须改革相应的制度、破解相关的瓶颈。乡村振兴是一项系统工程，必须更加注重以问题导向为核心的系统性制度变革，在农村产权制度、投融资体制以及支农方式、人才配备、要素流动等方面加强改革创新和政策制定的综合配套，通过“请进来”“引进来”等多种突破县域界限的方式破解人才、资金、技术等多重要素制约，从而增强乡村振兴的制度创新合力。

第十三章　汉源实践：创新山区乡村振兴发展模式

在工业化、城镇化发展过程中，乡村衰退是全国乃至全世界面对的共同挑战。在我国，虽然伴随着工业化和城镇化的快速发展，农业农村的很多方面也在不断发展提升之中，尤其是通过幸福美丽新村建设和脱贫攻坚等重大举措，部分农村区域的发展取得了很大成效。但同时也必须清醒地看到，许多地方农村衰退、农村空心化和老龄化等问题日益凸显。特别是在面积广大的山区，由于区位条件不利、基础设施落后、产业基础薄弱等多重因素制约，乡村发展面临着更为严峻的挑战。在这种背景之下，四川省汉源县作为典型的山区县，通过近年来持续不断地探索实践，有效地破解了山区普遍面临的人走、地荒、钱缺的瓶颈性矛盾，乡村发展呈现出蓬勃兴旺的繁荣景象。在山区乡村衰退现象普遍且相对更为严重的情况下，汉源县的探索实践经验对推进四川省山区乡村振兴具有十分重要的借鉴价值。

一、山区乡村发展的总体特征与现实困境

我国的山区具有独特的区域特征，不但地域面积广、人口密度小、经济欠发达，而且基础条件相对较差、资源要素较为分散、产业发展受限较多，与平原和丘陵地区相比具有独有的区域特征，在乡村发展中面临着下述特殊的挑战性困境。

（一）生态环境优势明显与经济发展受限的矛盾突出

我国山区县大多位于生态关键区或者生态脆弱区，由于人口密度较低、工业不发达，生态环境的优势较为明显，但同时社会发展事业滞后、生态环境承载力较弱，在主体功能定位上主要是限制开发区甚至禁止开发区。因此，大多数山区县都面临着“富饶的贫困”的窘境，经济发展与生态保护的矛盾十分突出。

（二）资源相对丰富与细碎分散导致难以低成本集约化开发

山区县拥有丰富的水、矿产、生态、动植物以及自然景观等自然资源。这些资源在空间上呈现出零星分散的特征，土地资源等分散化、细碎化的特征尤其明显。虽然资源总体规模大，但是单体规模小，连片集约开发利用的难度大、成本高，导致山区县产业集中连片发展要求与资源分散客观实际的矛盾普遍尖锐。

（三）基础设施建设需求大与建设成本高的矛盾十分突出

推进山区乡村发展必须破解交通、水利等基础设施的制约，无论是自然资源的开发利用还是特色产业的优化升级都依赖基础设施的大幅改善。但是，山区的地形地貌和区位条件决定了基础设施的建设成本显著高于平原和丘陵地区，而且山区滑坡、塌方、泥石流等地质灾害频发也会导致基础设施的损毁率高、后期管护成本高。“一刀切”的补贴政策和薄弱的财政实力导致山区基础设施的供需矛盾不断加大。

（四）发展要素稀缺与要素长期外流同时并存

长期以来的城乡二元体制导致山区发展缓慢，人才、技术、资金等主要发展要素严重短缺，虽然近年来随着新农村建设和城乡统筹发展等措施促进投向农村的资源要素总量增加、工商资本开始投向农村，但是由于山区的要素聚集能力弱，在资本的逐利特性、人口的城镇化规律等作用下，山区资源要素仍然延续着大规模净流出的基本态势。

针对乡村发展滞后的严峻形势和发展不平衡不充分矛盾凸显的实际，党的十九大提出“实施乡村振兴战略”。但推进乡村振兴绝不是所有农村区域统一模式“齐步走”，而是必须凸显乡村区域特色的规律遵循，以差异化的策略选择解决不同地区不同的发展不平衡不充分问题。因此，推进乡村振兴，必须充分考虑平原、丘陵、山区等不同区域的区域特征，因地制宜地采取与之适应的推进措施。就全国而言，全国山区县约占县域总数的三分之一，而且山区县中少数民族县、扶贫工作重点县占比高。这决定了山区县推进乡村发展和振兴面临着更为严峻的挑战。

二、山区乡村振兴的汉源实践

汉源县作为地震灾区、水库库区、贫困山区、革命老区、少数民族地区“五区”合一的典型山区农业县，通过持续不断地创新性探索，取得了完全有别于一般山区农民老龄化、农村空心化、农业边缘化矛盾突出的显著成效，其产业兴旺、社会和谐、乡村繁荣已经成为四川省山区乡村振兴方面具有广泛影响力的“汉源现象”。进一步考察，汉源县乡村发展中下述 3 个重要方面的特征是极其显著的。

（一）稳住人：主要劳动力仍留在农村务农增收

实施乡村振兴战略，必须能够实现乡村留人，防止人口过度流失，处理好“走出去”“留下来”“引回来”的关系，通过农村的产业发展和环境改善留住农民，特别是留住年轻力壮的农民，扼制农村人口非均衡流动态势。这是事关乡村振兴最终能否实现的关键所在。四川是人口大省、也是劳动力输出大省，2017 年全省 4085 万农村人口中外出转移输出农村劳动力 2472.2 万人，占比高达 60.5%，而且流出的主要是青壮劳动力，由此导致农村人口老龄化问题日趋尖锐。与之比较，汉源县乡村繁荣的重要标志就是农业劳动力外流比例显著低于全省平均水平，全县 300287 人的农村人口中，外出务工劳动力仅为 50356 人，不到农村人口的 16.8%。调查表明，汉源县相当数量的青壮劳动力之所以没有选择外出务工，主要原因是其特色产业快速发展和务农收入水平显著提升，形成了较强吸力，由此留住了人、支撑了产业发展、创造了乡村的勃勃生机。汉源县不仅农村劳动力没有超大规模外流，而且还吸引了不少农民工返乡务农和返乡创业，全县 2017 年返乡农民工约有 1.71 万人，占全部外出劳动力的比例达到 34%。

（二）种好地：耕地实现应种尽种和精耕细作

乡村振兴与城镇化应当是良性互动关系，城镇化虽然必然带来人口减少，但这应是一个均衡的人口流动过程，并且同时产生减轻农村人地矛盾的积极效应。因此，城镇化引致的人口流动不能以土地荒芜或者是粗放经营为代价，甚至导致乡村衰落。当前，随着农村劳动力非均衡流动造成的结构性短缺矛盾不断加剧，加上农业比较效益总体偏低，农村土地抛荒现象日益普遍，在交通和水利条件较差的山区尤其突出，不仅有常年抛荒，季节性抛荒和粗放式经营更为普遍。比较而言，汉源县耕地高效利用的成效十分显著。受地形地貌和土地细碎化影响，全县 26.1 万亩耕地的流转率只有 7.2%，远低于全国全省平均水平，大规模连片集中的经营模式相对较少。相反，汉源县的耕地是以小农户和合作社的小规模利用为主要方式的，而且以水果、花椒、蔬菜等特色产业为依托，保持了精耕细作的优良农耕传统，应种尽种，立体种植，复合利用，像绣花一样种地，全县不仅未出现大规模的土地撂荒现象，而且实现了土地利用效率的持续提高。

（三）聚资本：多元整合形成农业农村发展的有效支撑

长期以来，乡村资源呈现出大规模的净流出格局，如果这种态势不能逆转，乡村振兴必将缺乏有力的发展要素支撑。从全国看，农村居民收入增长速度虽然连续多年高于城镇居民，但在收入中占主导地位的是工资性收入，而且这部分收入多数并未进入农业农村领域形成生产性投入。资金不足无疑是当前乡村发展中最难破解的突出矛盾。汉源县虽然是财政弱县，但在乡村发展中却能持之以恒地以农为本、以农为重，财政、金融、社会资本、农民投资，多元整合，积少成多，最大限度地聚集农村内外部资本要素支持特色农业、农产品加工业和乡村旅游业实现高速增长，在有效吸收外部资本的同时最大限度地聚集农户资金资源，为乡村振兴提供了有力的投入支撑。汉源县以返乡农民工在内的本土农民为主体的多元投资，在很大程度上破解了乡村发展的资金瓶颈，形成了与多数山区地方主要依靠外来业主流转土地、投资办厂带动农业发展和规模化水平提升完全不同的发展格局。

三、山区乡村振兴汉源实践的创新性解释

汉源县的乡村发展在众多约束条件之下之所以能够独树一帜，显现标杆性的示范效应，根本原因在于其找准了破解山区发展困境的密码，针对山区的资源特征开展了一系列

具有独创性的探索实践。

（一）汉源实践的创新性探索

为了推进乡村繁荣发展，汉源县形成了以本土化核心农民为主线、以合作化生产经营为关键、以规模化小农服务为特色、以精准化政策引导为支撑的创新性实践，构建起了能够充分挖掘地方特色优势资源、全力强化内生发展动力的发展路径。

一是以本土化核心农民为主体。人才振兴是乡村振兴的重要路径。汉源县始终坚持农民在乡村发展中的主体地位，根据新形势下农户的分化趋势，将核心农民作为重点的培育对象，形成了以本土化核心农民作为乡村振兴重要主体的发展格局，有效地防止了传统农民被“边缘化”以及工商资本进入农村的“挤出效应”。首先是壮大产业“留才”。汉源县充分发挥山区的立体种植条件和充足的光热资源，大力调整农业产业结构，因地制宜发展甜樱桃、金花梨、花椒等特色优势产业66万亩，让农民能够通过就地发展产业实现“以地增收和在家增收”。大丰乡盛园黄果柑农民产业合作社社员达到256户，共同投资1600万元建立标准化生产基地、选果厂、冻库等，带动了周边3850多户农户发展黄果柑产业。其次是出好政策“引才”。汉源县全面推进“百名专家兴百村”活动，建立“院校县合作”机制引进高层次农业科技人才，并针对返乡农民工创业和新型农业经营主体发展出台扶持政策，对初次进行农业创业的农民一次性给予3000元补贴，对新型农业经营主体给予最高200万元的担保贷款，并建立创业指导中心、创业服务专家团、创新创业教育中心等31个，在210个村（社区）活动室开设返乡创业“绿色窗口”，吸引农民工返乡创业。其中，皇木镇49亩羊肚菌生产基地，由当地27岁的外出务工返乡青年罗华牵头，联合九襄镇的赵启彬、富乡乡的李西柱和李西次每人投资17万元资金共同创建，亩平产值达到2万元，并且已在基地附近带动更多户农民发展羊肚菌产业。最后是加强培训“育才”。汉源县大力开展基层农技员知识更新培训、农民创业培训和农民实用技术培训，成功举办了雅安市首期果树工培训、雅安市首期养老护理劳务培训等，近三年来完成劳务品牌培训470人、职业技能培训4324人，农民生产技能得到了显著提高。

二是以合作化生产经营为关键。汉源县针对当地山高坡陡、土地细碎化和分散化程度高、“蛙跳田”“斗笠田”多、难以实现机械化耕作的特征，重点引导小农走合作生产经营的道路，有效地规避了小生产面对大市场的不足，走出了部分地区“分”有余而“统”不足、部分地区过分推崇大规模土地流转而经营不善的双重困境。首先是特色经济环线“连产业”。汉源县针对特色产业根据海拔不同垂直带状分布、单一主体规模小而区域整体规模大的特征，通过县上建大环线、乡镇建中环线、村社建小环线、户户建连接线的方式，将分散的产业串联成带，形成了相对连片的4条产业环线，包括串起万亩金花梨和万亩白凤桃产业的九襄至双溪环线，5万亩甜樱桃和近万亩花椒产业的清溪至西溪环线，融合葡萄、黄果柑、红富士苹果、核桃、高山蔬菜、奇花异卉、森林康养、文化体验等农旅业态的大渡河右岸环线，融合枇杷、黄果柑、核桃、高山蔬菜等产业基地的大渡河左岸环线。其次是新型经营主体“聚小农”。汉源县坚持小群体、大规模的发展模式，通过建立“公司+农户”“专合社+农户”和家庭农场引领带动的小农合作生产利益联结机制，带动众多小农户形成区域性的适度规模经营。目前，全县共有农产品深加工企业 36 家、农民专业合作社 854 家，注册家庭农场 362 家，带动全县近 8 万农户科学产销、对接市场，与现代农业发展实现接轨。最后是创新扶贫机制“带增收”。汉源县为了有效推进产业扶贫，针对无劳动力、产业发展能力弱的贫困户，创新使用产业扶持基金和小额信贷资金等，将分散的资金集中使用，采用“专合组织+贫困户”“村集体经济+贫困户”的方式带动贫困群众入股增收。2017 年，全县产业扶贫资金 3348.79 万元中的 1644.25 万元用于入股新型农业经营主体，带动 8791 户贫困户户均增收 145.39 元。

三是以规模化小农服务为特色。汉源县将小农尤其是发展型小农作为重要的服务对象，摆脱了许多地方重视龙头企业而轻视普通农户、重视土地规模流转而轻视服务规模扩张的普遍做法，着力于构建政府支持引导、社会广泛参与、专业化服务组织为主体的农业社会化服务体系，走出了一条以服务型规模为主的适度规模发展路径。首先是生产管理服务。汉源县通过做大汉源县大坡顶植保专业合作社等规范化专业合作社，全面推行农资统购统销和病虫害统防统治，结合供销社综合改革，推动供销社职能由流通服务向全程农业社会化服务延伸。其次是农业技术服务。汉源县与四川省农业科学院等 11 个科研院所开展科技合作，整合院校专家、基层农技推广队伍和合作社技术服务队等力量。全县共组织 121 名农林、畜牧技术专家，分别组建花椒、大樱桃、苹果、核桃、蔬菜种植和畜禽养殖等 9 个工作组实施全程全域跟踪服务，并从 7 个专业协会中社会化选聘 307 名“土专家”“田秀才”，遴选 1260 户“科技示范户”，并利用“农民夜校”等载体开展农技培训，强化产业发展的技术支撑。最后是品牌塑造服务。汉源县鼓励龙头企业、农民专合组织、家庭农场积极创建“三品一标”农产品品牌，注重生态环境的永续利用和产品质量的安全放心，围绕特色优势产业大力塑造区域农产品公共品牌，提高产品整体影响力和竞争力。2017 年，全县已认证“三品一标”农产品 75 个、面积 26 万亩，获得四川省著名商标 3 个、雅安市知名商标 8 个，打造“阳光汉源”“汉源红”2 个区域农产品公用品牌。其中位于汉源甜樱桃产业核心区域的西溪乡“山里红”合作社，通过引导入社农户按照绿色生态产品要求生产并采用“汉源红”外观专利包装进行销售的甜樱桃，2017 年销售价格达到 100 元/公斤，是一般产品市场价格的 1.5 倍以上；“汉源花椒”品牌价值超过 7 亿元，鲜花椒、干花椒每斤均价上涨 6 元和 27 元，椒农直接增收超过 1.5 亿元。

四是以特色化产业融合为突破。汉源县依托特色农业产业和优势生态文化资源，在“大农业、大产业”的理念导向下，延一产、接二产、连三产，推动田园变公园、新村变景区、产品变商品，通过农村多元化产业协同发展，不断提高土地生产效率和农业综合效益，有效地破解了农业弱质性、微利性的瓶颈制约。首先是立体循环。2011 年以来，汉源县相继实施了“绿满汉源”“绿美汉源”行动，大力推行农业绿色生产，优化农业资源利用方式，发展绿色高效生态农业，充分利用海拔高度差异和丰富的光热资源，满栽满种经果林，积极推广“生态养殖+沼气+绿色种植”、林下种养殖等循环发展模式，因山就势打造“稻-蒜-果”立体农业。其次是农工互动。汉源县大力发展农产品原产地加工和精深加工，围绕黄果柑、苹果等发展农产品初加工产业，采购安装洗选设施，提升农产品筛选、分级、包装的水平并兴建果蔬冷鲜冻库气调库；围绕发展花椒精深加工，延伸产业链，提高产品附加值。截至 2017 年，汉源县累计建成农产品集配中心 5 个、热风烘房 143 座、组装式冷藏库41座、水果分级筛选包装设施6套，建成甘溪坝食品工业园1.4平方公里，培育省市级农业产业化龙头企业17家。再次是农旅融合。汉源县依托梨、桃、大樱桃等特色产业，插花式发展配套产业，形成三强村“花海果乡”、前域社区“鹤舞田园”、同心村“万亩樱桃”等大地田园景区，通过建设“百里花果长廊”将单一的节庆短时农家观光休闲发展为四季风情农家体验度假，将全县36个产业集中的专业村提升为乡村旅游示范村，辐射带动5300余名贫困群众增收。2017年，汉源县实现乡村旅游综合收入33亿元，全县近13万农民融入乡村旅游产业链。最后是农商结合。汉源县依托花椒产业打造天府商品交易所汉源花椒交易中心，围绕特色产业大力发展农村电子商务，顺丰、申通等20家大型快递物流企业落户汉源县，并成功申报省级电子商务产业示范县，全县培育出新农之邦、四海乡亲、你弄我农、汉源云仓等一大批本土电商龙头企业，累计建成电商支撑服务企业15家、电商网点352个，覆盖全县90%的乡镇和85%的行政村。

五是以精准化政策引导为支撑。汉源县将有限的财政资金通过整合，瞄准制约乡村发展的薄弱环节和关键领域进行精准化投入，有效转变支农资金来源部门多、支持项目杂、单项额度小的格局，大幅提高政策引导实效。首先是设立农业发展基金。汉源县制定实施特色产业发展、有机农业发展、新型农业经营主体培育、土地流转等一系列奖励扶持政策，县财政每年设立5000万元农业产业发展基金，用于支持引导特色农业产业发展，奖励扶持范围涵盖基地提升、产品营销、农旅融合和品牌创建等各个重要环节和关键领域。2015～2017年，汉源县累计扶持农民新发展经果林27万亩，建成了包含五大优势水果、三大生态蔬菜、两大特色干果的十大特色产业基地66万亩，全县人均拥有特色产业2亩以上。其次是整合财政支农资金。汉源县对救灾救济资金、民政优抚资金和农民直接补贴资金不进行整合，其他产业类、基础设施类和培训类资金一律纳入整合范畴，实现了在整合领域上的拓展。农村公路、农田水利、农业产业3个“三年大会战”累计投入资金22亿元，硬化改造县、乡、村公路931公里，新增、改善灌溉面积21.33万亩。2017年，全县累计整合财政支农资金33237万元，其中整合中央及省级财政资金27259.1万元，市级财政资金1036.56万元，整合县级财政资金4661.45万元。最后是撬动金融资本支农。汉源县深化农村金融改革，结合农村产权制度改革，通过财政筹资600余万元设立风险补偿金等引导金融机构创新信贷产品加大支农力度。2017年，全县“土地承包经营权”抵押贷款、扶贫小额贷款等涉农贷款余额达到6362.62万元，同比增长10.3倍。

（二）汉源实践的主要制度绩效

审视汉源县的创新性实践，就推进乡村发展而言成效是十分显著的，其主要绩效不仅在于基于山区发展面临的严峻挑战创造了稳住人、种好地、聚资本的乡村繁荣“汉源现象”，更重要的是形成了5个方面极其重要的机制创新，为推动山区乡村振兴提供了具有内在制度构建意义的现实价值。

一是以本土农民培育为重点的多元主体参与机制。农民是农村发展的重要力量，是推进乡村振兴的关键依靠，是乡村振兴的基础性核心。乡村振兴必须要有农民的有效参与和成果分享才具有稳定性和持续性。汉源县以本土农民为重点，通过“留才”“引才”“育才”进行主体培育，形成了以传统农户、专业大户、返乡农民工和各类农民合作社为主的多元主体参与机制，既稳定了土地利用结构，优化了人地关系，又充分发挥了农民之间的互助合作优势，有效提高了农业生产效率。更为重要的是，在现有本地资源条件下，汉源县以本土农民为主的经营结构具有比外部业主大规模进入在产业选择上更加精准、在规模扩张上更加理性、在竞合关系上更加融洽的比较优势，是一种具有高度内在稳定性的共建共享性的发展模式。

二是以特色优势农业为基础的产业融合发展机制。提高土地产出效率和农业综合效益是增强乡村人口吸附力的关键。由于农业弱质性的影响，加上农产品价格天花板、生产农业成本地板的双重挤压，尤其是在结构性过剩和短缺并存的背景下，传统农业面临着极大的转型升级压力，缺乏承载乡村振兴任务的经济支撑。汉源县在充分利用梨、桃、大樱桃、黄果柑、花椒等特色优势产业的基础上，深度挖掘人文历史、自然景观和气候资源，通过农旅融合实现了“农业景观化、景观生态化、生态效益化”，让山区农业长期以来单一的生产功能得以向生态、社会和文化等多重复合型功能转变。这种以特色优势农业为基础、以乡村文化为灵魂的融合发展，具有融合基础更为稳固和拓展空间潜力巨大的双重优势，表现出强劲的内在活力和支撑产业强劲扩张的发展态势。

三是以乡土人才抱团为核心的资源要素集聚机制。长期以人为主的资源要素流失是导致乡村衰退的关键因素之一，虽然从政府层面破解乡村发展不平衡不充分的体制性障碍是推进乡村振兴的重要外部驱动，但更加有效地利用乡村资源要素是实现乡村振兴的内在要求。汉源县以农业生产经营“田秀才”“土专家”和返乡创业农民工等乡村人才为核心，围绕特色优势产业，借助专业合作社、农业产业化龙头企业等载体，通过合作经营、参股入股等形式构建了抱团发展机制。乡土人才的抱团，不仅有效地破解了乡村振兴人才不足的困境，而且由此带来了技术、资金、管理和市场渠道等发展资源要素的聚集；不仅有效克服了山区资源要素分散化的特征，而且为农村闲置资金构建了更加高效的利用平台。更进一步看，以乡土人才抱团为核心的资源要素集聚机制既是一种乡村内部要素的优化配置机制，又是一种破解山区资源要素外流的内生吸附机制，还是一种充分利用乡村社会优势的稳定发展机制，对打破山区振兴对外部驱动的过度依赖具有极为重要的意义。

四是以专业合作服务为路径的技术高效推广机制。推进乡村振兴，必须以科技创新为引领和支撑。在现实条件下，实现乡村振兴的关键难点之一就是如何破解农业科技进村入户的最后 1 公里难题。汉源县通过创新基层农技服务模式，形成了财政奖补、购买服务等方式引导专业合作社进行技术示范、推广、服务的模式，不仅通过专业合作服务提高了农业生产的效率并降低了成本，而且有利于农药、化肥等农资投入品的管控和农产品质量安全的保证。以专业合作服务为路径的技术推广，由于具有内在的合作需求和信任度更高的地缘关系，使其成为推广应用成本更低和对农民进入性更强的高效便捷的技术推广机制，更为重要的是其更易于实现农业技术服务的供需有效衔接，对破解长期以来形成的农技推广供需错位、有限的基层农技推广力量难以有效覆盖千家万户农业生产经营主体的困境具有重要的作用。

五是以产品优质优价为驱动的内生发展动力机制。农产品能否实现优质优价是破解农业供给侧结构性改革难题的关键所在，也是促进乡村产业兴旺发展的内在动力。虽然强有力的行政推动具有转变乡村发展路径依赖的制度优势，但是政府的作用边界不是无所不能的，而且大量实践表明，过度注重行政力量往往容易造成资源要素在点上堆积形成难以大规模推广复制的盆景式样板，甚至是短期内虚假的繁荣带来长远的后遗症。汉源县正确处理了政府的作用边界关系，除了在交通、水利等具有极强公共属性的领域充分体现政府的主体建设作用外，产业发展领域则重点在满足共同性需求方面强化政策支持，发挥公共政策工具的产业引导作用。汉源县通过农产品标准化生产、公共品牌打造、营销平台搭建等促进农产品实现优质优价，进而激发农民群众优化农业结构、提高产品品质的内在动力，形成了以市场机制优化资源要素配置的长效发展机制，既摆脱了政府的过度干预和单一依靠政府支持力量不足的弊端，又促进了农产品供给与市场需求升级的耦合，从而形成了以经济利益为纽带的内生发展动力，具有更强的复制性和可推广性。

（三）汉源实践的重要启示

汉源县乡村振兴的探索不仅对其他山区县破解其面临的共同性矛盾具有实践层面上的参考借鉴意义，而且在校正当前普遍存在的认识误区方面，汉源实践所蕴含的以下 5 种启示对推进山区乡村振兴同样具有重要价值。

一是小产品同样可以拥有大市场。多数山区县域内由于地理环境和气候条件等差异明显，虽然农产品种类丰富，但单一品种往往面积小、产量少，难以与平原、丘陵地区集中连片的大规模产业在量上相竞争。这是制约许多山区县产业做大做强的重要原因所在。但是，山区的小产品往往具有自身特色。汉源的实践表明，小和大的矛盾不是绝对的，在外部条件改善后是可以相互转化的，特色小产品通过品牌塑造和市场拓展仍然可以做大做强，小产品同样可以拓展大市场。汉源黄果柑和花椒都是小产品，但其市场占有率都在不断提高，分别远销东北和出口欧洲。

二是分散资源同样可以形成大规模。山区资源相对分散，难以通过土地流转形成单一品种的大规模集中连片发展，往往是造成产业竞争力不强的重要制约因素。但汉源的实践表明，只要通过有意识的产业引导和基础设施建设串联，以及因地制宜地创新经营模式和大力度发展生产性服务组织，就能够对分散的资源进行相对集中的开发利用，从而形成单一主体小规模而整体产业大规模的发展格局。汉源甜樱桃和花椒单个生产单元的规模都相对较小，但总体规模分别超过 5 万亩和 11 万亩，并由此获得“中国甜樱桃之乡”和“中国花椒之乡”称号。

三是传统产业同样可以催生新业态。山区产业发展相对滞后，传统农业占比高，但这并不意味着山区农业就没有转型提升的发展前景。汉源的实践表明，不仅依托山区特色农产品发展加工业对提高农产品附加值具有较大空间，而且利用山区的生态优势和农业景观等发展观光农业、体验农业和民俗接待等乡村旅游同样具有广阔市场，还可以借助现代信息网络技术通过发展农产品电子商务等提升传统产业的商品化程度。2017 年，汉源全县花椒、苹果、甜樱桃等地方特色商品线上交易额突破 1.5 亿元，同比增长 30%。

四是特色农业同样可以实现高收入。广大山区之所以人口流失量大、房屋闲置率高，虽然有区位条件和基础设施较差等多重因素的制约，但最为关键的在于务农增收难度大，依靠农村产业发展难以实现较高的收入。汉源的实践表明，挖掘山区优势，发展特色农业，不仅具有较大的增收空间，甚至可以获得高于城市一般家庭的收入水平。以汉源县的甜樱桃产业为例，每亩产值可达 3 万元以上，是种粮收益的 10 倍。以大樱桃为特色产业支撑的永安村，全村农户 565 户中 97.3%的农户大樱桃销售收入超过 5 万元，其中 10 万元以上的占 65.5%，全村仅大樱桃一项实现户均纯收入 4.2 万元，80%以上的家庭购买了小汽车。

五是财政薄弱同样可以做强乡村振兴。山区县财政实力相对薄弱，而且少数民族县、扶贫工作重点县占比高，许多县收支严重不平衡，要依靠大额的财政转移支付才能维持运转。但这并不意味着财政薄弱就只能在乡村振兴中无所作为。汉源的实践表明，虽然整体财力弱，但通过有效率的政策创新，构建整合平台，激活闲置资源，不仅可以有效发挥本级财政引领和撬动作用，而且可以通过精准化的支持措施大幅提高财政资金的使用效率，从而有效实现乡村振兴的政府推动职能，进而形成强大的乡村振兴推进合力。

四、汉源实践的普适性价值

汉源县立足山区资源特征和现实困境开展的创新性探索，对广大山区推进乡村振兴而言具有重要的推广价值，但从更深层次加以总结，汉源实践所蕴含的内在价值，并不仅限于对山区乡村振兴具有借鉴意义，而是在于对其他所有区域推进乡村振兴均具有一定的普适性价值。

（一）激活乡村资源是实现乡村振兴的内在支撑

乡村振兴离不开人财物的支撑，但目前大多数乡村普遍处于发展要素严重匮乏和大量流失、闲置并存的状态。因此，乡村振兴不能仅仅寄希望于外部力量推动，相对于“外因”的影响性作用，更需要强化“内因”的决定性作用。只有通过深化农村改革，深度激活乡村人才、土地、资金等资源要素，打破长期以来形成的外部性发展路径依赖，才能有效地抑制乡村衰退态势，进而促进乡村全面振兴。

（二）创新发展机制是实现乡村振兴的关键所在

乡村衰退的重要原因之一在于制约乡村发展的体制机制障碍，虽然通过近年来城乡统筹的推进，一些体制机制障碍在一定程度上得到了优化调整和改革创新，但城乡二元化结构下的不平衡不充分仍然是乡村振兴面临的主要问题。虽然绝大多数的体制问题在县级层面是难以得到根本解决的，需要通过更高层级的顶层制度设计才能收效，但是面对诸多现实困境，基层政府并非难有作为，相反，基于现实问题有效地进行机制和政策创新，特别是重点推进构建不同部门之间的整合联动机制、多元主体的合作发展机制、上下层级的工作推进机制等，对在现实基础之上卓有成效地加快乡村振兴推进进程，具有不可或缺的重要作用。

（三）发挥特色优势是实现乡村振兴的必由之路

乡村衰退虽然具有普遍性，但不同区域乡村衰退的表现形式及程度存在较大差异。因此，乡村振兴必须遵循差异性原则，不能采取一种模式、一种方式、一种政策。各地在自然条件、生态环境、产业结构、产品品种、主体类型等方面各具特色，因而推进乡村振兴必须挖掘自身的比较优势，扬长避短、取优补劣、突出特色、寻优推进，由此才能走上特色化、高效化的乡村振兴之路。

（四）精准政策引导是实现乡村振兴的强大助力

乡村振兴离不开政府支持和政策引导，但是一些普惠性的“大水漫灌”政策跑冒滴漏严重、一些分散化的“撒胡椒面”政策难以形成合力、一些倾斜性的政策存在目标错位。在当前条件下，虽然乡村振兴需要大量的资金投入和项目支撑，但仅仅依靠财政投入大规模增长既是困难的，也是不合理的，推进乡村振兴必须把优化财政投入结构放在十分重要的位置，明确投资边界，强化整合效应，以投资关键环节和领域为重点提高政策的精准性及投入的高效性，从而在有限的资源要素投入下增强乡村振兴的助推力。

（五）强化市场驱动是实现乡村振兴的制度基础

在实施乡村振兴战略中，市场的驱动力是基础性和决定性的，只有通过市场机制的完善，减少对微观经营主体的决策干预，突破行政主导农村事务的惯性思维，更多地运用市场调控手段和利益驱动机制，给予市场主体自主决策的权利和理性选择的环境，充分发挥市场在资源配置中的决定性作用，真正激发主体、激活要素，才能充分调动各方主体在乡村振兴过程中的积极性、主动性和创造性，凝聚起全社会支持乡村振兴的强大合力。

五、推广汉源乡村振兴经验的政策建议

站在当前审视乡村发展的角度，汉源实践具有重要的推广价值；站在未来实现乡村振兴战略目标的更高高度，汉源实践仍然需要加以完善和提升。虽然“汉源现象”背后蕴含的创新经验和普适意义对推进乡村振兴具有重要借鉴作用，但要在更大范围推广汉源山区乡村振兴的成功经验，还需要重点从以下几个方面进一步加强和深化。

（一）更加注重发展型小农的精准扶持

根据广大农村地区小农仍然占主体、新型农业经营主体快速发展的态势，走出以大企业集中性政策扶持和小农户普惠性政策扶持的两个极端，利用农户加速分化的趋势，通过完善新型职业农民培训体系、构建农民需求导向的新型农业技术服务体系、破解农业生产季节性资金等短缺困境，精准支持转型发展的小农做大做强，加大力度扶持种养大户、家

庭农场、合作社等更具本土化特征和稳定性发展潜力的适度规模经营主体。

（二）更加注重特色化产业的优化提升

科学把握推进乡村振兴的目标任务和时间节点，有序推进乡村振兴各项任务，把产业兴旺放在首要位置，要更加注重突出区域特征的特色优势产业的优化提升，循序渐进推进产品结构、产业结构优化，即使在对传统产业的结构调整中，也要防止为了盲目超前、打造亮点而一哄而上，突出差异性和特色性，力避大规模植入外部产业由于“水土不服”而收效甚微，甚至是形成新的产业同构和产能过剩。

（三）更加注重产业链后端的短板弥补

在推进乡村产业发展的过程中，尤其是对普遍远离城市消费市场、交通区位条件差的山区而言，要在围绕特色优势产业发展壮大生产基地的同时，更加注重弥补在产后商品化处理、加工、储运和功能拓展、品牌塑造、市场营销等产业链后端的短板，既要防范菜贱伤农、果贱伤农、粮贱伤农等现象，又要提高农产品的附加值和综合效益，从而增强乡村振兴的内在经济支撑。

（四）更加注重闲置性资源的开发利用

随着农村人口结构和产业结构的深层次变化，农村耕地、农房、农村小学等闲置资源数量较大，一方面要创新新农村建设、异地扶贫移民搬迁和土地综合整理模式，防止闲置资源持续增加；另一方面要在普遍性地提高农村资源开发利用效率的基础上，更加注重对闲置资源的整理和开发利用，通过代耕、托管、租赁、入股、合作经营等模式实现其价值，要在农村产权确权颁证基础上深入推进退出、继承、担保和抵押等权能实现机制改革，促进农村各类“沉睡”资源变资产，为城乡要素的对接融合提供重要基础。

（五）更加注重分散性要素的有效整合

乡村振兴是一项覆盖面广、影响长远的系统工程，在推进乡村振兴的过程中，要针对涉农资金投入分散、支农惠农政策缺乏连续性和各类主体间缺乏协作平台等问题加强发展资源要素整合。首先是要强化财政支农资金整合，打破项目资金分散式的支农格局，以财政预算整合为引领、以绩效管理为导向，将不同层面、不同渠道的支农资金整合后统筹使用。其次是要强化多方政策资源整合，通过项目整合人、地、钱等要素，强化乡村振兴的系统性政策支撑，力避多头政策重复性或者冲突性投入造成资源浪费和效率损失。最后是要强化多元主体力量整合，政府要引导搭建乡村振兴平台，以其为依托构建多元主体的对接和耦合机制。

第十四章　沐川实践：贫困地区乡村振兴路径选择

实施乡村振兴战略是应对当前我国“三农”领域面临的一系列严峻挑战的重大战略举措。与非贫困地区相比，贫困地区的发展基础更为薄弱，城乡发展不平衡、农村发展不充分的问题更为突出，实现乡村振兴的难度更大。贫困地区实施乡村振兴战略不仅有利于本地区提升经济社会发展水平，缩小与非贫困地区的差距，还有利于加快经济增长新旧发展动能转换、促进经济高质量发展。因此，贫困地区无疑是实施乡村振兴战略所应重点关注的地区，应当通过乡村振兴和精准脱贫的协同并进，以更大的支持力度让贫困地区尽快改变落后面貌。

一、贫困地区实施乡村振兴面临五大特殊难题

贫困地区担负着打赢脱贫攻坚战和实现乡村振兴的双重历史使命。与其他地区相比，贫困地区实施乡村振兴面临着5个方面的特殊难题。一是农业分散化经营与纵向整合趋势相对立。贫困地区农业普遍呈现出分散化、小规模、低水平等突出特征，导致农业产业链延伸与整合困难，与纵向一体化经营的基本发展趋势相背离。二是小农户发展受困与集体经济薄弱相交织。持续性发展能力不足，无疑是贫困地区小农户面临的共同难题，加之集体经济严重薄弱，也无法有效发挥对小农户的服务和保护功能。三是区域竞争不断加剧和城乡要素争夺相叠加。贫困地区的要素吸附能力较弱，导致出现“缺钱缺人”的普遍性困境。四是生态环境保护加强与开发需求不断增长相背离。贫困地区在空间上与生态功能区、生态敏感脆弱地带高度重叠，但为摆脱落后现状，实现大力度开发建设的需求又特别强烈。五是投资建设需求巨大与资金筹集困难相矛盾。贫困地区实施乡村振兴在投入上具有覆盖范围广、涉及领域多等特征，但其经济发展又普遍落后，地方财政收入有限，导致存在较大投入缺口。面对上述5个方面的困难，贫困地区实施乡村振兴必须立足自身实际大胆创新突破，探寻更具开拓性的发展思路，制定更具针对性的政策措施。从已有实践来看，四川省沐川县探索以绿色发展理念为主线的生态振兴路径的成功经验值得认真总结和借鉴。

二、贫困地区乡村振兴的沐川实践

沐川县是四川省定贫困县，属国家乌蒙山集中连片特困地区，县域整体经济发展水平偏低，但也蕴藏着十分丰富的生态资源。该县森林覆盖率达到77.34%，居全省第一，被誉为“天然氧吧”和“绿色明珠”。沐川县在乡村振兴中根据资源禀赋特点，找准比较优

势，坚持“生态发展、绿色崛起”理念，将生态优势转变成为产业优势和竞争优势，进而形成带动区域内乡村全面振兴、城乡融合发展的强大动能。其创新性的探索主要表现在6个方面。

（一）以开放性振兴为指向释放内生动力

沐川县拥有丰富的生态资源、特色农业资源，但却因为地理阻隔、交通不便等因素而无法与消费市场对接，又因资本、人才、技术等发展要素稀缺而没有能力进行开发。针对“富饶的贫困”的发展现状，沐川县在推进乡村振兴中坚持树立开放发展的理念，以开放寻求突破，以开放实现发展，使物质流、信息流、人流等从外部区域充分流入。一是积极打通区域内外连接干道。沐川县全力推进多条通县快速路建设，加快县乡公路升级改造，形成串联城乡发展的“内循环”，形成内外协调联通的绿色交通网络体系，融入乐山市和天府新区1小时经济圈。二是发展农村电商。沐川县通过国家级电子商务进农村综合示范项目，建设农产品上行及其配套体系、县域电子商务公共服务体系，开展农村电商人才培训，促进本地优质农产品与外部市场需求的双向、快速对接，解决农产品“卖价低”“卖出难”的问题。2017年，沐川电商交易额突破1.2亿元，同比增长20%。三是强化乡村振兴人才的吸引聚纳。到2017年，全县引导农村劳动者转移就业9.2万人，建成返乡创业园12个，扶持1100余名返乡农民工、青年(大学生)创办经济实体750余个，并入选了全国第三批结合新型城镇化开展支持农民工等人员返乡创业试点县，开展新型职业农民培育，培育一批有文化、懂技术、会经营的新型职业农民。

（二）以绿色发展为导向塑造比较竞争优势

绿色是沐川县最美的底色，生态是沐川县最大的优势。沐川县坚持生态优先、绿色发展的思路，发展山区型生态经济，将生态优势转化为产业优势和竞争优势。一是发展生态农业。走绿色、有机农业发展之路，沐川县加快种养结合、生态循环产业基地建设，2014年以来，新建“三品一标”生产基地1.55万亩，累计达43.5万亩；“三品一标”认证42个，其中有机食品18个、绿色食品8个，“三品”占比达到84.5%，成功创建为省级有机产品认证示范县和省级农产品质量安全监管示范县。二是发展生态型六次融合产业。沐川县以生态为基础、农业为支撑、文化为纽带，大力发展养生养老、森林康养、文化体验、乡村旅游等产业，促进本地生态资源与外部要素有机整合，推动本地生态产品和服务与外地市场需求有效对接。

（三）以适度规模为引领强化优势特色产业竞争力

针对土地细碎、多山地地形、农业资源分散化等特征，又面临大中型龙头企业招引难的问题，沐川县选择本土化的适度规模农业产业发展策略，以小群体、大规模、精品化为基本指向提升优势特色农业竞争力。一是强化农业园区建设。沐川县以农业园区为载体，大力推进农业标准化、规模化建设，培育林竹、茶叶、林下养殖、果蔬、中药材五大主导产业，以适度集中方式建设产业基地 162 个(林竹 16 个、林下养殖 18 个、茶叶 64 个、猕猴桃 21 个、李子 26 个、蔬菜中药材 17 个)、1000 亩以上园区 48 个，形成了“五业六带百基地”的农业发展格局。二是培育新型经营主体。沐川县加强培育家庭农场、农民合作社、本土化农业企业等新型经营主体。截至 2017 年底，全县农业企业达到 189 个、专业合作社 321 个、家庭农场 109 个、专业大户 1034 户，全县土地流转总面积达到 8.4 万亩。

(四)以小农提升为基础构建现代农业产业体系

贫困地区多为山地、深丘地形，地块狭小、分散、坡度大，农业机械应用范围有限，能够密集进行劳动投入和擅于精耕细作的小农户具有很强的适应性。沐川县尤其注重对弱小农户的保护与支持，促进小农户与现代农业有机衔接。一是培育本土化的经营主体。沐川县注重坚持“眼睛向内”，适度规模，稳定优先，重点以本土农业企业、返乡农民工、农业创业人员、贫困户等为重点培育对象，支持本土农业企业、合作社、家庭农场、专业大户等经营主体加快发展，让小农户与新型经营主体之间形成紧凑的利益联结关系。二是创新利益分享模式。沐川县建立小农户与新型经营主体之间订单农业、股份合作、土地股份合作、资产收益扶贫、养殖托管等利益共享方式，让小农户分享产业链增值收益。三是强化社会化服务支持。沐川县注重农业产后环节的社会化服务体系建设，推动冷链库、农产品初加工项目建设，截至 2018 年 3 月，已投入财政资金 820 万元，建成 800 吨冷藏库；规划建设 33 座以上冷藏设施，新建冷库容量 1640 吨。

(五)以强化社会建设为重点促进乡村全面振兴

沐川县在乡村振兴中合理处理经济发展与社会建设之间的关系，更加重视在脱贫攻坚中普遍忽视了的社会建设，让乡村的独特形态得以保持、魅力文态得以彰显、优美生态得以涵养。一是加强基层党组织建设。沐川县采取回引参选、跨村参选、下派参选等办法，拓宽选人用人渠道，优化基层党组织领导班子结构。二是开展精神文明建设。沐川县开展文明村镇创建、文明卫生劝导行动、评先树优活动、深入开展“感恩奋进·我的脱贫路”群众宣讲、农村志愿服务活动、“传家风、立家规、树新风”等一系列活动，传承优秀文化，弘扬公序良俗；加强村级乡规民约的约束力，建立乡土道德评议机制，运用熟人社会的声誉机制对村民行为形成正向激励和规范约束。三是强化传统文化的挖掘、传承和保护。沐川县大力开展传统村落保护行动，对传统大院、老旧房屋予以挂牌标志；建立优秀传统文化图文档案、农耕博物馆，加强对传统文化的记录；培养传统文化传承队伍，依托部分学校和少年宫建立“非物质文化遗产传承基地”。四是完善公共文化基础设施。沐川县推进县、乡、村(社区)三级公共文化设施建设，广电双向网络与宽带乡村建设，贫困村应急广播建设，贫困村阅报栏建设，广播电视台达标工程，体育中心足球场改造和 230 个基层综合性文化服务中心建设。

（六）以系统性政策为平台汇聚多元政策合力

针对投资缺口较大、乡村振兴与脱贫攻坚并行推进的现状，沐川县注重将目标指向总体一致、实施路径和具体举措存在重合的政策整合衔接起来，避免多种资金项目安排配置出现重复分散，最大限度地发挥多元政策资源的叠加效应。一是在制度设计上，沐川县注重将县域乡村振兴规划与脱贫攻坚结合起来，将脱贫农户可持续生计保障、健康乡村建设和社会保障体系建设等内容纳入乡村振兴规划之中。二是在政策举措上，沐川县注重乡村振兴和脱贫攻坚的整合协同，在推动发展特色农业、乡村旅游、康养产业等乡村三大支柱性产业中，既注重对贫困人口的覆盖与带动，也注重扶贫资金项目向三大支撑性产业的倾斜投入，同时编制乡村振兴项目库，以项目库为基础整合涉农资金项目。

三、贫困地区借鉴沐川经验的五点建议

现实中，贫困地区无疑是实现乡村全面振兴的薄弱区域。沐川县在乡村振兴中的一系列创新性做法取得了良好的发展效果，对贫困地区如何突破多维约束、摆脱发展困境、重构发展优势具有重要的启发价值。沐川实践为贫困地区乡村振兴提供了良好的经验。我们推广沐川经验，可重点采取以下 5 个方面的政策措施，从而改变贫困地区在乡村振兴中处于“后进梯队”状况。

（一）构建多元人才培育机制

一是引导外部人才流向贫困地区乡村。贫困地区要出台吸引人才的优惠政策，构建公平竞争空间，畅通社会上升渠道，让贫困地区成为创业人员、年轻干部实现人生价值、创造幸福生活的筑梦空间，并系统研究解决“人才下乡”所带来的家属就业、子女就学等问题。二是引导和鼓励本地外出人才回流。贫困地区要出台具体支持政策，鼓励能力相对更加突出的退伍军人、返乡农民工、大学生等人员返乡创业。三是注重本土人才培育。贫困地区要加强专业人才队伍建设，尤其是从贫困地区农村专业技术人员严重匮乏的现状出发，合理增加农技人员、教师、医生等人员编制，培育新型职业农民、乡村工匠、文化能人和非遗传承人等。

（二）构建小农户支持保护机制

发挥小农户在贫困地区农业产业转型升级中的支柱作用。一是加强对支持保护小农户重要意义的认识。贫困地区要将农业支持政策从重点支持规模经营主体向支持规模经营主体和小农户并重的方向转变。二是分类明确小农户支持保护重点。贫困地区要从小农户群体本身正处于分化发展的现状出发，采取有针对性和差异化的扶持政策，重点支持发展型小农转型升级，鼓励小农户通过土地流转、地块置换等方式实现适度规模经营，演变为家庭农场或专业大户。三是加强小农户的社会化服务体系支持。贫困地区在生产基础设施建

设、生产性社会化服务、金融、培训、农业保险、电商等方面要加强对小农户的支持，实现小农户社会化服务的全环节支撑、全要素保障。

（三）深化农村土地制度改革

农村土地制度改革能够关联性地带动城市要素向农村流动聚集，促进农村产业发展。这对发展要素尤为稀缺的贫困地区无疑更为重要。一是深化农村承包土地的“三权分置”改革。贫困地区要加快土地流转市场交易体系建设，解决因产权分散、农民获取信息困难而导致土地产权交易性和流动性不足的困境。二是深入推进宅基地和集体经营性建设用地改革。贫困地区要着力探索宅基地所有权、资格权、使用权“三权分置”的有效实现形式，利用闲置宅基地和闲置农房发展乡村旅游、精品民宿、休闲体验、健康养生等新产业新业态，促进集体经营性建设用地入市改革试点成果在贫困地区应用，利用好村庄零散闲置的建设用地，保障农业设施建设、新产业新业态的用地需求。三是深化集体林地改革。重点改变林木资源“砍伐+销售”的单一低效经营方式，促进林地规模化经营，发展附加值更高的林下经济、森林旅游、森林康养等新业态。

（四）构建多元投入保障机制

一是加大财政资金投入力度。完善财政支农投入稳定增长机制，财政投入乡村振兴资金应与年度 GDP 增速、年度财政收入增幅相挂钩，各级财政转移支付要重点向贫困县尤其是深度贫困县倾斜。二要撬动社会资本。发挥财政资金的投资引导作用，通过设立发展基金、风险补偿基金吸引社会资本投向乡村振兴。三是推动金融资本进入乡村振兴投资领域。抑制农村信用社、农商银行脱农倾向，推动农村信用体系建设，解决借贷双方信息不对称和贷款违约惩戒难的问题；创新农村金融产品模式，采用土地经营权反担保、农民合作社担保、农户联保等方式实现借贷增信，有效缓解金融机构因害怕农户违约而导致不敢放贷的矛盾。

（五）构建政策整合机制

促进乡村振兴与脱贫攻坚、新农村建设等其他战略举措之间的政策整合，汇聚政策合力。一是增强各项政策举措的联动性。在脱贫攻坚中，要将乡村振兴的各项要求融入其中，把深度贫困地区发展作为乡村振兴的重点，在确保“两不愁三保障”和公共服务等指标达标的同时，同步推进生态建设、基层善治、文化传承，为乡村全面振兴奠定坚实基础。二是注重工作机制的整合。要将脱贫攻坚工作中形成的较好的做法、模式、政策固化成为规范制度，如实施区域扶贫协作、对口帮扶、设置驻村工作组和第一书记等，积极应用到乡村振兴之中。三是注重资金项目的整合。制定关于财政涉农资金和乡村振兴项目整合的实施细则，解决整合资金项目面临的实际困难，建立健全资金项目整合制度与平台，有效解决资金使用分割，利用效率不高的问题。

第十五章　绵竹实践：创新资源开发转型区乡村振兴机制

全面实施乡村振兴战略，是当前我国应对农业和农村发展中面临的一系列严峻挑战的重大战略举措。但我国地域辽阔，各地情况千差万别，决定了推进乡村振兴必须坚持因地制宜，突出特色，走差异化的推进路径。资源开发转型区由于面临转型发展、补齐生态环境欠账、促进乡村发展的多重压力，所需要应对的挑战和困难更大。因此，资源开发转型区实施乡村振兴战略就更需要瞄准关键环节和最紧迫需求，采取更具突破性和针对性的政策举措，探索走出具有自身特色的乡村振兴之路。绵竹市是四川省资源开发转型区的典型代表，其在多重挑战和约束之下进行了乡村振兴的创新性实践，实现了经济社会平稳转型和乡村振兴健康有序推进。绵竹市在推进乡村振兴中所探索出的一系列成功经验，值得其他地区尤其是同类型的资源开发转型区充分借鉴。

一、资源开发转型区实施乡村振兴战略面临的共同性挑战

资源开发转型区依托资源优势和对初级资源的开采与利用，在较长时期内保持着经济的高速增长。但同时，丰富的资源也导致该类地区缺乏产业升级的倒逼动力和有效激励，从而在一定程度上陷入产业发展不平衡、不协调的“路径依赖”和“资源诅咒”。当资源开发受阻时，其产业结构单一、经济活力不足、生态破坏严重、治理体系不完善等一系列社会问题就会急速爆发，不仅导致其原有的高增长态势出现断崖式下降，而且同时诱发诸多极其严重的特殊性社会问题。具体而言，资源开发转型区实施乡村振兴战略主要面临着以下方面的共同性挑战。

（一）高增长过程急剧停滞与自然生态保护需求进一步增强之间的矛盾极为尖锐

随着国家产业政策的调整力度加大和环境监管执法力度空前增强，资源开发转型区大量不符合环保标准的企业被强制要求停限产整顿，甚至取缔关闭，经济高速增长过程强制性骤然停滞，转型发展成为资源型地区不得不面对的重大难题。更重要的是，资源开发区往往又是生态脆弱区，生态修复的需求大、范围广、任务重，转型发展首先就会面临如何与生态保护相适应的巨大挑战。因此，资源开发区在转型发展过程中，无论是选择在以往发展路径的基础上调整优化，还是选择重新启动新的绿色发展道路，两者都必须要控制好开发强度，特别是乡村振兴中的产业选择、项目落地及生产经营等各个方面均须充分考虑

其对生态环境的负面影响。这无疑会缩小新的产业发展可能选择范围，加大转型发展的成本。同时，以往对生态环境过度破坏的负面效应也会在转型过程中集中凸显，有限的环境容量空间和污染治理、生态修复的高昂成本不仅极大地加大了转型发展的难度，而且也构成了推进乡村振兴的重大障碍。

（二）经济增速放缓与投入需求增加之间的矛盾十分突出

资源型地区在转型过渡过程中依赖资源开发的支柱型产业必然最先受到重大冲击，并快速扩散到关联产业和衍生产业，造成整个地区经济增速急速放缓，甚至出现断崖式下滑，使政府财政收入直线下降。同时，企业下岗职工安置、鼓励支持新型产业发展、生态修复保护等多个方面大规模增长的资金投入需求，加大了资源开发转型区的财政困难，造成政府对乡村发展与建设的投入能力显著下降。但是，乡村振兴中的产业发展需要政府的基础设施建设配套和引导投入以撬动社会资本和金融资本，生态治理、公共服务、脱贫攻坚等公共产品需要政府的直接投入。因此，探索多元化的资金来源渠道、有效提升资金利用效率以化解投入瓶颈，是资源开发转型区所必须解决的突出问题。

（三）传统优势产业急剧萎缩致使农民增收难度非正常加大

从宏观经济发展的基本态势来看，受多重因素影响，农民收入增长已进入“减速带”，受国内外农产品价格倒挂的“天花板”和国内农业生产成本上升的“地板”的双重挤压，经营性收入增长乏力；国内经济换挡降速和劳动密集型产业转型升级，工资性收入增长随之受到影响；财产性收入和转移性收入在收入总量中占比小，短期内很难成为农民增收的重要支柱。而资源开发转型区面临的情况更加严重。由于资源开发产业较高效益的吸引力，有相当比例的农民工长期就地在本地区资源型企业及其关联衍生行业就业并获得较高收入。随着矿山企业清理整顿、污染企业关停减产，大量当地农民工及其关联衍生行业的农村就业人员随之失业，而在短时间内创造新的就业岗位和引导失业农民工再就业均存在困难。换言之，资源开发区转型的过程必然会造成当地农民的收入锐减，而拓展新的增收渠道难度很大。

（四）农村相对高收入群体落入生存困境诱发的社会稳定矛盾急速增长

资源开发地区企业关停并转、支柱型产业萎缩，给地区经济社会平稳运行会带来巨大冲击，导致大量人员失业、收入大幅减少、返贫人口增加，解决社会民生问题的压力在短期内大幅增加。尤其突出的是，这一区域在矿山就业的农民工原有收入水平较高，总体上属于农民中相对富裕群体，对转型就业有较高的收入预期，地方政府要满足其利益需求并非易事。在此背景之下，资源开发转型区新旧社会矛盾叠加，各类矛盾容易激化并形成系列连锁反应，维护社会稳定的压力陡然加大，必然给当地政府在社会稳定基础上确保平稳有序地完成转型发展过程构成了严峻考验。

二、绵竹推进乡村振兴的创新性探索

绵竹市位于四川盆地西北部，是2008年汶川地震的极重灾区县，面积为1245.3平方公里，截至2018年，绵竹市总人口为50.1万人，其中农村人口为39.4万人，属“山区-平坝”混合区，素有“六山一水三分田”之称的地形地貌特征。绵竹市作为典型资源型城市，是中国四大磷矿石产地之一，富含磷矿、石灰石、铝土矿等40多种矿藏。长期以来依托资源优势，绵竹市矿产开采及其下游化工产业和机械加工、白酒产业共同构成3大支柱产业，经济发展一直居于四川省县域经济前列，1996年以来连续13年保有全省十强县称号。但是，随着“5•12”汶川地震后，机械工业企业的整体迁出、白酒行业的持续深度调整，尤其是在严厉的环保政策下磷矿开采企业全部无条件关闭，绵竹市资源型传统行业的优势转瞬之间不复存在，全市经济发展遭受重创，2017年滑出四川省县级经济综合排名的前十位。在此背景之下，抓住国家全面实施乡村振兴战略的重大历史机遇，加快转型发展摆脱困境制约，就成为绵竹市必须破解的极为迫切的挑战性难题。

绵竹市是典型的资源开发转型区，也是重要的生态功能区，承担着经济转型和提供更大区域范围生态产品供给的双重任务。绵竹市在实施乡村振兴过程中面临着以下两个方面的现实挑战。

一是发展路径转换和空间拓展受限的双重压力。就现实而言，绵竹市急需通过新的产业选择转换发展路径，摆脱资源依赖泥淖，培育经济发展新的动能，实现转型升级发展。但与此同时，绵竹市又是生态关键区，承担着重要的生态功能，区域内拥有九顶山自然保护区、大熊猫国家公园、九顶山风景名胜区、云湖国家森林公园、龙门山国家地质公园五大自然生态环境保护区，占县域面积相当大的比例。这些区域严格限制任何可能产生环境影响的开发性经济活动。因而，绵竹市面积广大的生态保护区域事实上使在转型发展中可供选择的空间严重不足，地域空间拓展范围有限的矛盾十分突出。因此，绵竹市在乡村发展中所能开发的土地空间受限程度远远超过同类资源开发转型地区。

二是发展要素短缺和区域封闭性较强的双重制约。实施乡村振兴战略需要人才、资本、技术等现代要素的支撑，由于绵竹市一直以来资源性产业优势突出，区域范围内经济活动活跃，乡村优质人才的外部选择机会相对更多。因此，尽管相比而言绵竹市乡村平均发展水平不低，但在原有优势性资源产业的挤压之下，其农业产业的整体性提升是明显滞后的。受此影响，耕地利用效率不高，优秀农村带头人严重不足，农村人才、资金仍然呈现由农村向城镇净流出态势等问题依然突出，构成绵竹市推进经济转型和乡村振兴所面临的瓶颈性制约。与此同时，绵竹市虽然距成都市不足100公里，但区位地理条件较为封闭的特征却十分鲜明，不仅境内仍然缺乏铁路、高速公路、高速铁路等交通主干道入境，而且在一定程度上表现为区域性交通死角，与周边区域的连通性不强。正因如此，绵竹市在招引人才、吸纳资本、对接市场等方面一直缺乏区域优势，相比而言困难更多，难度更大。这也在客观上使绵竹市通过改善发展要素短缺状况加快推进经济转型和乡村振兴面临更大挑战。

在面临转型发展的巨大压力和乡村发展的多重约束下，绵竹市不畏艰难，勇于创新，大胆突破，通过实施一连串相互关联和互为支撑的政策举措，在较短时间内一举扭转了发展颓势，同步推动了经济转型和乡村振兴，取得了极为显著的发展实效。在经历大量工矿企业关停减产之后，绵竹市第二产业增加值由 2016 年的 142.1 亿元大幅下滑至 2017 年的 133.5 亿元，但同年地区生产总值仍然逆势增长，强劲实现了 8.1%的较高增速，其关键原因在于同年以乡村旅游为主的第三产业增加值实现了 98 亿元，比上年增长 32.4 亿元，成为绵竹市经济发展在困难重重之下仍能实现较高增速的重要支撑。同时，全市生态质量有效改善，空气质量、水质、单位 GDP 能耗等各项环境指标向好，农村居民人均可支配收入达到 16855 元，增幅达 9.1%，高于德阳市平均增幅。从总体考察，绵竹市基于经济转型的内在要求，在推进乡村振兴中目标明确，路径清晰，重点突出，产业、人才、文化、生态和组织五大振兴共同发力，其探索实践过程是极具创新性的。

（一）同步化推进经济发展转型

绵竹市将生态治理与产业转型、乡村振兴同步推进，形成了“边治理边发展，在治理中寻找机遇，在治理中实现发展”的创新型生态治理路径，在保护好乡村绿色生态本底的基础上，让生态治理成长为促进乡村经济发展的新的动能，依靠生态振兴实现经济振兴。一是坚持生态治理与产业转型同步推进。绵竹市在关停污染企业和生态治理中，将“关停、保护、发展”等三个环节有机结合，在为新的生态产业提供政策、资金、用地等全方位的保障支撑的同时，重视将关停污染产业释放的产能导引至生态型产业，尽可能地缩短新旧产业转换替代的时间间隔，实现对原有资源型产业的接续性升级。清平镇在取缔关闭矿山、对矿山进行植被恢复和生态重建的同时，推动“矿区变景区、矿车变火车、矿工变第三产业从业者”，将镇域矿山及衍生产业的原有支柱产业平滑有序地转变为乡村旅游业，将原矿产运输火车重新包装为旅游小火车，在清平镇高水平创建 AAAA 级景区，通过技能培训和创业支持等多种方式让原矿山务工者重新获得从事乡村旅游的就业岗位，从而有效减缓了生态治理给经济社会平稳发展带来的负面冲击。二是坚持发展转型与城乡融合发展同步推进。在机械工业、白酒、资源型传统产业持续衰退的情况下，绵竹市将经济增长的潜在动能转向农业，全面提升农村板块在全市发展格局中的重要位置，结合乡村振兴的要求，着力引导城市资本要素向农业农村流动，以城乡要素融合推进城乡产业融合，推动优质蔬菜、猕猴桃、玫瑰、生猪养殖四大特色优势产业全面提质增效，形成沿山、沿河、平坝特色农业产业带。与此同时，绵竹市把城乡联动作为抓好农文旅、林文旅融合发展的关键点，开放式地加快培育农村新产业新业态，成功创建全国休闲农业与乡村旅游示范县。2017 年，绵竹市全年接待游客创纪录地达到 526.4 万人次，大幅增长 31%，全年实现旅游收入 50.03 亿元，增长 46.3%。其中，乡村旅游接待游客 344.2 万人，实现旅游收入 32.6 亿元，所占比例分别高达 65.4%和 65.1%，乡村旅游已经成长为绵竹市实现经济转型最具活力和带动力的新的支柱产业。

（二）融合化实施农村产业升级

绵竹市把实现经济转型的重心放在有效促进农业产业升级上，重点通过促进农村第一产业内部以及第一产业与二、三产业之间跨界融合，改变产业链短、资源利用率不高、助农增收有限等传统农业发展方式的短板不足，全面提升农业的质量、效益和竞争力，助力农民收入的持续快速增长。绵竹市基于自身现实基础，主要从4个方面探索了农村一二三产业融合的发展类型。一是农业内部融合型。绵竹市在畜禽准养区内按照“以种定养、以养定种”的原则，依托大中型沼气工程，建设德康10万头生猪生态循环产业园和有机肥生产企业，实现了养殖业、配套种植业发展和生态保护的有机统一。二是产业链条延伸型。绵竹市支持华胜、华朴等重点龙头企业，强化优良品种繁育、提高仓储能力和商品化处理能力，积极开展猕猴桃、玫瑰等农产品精深加工，促进特色农业产业链条延伸，以全产业链发展提升产业竞争力。三是产业功能拓展型。绵竹市以“最具年味的文化休闲度假旅游目的地”为乡村旅游总体发展定位，以田园风光、生态山水、美丽乡村为依托，融入年画文化、文化遗迹等文化元素，大力发展乡村民宿、康养体验、文化创意等农文旅融合互动的新产业新业态，使文化振兴深度融入产业功能性拓展之中。到2017年底，绵竹市已建成市级以上产业融合示范园区2个、农业主题公园2个、休闲农庄2个，共有休闲农业专业村、民俗村、休闲农业景区、农耕文化馆、农家乐等700余个，带动农民就业1.38万人，带动农副产品销售收入1.43亿元。四是产城融合型。绵竹市将农村产业融合与新型城镇化联动发展，打造清平银杏小镇、土门玫瑰温泉小镇等“一镇一貌”旅游特色小镇，在“中国玫瑰谷”规划建设“玫瑰香氛小镇”“玫瑰温泉小镇”“三溪艺术小镇”3个特色产业旅游度假小镇，以特色小镇为载体推进乡村产业升级和城乡融合发展，从而有效支撑绵竹市的产业振兴。

（三）先导性促进农村人才集聚

绵竹市根据乡村振兴过程中当前和未来的人才需求总量与结构，开创性和前瞻性地开展人才培育，并将“内培”与“外聚”相结合，先导性地集聚各类人才，打造乡村振兴人才培育的“高地”，形成人才汇聚的“洼地”，全面推动全市的人才振兴。一是推动人才培育。绵竹市以省市县合作方式在全省率先成立乡村振兴农民大学，创新性建立“1个本部+10个特色规模实训基地+100个教学示范片+1000个教学点”的乡村人才培训体系，重点培育乡村振兴中的基层干部、领军人才、现代职业农民队伍以及乡村振兴规划、建设、管理专业人才队伍等多种类型人才，让农民大学逐步发展为立足德阳、面向全省、辐射全国的乡村人才振兴的“加速器”和“推进器”。截至2018年，乡村振兴农民大学已培训各类人员1100多人次。二是加大人才引进力度。绵竹市以乡村产业高效发展作为吸引外出人员返乡创业的“磁石”，对返乡创业人员予以产业基地分包、产业技能培训、产业政策扶持等针对性的具体支持，吸引人才回归乡村的成效十分显著。截至2018年6月，已实现4973名外出人员返乡创业。同时，绵竹市还十分重视激励专业性人才服务乡村振兴事业，通过建立“岗编适度分离”新机制，有效鼓励和引导教育、卫生、农业等行业专业技术人员向基层流动。此外，绵竹市切实加强农村基层干部队伍建设，实施“百名村级后备干部培养计划”，遴选村(社区)后备干部，并从乡镇领导班子成员、村“两委”主要负责人、第一书记等群体中确定一批结对帮带干部，建立后备干部信息库，构建“多对一”和“一对一”帮带机制，全面夯实乡村振兴的骨干力量和人才基础。

(四)内生性创新乡村治理机制

绵竹市十分注重发挥内生于乡村社会的传统治理资源的作用，构建符合乡村“熟人社会”特征的社会治理机制，将社会治理重心下移，最终形成自治、德治、法治“三治”融合和农民群众充分参与的共建共治共享的乡村治理新格局。一是坚持自治为基。绵竹市以村民自治为主体推进民主治村，完善“四议两公开一监督”等工作机制，探索以组为单位的基层治理，推广乡贤理事会、村民议事厅、十户一代表等经验，有效扩大乡村治理参与范围、议事范围、决策范围。二是坚持法治为本。绵竹市开展平安绵竹建设，创新网格化管理新机制，将市场力量纳入网格化管理之中，将中国人寿绵竹支公司保险员工聘为兼职网格化管理员，实现了更低成本和更高效率地对乡村社会风险隐患的有效预警和防控；落实法律下乡活动，通过组建法律宣传队、年画上墙以及建设法治院落、法治文化广场(走廊)等群众喜闻乐见、通俗易懂的形式开展普法宣传。三是坚持德治为要。绵竹市建立起“以规立德、以文养德、以评促德”的德治建设体系，在充分民主讨论基础上形成共同认同和遵守的《村规民约》，建立起具有乡土特色的道德评议机制和激励约束机制，真正让农民能够自我管理、自我约束。新市镇范存村经“三上三下”的民主协商程序制订了《村规民约》，包括共建美丽村庄、家庭和谐等 19 条内容，对违规行为制定了相应的惩戒举措，明确规定有子女具备经济条件而不赡养父母的，造成父母生活困难的不纳入低保、困难补助，避免了《村规民约》形同虚设，对村民约束不足，形成了人勤家兴、邻里团结、和谐村美的良好村风。目前，绵竹市 151 个行政村中共建成省级“四好村”28 个、市级 43 个、县级 59 个，幸福美丽新村总量达到 106 个。

(五)合作性实现抱团协同发展

绵竹市在推进经济转型和乡村振兴的过程中，十分重视组织振兴，着力改变分散式、孤立化的传统发展路径，把充分发挥基层党组织的核心引领作用、集体经济组织统筹作用、农民合作组织的纽带作用放在重要位置，在确保互利共赢的基础上有效提高农民的集体行动能力，以抱团合作方式突破小规模分散生产的瓶颈制约。一是发挥基层党组织的核心引领作用。绵竹市发挥农村基层党组织和基层党员的示范引领、致富带头、团结群众、利益均衡等作用，创新“党支部+合作社”“党支部+企业”“党员+困难群众”等方式，努力将政治优势转变为发展优势，将党建成果转变为发展成果。土门镇玫瑰产业园区探索将党组织建在产业链上，采取“党支部+企业+农户”的方式整合产业园区、入园企业、辖区多个村组联合成立产业园区党委，由园区党委直接参与产业发展、基础设施建设、矛盾调解、运营服务等多方面事务，有效地协调缓冲了企业、村组、农户之间因发展诉求各异所导致的矛盾纠葛，促进了产业园区健康有序发展。二是发挥集体经济组织的统筹作用。绵竹市在全市范围内遴选 10 个村开展集体经济发展试点，以更具针对性的政策支持方式引导集体经济组织发展农业适度规模经营、农村服务业、物业经济、合作经营等。清平镇由集体经济组织成立金色清平旅游发展有限公司，负责对全镇旅游资源统一规划利用、统一对外招商、统一运营管理，显著提高了乡村旅游的水平和质量。三是发挥农民合作社的纽带作用。截至 2018 年，绵竹市共组建专业合作社 1098 个，基本上实现了行政村全覆盖，在全市 14.44 万亩土地流转规模面积中，有 6.34 万亩流转对象为农民合作社，占比高达 39%，农民合作社的快速发展不仅有效地打破了传统农业小规模、低强度、弱投资的“低位循环”，而且确保了农民能够参与并分享产业链价值增值，促进了小农户与现代农业的有机衔接。同时，农民合作社的成立还起到了规范乡村旅游市场秩序、调和各方矛盾的重要作用。金花镇云盖村民宿乡村旅游专业合作社以《云盖民俗村游客须知》规定统一收费标准、安全责任、游客行为准则等，形成全村民宿经营中共同遵守的行为规则，保证了绵竹市民宿第一村的良好外部形象，为进一步发展提升奠定了重要基础。

（六）精准性强化政策支持保障

在发展要素约束严峻的条件下，绵竹市通过政策创新释放潜力，瞄准重点发展需求，将资金、土地要素精准投入到乡村振兴最需要的环节和领域。一是强化资金投入保障。绵竹市在本级财政收支矛盾仍然较为突出的情况下，重点瞄准乡村振兴给予大力度的财政投资支持。首先是整合 9800 万涉农资金集中用于乡村振兴；其次是设立 1000 万规模的产业发展基金，专项支持产业振兴；再次是建立绵竹市乡村振兴项目库（2018～2020 年），按照项目库要求合理有序安排项目和资金；最后是通过基金投资、政策性农业信贷担保、贷款贴息、PPP 模式等多种手段和方式推动财政支农资金由“直接投”向“间接引”方式转变，充分发挥财政资金的引导作用，撬动金融和社会资本更多地投向乡村振兴。二是强化建设用地投入保障。绵竹市通过单列年度建设用地指标、设施农用地备案及农村土地整治、城乡建设用地增加挂钩等方式确保项目用地保障，促进土地利用空间实现有效拓展。同时，绵竹市根据项目建设实际需要，探索点状建设用地供地方式，有效满足乡村旅游需要围绕生态风光、特色景观、文化资源来分散供地的现实需求，从用地供给上支撑了绵竹市乡村旅游井喷式的高速增长。

三、绵竹推进乡村振兴的机制创新

进一步审视绵竹市的乡村振兴实践，其显著成效的取得不仅在于探索出了破解资源开发转型区乡村振兴难题的创新性举措，更关键的是在摸索实现经济增长与生态保护相结合、社区发展与社会治理相协调、本地资源激活与外部要素引进相协同的过程中所形成的一系列制度和机制创新，共同支撑和保障了绵竹市乡村振兴战略的持续健康推进。

（一）以区域划分为基点构建寻优推进的发展机制

面对全市范围内不同地区基础差异较大的现实情况，绵竹市在全面系统考量产业基础、资源禀赋、地理区位等因素基础上，将全市划分为五大乡村振兴片区：以富新为中心的现代农业片区，以孝德为中心的乡村文化传承片区，以土门为中心的沿山及山区花卉种植、观光体验、旅游发展片区，以新市为中心的生态防护片区以及以汉旺为中心的现代高科技工业片区。绵竹市在规划编制、发展方向、建设重点上，坚持因地制宜、寻优推进，突出各个片区自身的发展重点；在政策配套上，按照不同片区的典型特征和特殊需求，制定更具针对性的政策举措。更关键的是，绵竹市虽然形成了以五大片区为空间结构的乡村振兴格局，但在资源要素流动上，却十分重视打破行政区域边界的藩篱，实现了资源要素在更大空间内的优化配置和区域间的产业互补与互动。

（二）以试点示范为基础构建循序渐进的推进机制

推进乡村振兴切忌盲目求大求全、求多求快，不顾区域发展差异和现实约束，人为提档加速。绵竹市在实施乡村振兴战略过程中注重遵循点轴面平衡发展规律，按照试点先行、分片实施、再全域推进的总体部署，扎实稳步有序推进。一方面，结合五大片区选择综合性镇村开展试点示范，探索符合不同片区发展特征的乡村振兴实现模式、机制和具体做法；另一方面，按照轻重缓急，分年度确定重点打造区域，并将政策、资金、项目等予以倾斜。根据全市乡村振兴规划，绵竹市 2018 年重点打造了射水河沿线和沿山转型区，2019～2020 年重点打造了 S216 沿山示范带。

试点示范的推进机制，不仅能够实现有限资源的高效集中投入，还可减轻齐头并进全域推进乡村振兴的巨大财政负担，更重要的是，可以避免“大跃进”式推进带来的诸多发展弊端。

（三）以绿色生态为引领构建内生发展的动力机制

面对有限的环境容量和生态保护的区域责任，绵竹市在乡村振兴战略推进中，坚持以绿色生态为引领，将“文旅名城、美丽家园”作为基本发展定位。具体地来讲，一是坚持以农业产业、生态景观、文化资源之间的跨界融合为抓手，推动全域景观打造，大力发展乡村旅游等新产业新业态；二是设立绿色发展基金，注重推动保护性乡村振兴发展。实践中，绵竹市建立了以绿色生态为导向的农业补贴机制，推进了以沼气为纽带的生态循环农业发展，走出了一条产业生态化和生态产业化相融互促的绿色乡村振兴道路。

产业生态化通过摆脱“资源诅咒”泥淖，促进了绿色乡村振兴方式的持续形成。而生态产业化则通过实现生态保护的产业化发展构建了乡村振兴的内生机制，真正实现了“绿水青山”向“金山银山”的现实转换。更为关键的是，因经济激励的客观形成，生态保护也成为政府、企业、农户等多元利益主体的内在自觉和行为规范，为乡村振兴战略的持续推进奠定了重要制度支撑。

（四）以社区建设为平台构建乡村发展的治理机制

优化乡村治理是实现乡村振兴的重要保障。随着乡村振兴战略的不断推进，乡村经济开放度不断提升，将突出表现出人员结构日益多元、市场交易更加频繁、利益关系更加复杂的新的乡村社会特征。面对如此新局面、新情况、新问题，原有乡村治理结构、方式与乡村振兴之间的不适应性日渐凸显。在此背景下，绵竹市高度重视乡村社区建设，并以此为平台对乡村治理主体、治理内容和治理方式进行优化调整，力求与乡村振兴战略相匹配。就实践来看，绵竹市的创新性做法包括：一是坚持社区建设与发展乡村新经济新业态、促进传统农业提档升级、营造美丽宜居乡村相结合；二是坚持在村民自愿民主参与的基础上，采取成立合作组织、发展集体经济、制定村规民约、建立道德评议机制等方式，以调解乡村振兴战略实施中存在的矛盾与纠纷，约束个别短期机会主义行为，平衡各利益相关者之间的利益诉求。因此，绵竹市在实现乡村社区发展的同时，也显著提升了乡村治理能力。

（五）以开放拓展为核心构建发展要素的聚合机制

为突破区域发展的封闭性和要素短缺性，绵竹市在乡村振兴战略实施过程中，坚持以开放发展作为基本理念，既注重与周边区域的开放合作，又注重搭建资金、技术、人才等现代要素进入乡村的制度化平台，从而促进了本地乡村资源和外部现代要素的有效聚合。首先，加大县域对外开放交通“大动脉”、农村交通基础设施的建设，极大提升了绵竹市域与周边其他区域、城乡之间的紧密度；其次，通过与九寨沟县缔结友好县市，合作共建九绵生态旅游产业园，并联合 4 市 18 县成立了大九寨环线旅游黄金走廊区域联盟，从而实现了大区域范围内旅游文化资源的共建共享，为乡村振兴聚集了大批旅游文化资源；再次，以乡村振兴农民大学为载体，搭建起了与外界优质人才资源对接的制度平台，不仅有助于扭转因外部选择机遇多而导致本地人才大量流失的被动局面，更关键的是通过发挥人才的要素黏性功能，形成了一系列链式连锁效应，有利于吸引资本、技术、管理等现代要素复合式进入乡村，提升绵竹市乡村振兴要素投入的层次和组合优度。

四、绵竹乡村振兴实践的价值启示

绵竹市通过立足自身实际的乡村振兴实践，展现了一条具有显著资源转型区特征的乡村振兴之路，其推进乡村振兴的一系列本土化特色鲜明的创新活动，对破解其他资源开发转型区推进乡村振兴面临的共同难题，具有十分重要的借鉴和推广价值。

（一）经济转型与产业再造是资源开发转型区乡村振兴的关键选择

在经济由高速增长阶段向高质量发展阶段转变的宏观背景下，资源开发转型区必须更大力度地转变发展方式、调优经济结构、转换发展动能，培育新的生态型支柱产业，深度挖掘乡村在农产品供给、文化传承、生态涵养等方面的多重价值。绵竹市正是通过不失时机地切换经济发展动能，将经济增长重心调整为生态型产业，从而实现了由资源型经济向生态型经济的平稳过渡，也为乡村振兴展现了一条“绿色蝶变”之路。绵竹市的乡村振兴实践表明，资源开发转型区一方面必须在原有优势资源型产业基础上进行纵深开发，延长产业链条，提高产业整合度，以实现对原有产业形态的转型升级；另一方面，必须不断集聚新的发展动能和现代要素，通过培育形成新产业新业态将原来的生态劣势转换为生态优势，从而实现经济发展支柱由矿产能源依赖型产业转变为生态资源开发型高端产业。

（二）重构经济地理是资源开发转型区乡村振兴的必然路径

资源开发转型区普遍面临着产业结构单一、经济活力不足的发展困境。而在原有实现经济高速增长的资源依赖开发路径被强行切断的现实背景下，资源开发转型区的发展困境更加凸显。因此，资源开发转型区必须推动本区域与外部区域、本区域内部城乡经济板块之间的协同联动发展，通过重构经济地理寻求新的发展动能。绵竹市在乡村振兴战略实施中，一是根据成都平原经济区产业体系的发展态势，集群配套发展锂电材料等新兴产业，实现了自身产业链的域内外延伸与衔接；二是通过打造休闲度假目的地，使全市乡村产业结构向多元、差异、绿色方向发展，显著提升了乡村板块在县域经济发展中的地位。绵竹市的实践证明，资源开发转型区实施乡村振兴必须加强与外部区域的分工协作，构建区域之间的互动机制和合作机制，以县域经济的整体提升带动乡村发展，同时必须顺应城乡融合发展的大趋势，深度发掘和培育现代农业、农产品加工业、农商文旅体融合产业等新的动力型产业，助力乡村振兴。

（三）坚持绿色发展是资源开发转型区乡村振兴的重要根基

生态宜居是乡村振兴的关键。资源开发转型区普遍比一般地区面临更大的生态治理压力、更小的生态容量空间以及更迫切的经济转型发展需求。因此，资源开发转型区要实现乡村振兴，必须践行绿色发展理念、落实高质量发展要求。绵竹市在乡村振兴实践中，始终坚持以绿色发展为基本引领，在发展方式上主动推动粗放型向集约型转变；在发展方向上通过选择低污染、低能耗产业，构建绿色产业体系，打造休闲度假胜地；在发展重点上注重环境质量改善，坚持“绿水青山就是金山银山”。从绵竹实践看，实现乡村振兴决不能为了短期的高速增长而透支未来持续发展潜能，必须走经济与生态共融发展之路，拓展“生态+”产业发展模式，从而实现绿色高质量发展。

五、绵竹乡村振兴实践的政策借鉴

绵竹市实施乡村振兴的实践展现了资源开发转型区如何在经济发展转型和有序推进乡村振兴之间实现良性互动。充分吸取绵竹市乡村振兴实践的创新做法和有益经验，在更大范围特别是在同类型地区进一步推广，必须高度重视以下方面的政策创新。

（一）创新更具针对性的支持政策

在各地实际情况存在较大差异的现实情况下，资源开发转型区必须针对各自的现实需求，瞄准关键环节。一是必须重点在生态型产业发展、农民就业创业扶助、生态修复和治理等方面予以针对性政策支持；二是必须根据不同发展阶段的变化适时进行相应的政策支持调整，应强化过程关注和政策供应的持续性，从而避免出现“重前期引导、轻后续支持”“重前期投入、轻后期管护”等问题。

（二）建立更有效率的政策整合平台

乡村振兴战略是一个系统工程，必须搭建规范化平台，加强各类政策、各种资源、各方力量的整合。首先，促进乡村振兴战略与新农村建设、脱贫攻坚、农业供给侧结构性改革等各类重大改革之间的有机统一，加强制度构建、资金项目、具体举措等方面的有机整合；其次，针对国家支农惠农资金项目渠道多元、使用分散的现状，应通过乡村振兴规划和建立乡村振兴项目库的方式，根据轻重缓急、优先序列统一安排资金项目，从而形成资源合力；最后，通过搭建市场主体、社会力量参与乡村振兴的制度平台，在有效监管社会资本进入程度和领域的基础上，充分发挥市场机制的资源配置作用，并且广泛动员公益性社会组织参与和服务于乡村振兴事业。

（三）高度重视以充分赋权激活乡村资源

乡村振兴的持续推进离不开资源支撑。因此，资源开发转型区必须以有效的制度性供给和充分赋权为重点进一步激活乡村资源：一是继续深化以土地制度为核心的各项农村产权制度改革，进一步落实农村承包地、宅基地和集体林地“三权分置”改革等，在严格保护的基础上推动相关产权低成本、高效率、有秩序地流转，从而最大限度激活乡村资源；二是按照“扩面、提速、集成”的要求，进一步推动集体产权制度改革，盘活集体闲置资源，增强农村综合改革的系统性、整体性、协同性。

（四）健全绿色发展的长效机制

乡村振兴战略的实施要求强化绿色发展的常态化体制机制。一是加强顶层设计，摒弃单一追求增长速度的政绩观，进一步强化落实绿色发展的考核评价体系和问责机制，使各地区在绿色发展上能够有基本遵循；二是建立生态环境保护投入的持续增长机制，加大对农业面源污染治理、生态保护和修复的投入力度；三是健全生态保护补偿机制，探索跨区域之间的横向生态保护机制和地方性生态保护补偿机制，探索碳汇交易、水权交易等市场化交易工具；四是加大对生态旅游、康养度假、绿色有机农业等对生态环境具有强依赖产业的政策支持力度，为“绿水青山”的永续维持提供充分的经济激励。

(五)加大对提高农民组织化程度的支持力度

资源开发转型区应结合乡村振兴、农村集体产权制度改革，大胆探索农村集体经济新的有效实现形式，重构农村集体经济组织形态。一是加大对集体经济发展的政策支持力度，赋予集体经济组织直接承接基础设施建设的资格，扩大农村小微型基础设施建设村民自建的范围和规模；二是拓展政府购买集体经济组织公共服务的范围，股份量化财政对农村基础设施和公共服务的投入；三是创造政策支持条件，探索将农村集体经济组织打造成为综合性业态运营商和配套物业供应服务商的基本路径；四是进一步加大对农民合作社的支持力度，探索土地代耕、托管、共营制、股份合作等多种土地适度规模经营形式；五是对公司或大户领办的合作社，重点强化其规范化运作，防止其对农民的排挤，对农民合作成立的合作社，重点强化其实体化运作能力，弥补其在生产条件、融资担保、加工销售、风险抵御等方面的发展短板。

对策篇：四川乡村振兴的政策设计

第十六章　乡村振兴应当防范的主要挑战

实施乡村振兴战略是基于我国经济增长进入新阶段和乡村发展面临新挑战双重背景下的重大战略举措。从根本上看，乡村振兴必须选择新思路，拓展新路径，实现新突破。但已有的调查显示，尽管各个地方政府对推进乡村振兴战略高度重视，表现出极强的机遇意识和紧迫感，响应及时、动作快捷、强力推进，但由于认识偏差和体制制约，当前在推进乡村振兴过程中已经出现了一些值得关注的苗头性问题，需要有预见性地加以防范。概括起来，以下 7 个方面的问题需要高度重视和有预见性地加以防范应对。

一、防止行政化推动

实施乡村振兴战略需要充分发挥政府在规划、协调、战略引导和政策支持等方面的主导作用。在这些重要领域，政府具有不可替代的作用。但是，政府的作用边界不是无所不能的，政府不能凭借所掌控资源的优势和垄断权力通过层层下指标、行政命令式地强行推进乡村振兴，不能以损害乡村发展中的市场机制和要素配置市场化为代价来推进乡村振兴。一些地方把乡村振兴变成了政府强力推动的行政行为。这蕴藏着极大的潜在风险，一时轰轰烈烈的乡村振兴带来的可能是长远后遗症。当前，原有体制惯性以不同方式影响乡村振兴战略实施的实际进程，是最需要警惕的方面，要特别注意防止单纯使用行政手段对乡村振兴下指标、定任务，求多求快，求大求全，超越现实基础，不充分考虑区域差距和差异的现实约束，人为追求提档加速，弯道超车；或者简单化地采用熟悉的老思路和旧方法，统一要求、统一模式，一刀切推进，放弃市场机制的基础性作用，不惜以与改革方向背道而驰的方式收回已经下放的各种权力，重新集中掌控各类资源，通过强化行政干预能力来快速实现政绩化的乡村振兴。我们需要清醒地认识到，过度行政化推进乡村振兴，既难以避免大量浪费政府资源，又容易在农民群众中造成改革回潮的不良影响，甚至可能因强行干预而引发不应有的潜在社会矛盾。

二、防止超高速推进

推进乡村振兴是抑制进而逆转乡村衰退趋势的重大战略举措，需要对原有的乡村发展模式和路径进行有效矫正。但是，推进乡村振兴又是一项任务艰巨复杂的长期战略，必须基于现实基础和外部条件循序推进，既不能简单化地追求短期速效，也不能超越现实盲目大干快上，一味追求推进过程的“超高速”和发展目标的“高大上”。一些地方在推进乡村振兴中不仅好高骛远地确定的阶段性目标任务难以完成，“半年大变化，一年大见效”

的高要求更是脱离了现实基础，而且更严重的是为了完成不可企及的目标，设计了不惜通过 PPP 模式、银行融资等方式大规模举债的实现路径。由此可能带来两方面突出问题：一是大幅度加剧政府的债务负担，诱发全面性财政收支危机，从根本上削弱地方政府的持续发展能力；二是助长不计成本打造乡村振兴样板的行为偏向，从而造成高水平乡村振兴试点无法避免华而不实和缺乏复制推广性的现实困境。一些地方乡村振兴试点中超水平打造的“亮点”，虽然与国内发达地区甚至发达国家相比也毫不逊色，但大量集中资源的吃偏饭的建设方式，决定了其只能在局部地区塑造吸引眼球的典型，难以实现以点带面，不能按同一标准推进全域范围的乡村振兴。

三、防止高标准攀比

推进乡村振兴是地方政府的重要责任，在区域竞争加剧条件下其具有较强推进动力和激情是值得鼓励和支持的，而且加强区域之间的交流合作也有利于取长补短和相互促进。但是，从目前已有的实际情况看，一些地方政府在政绩考核指挥棒导向之下，在乡村振兴推进中过度甚至超常关注周边区域的发展比较，不是注重深度分析自身的优势和劣势，不是基于现有的发展基础和短版制约选择现实可行的乡村振兴实现路径。相反，乡村振兴事实上转化为了区域之间“赛跑”的驱动器和新标杆，甚至演化为周边区域或者同类型区域之间在招商引资“恶性竞争”之外的另一场乡村振兴规划和建设标准的“角逐赛”。实践中，这个县定位于西部领先，另一个县就锁定为国内一流；这个县要建设国内示范区，另一个县就发展国际目的地；这个县是同济大学、清华大学规划，另一个县就是国际顶尖机构设计。虽然乡村振兴总体上还只是刚刚启动，但相互高标准攀比之风已经开始萌芽生成和蔓延，比规模大，比投资多，比标准高，一个乡村振兴项目动不动就投资超百亿的比比皆是，各类好莱坞式的光怪陆离的超大型娱乐项目争相挤进乡村振兴项目库，咖啡屋、小酒馆、异域庄园和城堡也一窝蜂地拥入乡村。这种不计成本、不惜代价的高标准盲目攀比，不仅造成有限资源的巨大浪费，而且还使厚重的乡村文化价值、历史价值和情感价值遭受冲击，乡村振兴因此走偏或迷失方向，进而失去乡村特色，蜕变为丧失吸引城市人口独有特质的异化过程。

四、防止同构化加剧

产业振兴是乡村振兴的关键支撑，如果产业不发展，收入不增长，其他如住房、环境、公共服务和社会治理即便有显著改善，乡村振兴也难以持续。因此，在推进乡村振兴过程中如何进行产业选择，是一个极其重要并且极具挑战性的问题。调研中发现，一些地方在产业选择上存在两个方面的倾向性问题。一是过度追求规模偏好。为了追求快速见效，一些地方不顾资源约束特别是市场需求约束，一规划就是 10 万亩、20 万亩以上甚至更大规模的单一产品生产基地，并且一味追求集中连片，要求形成大规模化的农业景观效应。这种只在种植环节盲目扩大规模而不是在全产业链上着力的方式，无疑将严重冲击“一乡一业”和“一村一品”的寻优推进及错位发展战略，与需求多元化背景下的农业供给侧结构性改革的要求不相吻合，结果可能会导致新一轮产业同构化矛盾以更快速度和更大规模爆发，引发范围更广和影响更大的市场风险。二是过度发展乡村旅游。虽然产业融合条件下的乡村旅游具有较大的增长空间，但并非所有地方都具有发展乡村旅游的基本条件。现在的现实情况是乡村旅游热、康养热、民宿热等遍及所有区域，特别是村庄改造提升几乎无一例外地都要布局旅游、康养、民宿等项目，而且只是静态地以已经成功的项目来测算收益，完全不考虑竞争加剧条件下市场需求的限制性约束。在不同区域地方政府的全力支持下，乡村旅游同构化发展的势头十分迅猛，由于农民以不同方式参与其中的投资大、期望高，其未来潜在的巨大市场风险一旦引爆，带来的将不仅是资源浪费和经济损失，而且必然还会诱发事关农村稳定的影响更大的社会性风险。因此，基于我国农业资源种类丰富、布局分散、差异明显以及人多地少的基本现实，乡村振兴中产业选择总体上应当坚持以优势特色产业为主的寻优推进的产业选择基准，并且高度重视适度规模引领，不过度追求高成本的连片集中，主要以“小群体”“小集中”加“强服务”的方式实现适度规模，创新具有中国特色的现代农业发展模式。乡村旅游的发展需要强化区域性规划约束，在注重突出地域特色和差异化发展的基础上，更加重视对发展规模和空间结构的布局、时序及节奏的宏观控制，确保其在乡村振兴中能够稳健有序发展，真正成长为具有稳定带动性和辐射力的新的产业支撑。

五、防止小农被挤出

大国小农是我国的基本国情，长期以来形成的小农经济是支撑农村经济的重要基础。农民也是乡村振兴的重要参与者和主要受益者。在新的历史条件下，乡村振兴是一个开放性的发展过程，既不能主要依靠乡村内部的有限的自积累加以推进，也不可能完全依靠政府的财政投入予以支撑，吸引城市社会资本进入将是一个无法回避的重要选择。大量实践也证明，合理引入城市资本进入到乡村发展领域具有难以估量的巨大资源激活效应。但是，城市资本的进入应当是有门槛和受管控的。一些地方为了盘活乡村闲置资源，加快乡村振兴进程，无条件和无限制地引入城市资本，并且给予高额补贴和高强度的其他政策扶持，不仅导致农民和农村集体经济组织作为最重要的利益主体被严重边缘化，甚至被无情挤出，致使农村稀缺的土地和生态资源再次被低价剥夺。如果这样，乡村振兴的持续性和稳定性必然会受到严峻挑战。因此，在推进乡村振兴过程中，我们既要充分预见小农结构性分化的必然性和合理性，因势利导地加以引导和促进，又要防止以非正常方式挤出小农，以发展现代农业之名行排挤小农之实。基于我小农数量众多的现实，充分注重保护小农的基本权利，以更精准有效的扶持政策促进小农提高效率和融入现代农业发展轨道，应当是实施乡村振兴战略的政策基点和底线。

六、防止二元化加重

实施乡村振兴战略不仅要破解城乡之间发展不平衡、不充分的突出矛盾，在实现由城对乡的带动发展转为城与乡的共同发展基础上，创新性地构建新型城乡关系。而且必须同步改善乡村内部不同区域之间同样尖锐的二元结构矛盾，通过持续的全域发力，逐步均衡地实现全面小康目标。目前，各地正处于推进乡村振兴试点的重要时期，虽然通过试点探索经验进而循序推进符合发展规律，但问题在于一些地方乡村振兴试点表现出了过强的优中选优的特征，并不是根据不同地区乡村的自然条件、资源禀赋和发展基础，针对不同区域、不同类型、不同村庄的特征开展分类试点试验以积累不同经验，推广不同区域，解决不同问题，而是主要选择区位优势显著，幸福美丽新村建设已有良好基础的区域进行择优试点。相反，交通不便、产业萎缩、空心化严重的衰退重心区一般很难进入试点选择范围，乡村振兴实际上表现出较为明显的选择性振兴的偏向。尽管乡村振兴是一项长期性战略任务，不可能一蹴而就，必须循序渐进地加以推进，但这绝非意味着只能选易避难，只能置急待抑制的区域性衰退矛盾加重的现实于不顾，单纯重视“锦上添花”，严重忽视“雪中送炭”。历史经验表明，动用大量资源要素在基础条件优越的区位进行试点，往往制造出的都是缺乏内在生命力的人工“盆景”，基本不具有可复制性和可推广性。这种更多表现为政绩工程的选择性试点方式不仅投资规模巨大，又因投入产出比很低而缺乏实际投资效率。更重要的是，这种试点需要大量挤占有限资源，其他区位条件不好的重点衰退区缺乏发展要素支持的矛盾将难以缓解，发展滞后的现状也难以改变，结果必然是背离乡村振兴需要重点解决短版制约和缓解主要衰退区发展停滞矛盾的初衷，在一定程度上致使乡村内部发达和不发达区域间的二元结构，因政策重心选择偏差导致差距难以缩小甚至可能进一步扩大，由此加重乡村区域内部协调发展的难度和障碍。因此，乡村振兴必须坚持整体观和全局观，试点选择过程中必须充分考虑不同区域和不同条件的代表性，必须多层面、多类型、多维度进行试点，探索多元化、多模式的乡村振兴之路，以确保乡村振兴试点有效果，经验可复制，全域可推进。

七、防止静态性谋划

推进乡村振兴必须在准确测度乡村衰退程度的基础上，有针对性地编制并实施乡村振兴规划。需要强调的是，在城市化持续推进的背景下，乡村人口的减量化和居住方式的集中化将是不可逆的发展趋势，符合乡村发展的内在演进规律。正因如此，在推进乡村振兴的过程中，一个基本要求就是必须对符合客观规律的乡村地域空间发展方向和人口规模的动态变化趋势给予科学判断，合理把握当前条件下村庄演变的规律性趋势。但是，目前一些地方在推进乡村振兴中却是简单化地确定乡村振兴目标任务，不论是村庄空间布点，还是基础设施建设以及公共服务供给，或者笼而统之地以现有户籍人口数量为依据加以规划，未能充分考虑其实际居住人口数量已经大为减少的现实，或者即便考虑了现有人口流出因素，但仍然不能在对未来人口的区域变动做出有科学依据预测的基础上进行谋划。总体上，固化和静态的乡村振兴规划方式所存在的突出问题是缺乏基本的前瞻性视野，其可能产生的风险是一些新村建设项目因超需求供给而导致供过于求，形成有限资源的较大浪费；也可能是对一些中心特色小镇的规模扩张缺乏预见性把握，只是按既有规模配套建设项目，结果同样可能因基础设施和公共服务配套严重供不应求而发展受阻。因此，推进乡村振兴是不可能无所不包地覆盖所有村落的，在乡村空间结构演进过程中，由于交通、产业和居住便捷度等因素的不同影响，村庄的结构性分化过程将持续发展，有的有条件逐步走向兴盛，有的却难以避免衰落消亡的命运。这就意味着乡村振兴的空间布局应当是一个有取有舍的择优优化的过程，必须因势利导，顺势而为，特别是在村庄整治中不能追求不合理的所有村落的全部覆盖，要强调有发展预见的统筹谋划，分步推进，精准发力，对尚未明确或条件不成熟的乡村振兴建设项目，可以选择预留发展空间，待条件成熟后循序加以推进。

第十七章　四川省引导农民工返乡增强乡村振兴人才支撑的政策措施

人才振兴在乡村振兴发展中处于首要位置。如何把人才引回来、留得住，形成人才和土地、资金、劳动力等生产要素的匹配和良性发展，既是乡村振兴的重点，更是当前四川省乡村发展的难点。

一、四川省乡村振兴中人才问题的基本判断

（一）乡村人才缺乏问题具有区域上的广泛性和类型上的普遍性

改革开放以来，伴随着农村劳动力连续40年的大规模转移输出，四川省农村发展空心化、人口老龄化等问题日益严峻，在农村基础设施和公共服务不断完善，以及多元化农业产业项目投资日趋增长条件下，懂市场、懂经营、懂农村的人才缺乏日益成为乡村振兴发展的瓶颈性制约。调研发现，人才缺乏现象在全省范围是普遍存在的，不仅丘陵地区和偏远山区矛盾十分突出，即便在基础条件较好的成都平原也同样存在。更重要的是，乡村振兴涉及经济、社会、文化等多个方面，不仅要求实现农业产业发展和技术进步，同时对乡村社会秩序、文化重塑等提出了更高要求。就四川省现实看，乡村振兴中的人才短缺是全方位的，既严重缺乏懂技术、善经营的各类新型经营主体和职业农民，也大量需要在乡村治理中能够发挥领军作用的管理人才。总之，产业人才和治理人才的双重缺乏，是四川省推进乡村振兴必须突破的关键性障碍。

（二）乡村创业人才和治理人才的缺乏具有相对性

值得关注的是，四川省乡村人才缺乏具有相对性而非绝对数量不足。长期大规模转移输出的农村劳动力以及成长起来的川籍企业家在城市中积累了资源、经验，同时对家乡故土有着深厚情感，他们中相当一部分渴望回到家乡、建设家乡。2019年初，眉山市彭山区针对22038名春节返乡的彭山籍农民工进行了问卷调查，结果表明，有返乡意愿的受访者达到3290名，占调查总人数的15%，其中有回乡创业意愿的2092人，占有返乡意愿农民工总数的64%，80后新生代农民工1448人，占44%，高中及以上学历有724人，占22%。此外，受访者中有意返乡担任村干部的有153名，其中80年后新生代农民工的占比为49%，高中及以上学历的达到73%。这一调查结果充分显示，外出农民工与乡村之间本身就有千丝万缕的地缘和亲缘关系，加之当前乡村振兴正在全面凸显新的重大发展机遇，在一定程度上构成了对部分外出农民工较强的返乡创业的吸引力。由此进一步表明，四川省

乡村创业人才和治理人才紧缺矛盾具有相对性，数量庞大的农民工队伍是四川省实施乡村振兴战略可以并且必须充分倚重的人才基础。特别需要指出的是，教育水平相对较高的新生代农民工群体也表现出强烈的主动返乡发展的意愿和信心，无疑是更为令人鼓舞的现象。这一事实生动说明，四川省乡村人才是有基础和有潜力的，乡村发展并不会注定逃不脱后继无人的困境。相反，在具有返乡意愿的农民工群体中新生代农民工占比超过了40%，是一个非常积极的信号，不仅乡村振兴中的总体性人才短缺并非无解的难题，而且只要政策到位、支持有效，部分素质相对较高的新生代农民工的回归将重塑四川省乡村振兴中的人才格局，成为其中重要的支撑性骨干。

（三）引导农民工返乡工作已有重要进展但仍明显不足

近年来，一系列返乡创业就业以及基层工作队伍建设等支持政策，使四川省农村人才返乡取得了重要进展。相关部门的数据显示，截至2018年，全省累计农民工等返乡创业人员总数已达65万人，创办企业16万户，带动就业200余万人。更加值得高度关注的是，将有条件的农民工明确为培养对象并从中选拔为村两委成员及后备人选，是近两年四川省乡村振兴以及脱贫攻坚工作的重要抓手，也已取得初步进展，对改变农村基层干部队伍普遍年龄偏大或无人可选的现状，显著提升年轻化、素质化和现代化程度发挥了十分积极的作用。但从四川省乡村发展的现实需求看，返乡农民工的数量仍然明显不足，多数仍处于观望状态，“有意愿没行动”的特点突出。从总体上分析，四川省引导农民工返乡工作主要存在3个方面的不足。一是组织动员手段传统，导致推进工作效率不高，实际返乡农民工规模不足。调查发现，各地当前主要还是通过逐级下发文件并由乡镇和村社干部以一般性开会动员的方式，组织引导具有潜在意愿的农民工返乡，基层干部的个人能力、意愿以及付出的时间精力均在不同程度上影响农民工实际返乡的规模水平。当前存在的主要问题是相当部分组织动员工作流于形式，而且实际覆盖面较小、信息遗漏等问题突出。二是瞄准对象方向单一，导致返乡农民工结构性失衡。调研发现，各地动员农民工返乡更加倾向于具有较强经济实力的成功人士，对数量更多的小微创业者、新生代农民工等关注度明显不足。三是政策支持措施有限，对农民工返乡创业的实际激励不足。现有支持政策重点在于通过贴息贷款、财政奖补等方式满足返乡农民工即期需求，而对返乡创业就业长远性的促进能力提升和改善营商环境两个重要方面却普遍缺乏应有的重视。

二、四川省农民工返乡面临四大外部障碍

四川省总体上仍然处于工业化和城镇化加速推进的历史阶段，持续推动农村劳动力向城市和非农部门转移是当前和未来发展中必须坚持的基本选择。在这一过程中，基于当前乡村振兴中人才不足矛盾十分突出的现实，高度关注通过政策创新将其中一部分有条件、有能力、有意愿的农民工引回乡、稳下来，无疑是事关全省乡村振兴战略成败和高质量发展的关键一环。从整体上看，这部分愿意返乡的农民工群体就业选择机会较多、受教育程度较高、资金和社会资源较为丰富，具有较强的学习能力和领导能力。这应当是四川省有

效弥补乡村人才短板最有潜力、最为现实和最需要突破的政策重点。但实地调研显示，尽管各级地方政府对引导农民工返乡创业就业工作给予了足够重视并积极加以推动，但总体上仍然进展不快，成效有限，其基本原因在现有政策缺乏更加精准的针对性，主要由于4个关键性外部支持的缺失，导致有返乡意愿的部分农民工仍然处于“心动尚未行动”阶段，这部分稀缺人才与四川省乡村振兴发展需求难以对接。

（一）农村人力资源信息数据缺乏是挖掘人才潜力的关键制约

四川省农民工规模大，分布区域遍布全国，企业间、产业间以及区域间保持了较为快速的流动等基本特征，给准确了解和掌握群体特征和个体需求及其变化带来了较大难度。近年来，四川省人力资源和社会保障部门加大了相关信息数据库建设，陆续建立了农民工基础信息、返乡创业农民工信息等数据库，成为四川省出台相关政策文件的重要参考。但调查显示，现有数据采集主要依赖传统手段，由村社收集数据、地方职能部门填报上传的方式开展，存在数据收集成本高、难以及时进行动态更新、数据信息真实性缺乏保证等不足。因此，以滞后和不准确的数据信息为依据开展引导农民工返乡的相关工作，必然会导致缺乏实际效率和成效的突出问题。

（二）营商环境不优是农民工返乡创业的最大担忧

近年来，四川省市场发育的成熟度和行政部门的服务意识有大幅改善，但与东部发达地区相比，仍然存在较大差距。调研中，相当数量的川籍农民企业家都表示希望能回到故土、建设家乡，但“办事难、难办事”让他们望而却步，主要表现在办事流程复杂且不透明、窗口多且遇事诉求无门、人情世故烦琐等，甚至“新官不理旧账”而导致招商承诺无法兑现、项目完工后资金难以收回等现象也屡见不鲜。

（三）缺乏精准对接渠道是“引回来”的瓶颈难题

尽管绝大多数农民工都选择将户口保留在家乡农村，但随着城镇化进程的不断推进，越来越多的农民工和川籍农民企业家选择举家外出，与家乡的联系日趋减弱，尤其是省外务工的农民工常年在外，对家乡的发展、相关政策和项目需求知之甚少，一些多年前“抱团外出”的农民工甚至在当地找一位可帮助信贷担保的人都困难。最近两年，四川省加大互联网等信息手段的运用，通过微信、政务 APP 等方式，以及春节开展的多种形式慰问活动，不少农民工了解到乡村振兴战略和重大举措，但对他们较为关心的本县、本乡甚至本村情况却缺乏了解渠道，“不知道回来干什么”成为人才回引的首要问题。

（四）长效激励缺失是乡村治理人才“留下来”的主要困难

在四川省委省政府的大力推动下，有条件的农民工返回家乡担任村社干部的渠道基本畅通，有些地方如眉山、大竹等地还探索建立了针对乡村“能人”的发现、回引、培养和遴选等模式，取得了良好效果。但从调查情况看，“能人”返乡很多时候是基于情感考量，与这些人放弃城市务工或经商的机会成本相比，从事乡村治理工作带来的物质保障和社会地位的激励显著不足，也与他们付出的时间精力和做出的贡献不匹配。近年来，各级地方党委和政府高度重视农民工工作，每年拿出一定比例乡镇公务员、事业人员岗位，向优秀村干部、优秀工人农民和服务基层项目人员定向招考招聘、定向公选，但一方面定向招录名额十分有限，另一方面返乡农民工整体受教育水平偏低、应试能力和经验相对不足，加上村社事务繁杂，往往难以通过考试竞争进入乡镇正式工作编制。对返乡从事基层工作的人才来说，收入上的损失难以弥补的问题尚可以克服，但未来发展上升空间预期不足、社会身份边缘化的问题则成为乡村治理人才“留下来”的重要制约。

三、引导农民工返乡需要更精准有效的政策措施

目前看来，四川省农民工返乡存在的诸多障碍在短期内很难从根本上直接消除，但可以通过出台更加精准有效的政策措施，推进渐进式改革，以消除四川省乡村振兴中各类人才返乡亟待突破的障碍。

（一）建立政府主导、第三方运营的数据收集及动态更新系统

作为现代治理体系的重要组成部分，构建功能齐备、数据真实、信息准确、利用高效的人力资源数据信息系统是发展的应有之义，更是政府为外出务工人员及川籍企业家提供切实有效支持和服务的必然选择。四川省应构建省级农民工和川商信息数据系统，采取购买服务方式，由中国移动等农民工使用频次较高的第三方运营机构开发大数据信息库，对相关信息进行动态追踪、整理，并与人社部门和基层政府建立有效的合作沟通机制，对有条件的农民工开展点对点信息推送、不定期慰问和访问等工作。

（二）建立县、乡政府主要领导挂钩支持返乡创业项目的发展机制

从中山、东莞等民营企业发达地区的发展历程和经验看，建设优良的“软环境”是一项长期且综合性的重大工程，难以一蹴而就。在不断探索优化营商环境的过程中，我们可先探索建立县乡主要领导挂钩中小微民营企业，采取“一对一”对口支持的方式，在法制和政策框架下给予返乡创业人才最优厚的营商便利。

（三）建立全省统一平台、镇村发展主题的乡村机会清单制度

全省应建立起乡村振兴机会清单制度，梳理、发布各乡(镇)、村的乡村振兴发展项目、支持政策和各类人才供需信息，通过手机 APP、微信公众号等方式动态发布，为外出务工人员提供回乡发展入口和机会。

（四）建立常态化的优秀乡村治理人才进入乡镇正式编制的“绿色通道”

针对返乡从事村社基层工作的优秀农民工身份边缘、待遇偏低的现实问题，建议加大乡村治理人才进入基层正式工作编制的支持力度，一是构建常态化的优秀实职干部遴选为乡镇事业干部兼任村社书记的制度；二是探索针对乡村治理人才进入乡镇机关公务员的定期考核、推荐录用的方式方法；三是支持有条件的农民工群体在务工地建立临时党支部，使之成为发现、培养优秀乡村治理人才的重要平台。

第十八章　推动脱贫攻坚与乡村振兴有效衔接的政策选择

对贫困地区而言，在脱贫攻坚的基础上接续乡村振兴战略不仅是高质量稳定脱贫的重要路径，更是贫困地区全面实现乡村振兴目标的重要制度保障。但是，脱贫攻坚战略与乡村振兴战略在政策目标、作用对象、施策方式等方面均存在差异，在接续过程中必然存在因战略精准性与整体性、特惠性与普惠性、福利性与经济性等矛盾引发的现实挑战。在我国贫困地区要求按期全面完成脱贫攻坚和建成小康社会双重紧迫任务的关键时期，必须准确判断和把握现实挑战，有预见性地主动寻找脱贫攻坚战略与乡村振兴战略的衔接方式，通过政策内容和实施方式的适度调整，在贫困地区有效实现我国乡村发展两大关键战略的有机衔接。

一、脱贫攻坚与乡村振兴有机衔接面临五大共同性挑战

从总体上看，四川省在脱贫攻坚与乡村振兴的有效衔接中主要面临下述5个方面的共同性挑战。

（一）脱贫攻坚与乡村振兴有效衔接缺乏基本制度安排

一方面，脱贫攻坚与乡村振兴的相关工作较为独立、各自为政，未能做到一体化部署、联动性推进，两大战略在规划衔接上仍普遍呈现断链状态；另一方面，虽然目前许多贫困地区已经组建乡村振兴工作领导小组开展组织协调工作，但是具体工作如何与脱贫攻坚衔接仍是基本难题。此外，在设计乡村振兴战略的绩效评价体系时，如何既能体现乡村振兴的综合性，又能接续脱贫攻坚的考核指标体系，还未引起应有重视。

（二）脱贫攻坚的特殊性政策与乡村振兴的普惠性政策之间存在对接障碍

脱贫攻坚的资源相对有限及普惠性不足，在一定程度上引发了农村内部一些方面的利益冲突和非均衡发展：一是扶贫资源大量集中投入导致很多贫困村在基础设施、村容村貌、产业发展等方面已远远超过非贫困村；二是大量临界贫困户因处于政策“真空”地带而存在一定抱怨情绪。乡村振兴是实现整体发展和全体农民生活的普遍富裕。因此，破解脱贫攻坚推进中产生的发展不均衡和利益冲突，是两大战略实现有效衔接的关键难点。

（三）短期化产业扶贫向可持续产业振兴转化面临严峻挑战

在脱贫攻坚刚性目标考核压力之下，一些贫困地区的产业扶贫较为单一，缺乏乡村产业持续性升级发展的系统谋划。还有部分贫困地区为了立竿见影的短期成果，将扶贫资金主要投向周期短、见效快和易评估的产业发展项目，缺乏长远、可持续的发展空间和能力。显然，这种短期化产业发展模式与后续乡村振兴战略的长远发展需求是相冲突的，给乡村振兴阶段的产业兴旺留下了发展隐患。

（四）集体经济十分薄弱和乡村人才严重匮乏阻碍两大战略有机衔接

一是大多数贫困乡村的集体经济发展严重不足，缺乏利用自身资源优势发展壮大和带动农民发展的基本能力；二是贫困地区城乡发展差距更为突出，比一般农村地区更难聚集人才；三是贫困地区的乡村治理普遍存在农户参与积极性不高、参与渠道缺失等现象。这些都导致贫困地区内生发展动力不足，加重了从脱贫攻坚转向乡村振兴的衔接难度。

（五）保护与发展的矛盾冲突加剧了两大战略衔接的实现难度

大多数贫困地区在空间上与生态功能区、生态敏感脆弱地带存在着高度重叠，在主体功能定位上被确定为限制开发区或禁止开发区，承担着生态产品供给的重大责任。因此，大多数贫困地区所能承受的开发强度实际上较为有限。生态保护与经济增长的矛盾冲突长期存在，由此构成为脱贫攻坚战略成功转向乡村振兴战略的重大挑战。

二、贫困地区脱贫攻坚与乡村振兴的接续和衔接面临三大困难

脱贫攻坚战略和乡村振兴战略都是为实现“两个一百年”奋斗目标确定的国家战略，具有基本目标的统一性和战略举措的互补性。脱贫攻坚重点解决贫困群体的温饱问题，但脱贫后的持续发展需要外部机会和内生动力的双重支撑。乡村振兴通过更全面地强化市场化外部支持和总体性激活乡村内生动力，能够为贫困群体提供更稳定的发展基础和发展机会，进一步有效巩固脱贫攻坚的政策成果。但就现实来看，二者在施策对象和施策方式上具有明显差异，贫困地区主要存在以下 3 个方面的主要挑战。

（一）精准性与整体性的矛盾导致乡村发展面临“合作困境”

乡村振兴战略强调乡村发展的整体性，在贫困地区个体农户发展能力总体较弱的现实条件下，必须通过有效方式让农民建立起紧密的合作关系，解决原子式农户家庭与现代市场经济对接存在的问题和风险。现阶段我国的贫困特征决定了脱贫攻坚战略必须以贫困群体为主要对象，以超常规帮扶举措实现贫困户“两不愁三保障”。因此，政策举措主要以贫困户个体为对象进行投入，如易地搬迁政策、产业扶贫政策、金融扶贫政策等。精准的

帮扶政策能够准确高效地解决贫困户的温饱和增收问题。但是，许多贫困地区，短期内过于强调精准也不可避免地在一定程度上形成了贫困户与非贫困户的隔阂和对立，导致原有社区内部的利益平衡被打破，互助共济的传统遭受冲击，进而使贫困地区乡村内部的集体行动能力在原有基础上有所削弱，造成乡村振兴面临“合作困境”。

（二）特惠性与普惠性的矛盾导致政策实施存在“路径依赖”

脱贫攻坚政策强调帮扶对象的特惠性，而乡村振兴政策取向则更加重视普惠性。值得重视的是，在精准扶贫政策路径依赖的“锁定效应”下，当前推进乡村振兴战略实践中事实上存在着仍以特定群体为施策对象的目标偏离问题。精准扶贫对贫困户高度集中的政策帮扶和物资投入在一定程度上将贫困户固化为乡村的“特殊利益群体”，在不少呈现整体性贫困特征的地区，非贫困户尤其是临界贫困户的不满情绪较大，由此引发的矛盾较为尖锐。为了平衡不同群体利益，顺利完成脱贫任务，不少贫困地区采取的是许诺预期利益的方式安抚非贫困户，以矛盾后移的方式平衡利益冲突。在此背景下，乡村振兴战略实施过程中可能带来的各种政策利益，将难以避免构成强化非贫困户补偿性争夺各类优惠政策的心理动因，而地方政府也可能迫于压力而有选择地向其倾斜政策项目，结果是导致乡村振兴的普惠性政策转变为弥补扶贫战略中“非既得利益群体”的补偿性政策，贫困地区实现整体性乡村振兴的发展目标将仍然面临阻碍。

（三）福利性与效率性的矛盾导致贫困地区出现“断崖效应”

脱贫攻坚政策具有显著的福利性特征，重视对贫困群体生活条件的改善和发展机会的赋予。因此，扶贫政策除了完成刚性收入增长目标外，相对更加关注解决住房、养老、就医等生活福利性问题，特别在一些扶贫任务较重的地区，为按期完成脱贫考核任务，大多采取直接向贫困户投入帮扶物资的做法，对更具持续性效率的改善乡村生产条件的政策投入相对较少。政策的福利性对解决贫困群体温饱和短期收入的效果十分显著，但是也容易导致部分贫困群体出现“福利依赖”问题。对贫困乡村而言，由于生产条件和发展能力没有得到根本性改善，一旦脱离外部帮扶资源，部分乡村很可能出现较为突出的返贫问题，乡村发展出现“断崖效应”，进而很难与乡村振兴战略对乡村经济社会全面提升的要求实现有效对接。

三、推动脱贫攻坚与乡村振兴有机衔接的政策选择

在脱贫攻坚的收官之际和乡村两大战略任务接续的关键时机，要实现贫困地区持续脱贫和全面振兴，当务之急是必须通过政策内容、实施方式的适度调整，实现脱贫攻坚和乡村振兴两大战略的有机衔接。为此，通过下述 3 个方面的重点政策调整形成新的政策选择极为关键。

（一）将瞄准贫困农户个体发展的政策转变为支持多元主体合作发展的政策

推进精准扶贫主体与乡村振兴主体有效衔接，需要广泛吸收社会力量，以深化农村改革为基础，大胆探索政府主导下的多元主体共同参与的脱贫攻坚与乡村建设模式。一是高度重视农村产权制度改革的持续推进和改革成果的切实运用。由于脱贫任务极为繁重，贫困地区农村改革总体是相对滞后的。因此，贫困地区应当通过更大力度深化改革突破深层次体制机制障碍，有效转换发展动能和释放改革红利，构建脱贫攻坚战略与乡村振兴战略衔接的制度动力与政策桥梁；要全面提速贫困地区农村产权制度改革进程，在进一步推进农村承包地“三权分置”改革的基础上完善土地产权交易服务机制，同步推进农村宅基地管理制度改革和扩大集体经营性建设用地入市改革覆盖范围，有效激活贫困地区相对丰裕的农村土地资源，吸引更多社会资本进入和支持新型经营主体成长。二是大力推进贫困地区农村集体经济组织发展壮大。贫困地区应加快完成农村集体产权改革，将发展集体经济作为凝聚农户利益、共享乡村发展红利的重要方式；支持集体经济组织发展生产性服务业，鼓励集体经济组织承接政府公共服务项目，拓展集体经济组织收入来源，优化农户生计来源结构。三是支持多元化农民合作组织发展。贫困地区要充分发挥乡村互助传统，鼓励对口帮扶单位将帮扶重点从帮扶贫困户个体转向帮助贫困地区乡村合作机制建设，帮助农户建立起规范的合作组织，引导帮扶主体、社会资本以入股合作的方式与农户建立稳定的利益联结，以组织化程度和集体行动能力提高为重要支撑，全面促进贫困地区的乡村振兴。

（二）将针对贫困群体的日常性帮扶措施转变为乡村振兴框架下的常态化民生政策

我们要注重贫困乡村脱贫摘帽后的持续发展，尤其是乡村内部的均衡发展、全面发展采取有效措施。一是将特惠性扶贫政策转变为普惠性的民生政策。贫困地区应当将单纯针对贫困户的扶持政策转变为对乡村低收入群体的常态化扶持政策；将兜底政策并入乡村振兴政策的民生领域，形成乡村低收入群体的保障政策；将住房政策并入乡村人居环境整治政策，协同推进乡村住房条件改善与人居环境提升。二是弱化贫困户和非贫困户之间基本公共服务的差异。贫困地区要加大对教育、医疗、基础设施的投入，将公共服务领域对贫困户的特殊扶持政策拓展为乡村居民能够同等享受的普惠性政策，整体提升乡村公共服务的供给能力和服务质量。

（三）将集中投向贫困群体的福利性政策转变为提升乡村能力的发展性政策

各地区应当适度调整目前部分扶贫政策内容，根据贫困地区发展新阶段的实际需要，将部分扶贫政策整合优化为乡村发展支持政策，特别是要在满足贫困户基本生活需求的前提下，整合部分到村到户扶贫资源，重新配置乡村各类资源和重新安排乡村相关项目，更加重视乡村生产性基础设施建设，全面改善乡村产业发展基础条件。一是针对性提升与小农户配套的生产性基础设施条件。贫困地区要更加重视修建或完善生产便道、小型灌溉设施，有效改善生产条件，重点解决贫困地区产业发展中最突出和紧迫的短板制约因素，整体增强贫困地区农户家庭的生计保障能力。二是更加重视加强适宜性技术支持。贫困地区可通过合理选择并输入适宜本地的新品种和新技术，更有效率地进行相应的技术培训，使适用农业技术的推广更具覆盖性，更加符合当地农户的实际需求，与当地农民拥有的传统技艺有机结合，从而更有效地提高农业资源利用效率，真正构建起基于合理的农业技术体系支撑的可持续发展机制。三是合理拓展部分扶贫政策惠及的对象范围。通过政策调整和完善，将在脱贫攻坚中增强贫困户发展能力的政策举措转变为能够帮助广大农户参与乡村振兴并分享乡村红利的政策安排，如整合支农资金，参照贫困村产业发展周转金方式建立乡村产业振兴基金；将贫困户小额信贷政策调整拓展为乡村振兴小额信贷政策，更大范围地发挥小额信贷对贫困地区小农户的资金支持作用。

四、推动脱贫攻坚与乡村振兴有机衔接亟待五大重点政策突破

在脱贫攻坚的收官之际和乡村两大战略任务接续的关键时机，要实现四川省贫困地区持续脱贫和全面振兴，当务之急是必须针对上述现实挑战，重点通过政策内容、实施方式的适度调整，实现脱贫攻坚和乡村振兴两大战略的有效衔接。为此，下述 5 个方面的重点政策突破极为关键。

（一）构建强有力的组织机构和推进机制

实现脱贫攻坚与乡村振兴有效衔接，必须建立强有力的组织机构和工作推进机制。一是将精准扶贫中探索出的“五级书记一起抓”的组织机制延续到乡村振兴实践。全面落实中央统筹、省负总责、市县抓落实的乡村振兴工作机制，制定实施细则，建立定期联席会议制度，加强工作协同与指导，形成乡村振兴整体合力。二是全面落实乡村振兴与脱贫攻坚的规划衔接。各地应明确乡村振兴规划在乡村各规划中的统领地位，结合本地实际，将脱贫攻坚中仍需提档升级的基础设施建设和发展项目有机嵌入乡村振兴的发展规划中，实现乡村振兴与脱贫攻坚一张蓝图。三是完善脱贫攻坚与乡村振兴有机衔接的全过程绩效管理机制。各地应合理设计绩效考核指标体系，强化绩效管理在脱贫攻坚和乡村振兴有机衔接中的信息共享、功能协同和责任倒逼等效用发挥。

（二）创新兼顾精准和普惠的利益平衡机制

在脱贫攻坚与乡村振兴进行有机衔接时，必须注重将“精准式”帮扶与“普惠式”共享发展相结合，全面强化协同发展。一是适度扩大扶贫政策惠及范围。探索设立相对贫困指标，将临界贫困户纳入政策扶持范围，鼓励先富户、脱贫户与贫困户之间形成合作帮扶机制，形成农户之间资源互补、利益共享的发展路径。二是探索贫困村与非贫困村的协同

发展路径。高效整合乡村发展的要素资源，引导贫困村与非贫困村共同发展产业，通过统一规划、合理布局，建立贫困村与周边非贫困村产业协同发展机制。三是加强对共同性生产条件和生产服务体系的建设支持。进一步改善区域交通状况，完善农业基础设施建设技术标准，推动农田、机耕道等基础设施改造，构建政府和社会资本的合作机制，大力发展农业产后环节的社会化服务体系建设。

（三）搭建城乡融合的要素聚合平台

贫困地区顺利实现从脱贫攻坚到乡村振兴的转换，不能只靠政府的行政主导，应充分激发农村内部力量，打通城市要素下乡通道。一是深化产权制度改革，激发农村现有要素活力。各地区应以完善产权制度和要素市场化配置为重点，建立农村产权交易市场，稳妥推进贫困地区农村土地、森林等要素资源合理资产化和资本化，运用流转、入股、托管等多种模式推动产权价值实现。二是构建激励机制，着力发掘和培育本土人才。贫困地区要以专业大户、家庭农场主、专业合作社带头人、“田秀才”和“土专家”为重点，实施新型职业农民培养工程，建立职业农民人才库，并为其构建教育培训、考核认证、生产扶持、社会保障等系统化的政策保障。三是孵化产业发展项目，撬动社会资本进入。贫困地区要研究制定引导支持城市工商资本下乡的政策举措，整合利用涉农项目资金，以产业发展项目吸引社会工商资本进入。四是解决后顾之忧，建立乡村人才长效引进机制。合理增加专业技术人员编制，出台人才吸引的优惠政策，系统解决“人才下乡”所伴随的家属就业、子女就学等问题。

（四）因地制宜创新“生态+”复合型发展模式

贫困地区要成功实现脱贫攻坚与乡村振兴的有机衔接，必须坚持绿色、生态、高端、可持续的发展理念，着力推动生态资源的资产化转化，实现“绿水青山”变“金山银山”。一是积极推行“生态+污染治理”模式。贫困地区要贯彻落实农村人居环境整治三年行动方案，积极探索适合贫困地区的人居环境治理方式，持续推进生产生活方式清洁化。二是探索创新“生态+农业旅养”模式。贫困地区应大力发展多样化生态循环农业模式，通过建立农产品质量保障与溯源体系，着力打造安全优质农产品生产示范基地；同时突破传统产业边界，因地制宜开发生态旅游观光、生态康养、休闲度假、特色餐饮、民族风情等项目。三是创新开发生态碳汇经济模式。贫困地区要建立以森林植被碳储量为切入点的市场化生态保护补偿机制，积极开发生态碳汇项目，完善碳汇市场交易体系，通过市场化方式实现生态振兴。四是健全生态保护补偿机制。资源匮乏型贫困地区应有更强的生态补偿等政策性扶持，完善以政府购买服务为主的公益林管护机制，建立重点生态公益林补偿标准动态调整机制。

（五）集成和协同推进农村综合改革

在脱贫攻坚与乡村振兴有机衔接的转换期中，贫困地区应坚持全面振兴原则，协同推进农村综合改革。一是推动农村集体产权制度改革，发展壮大集体经济。在归属清晰、权能完整的产权制度改革基础上，更大力度加强财政引导、多元化投入，盘活集体资产，促进集体资产保值增值，发展壮大集体经济。二是创新土地流转方式，大力推动适度规模经营。着力培育新型经营主体，支持社会化服务组织加速成长，积极发展多种形式的适度规模经营。三是完善农业支持保护制度，有效补齐发展短板。贫困地区应加快建立和完善新型农业支持保护政策，切实加大对农业的支持保护力度，落实和完善对农民的直接补贴制度，探索建立多层次农业保险体系。四是加大金融政策的扶持力度，进一步助力乡村振兴。落实县域内金融机构的存款主要用于乡村发展的政策，并建立对金融机构涉农服务和贷款的考核机制，全面总结推广农村“两权”抵押贷款、农村土地流转收益保证贷款、农村资金互助社、村级扶贫互助社改革试点经验。

第十九章　深度贫困地区完成稳定脱贫和全面小康双重任务的应对策略

精准脱贫是决胜全面建成小康社会的三大攻坚战之一。对四川省而言，45 个深度贫困县面临着脱贫难度大、脱贫成效持续巩固难等更具挑战性的问题，既是如期完成脱贫攻坚收官之战的“重中之重”“坚中之坚”和“难中之难”，也是全省全面建成小康社会的重点区域和关键所在。

一、深度贫困地区仍然面临四大挑战性矛盾

从总体上看，2013 年至 2018 年底，四川省脱贫攻坚已经取得决定性进展，全省农村贫困人口由 625 万减少到 71 万，贫困发生率也从 9.6%降至 1.1%，年均减贫人口达到 110 万以上。但也应看到，四川省剩余贫困人口集中于最特殊的区域和最特殊的群体，同时深度贫困地区的脱贫攻坚长效机制尚未形成，已有脱贫人口仍然潜藏着再次返贫的隐忧，大量临界贫困户也极易因病因灾而成为新的贫困户。

虽然近年来由于脱贫攻坚力度前所未有加大，四川省深度贫困地区取得了极为显著的发展成效，但从稳定脱贫和全面小康的更高要求看，四川省深度贫困地区仍然面临着以下主要挑战性矛盾。

（一）发展能力不足的现实尚未根本改变

与一般贫困地区相比，四川省深度贫困地区具有自然条件差、区位偏远、资源分散等共性特征使其发展面临极大挑战。一是自然地理条件对深度贫困地区市场机会和发展方式的“双向抑制”。由于地理位置偏远，深度贫困地区大多缺少融入市场体系的发展机会，很难通过参与市场分工发挥比较优势，进而高效配置本地资源、集聚外部要素，加之脆弱的环境和自我发展能力的不足，导致其大多仅能选择以传统农业为主的粗放发展方式。二是人力资本投资回报低导致人口素质与贫困文化形成“双向强化”。深度贫困地区人力资本投资的成本更高、回报率更低，导致深度贫困地区家庭的人力资本投资总量低于其他地区。同时，深度贫困地区人力资本集聚能力很弱，导致人口总体文化素质不高，而较低的人口素质与恶劣的生存环境相结合，极易形成安贫轻迁和被动依赖的“贫困文化”。而在相对封闭的乡村社会中，贫困人口更易在“同群效应”作用下继续保持较低的人力资本投资水平。

（二）脱贫成效的持续巩固面临挑战

因客观条件限制和脱贫任务的行政压力传导，深度贫困地区产业发展短期化特征较为明显，一是产业选择单纯追求“短、平、快”项目，无视深度贫困地区大多是生态脆弱区的现实约束，产业推进中单纯偏重经济效益而不顾生态保护，对贫困地区的绿色可持续发展构成挑战；二是重行政手段而轻市场机制，以政府行政主导的扶贫模式可以在短时间内调动大量资源，并迅速取得成效，但是由于非市场化推动，缺乏市场主体的经济性参与，导致不少产业项目水土不服，后期运营难以为继；三是重生产环节轻全产业链打造，产业扶贫侧重于简单扩大种养规模，忽视产业长期发展所需的加工处理、渠道销售、冷链物流、品牌建设等环节，极易导致产销脱节，加剧产业发展的市场风险；四是扶贫产业发展缺乏区域协作，缺乏跨区域合作的意识、平台及机制，导致扶贫产业不能错位发展，同构化矛盾十分突出。

（三）脱贫攻坚的施策方式亟待优化

从政策实施方式看，四川省深度贫困地区的脱贫攻坚还存在以下几方面需要进一步加以优化。一是贫困户与临界贫困户之间政策严重失衡。贫困户在增收、住房、医疗等方面均能获得较高保障，一些地方甚至出现超水平扶贫资源供给情况，而数量庞大的临界贫困户则处于政策“真空”地带，家庭经济状况相近但政策支持反差巨大，由此产生强烈的不平衡和抱怨心理。深度贫困地区基本表现为区域性整体贫困，因而这一矛盾已经表现得十分尖锐。二是部分地区贫困村与非贫困村之间矛盾显现。一些地区将大部分财政资源都投向贫困村，而非贫困村能够获得的政策支持明显较少，不管是产业发展还是基础设施建设，一些非贫困村已明显落后于贫困村。这种因为外部行政性扶持政策带来的发展落差，使非贫困村的工作推动难度加大，不满情绪也普遍滋长。三是重物质帮扶、轻能力提升。由于目标紧迫、任务繁重，较为普遍地出现了重物质帮扶、轻能力建设的倾向，一些地区、部门将捐款捐物作为扶贫的主要方式，单纯以资金投入比例作为考核要求，不仅造成扶贫效果短期化的问题，还在一定程度上形成部分贫困户的“福利依赖”，使其失去主动脱贫的意识和内在动力。四是重生活条件改善、轻生产设施提升。深度贫困地区山高坡陡，地块分散，建设小微型水利灌溉体系和安全便捷的田间道路等需求极为迫切。但脱贫验收主要集中于贫困户住房、供电、用水以及厨房、厕所、入户道路等生活条件改善方面，对实现长效化稳定脱贫更为关键的生产条件改善的关注相对不足，这方面政策供需失衡十分突出。五是重硬件设施建设、轻制度机制创新。深度贫困地区的脱贫攻坚侧重于水、电、路、住房等硬件设施建设，比较而言，农村土地制度、农业经营方式、农村集体产权制度等各项改革相对迟缓，导致许多极具发展潜能的自然资源依然处于“沉睡”状态，难以通过资源重构和资本化过程实现有效激活。

（四）集体经济组织的带动能力较为有限

农村集体经济组织在优化资源配置、改善乡村治理、引领农民共同富裕等方面能够发挥不可替代的重要作用。在脱贫攻坚中，由于贫困村退出标准的规定指标硬约束，四川省深度贫困地区集体经济取得了一定程度的发展，但仍然存在以下主要问题。一是制度建设相对滞后。农村集体产权制度总体尚处于改革试点阶段。深度贫困地区的覆盖面相对更小，其集体经济组织的产权结构、治理机制和管理制度不健全的现象十分普遍，基本处于“有实际发展而无规范制度”的窘境。二是发展困境仍未突破。深度贫困地区集体经济发展“无带头人、无区位、无门路、无资金”问题十分突出，导致集体经济薄弱村还大面积存在。集体经济发展滞后造成带动农民增收能力严重不足，村级公共产品供给困难，而且还使农村缺乏对接城市要素和整合农村资源的基本载体，构成推进城乡融合的实际障碍。因此，在四川省深度贫困地区进一步提速集体经济发展，增强贫困人口的集体行动能力，应当是其全面建成小康社会亟待解决的问题。

二、破解突出问题的四大应对策略

四川省深度贫困地区要实现稳定脱贫和全面小康的双重目标任务，必须精准瞄准其面临的主要挑战和短板制约，以更具针对性的政策解决突出问题，协同推进脱贫攻坚、全面小康与乡村振兴。

（一）构建兼顾精准性与整体性的利益均衡机制

在各项扶贫政策制定和实施过程中，应当充分考虑贫困户与非贫困户、贫困村与非贫困村之间的利益均衡。一是加强对临界贫困户的帮扶。各地应允许基层政府因地制宜地进行适度政策调整，让扶贫政策尽可能惠及更多的临界贫困户。二是适度扩大扶贫政策惠及范围。对整体性贫困问题突出的深度贫困地区增加普惠性政策，加大对教育、医疗、基础设施的投入，使贫困户和非贫困户均能够享受同等的公共服务。三是探索贫困村与非贫困村的协同发展路径。通过统一规划、合理布局建立贫困村与周边非贫困村产业协同发展机制，围绕产业规划统筹安排基础设施建设、技术支持、金融支持等项目。

（二）更加注重产业发展的稳定性和有效性

产业持续稳定发展是四川省深度贫困地区实现脱贫与奔康双重目标的关键所在，基于其现实基础，政策重点应当主要包括下述方面。

一是有针对性地提升与小农户配套的生产性基础设施条件。受资源条件限制，小规模分散经营是深度贫困地区农户的基本生产方式，家庭经营收入是农户生计的主要来源。因此，深度贫困地区要更加重视通过修建或完善生产便道、小型灌溉设施等直接提高产出水平的基础设施，重点解决深度贫困地区最突出和紧迫的短板制约因素，增强贫困农户家庭生计保障能力。

二是加强适宜性技术支持。世代耕种经验的累积使深度贫困地区农户能够选择最适宜本地资源条件的生产品种和生产方式。但同时，由于缺乏与外界的联系，这些地区的农户很难获取新品种和新技术，致使家庭经营效率的提升十分缓慢。因此，深度贫困地区需要通过合理选择并输入适宜本地的新品种和新技术，更有效率地进行相应的技术培训，使适用农业技术的推广更加符合当地贫困农户的实际需求，从而更有效地提高资源利用效率，促进贫困农户脱贫增收。

三是培育并发挥本土能人脱贫增收的带动作用。受现实条件限制，深度贫困地区要更加重视发挥村落熟人社会关系和互助传统，选择培育具有较强能力、较高威望且公正无私的村民充当脱贫奔康带头人，充分发挥本土乡村精英的带动示范作用，促进深度贫困地区更快实现脱贫并进一步实现全面小康。

四是支持多元化农民合作组织发展。深度贫困地区农户具有互助传统和合作精神，但这种互助合作大多是农户间自发形成、依靠非正式制度维系的，基本表现为简单生产生活合作。因此，深度贫困地区要充分发挥本地区的互助传统，支持多元化农民合作组织发展，帮助贫困农户提高合作水平，实现稳定脱贫和奔康的双重目标。

（三）更大力度推进农村综合改革

在全面实施乡村振兴战略的背景下，农村土地制度改革、农村集体产权制度改革、农村经营方式改革等不仅取得了重大突破性进展和显著成效，而且创新了一系列可复制和可推广的改革经验，有效发挥了以改革促发展的能动性作用。但四川省深度贫困地区因扶贫任务极为繁重，农村改革整体相对滞后。由于深度贫困地区必须在如期完成脱贫任务基础上同步实现小康社会建设目标的基本要求，因此，全面提速农村改革步伐，突破深层次体制机制障碍，更大限度地转换发展动能和释放改革红利，将是四川省深度贫困地区农村全面建成小康社会面临的最为紧迫任务。

一是要强化农村土地制度改革。深度贫困地区要在进一步推进农村承包地“三权分置”改革的基础上完善土地产权交易服务机制，同时深入推进农村宅基地管理制度改革和扩大集体经营性建设用地入市改革覆盖范围，有效激活本地区相对丰裕的农村土地资源，既能提高土地资源配置和利用效率，又使之能够成为对接外部发展要素持续流入的组织载体，构建新的发展动能。

二是要强化农村集体产权制度改革。深度贫困地区要加快完成农村集体的清产核资、成员界定、股份量化和成立集体经济组织，构建集体经济组织内部清晰的产权结构、健全的治理结构，同时积极探索集体产权赠与继承、抵押融资的纵深性改革，进一步完善集体产权的功能作用，为农村集体经济组织能够实现改革与发展的有效协同奠定基础。

三是要强化农村经营方式改革。在深度贫困地区，探索合理有效的方式将小农户纳入现代农业发展轨道是一项长期性的艰巨任务。一方面，要以支持小农发展提升为重点积极探索入股、联营、托管等多种适度规模经营模式，不单纯追求土地连片集中和规模偏好。特别是扶贫资金的使用要适合区域内小农发展的实际情况和具体需求，要以农户为参与主体，重点用于提供小额生产性贷款和完善与产业发展配套的社会化服务。另一方面，对进入深度贫困地区带动产业发展的新型经营主体应给予更大的政策支持，鼓励新型经营主体以一对一、一对多的带动方式，实现产业发展与精准扶贫有机结合。

四是要强化集成性和联动性改革。深度贫困地区不仅推进农村改革的成本更高、难度更大，而且单项改革因面临着多重制约往往更难以达到预期目标。因此，深度贫困地区应发挥改革后发优势，借鉴已有经验，加强部门协作，集成和联动推进农村土地制度、农村集体产权制度、农业经营方式、农业支持政策和农业金融保险等关联改革，有效提高改革的协同性，提升综合性和系统性的改革绩效。

（四）创新性发展农村集体经济

针对四川省深度贫困地区集体经济薄弱村和“空壳村”大量存在的现实，要在全面推进并完成集体产权制度改革的基础上，重点从 4 个方面探索创新发展路径，为实现脱贫奔康目标提供重要支撑。

一是有效盘活农村资源。深度贫困地区应深度挖掘本地区较为富集的生态资源、自然光热资源、水资源和历史人文资源等，构建乡村产业与集体经济发展的紧密衔接机制；要盘活农村承包地、“四荒地”、林地资源，发展特色农业和林下种养项目，充分利用闲置宅基地、农房和集体建设用地等用于新产业新业态发展，通过资源的充分利用和产业业态的多元化发展，不断拓宽集体经济经营性收入来源。

二是积极发展服务创收。在深度贫困地区，产业规模的持续扩大和政府各类发展项目的不断增多，都会促进多样化服务性需求的快速增长，从而为集体经济发展拓展新的空间。因此，一方面，应大力支持集体经济组织发展生产性服务业，为农民和新型经营主体提供农资供应、技术指导、加工仓储、营销流通等服务，引导集体经济组织为进入乡村的外来投资主体提供矛盾协调、劳务用工、物业管理等配套性服务；另一方面，应鼓励集体经济组织承接政府公共服务项目，赋予集体经济组织直接承接小微型基础设施建设的资格，扩大农村小微型基础设施建设村民自建的范围和规模，拓展政府购买集体经济组织公共服务的范围。

三是持续化政策支持。四川省深度贫困地区集体经济完全以自积累方式推进将是极其缓慢的，因此必须强化政策支持，给予有效的外力启动。深度贫困地区应探索财政投入资金壮大集体经济新机制，通过为集体经济薄弱村注入资金，以市场化方式滚动做大集体经济；要支持集体经济组织入股企业、合作社、家庭农场等新型经营主体，通过构建合作共赢机制实现集体经济组织的稳定性发展；同时要加强政策整合力度，将深度贫困地区发展集体经济与产业发展、脱贫攻坚、农村基础设施和公共服务建设、生态环境改造等各类支持政策有机衔接，探索在完成专项政策目标的同时同步促进集体经济发展的路径和办法。

四是探索创新跨区域合作。深度贫困地区集体经济发展还需要突破集体经济单村发展模式的局限，大胆探索多村联营的跨区域合作发展模式，应引导和支持多个村集体经济组织通过共同出资的方式联合成立多村合作集体经济组织，以此实现对多村资源的有效整合，形成“弱弱抱团”或“强弱互补”的发展格局，突破单村发展的限制，拓展深度贫困地区集体经济发展的资源空间，有效增强集体经济发展能力。

第二十章　成都市高位推进乡村振兴面临的主要挑战及政策建议

振兴乡村是中国处于新的历史方位所决定的重大使命。乡村振兴战略是中国特色社会主义进入新时代做好“三农”工作的总抓手。成都市作为快速崛起的新晋国家中心城市、四川省首位城市和四川省“一干多支”战略中的“主干”城市，具有通过高标准、高水平推进乡村振兴打造全国乡村振兴示范样本和引领带动四川省农业农村发展变革的先天优势和基础条件。在新时代乡村大变革、大发展的历史阶段中，成都市在准确把握农业农村发展的内在规律和自身发展现状、短板挑战的基础上，因时而谋、顺势而为，探索出一条具有成都特色和示范效应的乡村振兴战略高位推进之路，不仅是成都市推动农业农村现代化进程的必由之路，也是在新时代背景下引领开创四川省“三农”工作新局面的必然要求。

一、成都市推进乡村振兴的总体评价

成都市具有良好的区位优势、厚实的农业产业基础、中心城市庞大的消费市场空间。更重要的是，成都市还拥有千年都江堰灌区、天府农耕文化溯源地等独特优势。这些优势条件的复合叠加意味着成都市实施乡村振兴不能像四川其他地区一样，采取修补式提升发展的一般路径，而是必须强调在高位求进的基础上寻求对农业和乡村系统的根本性改造，实现再造“新天府”的历史使命和对全省其他地区的带动引领。

（一）首位引领功能日益凸显

2018 年，成都市 GDP 达到 1.5 万亿元，居于全国第八位，中西部地区第二位。成都市作为四川省资源禀赋最为优越、经济最为发达、人口和城镇最为密集的区域，农业农村在产业体系、人才聚集、科技引领、制度创新、基础设施和公共服务等各个方面远远高于全省其他地区，是全省农业农村发展的典范和样板。同时，四川省委十一届三中全会提出了“一干多支、五区协同”发展战略，明确成都市的“主干”引擎角色定位，要求发挥对全省其他地区的辐射带动引领作用。因此，基于客观层面的区域发展水平差异和主观层面的顶层设计的更新转变共同要求，成都市在乡村振兴过程中不仅仅要关注自身发展，更要强调发挥示范带动功能，进而成为促进全省乡村整体发展能级提升的“极核”，形成成都市引领全省其他地区农村共同发展、协同共赢的发展格局。

（二）城乡融合进程持续深化

成都市是全国统筹城乡综合配套改革试验区、第二批新型城镇化综合试点地区和全国农村改革试验区。成都市的城乡关系演进呈现出从城乡互动、城乡一体化再到城乡融合发展的层层递进、逐步加深的趋势，并在诸多领域取得了明显进展。一是城乡要素对流加速。成都市坚持以深化改革为路径激活和聚集“人、地、钱”等乡村发展要素，率先在全国探索城乡一元化户籍管理制度，启动以还权赋能为主要内容的农村产权制度改革，建立农村土地产权交易服务体系和开展农村“三块地”改革，深化农村金融体制改革。二是城乡公共服务均等化水平显著提高。成都市建立了城乡一体公平的社会保障体系，形成了以最低生活保障为核心的综合社会救助体系，基本实现了城乡优质供给服务资源全覆盖。三是城乡居民实现发展成果共享。城乡居民可支配收入差由2015年的1∶2.25持续下降到2018年的1∶1.90，显著低于2018年全国1∶2.49的平均水平。

（三）乡村产业体系稳步升级

成都市拥有厚实的农业产业基础和优越的资源条件。近年来，成都市突出都市现代农业发展方向，乡村产业发展水平显著提升，乡村产业体系正在发生着重构式的迭代升级。一是农业产品结构优化升级。成都市突出绿色、优质、高端农产品供给导向，发展精致型农业和品牌农业，到2017年底，全市累计获得“三品一标”认证1372个，占全省总数的25%，中国驰名商标27个，国家级品牌90个。二是农业现代化水平不断提高。到2017年底，全市适度规模经营率达60.8%，农业产业化经营带动农户覆盖面超过80%。三是农村六次融合产业发展迅速。农业与旅游、文创、会展、电商、康养等融合发展的新产业新业态处于全省顶尖水平，农业由单一产业转变为复合产业。四是科技支撑夯实有力。农业科技进步贡献率超过57.5%，高于全国全省平均水平。五是农业发展的空间载体不断完善。成都市规划建设温江成都都市现代农业高新技术产业园等七大功能区和龙泉山“梦里桃乡”水蜜桃产业园等七大园区，以产业功能区和园区为载体，以点带面促进都市现代农业发展的步伐正在加快。

（四）乡村空间形态不断优化

成都市不是简单地守住乡村生态本底，不是单纯地推动人口和要素的自由流动和集中优化乡村空间布局，而是立足于更高层次的发展目标，强调在生态保护的基础上进行乡村景观化景区化改造，发现和激活乡村文化、生态等多元潜在价值，赋予乡村空间更强的产业功能，从而形成了乡村的“绿水青山”、农耕文化与“金山银山”之间的快速转化通道。一是层次多元的空间结构体系持续完善。成都市进一步推动资金、产业、人口向特色镇（街区）移动和集聚，将特色镇建设、产业发展与乡村人居环境整治紧密地衔接在一起，打破城乡圈层结构，实现全域均衡发展。二是全域景观化的乡村形态逐步形成。成都市围绕美丽宜居公园城市建设的要求，推动乡村全域景区化景观化改造，打造郊野公园、绿道网络、大地景观以及川西林盘，城乡形态“产田相融、城乡相融、城乡一体”发展趋势不断突出，使乡村成为高品质生活场景和新经济消费场景。

（五）乡村治理体系逐步完善

“党建引领、法治为本、自治为基、德治为先”的“一核三治”乡村善治新格局正在逐步形成；村党支部领导、村民代表会和议事会决策、村委会执行、村务监督委员会监督、新型集体经济组织管理的多元主体共治的社会治理模式正在形成。一是乡村管理体制不断重构。成都市构建跨行政区域的以现代农业功能区为基本单元的管理体制，通过实施拆乡并镇、乡改街办，强化乡镇（街办）公共服务和社会管理职能，通过集体经济组织与自治组织的分离、居站分离等举措，促进公共服务职能下沉，初步构建起“二级政府，三级管理”的行政管理体制，更好地适应了乡村生产力水平发展的要求，增强了对乡村公共服务供给的能力。二是乡村治理格局发生变化。乡村治理的熟人社会格局正在不断被打破，社会组织和新型经营主体进入农村，从而倒逼乡村的管理服务体系不断重构，增强乡村社会治理能力。

二、成都市实施乡村振兴战略需要实现关键突破

成都市实施乡村振兴战略是一个历史性的重大机遇，但面临着比以前任何时期更艰巨的任务，必须超越原有发展模式，以超常规的战略举措在下述关键点上实现重大突破。

（一）高位求进战略定位

成都市实施乡村振兴战略必须首先对自身比较优势进行再审视和判识，进而能够实现依托核心优势实现乡村振兴的寻优推进和模式创新，探索真正具有成都市独特风格和特色的乡村振兴道路。比较而言，成都市实施乡村振兴战略最突出的优势并非良好的区位、较高的农业产业基础和中心城市庞大的市场消费需求。这些优势虽然客观存在但不具有唯一性。成都是天府之国的核心区域，对成都而言，举世闻名的千年都江堰灌区、水旱从人的良田沃土、茂林修竹的川西林盘等世界级的农业和乡村发展要素的复合叠加，才是成都市在实施乡村振兴战略中最需倚重的核心优势。因此，成都市的乡村振兴绝不能只是在现有农业产业和乡村空间形态基础上的修补性改良，而是必须进行革命性变革甚至是颠覆性调整。简而言之，成都市的乡村振兴必须有基于自身独有条件和需求的更高战略定位，既不是乡村衰退背景下的恢复性发展，也不是从传统农业向现代农业的渐进性转变。成都市的乡村振兴必须在高位求进基础上实现现有农业和乡村系统的根本性改造，必须以提升性复原并再现具有独特经济价值、情感价值、文化价值和历史价值的天府之国的农业景观及村落形态为基本目标，创造性完成再造“新天府”的历史使命。

（二）强约束规划引领

成都市的乡村振兴必须实现再造“新天府”战略目标。这将是一项涉及重塑城乡关系的全面性和长期性的艰巨任务，不可能在短期内一蹴而就。因此，成都市实施乡村振兴战略的当务之急是必须立即启动战略规划编制工作，在明确战略定位的基础上确定总体目标、分区分期目标、重点任务和实施路径，形成突出层次、相互衔接的成都市乡村振兴规划体系。在此过程中，我们要特别重视强化规划的统筹引领和强约束作用，防止随意调整和改变规划，有效抑制突破规划要求提档加速的短期化行为。同时，我们应同步建设乡村规划基础数据库，为高效推进成都市乡村振兴战略提供不可或缺的信息数据支撑。此外，在完善规划体系基础上，成都市还应率先构建与乡村振兴战略规划内在特征和实施要求相适应的长效考核评估方式，建立科学全面的乡村振兴动态监测指标体系和监测方法，确保推进乡村振兴工作成为一个规范有序的过程。

（三）生态化产业提升

成都市实施乡村振兴同样肩负着促进产业兴旺的重要任务。但成都市农业的基本发展形态是现代都市农业，其实现产业兴旺的标志不只是一般意义上的产业结构优化和产品质量提升，而是要通过农业生态功能的有效改善显著提升成都市的城市生态质量。对成都市发展而言，生态宜居无疑是最具竞争性的核心优势。成都市虽然总体上具有良好的生态资源本底，但农业和农村生态环境退化的压力正在不断加大，在全域范围内以生态化的绿色发展引领现代都市农业转型升级无疑是极为紧迫的任务。当前的关键点是要更加重视坚持生产、生态、生活“三生”融合，以稳定产品功能、强化生态功能、突出生活功能为基本指向，全方位再造成都市生态种养业、生态旅游业和生态加工业，使生态化贯穿所有产业环节、产业形态、产业空间，实现对原有农业产业体系的根本性绿色改造；同时通过将基本农田和农业景观整体融入城市生态体系之内，重点构建由农田生态、农业带状生态和城市内部点状生态等构成的成都市全新的都市农业生态格局。此外，成都市生态化产业提升还应包括积极推进在城市环境中融入农业，促进城市居民与生态农业的“零距离”接触，除进一步推动发展生产者和消费者直接对接的“社区支持农业”模式外，还应在城郊地区探索以“分享、体验、收获”为主要特征的多类型生态化市民农园；在城市内部发展阳台农业、住宅微农业、屋顶农业、城市公共景观“微农田”、城市农业公园等新业态和新模式，形成成都特色的立体化、多层次城市农业景观。

（四）全域要素激活

作为全国统筹城乡综合改革试验区，成都市的前期探索积累了十分丰富的改革成果和经验，以城乡融合方式推进乡村振兴具有良好的制度基础。但是，一方面在已有改革实践中一些关键性法律法规的瓶颈性约束尚待突破；另一方面新形势之下各种新问题和新挑战也会不断产生。因此，成都市实施乡村振兴战略必须在深度城乡融合上实现新的突破，以全面深化改革实现全域性要素激活。首先，成都市应在农村承包地和宅基地退出、集体建设用地入市、农房流转、集体产权流转等关键领域实现更大力度的改革，更大限度地释放改革红利。其次，成都市应在对现有相关政策进行系统梳理基础上，更具针对性地重构与乡村振兴相适应的农业支持政策及农村公共政策的政策体系，通过体制改革和政策创新双重发力，实现城乡双向释能和全域要素激活，为成都市实施乡村振兴战略构筑新的发展动能。特别需要强调的是，成都市开放条件下的乡村振兴能够产生难以估量的巨大裂变效应。但是，一方面，城市资本的进入应当是有门槛和受管控的，不能使农民被动地被挤出和集体经济组织被边缘化；另一方面，乡村振兴也要合理保障新进入乡村发展的各类群体的基本权利和利益，从制度上构建不同主体在乡村振兴中共建、共享、共赢的发展机制。

（五）适度规模引领

成都市丰富多样的资源禀赋和在乡村振兴中承载的再造“新天府”的历史重任，都内在地决定了在农业产业发展和乡村空间优化上不能走规模偏好之路。无论是特色性生态种养业的提升性发展，还是以产业融合为基础的乡村旅游业的功能性拓展，成都市总体上都不宜扬短避长地一味追求大规模扩张。成都市现代都市农业的发展取向应当明确定位于精致农业，家庭农场、生态农庄、共享农庄、特色庄园等不同经营模式，观光农业、度假农业、智慧农业、创意农业、康疗农业、颐养农业等不同产业业态，都应当主要选择小而精、小而优、小而美的发展方式。总体上，成都市的乡村振兴应当充分借鉴更具适宜性的小规模化的“东亚模式”，尽可能保有川西平原浓郁的农业和乡村本色，尽可能保持原住农民的充分参与和共享，以小而精致突出独有个性化特色，以小而生态打造独特产业竞争力，不能因非理性规模扩张而导致大起大落，不能因盲目求大求洋而失去独有优势。成都市实施乡村振兴战略应坚定地坚持适度规模的基本取向，以适度规模政策引领现代都市农业发展和乡村空间形态优化，以适度规模理念导向生态环境改造和乡村文化传承。

三、成都市高位推进乡村振兴面临的主要挑战

成都市推进乡村振兴具有雄厚的基础支撑，在发展理念、工作机制以及实践模式等方面具有明显的创新性。但同时，成都市要推进高位乡村振兴仍然存在着一些不足，与再造“新天府”的发展目标和服务全川的责任使命之间仍然存在一定差距和挑战。

（一）符合服务全川使命担当的平台和功能有待完善

辐射带动全省乡村发展不仅是成都市的政治责任，也是自身发展的必然选择，将全省首位城市的要素优势、产业链集群优势以及区域影响优势与其他地方的资源优势、腹地空间相结合，能够起到良好的资源组合效应和发展协同效应。成都市通过创新七大共享平台、结对合作等方式构建与省内各市州的合作机制。但总体上，成都市对全省农村的带动引领作用依然不足，虹吸集聚效应仍大于辐射扩散效应。一是“七大共享服务平台”功能发挥

不足。总体上，全省其他各市州接入“七大共享服务平台”的覆盖范围小、覆盖面窄，没有充分地实现联网共享，导致成都市的科技、智力、资本等效益型要素难以通畅地进入各市州。各市州的优质农产品也没有充分地进入成都市的大消费市场，或者依托成都市的渠道终端、电商网络及展示展销平台进入国内外其他地区的市场。二是产业发展的协同关联不足。在政府层面上，成都市及其下属各区县与全省其他地区积极签订战略合作协议，形成了合作框架，但是跨区域合作的范围仍待扩大、合作的领域有待拓展、合作的程度有待加深。在市场层面上，组织协作较为不足，缺乏串联各地的行业协会、产业联盟等组织载体。成都市农业经营主体与各市州的各类市场主体之间缺乏充分联结，进而导致成都市与各市州之间在农业产业链的繁育、生产、加工、流通、营销等各环节上缺乏有效协作。成都市在加工流通、品牌孵化、科技创新、文创设计等方面的显著优势也没有充分地转化应用于各市州的农业和农村发展。

（二）符合产业生态圈理念的产业协同机制有待健全

产业生态圈的发展理念要求实现信息、人才、技术等多种要素有机排列组合，要求通过产业链自身协调、生产性服务配套、非生产性服务配套以及基础设施配套，从而形成具有内生增长动能和自发调节能力的产业网络体系。成都市应用产业生态圈的理念，打破传统行政边界，推进现代农业功能区及园区建设，促进了都市现代农业发展能级和水平的整体式提升。但值得注意的是，农业产业发展的协同机制仍不够健全。一是多元产业和业态之间缺乏协同。多元产业和业态之间“平行式”、割裂化发展特征较为突出，往往侧重于通过招大引强的方式引进具有行业领军地位和辐射带动作用的大中型龙头企业，但在一定程度上忽视了促进龙头企业、合作社、家庭农场及小农户等多元主体之间构建利益同盟和产业协作关系，导致农业产业链内部的生产、加工、营销等不同环节缺乏充分协作，种养业与乡村旅游、休闲农业之间的联动性较弱。二是农业生产性服务业配套不充分。从国内外发达地区的经验来看，农业生产性服务业的发达程度关乎着农业生产效率，是农业现代化的重要标志。部分地区侧重于通过土地流转集中以实现规模扩张，忽视了社会化服务体系建设，忽视了以服务规模化克服分散化传统小农经营模式的弊端。现有的社会化服务组织存在着服务能力弱、服务范围小、服务领域窄等问题，难以为农业发展提供有效的配套支撑。三是农村六次融合产业缺乏升级。在庞大市场需求刺激和区位、生态、文化等多重优势叠加的条件下，成都市观光、度假、康养等农商文旅体融合发展的新产业新业态快速发展，但也面临着整体产业层次不高和产业同质化竞争的问题。一些地区没有精准瞄准细分市场需求开发具有个性化、品质化的农商文旅体融合产业的产品和服务，不同区域之间的文旅资源缺乏有效整合与协同，导致休闲农业和乡村旅游没能形成错位竞争、组合配置的产业集群效应。

（三）符合乡村产业升级导向的政策支持体系有待优化

近年来，成都市支农强农惠农的政策支持力度不断加大、政策支持效能持续提升，但仍与乡村产业结构调整和迭代升级的大趋势之间匹配度不高，政策支持体系仍有待优化。

一是促进竞争力提升的政策支持导向尚不突出。农业政策支持从生产支持拓展到注重提升农业产业链价值链，产业链前端的科技研发、良种育繁和产业链后端的加工、销售、品牌建设等全产业链环节的政策支持有待强化。同时，政策支持的动态调整速度往往滞后于农村新产业新业态新模式的出现与扩散速度，对休闲农业、康养农业、会展农业等新产业新业态的针对性支持政策相对不足，也缺乏对稻田综合种养、共享式农庄、社区支持农业等新模式的精准有效的政策支持。二是政策弹性空间有待扩大。“土地红线”和“生态红线”关系到国家宏观战略的贯彻落实，是农业发展所必须要坚守的发展底线。但是，政策边界简单化的过度严格控制也在一定程度上压制了正常的农业发展需求，突出地体现在“土地红线”的划分界定上，休闲农业和乡村旅游发展所需要的建设用地指标获取极为困难，农业、林业生产所必需的生产设施用地、附属生产设施用地及配套设施用地难以获得农用地转用审批手续，而随着农业规模化、区域专业化程度的提高和农产品加工业的发展，对农业设施用地的需求量将会增加，政策边界的过分严格控制客观上不利于项目落地。三是绿色发展的政策激励有待强化。总体上，多元化、市场化的生态补偿机制探索和实施相对不足，乡村生态价值转化仅依靠以农商文旅体融合为导向发展休闲农业和乡村旅游等，碳排放权、排污权、用能权、水权交易的环境政策工具应用不足，导致绿色生态发展行为激励较为不足。

（四）符合城乡融合发展趋势的体制机制变革有待突破

成都市是全国统筹城乡综合配套改革试验区和全国农村改革试验区，农村改革试点任务多、起步早，且在众多农村改革领域走在全国前列，有力地突破了城乡要素平等自由交换的制度制约，促进了城乡融合发展，但阻碍城乡融合发展和要素自由平等交换的深层次体制机制障碍依然存在。一是城乡要素交换主体不对等。相当部分的行政村未完成农村集体产权制度改革，尚未建构起管理规范、结构完整、治理有效的农村集体经济组织，导致农村在与城市要素所有者的谈判对接中，既缺乏有效的中介平台，形成城市要素下乡的“桥梁”，又缺乏能够代表和维护农民利益的组织载体，可能会出现外部强势资本排挤农民利益的现象。二是农村集体建设用地难以盘活。农村“三块地”改革试点仅在郫都区实施，更大范围内的闲置宅基地、集体经营性建设用地等尚未盘活。城乡规划不够完善，村庄规划覆盖面不全，“多规合一”在体系和规程上尚未完全统一，造成零星分散集体建设用地难以通过指标“飘移”实现集中集约利用。集体建设用地入市前的项目审批与后续的监管机制不健全，造成土地资源利用粗放低效。三是农村金融服务能力有待提升。农村产权的交易、抵押登记以及资产处置等环节的服务办理场所、信息、程序和条件等相对独立，未能实现有效联通，致使农村产权流通和变现能力弱，农村产权作为抵押物时的估值也较低。“农贷通”平台整体处于初步建设阶段，市场活力不足，功能发挥不充分。四是乡村人才外流趋势未得以根本性扭转。临近城市中心和二、三产业发达地区的多元外部发展机会和选择空间导致乡村对人才的吸引力较弱，加之，对人才的引育机制有待健全，造成乡村人才的总量不足与结构性短缺并存，农商文旅体融合发展需要的康养旅游、农村电商、农业科技、规划设计等专业型人才短缺的问题较为突出。

四、成都市高位推进乡村振兴的对策建议

结合辐射带动四川全省乡村振兴和再造“新天府”的战略目标，针对成都市实施乡村振兴面临的具体问题和挑战，从高位求进和引领全省的战略要求出发，本章特提出以下对策建议。

（一）完善七大共享服务平台

七大共享服务平台是成都市引领带动全省乡村振兴的重要抓手，应进一步增强成都市与其他市州链接平台的深度与广度，扩大服务范围，发挥功能作用。一是要完善管理运作制度。整合土地、科技、金融等关键数据信息，构建全省农业大数据共享机制；强化统一的业务标准制定，依托成都农交所建立区域性的农村产权交易中心和金融资产定价中心实施完成。二是梯次推广平台覆盖范围。率先在成都市现代农业功能区及园区实现七大平台全覆盖，进而梯次扩散到全市以及四川省其他市州，要依据其他市州发展需求，分板块、有特色、有侧重地推广七大共享服务平台，如结合攀西经济区农业康养的发展需要，侧重推广农商文旅体融合发展服务平台；结合川西北生态示范区生态旅游和优势特色农业发展的需要，侧重推广农商文旅体融合发展服务平台和农产品交易服务平台、农产品品牌孵化服务平台。

（二）构建跨区域发展协作机制

成都市应当探索以产业分工与合作为基础的农业发展路径，构建成都市与其他市州之间政府、社会、市场“三位一体”的合作机制，克服空间分离而形成耦合发展模式。一是深化成都市与四川省其他市州政府间的合作。成都市应加强与其他市州之间、各区县市与全省其他县级行政区之间的合作，建立战略合作框架，在产业布局、品牌建设、市场拓展、信息沟通等方面实现有效合作，探索“西控”区域文旅资源与川西北生态经济区民族旅游资源和生态旅游资源的整合，共建共享大旅游经济圈。二是发挥行业协会的沟通协调作用。由成都市牵头，引导市场主体成立行业协会和发展联盟，充分发挥行业协会及其联合会在农业公共品牌建设与维护、信息搜集与发挥、市场主体沟通等方面的中介作用。三是引导市场主体构建合作关系。引导成都市龙头企业与其他市州农业经营主体共同组建战略联盟或达成合作契约，确保发展步调协调一致，避免产业同构化和恶性竞争；发挥成都都市现代农业的资金、科技、市场等现代要素优势，和农村偏远地区联手探索跨区农业合作模式，农村偏远地区提供规模化生产基地和劳动力，从而实现优势互补、共赢共享。

（三）打造四川省农业总部基地

引领全省乡村振兴需要发挥成都市的“主干”优势，打造以“四大中心”为主要内容的全省农业总部基地，发挥对全省农业的带动功能：一是要完善“专业检验检测机构+品

牌设计机构+品牌运营商+农产品电商企业”等多元主体相互协作、紧密配合、全环节覆盖的农产品品牌孵化链，打造全省农产品品牌孵化中心，开展全省农产品品牌孵化服务；二是依托农产品批发流通市场和便捷发达的交通运输体系，整合农产品电商平台、线下销售渠道，打造农产品交易流通中心；三是结合国家成都农业科技中心，整合农业高校、科研院所、龙头企业等科技资源和乡村规划、文创、旅游、营销、设计等各类专业机构和人才，打造全省科技智力中心，为全省农业现代化和农旅融合发展提供智力支撑；四是加快促进农产品加工业的技术改造和提质升级，推动农产品加工业的加工园区化、园区产业化、产业集聚化发展，打造农产品智能加工中心。

（四）促进多元产业深度协作

结合产业生态圈的发展理念，成都市乡村产业的发展不应该仅仅注重单一产业本身的提质升级和规模扩大，更应该强调多元产业链条环节、不同关联产业之间的协作配合。一是推动不同产业链条环节的协作配套。成都市不仅要注重“招大引强”，发挥大型龙头企业引链成链的功能，更要注重构建龙头企业、农民合作社、家庭农场及小农户等多元经营主体相互之间的合作共享机制，进一步探索和推广农业产业化联合体、农商产业联盟等农业组织形式，使多元经营在精细分工的基础上形成紧密协作。二是推动农业产业集中集聚集群发展。成都市要以产业功能区建设为抓手，综合考虑区位交通、资源禀赋及区域功能的因素，推动农业产业的区域专业化分工布局，实现产业的集中集聚发展，在产业合理分工布局的基础上，同步建设生产服务、加工仓储、流通营销等相关联的产业链条，进而打造若干个高水平的专业化农业产业集群。

（五）优化农业生产性服务体系

成都市的立地条件决定了其不宜通过单纯追求规模扩张以提高农业综合效率，而是要坚持土地规模化与服务规模化并重的发展路径实现对传统农业生产模式的升级改造，通过生产性服务业的发展强化对全省其他地区的服务带动。一是构建土地流转规模控制机制。成都市应着力克服部分地区土地流转规模政绩化的偏好，不单纯强调土地流转面积，而是强调产业质量、效益提高和农民收入增加，在制度设计上，可设定单一经营主体在同一区域的土地流转规模上限，完善土地经营权流转的审查、备案及监管等制度。二是发展壮大农业生产性服务业。成都市可选择“适度规模+强服务”的现代农业发展路径，积极推广生产托管、农业共营制等注重服务规模化的农业经营模式，通过政府购买农业公益性服务的方式积极培育社会化服务合作社、服务公司等农业社会化服务组织，打造一批服务内容多元、服务质量可靠、具备经营实力的社会化服务综合体，拓展社会化服务的环节和领域，形成覆盖农业全产业链需求的服务产品供给。

（六）推动休闲旅游产业升级

在休闲农业和乡村旅游已取得重大进展的条件下，成都市重点要克服产业低端、业态同构、质量和效益不高等问题，促进产业发展层次和水平的整体式跃升。一是以深度农业价值挖掘为基础。全方位深度挖掘农业在饮食供给、文化氛围塑造、旅游产品开发、景观欣赏等旅游活动中的价值，使农业为“吃、住、行、游、购、娱”等全链条旅游要素提供有力支撑，增强农业与休闲农业和乡村旅游的互动性、融合性。二是以营造消费场景为关键。推动农村的景观化景区化，以保留本土风貌为关键推动特色镇建设和川西林盘改造，以植景造绿形成循环网络体系为关键推动乡村绿道建设，营造高价值的消费场景和高品质的生活空间。三是以创新模式为方向。开发体验、文创、康养等品质化、小众化的多元新型业态，形成差异化、多层次的休闲农业和乡村旅游的产品与服务供给结构。四要以规范行业秩序为重点。鼓励和引导休闲农业和乡村旅游的经营主体加强横向合作，制定完善统一的行业服务标准，强化行业监管，建立“黑名单制度”，将欺客宰客、以次充好的失信经营主体纳入黑名单予以公示，确保休闲农业和乡村旅游的产品与服务质量。

（七）调整支农政策支持导向

适应农业供给侧结构性调整和乡村产业发展的最新趋势，成都市急需对原有支农政策适度进行调整，提高支农政策效能。一是要突出政策支持的竞争力提升导向。改变片面强调生产导向和规模提升的政策支持导向，更加强调产业发展的提质增效。一方面，顺应农业产业整链扩张的发展趋势，在确保直接的生产支持力度不降低的基础上，重点强化科技研发、良种育繁、加工处理、销售流通、品牌建设等各个环节的政策支持；另一方面，顺应农商文旅体融合发展的趋势，强化休闲农业和乡村旅游、度假康养、农业会展、体验文创等农村新产业新业态新模式的政策支持力度。二是突出绿色生态的政策支持导向。探索应用碳排放权、排污权、用能权、水权交易的环境政策工具，促进生态产品由公共品向具备经济价值的生态资产转换，对稻田综合种养、生态农业等绿色农业生产模式采取更具针对性的政策支持。

（八）适度扩大政策弹性空间

在保证不跨过“土地红线”和“生态红线”的基础上，成都市应当适度扩大政策供给的弹性空间，尤其要合理强化乡村产业发展所必需的用地政策支持。一是扩大农业设施用地政策的弹性空间。按照中央和四川省要求，在保证耕地真正用于农业生产原则的基础上，明确规定农业设施用地占用“可为”与“不可为”行为边界，增强管理的规范性。同时，适度扩大政策弹性空间，对直接用地或服务于农业、林业生产的生产设施用地、附属设施用地及配套设施用地按农用地管理，将农产品冷链烘干设施、初加工设施、储藏流通设施、休闲采摘设施等纳入农业附属设施范围，鼓励使用未利用土地进行农业设施建设，从而降低农业投资者的风险顾虑。二是探索具有灵活性的供地模式。按照“建多少、转多少、征（占）多少”的原则开展点状用地报批，根据规划性质和土地用途灵活供应，探索实行国有和集体建设用地混合利用。

（九）创新集体经济发展模式

振兴乡村需要雄厚的集体经济作为支撑，吸引城市要素下乡也需要发挥农村集体经济组织的承接载体功能。但是，成都市面临着农村集体产权制度改革纵深性改革领域缺乏突破、集体经济实力普遍薄弱的问题，需要采取针对性的政策举措。一是深化农村集体产权制度改革。在前期改革的基础上，完善农村集体经济组织的民主管理制度和“三资”管理制度，有步骤、有节奏地推进农村集体资产股份权能拓展，局部封闭试点探索集体资产股权的开放式交易，外来人口可通过向集体或者个人出资购股的方式获得集体经济股权，使集体资产股份在流动中实现增值，也为外来人口和资本等要素进入乡村提供股权激励。二是多元探索集体经济发展路径。探索多村抱团的农村集体经济联营制和集体经济飞地经济模式，多元探索物业租赁型、资源盘活型、提供服务型等集体经济发展路径，将整合集体内部的农民闲散资金、土地资源等和引进外部社会资本相结合，汇聚集体经济发展合力。三是强化集体经济发展政策支持。成都市应出台全面消除集体经济“空壳村”、提升薄弱村的实施意见或方案，强化人才支持，采用期股期权、“基本工资+绩效奖励”等方式对集体经济发展组织管理层进行激励；强化财政支持，将财政投入形成的资产量化到集体成员，设立支持集体经济发展的专项基金；强化税费支持，适度减免或返还改制后农村集体经济组织在经营中产生的增值税、企业所得税等。

（十）深化乡村体制机制变革

成都市应将进一步深化乡村体制机制变革作为推动城乡要素融合、保障乡村振兴“人、地、钱”要素需求的突破口。一是深化农村土地制度改革。深化农村集体经营建设用地入市改革和农村宅基地管理制度改革，向中央和四川省争取扩大改革试点范围；推进全市村庄规划全覆盖，奠定农村集体建设用地资源盘活的规划依据；完善集体经营性建设用地入市后的监管机制，严禁违反规划开发、逾期闲置，倒逼土地精拿细用；鼓励国有平台公司参与集体建设用地腾退，采用“有偿腾退复垦-节余指标收储-台账动态管理-流量统筹使用”的利用方式，使土地资源与项目精准对接。二是深入推进农村金融制度改革。规范全市统一的农村产权交易、抵押登记及资产处置的管理制度，创新农业订单、仓单质押等金融服务新模式，完善“农贷通”平台，与银行、保险机构等金融机构签订服务协议，拓展村级金融服务站的生产生活服务功能。三是完善乡村人才引育机制。根据农业全产业链建设需求和农商文旅体融合发展要求，重点“锁定”农村旅游、农村电商、规划设计、农业科技、文创品牌等各类急需补充的乡村振兴人才，实现按需引才、精准引才，创新“人才认定+个人信用+优先扶持”的政策支撑体系，加强对农村人才在产业发展、科技支持、金融担保、社保补贴、创业补贴、生活配套等领域的扶持。

参 考 文 献

巴曙松, 何师元, 朱伟豪, 2019. 中国三次产业劳动生产率与单位劳动成本的国际比较研究[J]. 当代经济管理, (2): 1-8.

陈晖, 2018a. “要深度挖掘汉源实践的重要价值”——专访四川省社科院副院长、研究员、四川省乡村振兴战略研究智库首席专家 郭晓鸣[J]. 四川党的建设, (7): 42-43.

陈晖, 2018b. 转型发展的“美丽蝶变”[J]. 四川党的建设, (17): 22-23.

陈晖, 2019. “逼”出来的产业创新[J]. 四川党的建设, (10): 62-63.

陈相云, 2018. 乡村振兴战略的若干维度观察[J]. 理论月刊, (3): 54-61.

贵州省统计局, 2017. 贵州统计年鉴 2017[M]. 北京: 中国统计出版社.

郭素芳, 2018. 城乡要素双向流动框架下乡村振兴的内在逻辑与保障机制[J]. 天津行政学院学报, (3): 33-39.

郭晓鸣, 2018a. 绵竹乡村振兴实践具有重要创新价值[J]. 四川党的建设, (17): 30-31.

郭晓鸣, 2018b. 实施乡村振兴战略必须坚持走绿色道路[N]. 四川日报, [2018-10-18].

郭晓鸣, 2018c. 实施乡村振兴战略的路径选择与突破重点[J]. 中国乡村发现, (1): 90-95.

郭晓鸣, 2018d. 推进乡村振兴应当防范七大问题[J]. 中国乡村发现, (4): 54-60.

郭晓鸣, 2018e. 乡村振兴战略的若干维度观察[J]. 社会科学文摘, (7): 16-18.

郭晓鸣, 2019. 贫困地区农村集体经济发展的挑战与建议[N]. 四川日报, [2019-03-29].

郭晓鸣, 丁延武, 张耀文, 2018. 贫困地区乡村振兴的路径选择——基于四川省沐川县的样本分析[J]. 当代县域经济, (12): 10-15.

郭晓鸣, 高杰, 2018. 乡村振兴战略的时代内涵与实现机制[J]. 中国西部, (1): 26-34.

郭晓鸣, 高杰, 2019. 脱贫攻坚与乡村振兴政策实施如何有效衔接[N]. 光明日报, [2019-09-16].

郭晓鸣, 高杰, 2019. 以模式创新推动深度贫困地区脱贫攻坚[N]. 光明日报, [2019-02-25].

郭晓鸣, 高杰, 曾旭晖, 2019. 四川崇州“农业共营制”破解现代农业发展难题[J]. 农村工作通讯, (10): 47-49.

郭晓鸣, 廖祖君, 巨栋, 等, 2019. 西部农业大省推进绿色兴农的战略框架与实现路径研究——基于四川省的实证分析[J]. 中国西部, (1): 7-18.

郭晓鸣, 廖祖君, 张耀文, 2019. 创新农村集体经济经济发展之路的珙县样本[J]. 四川党的建设, (7): 74-75.

郭晓鸣, 廖祖君, 张耀文, 2019. 贫困山区农村集体经济发展如何破局——来自四川省珙县的创新样本[OL]. [2019-09-29]. http: //dy. 163. com/v2/article/detail/ECV84FSH0521E31Q. html.

郭晓鸣, 涂建华, 2018. 四川蓝皮书: 四川农业农村发展报告（2018）[M]. 北京: 社会科学文献出版社.

郭晓鸣, 虞洪, 2018. 四川乡村振兴战略的实施基础、短版制约与推进重点[J]. 四川农业科技, (11): 5-10.

郭晓鸣, 虞洪, 2018. 现代粮食产业发展模式重构探析——基于四川省新津县的探索实践[J]. 农业经济问题, (1): 87-97.

郭晓鸣, 曾旭晖, 2019. 我省乡村振兴中农民工返乡面临的障碍与对策[N]. 四川日报, [2019-07-04].

郭晓鸣, 张鸣鸣, 2014. 新型农业经营体系创新的“崇州经验”[N]. 四川日报, [2014-07-02].

郭晓鸣, 张鸣鸣, 2019. 农民工回引: 需要更精准的政策突破[J]. 新城乡, (10): 50-51.

郭晓鸣, 张耀文, 2018. 贫困地区实施乡村振兴战略的路径与对策[J]. 农业经济与管理, (4): 11-17.

国家发展改革委宏观院和农经司课题组, 2016. 推进我国农村一二三产业融合发展问题研究[J]. 经济研究参考, (4): 3-28.

国家统计局，环境保护部, 2017. 2017 中国环境统计年鉴[M]. 北京：中国统计出版社.

国家统计局，环境保护部, 2011. 2011 中国环境统计年鉴[M]. 北京：中国统计出版社, 2011 年 11 月.

国家统计局，环境保护部, 2012. 2012 中国环境统计年鉴[M]. 北京：中国统计出版社.

国家统计局，环境保护部, 2013. 2013 中国环境统计年鉴[M]. 北京：中国统计出版社.

国家统计局，环境保护部, 2014. 2014 中国环境统计年鉴[M]. 北京：中国统计出版社.

国家统计局，环境保护部, 2015. 2015 中国环境统计年鉴[M]. 北京：中国统计出版社.

国家统计局，环境保护部, 2016. 2016 中国环境统计年鉴[M]. 北京：中国统计出版社.

国家统计局农村社会经济调查司, 2011. 2011 中国农村统计年鉴[M]. 北京：中国统计出版社.

国家统计局农村社会经济调查司, 2012. 2012 中国农村统计年鉴[M]. 北京：中国统计出版社.

国家统计局农村社会经济调查司, 2013. 2013 中国农村统计年鉴[M]. 北京：中国统计出版社.

国家统计局农村社会经济调查司, 2014. 2014 中国农村统计年鉴[M]. 北京：中国统计出版社.

国家统计局农村社会经济调查司, 2015. 2015 中国农村统计年鉴[M]. 北京：中国统计出版社.

国家统计局农村社会经济调查司, 2016. 2016 中国农村统计年鉴[M]. 北京：中国统计出版社.

国家统计局农村社会经济调查司, 2017. 2017 中国农村统计年鉴[M]. 北京：中国统计出版社.

贾晋, 2019. 按照规律办事的成都乡村振兴探索[N]. 成都日报, [2019-03-20].

李刚，洪城, 2018. 四川成都“七健全”探索城乡融合新路[J]. 农村工作通讯, (4): 56-58.

李秋怡，王飞，文莎, 2019. 汉源不仅在阳光里，也在舌尖上[N]. 四川日报, [2019-11-20].

廖祖君，王理，林若谷, 2019. 构建新时代四川城乡融合体制机制对策[J]. 当代县域经济, (7): 16-19.

刘守英，熊雪锋, 2018. 我国乡村振兴战略的实施与制度供给[J]. 政治经济学评论, (4): 80-96.

农业部，国家发展改革委，财政部，住房和城乡建设部，环境保护部，科学技术部, 2016. 关于印发《关于推进农业废弃物资源化利用试点的方案》的通知，关于推进农业废弃物资源化利用试点的方案，[OL]. [2018-07-16]. http: //www. moa. gov. cn/gk/zcfg/nybgz/201609/t20160919_5277846. htm.

农业部办公厅，2017. 关于印发《重点流域农业面源污染综合治理示范工程建设规划（2016—2020 年）》的通知[OL]. [2018-09-24]. http: //www. moa. gov. cn/nybgb/2017/dsiqi/201712/t20171230_6133444. htm.

尚旭东，张振，于海龙, 2018. “农业共营制”：绩效、挑战与发展路向[J]. 农村经营管理, (3): 26-27.

四川年鉴社, 2016. 生物资源[J/OL]. [2018-09-19]. http: //www. sc. gov. cn/10462/10464/10757/10875/2016/4/19/10376794. shtml.

四川省国土资源厅, 2017.《2016 四川省国土资源公报》正式发布全省耕地面积 673. 54 万公顷[R/OL]. [2018-10-15]. http: //www. sc. gov. cn/10462/10464/10797/2017/5/11/10422493. shtml.

四川省人民政府办公厅，2016. 关于印发推进农业供给侧结构性改革加快四川农业创新绿色发展行动方案的通知[R/OL]. [2018-08-23]. http: //www. sc. gov. cn/10462/c103047/2016/11/7/a2642d0b9dba44659b74e4f233bd61a9. shtml.

四川省人民政府办公厅，2017. 关于加快农产品加工业发展的实施意见[R/OL]. [2017-09-01]. http://www.sc.gov. cn/10462/10464/13298/13301/2017/8/14/10431141. shtml.

四川省社会科学院课题组, 2019. 从荣县实践看丘区乡村振兴创新路径[J]. 当代县域经济, (6): 52-59.

四川省社科院课题组, 2018. 山区乡村振兴的汉源经验[J]. 当代县域经济, (7): 48-52.

四川省社科院课题组, 2018. 山区乡村振兴的汉源经验[J]. 当代县域经济, (7): 48-52.

四川省生态环境厅, 2016. 2016 年四川省环境状况公报[OL]. [2018-10-23]. http: //sthjt. sc. gov. cn/sthjt/c104157/list_level2. shtml.

四川省统计局, 2017. 四川统计年鉴 2017[M]. 北京：中国统计出版社.

四川乡村振兴战略研究智库, 2018. 实施乡村振兴战略的系统认识与道路选择[J]. 农村经济, (1): 11-20.

万志玲，向平，唐江云，2015. 四川农业科技创新驱动人才现状、问题及培养体系建设研究[J]. 经济师，(3)：184-186.
王春华，2018. 中国粮食安全现状与应对策略分析[J]. 粮食问题研究，(5)：40-42.
魏后凯，闫坤，2018. 中国农村发展报告——新时代乡村全面振兴之路[M]. 北京：中国社会科学出版社.
"我国新型农业经营体系研究"课题组，2015. 农业共营制：我国农业经营体系的新突破[J]. 红旗文稿，(9)：19-21. http：//www.sc.gov.cn/10462/10464/10727/10866/2014/12/1/10319883.shtml.
吴海峰，2017. 现代农业强省的内涵特征及建设路径探索[J]. 农村经济，(11)：13-17.
习近平，2017. 决胜全面建成小康社会 夺取新时代中国特色社会主义伟大胜利——在中国共产党第十九次全国代表大会上的报告[R/OL]. [2017-11-15]. http://www.xinhuanet.com/2017-10/27/c_1121867529.htm.
习近平，2019. 把乡村振兴战略作为新时代"三农"工作总抓手[J]. 社会主义论坛，(7)：4-6.
徐璨，侯初初，胡清，等，2018. 奋斗出更安逸的幸福生活[N]. 成都日报，[2018-03-08].
姚建宗，2017. 中国特色社会主义新时代法治建设的实践行动纲领——中国共产党十九大报告的法学解读[J]. 法制与社会发展，(6)：5-20.
余丽霞，张志英，2010. 四川省优势特色农业产业发展研究[J]. 农村经济，(11)：41-44.
云南省统计局，2017. 云南统计年鉴 2017[M]. 北京：中国统计出版社.
张克俊，2018. 实施乡村振兴战略需处理好八大关系[J]. 四川党的建设，(1)：68-69.
张淑源，任志远，2011. 西部大开发 10 年来四川省经济差异时空变化分析[J]. 经济地理，(6)：903-909.
中共四川省委办公厅，四川省人民政府办公厅，2018. 四川省创新体制机制推进农业绿色发展实施方案（摘要）[N]. 四川日报，[2018-10-03].
中共中央办公厅，国务院办公厅，2017. 关于创新体制机制推进农业绿色发展的意见[R/OL]. [2018-10-11]. http：//www.gov.cn/xinwen/2017-09/30/content_5228960.htm.
中共中央国务院，2018. 关于实施乡村振兴战略的意见[R/OL]. [2018-08-02]. http：//www.xinhuanet.com/politics/2018-02/04/c_1122366449.htm.
中华人民共和国国家统计局，2011. 2011 中国统计年鉴[M]. 北京：中国统计出版社.
中华人民共和国国家统计局，2012. 2012 中国统计年鉴[M]. 北京：中国统计出版社.
中华人民共和国国家统计局，2013. 2013 中国统计年鉴[M]. 北京：中国统计出版社.
中华人民共和国国家统计局，2014. 2014 中国统计年鉴[M]. 北京：中国统计出版社.
中华人民共和国国家统计局，2015. 2015 中国统计年鉴[M]. 北京：中国统计出版社.
中华人民共和国国家统计局，2016. 2016 中国统计年鉴[M]. 北京：中国统计出版社.
中华人民共和国国家统计局，2017. 2017 中国统计年鉴[M]. 北京：中国统计出版社.
重庆市统计局，2017. 重庆统计年鉴 2017[M]. 北京：中国统计出版社.
周红民，2017. 我国绿色农业发展存在的问题与对策研究[J]. 地方治理研究，(1)：23-30.
朱雪黎，2018. 运输成本如何降下来[N]. 四川日报，[2018-07-20].
庄天慧，骆希，2019. 小农生产主要特征、困境及与现代农业有机衔接路径研究——基于四川省的实证研究[J]. 农场经济，(11)：8-18.

后　　记

在中国特色社会主义事业迈进新时代这一关键节点，以习近平同志为核心的党中央在深刻认识世界城乡关系变化规律和中国特色社会主义建设规律的基础上提出了乡村振兴战略。这一战略是着眼于党和国家事业全局，立足于推进决胜全面建成小康社会进而实现社会主义现代化强国伟大目标而做出的重大战略部署。

四川作为中国内陆的人口大省和农业大省，在推进工业化、城镇化的过程中，与发达地区相比，乡村发展不平衡不充分的问题相对突出，实施乡村振兴战略的要求更加迫切、任务更加艰巨。为此，本书以四川乡村振兴为研究对象，在深入四川各地进行全面细致调研的基础上，从乡村振兴战略实施的理论思考、经验总结、战略构想、路径选择、重点任务和政策设计等不同角度对四川的乡村振兴实践进行了大体量的研究，形成了一系列具有创新性的理论观点和政策主张，本书即为这些持续性研究成果的系统化集中展示，期望本书能够为新时代实施乡村振兴战略的理论创新和实践探索提供有益借鉴。

本书总体上由战略篇、专题篇、实践篇和对策篇构成。其中，战略篇重点从实施乡村振兴战略的理论思考、战略构想、政策思路、短板制约、战略任务、战略选择等方面进行研究和谋划；专题篇重点对与推进乡村振兴高度相关的城乡要素流动、农业经营方式创新、绿色兴农、粮食安全、农村集体经济再造等重点问题进行专题性深度研究，以期为四川实现乡村振兴的重要突破提供支撑；实践篇重点对四川不同区域的乡村振兴做法、成效、模式、经验进行系统性总结，以期从中凝练出可资借鉴和推广的有益经验；对策篇重点对乡村振兴的政策需求进行分析，提出推进脱贫攻坚与乡村振兴有机衔接、实现高质量乡村振兴的政策建议。

乡村振兴是一项长期性的重大战略任务，作为四川乡村振兴战略研究智库，我们承接了四川省委省政府关于乡村振兴的重要课题研究任务，既注重研究成果的理论创新，又高度关注研究成果的实践应用。致力于学术研究与实践探索的有机结合，并努力对政府决策产生一定的影响，一直以来都是我们开展学术研究始终坚守的目标之一，就四川的乡村振兴而言，我们既是见证者，又是实际参与者和推动者，在四川乡村振兴理论和政策研究中取得的每一项成果，都让我们倍感欣慰与荣幸。

在研究过程中，我们得到了四川省各相关部门以及成都市、自贡市、雅安市、乐山市、德阳市、绵竹市、郫都区、荣县、汉源县、沐川县等当地政府部门的鼎力支持，正是这些地方政府的大力支持，让我们顺利地完成数量众多、内容复杂的调研任务。在此，对相关部门和地方政府提供的丰富实践和翔实资料表示衷心感谢。同时，在研究中我们也大量参考和借鉴了其他学者诸多富有创新性和建设性的前期研究成果，在此一并表示真诚的谢意。

本书虽然由郭晓鸣研究员牵头统撰、修订和定稿，但特别需要说明的是，本书是一项集体性的研究成果，是四川省社会科学院李后强教授、杨钢研究员、张克俊研究员、廖祖君研究员、曾旭晖副研究员、戴旭宏副研究员、丁延武博士、周小娟博士、巨栋博士、杜婵博士，四川省社会科学院和西南财经大学联合培养博士后虞洪研究员、高杰副研究员，农业农村部沼气科学研究所张鸣鸣研究员，长安大学王蕾博士，四川师范大学骆希博士和王萍博士，四川农业大学张耀文博士，四川省农业科学院赵颖文博士等共同参与、潜心研究和辛勤付出的结果。良好的团队合作为本书得以问世提供了坚强的支撑。同时，四川省社会科学院詹铜、马少春、刘德、王倩、何立猛、高予倩、李奕丰等硕士研究生也参与了调研、讨论以及部分内容的写作。

我们对乡村振兴的全景式研究仅仅是一个开端，进入新的历史时期，中国乡村振兴的纵深发展必然面临着新形势、新挑战、新需求，也必将不断涌现出更多的新模式、新机制、新经验，还需要我们更深入和更专注地持续付出更多的努力。对此，我们将时刻准备着，不仅持续地进行更具针对性的理论创新，而且更为广泛深入地进行调查研究，以期形成更高质量、更有价值、更具影响的研究成果。